"十四五"职业教育国家规划教材

湖南省职业教育优秀教材
国家铁路局规划教材
国家级职业教育专业教学资源库配套教材
职业教育·铁道运输类专业精品教材

全国优秀教材二等奖

铁路运输调度指挥

（第4版）

李一龙　刘功利　主　编
　　　　　杨　辉　副主编
魏恩会　刘　俊　主　审

人民交通出版社
北　京

内 容 提 要

本书为全国优秀教材、"十四五"职业教育国家规划教材、湖南省职业教育优秀教材、国家铁路局规划教材、国家级职业教育专业教学资源库配套教材、职业教育铁道运输类专业教材。其主要内容包括铁路运输调度工作组织、铁路运输调度工作基础、普速铁路调度指挥、高速铁路调度指挥、铁路运输调度工作分析和铁路运输调度安全管理6个项目28个工作任务。本书系统地介绍了普速铁路和高速铁路运输调度指挥工作的基本原则和要求、基本方法和技能、安全管理和案例。

本书可作为职业院校铁道运输类专业核心课教材，也可作为运输企业员工培训教材，供铁路管理人员、技术人员参考使用。

* 本书配套教学课件等教学资源，任课教师可通过加入职教铁路教学研讨群（教师专用 QQ 群：211163250）获取。

图书在版编目(CIP)数据

铁路运输调度指挥/李一龙，刘功利主编. —4 版.
北京：人民交通出版社股份有限公司，2025.1.
ISBN 978-7-114-19746-8

Ⅰ. U292.4

中国国家版本馆 CIP 数据核字第 2024VQ8476 号

Tielu Yunshu Diaodu Zhihui

书　名：	铁路运输调度指挥（第 4 版）
著 作 者：	李一龙　刘功利
责任编辑：	杨　思
责任校对：	赵媛媛　卢　弦
责任印制：	刘高彤
出版发行：	人民交通出版社
地　　址：	(100011)北京市朝阳区安定门外外馆斜街 3 号
网　　址：	http://www.ccpcl.com.cn
销售电话：	(010)85285911
总 经 销：	人民交通出版社发行部
经　销：	各地新华书店
印　刷：	北京印匠彩色印刷有限公司
开　本：	787×1092　1/16
印　张：	21.25
字　数：	490 千
版　次：	2020 年 1 月　第 3 版
	2025 年 1 月　第 4 版
印　次：	2025 年 1 月　第 4 版　第 1 次印刷　总第 5 次印刷
书　号：	ISBN 978-7-114-19746-8
定　价：	59.00 元

(有印刷、装订质量问题的图书，由本社负责调换)

第 4 版前言

本教材由国家铁路局统一规划,根据教育部制定的铁道运输类专业教学标准编写。教材对传统教学内容进行重构,以任务驱动的模式编写,突出实践技能,根据职业要求组织教学内容,体现工学结合。本教材获首届全国优秀教材二等奖,入选"十四五"职业教育国家规划教材、湖南省职业教育优秀教材,为国家级职业教育专业教学资源库配套教材。

铁路运输调度工作是铁路运输组织工作的核心组成部分。铁路运输调度担负着保障运输安全、组织客货运输、保证国家重点运输、提高客货服务质量的重要职责,对完成铁路运输生产经营任务、提高铁路运输企业效益起着重要作用。为此,国家对铁路运输调度指挥工作提出了严格的要求和相应的规定,中国国家铁路集团有限公司(简称国铁集团)广大调度人员在长期的实践工作中也积累了许多行之有效的经验。

各级铁路运输调度部门是铁路日常运输组织的指挥中枢,分别代表各级领导组织指挥日常运输工作。因此,各级调度人员必须精心组织、科学调度,努力增运增收、节支降耗。本书在编写中,突出了规章及作业标准介绍,力求在强化岗位操作技能训练的同时,加强对规章的理解和作业标准的训练。

本书根据最新的法律、规章和标准等,及时更新了内容。全书共分为 6 个项目 28 个工作任务。项目 1 铁路运输调度工作组织,主要介绍运输调度指挥组织的基础知识,包括运输调度机构设置、运输调度主要职责、运输调度工作制度和运输调度作业标准 4 个工作任务。项目 2 铁路运输调度工作基础,主要介绍运输调度指挥基础理论和基本设备,包括列车运行图、铁路区间通过能力、货物列车编组计划、列车调度指挥系统(Train Dispatching and Commanding System,TDCS)和调度集中系统(Centralized Traffic Control,CTC)5 个工作任务。项目 3 普速铁路调度指挥,主要介绍普速铁路调度指挥的基本方法和技能,包括车流调整、调度工作计划、接发列车、列车运行、调度命令和调度指挥方法 6 个工作任务。项目 4 高速铁路调度指挥,主要介绍高速铁路调度指挥的基本方法和技能,包括调度工作计划、接发列车、列车运行、调度命令、调度指挥方法、灾害天气行车应急处置方法和设备故障时的行车应急处置方法 7 个工作任务。项目 5 铁路运输调度工作分析，主要介绍调度工作分析方法，包括调度工作分析、列车运行分析和货车运用分析 3 个工作任务。项目 6 铁路运输调度安全管理，主要介绍调度安全风险管理、调度安全管理和调度安全实例分析 3 个工作任务。

本书对应的智慧职教"铁道交通运营管理专业"国家教学资源库"铁路运输调度指挥"课程资源网址如下：https://www.icve.com.cn/portal_new/courseinfo/courseinfo.html?courseid=xf4aaiudadcevrhpzudlg。可扫描二维码加入学习。

本书由湖南铁路科技职业技术学院李一龙、国家铁路局刘功利担任主编，湖南铁路科技职业技术学院杨辉担任副主编，国家铁路局魏恩会、国铁集团刘俊担任主审。具体编写分工如下：李一龙编写项目 1，刘功利编写项目 2（任务 2.1、任务 2.2）、项目 5（任务 5.1），杨辉编写项目 3、项目 4，中国铁路武汉局集团有限公司李敏编写项目 6。中国铁路广州局集团有限公司黄俊贤编写项目 5（任务 5.2、任务 5.3），南京铁道职业技术学院束汉武编写项目 2（任务 2.3、任务 2.4、任务 2.5）。本书的出版，得到了国家铁路局、国铁集团等单位的帮助，以及人民交通出版社的大力支持，在此表示衷心的感谢。

由于编者水平有限，书中难免有疏漏之处，恳请读者和专家批评指正。

编　者
2024 年 6 月

目 录

项目 1 铁路运输调度工作组织 1
任务 1.1 运输调度机构设置 1
任务 1.2 运输调度主要职责 5
任务 1.3 运输调度工作制度 9
任务 1.4 运输调度作业标准 12
复习思考 54

项目 2 铁路运输调度工作基础 56
任务 2.1 列车运行图 56
任务 2.2 铁路区间通过能力 74
任务 2.3 货物列车编组计划 82
任务 2.4 列车调度指挥系统 105
任务 2.5 调度集中系统 118
复习思考 123

项目 3 普速铁路调度指挥 124
任务 3.1 车流调整 124
任务 3.2 调度工作计划 129
任务 3.3 接发列车 138
任务 3.4 列车运行 149
任务 3.5 调度命令 159
任务 3.6 调度指挥方法 186
复习思考 202

项目 4 高速铁路调度指挥 203
任务 4.1 调度工作计划 203
任务 4.2 接发列车 207
任务 4.3 列车运行 222

　　　　任务 4.4　调度命令 ………………………………………… 234
　　　　任务 4.5　调度指挥方法 ……………………………………… 255
　　　　任务 4.6　灾害天气行车应急处置方法 ……………………… 262
　　　　任务 4.7　设备故障时的行车应急处置方法 ……………… 267
　　　　复习思考 ……………………………………………………… 279

项目 5　铁路运输调度工作分析 ………………………………………… 280
　　　　任务 5.1　调度工作分析 …………………………………… 280
　　　　任务 5.2　列车运行分析 …………………………………… 282
　　　　任务 5.3　货车运用分析 …………………………………… 289
　　　　复习思考 ……………………………………………………… 297

项目 6　铁路运输调度安全管理 ………………………………………… 298
　　　　任务 6.1　调度安全风险管理 ……………………………… 298
　　　　任务 6.2　调度安全管理 …………………………………… 308
　　　　任务 6.3　调度安全实例分析 ……………………………… 317
　　　　复习思考 ……………………………………………………… 332

附录　缩写词对照表 ……………………………………………………… 333

参考文献 …………………………………………………………………… 334

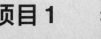

铁路运输调度工作组织

📌 项目内容

本项目主要介绍铁路运输调度工作机构、工作职责、工作制度和工作标准。

🎯 学习目标

1. 能力目标

能够认识铁路运输调度指挥工作的重要性;能够严格执行调度命令、服从调度指挥。

2. 知识目标

了解运输调度工作任务、工作机构和工作职责;掌握运输调度工作制度、工作标准。

3. 素质目标

培养大局意识,养成爱岗敬业、团队协作、刻苦钻研、精益求精的精神。

任务 1.1 运输调度机构设置

铁路是国民经济大动脉、国家重要基础设施和综合交通运输体系骨干,在我国经济社会发展中的地位至关重要。铁路运输具有高度集中的特点,各工作环节必须紧密联系、协同配合。铁路运输组织工作,必须贯彻安全生产的方针,坚持"集中领导、统一指挥、逐级负责"的原则。

一、运输调度的基本任务

铁路运输调度部门是铁路日常运输组织的指挥中枢,分别代表各级领导组织指挥日常运输工作。铁路运输调度的基本任务如下:

(1)贯彻执行国家运输政策,完成国家重点运输任务,如军事运输、重点物资运输等。

(2)科学合理地组织客货运输,提高客货运输服务质量。

(3)组织列车按列车运行图行车,保障铁路运输安全。

(4)正确地编制和执行运输工作日常计划,经济合理地使用机车车辆等运输设备,充分利用现有通过能力,提高铁路运输企业效益。

因此,各级调度人员必须精心组织、科学调度、努力增运增收、节支降耗。凡与运输有关的各部门、各工种都必须在运输调度的统一组织指挥下进行日常生产活动。

二、铁路局集团公司运输调度人员的要求

调度指挥必须坚持安全生产的原则。铁路局集团公司调度人员必须做到:

(1)熟悉有关运输站段及列车的技术设备、作业过程、各项技术作业标准及各站接发列车的有关规定,正确地组织指挥列车运行。

(2)在值班中应精力集中、坚守岗位,严格落实岗位安全生产责任制,遵守安全生产规章制度和操作规程,正确及时地处理各种问题。

(3)遇有铁路交通事故、设备故障、自然灾害、天气不良、施工维修、临时限速(未纳入运行揭示调度命令的限速)、区间装卸等情况和对区间封锁、开通的处理,列车调度员应严格遵守有关规定,值班主任(值班副主任)应加强检查。

(4)遇有铁路车辆运行安全监控系统报警时,红外线(5T)、车辆、动车调度员应立即按规定进行处理;列车调度员接到报告后,必须确认车次,并按规定处理。

(5)当得到现场关于列车、线路等出现危及行车安全的报告时,应及时指示有关人员采取停车等安全措施,查明情况,妥善处理。

(6)超限超重货物车辆的挂运,必须纳入调度日(班)计划,根据超限超重货物运输确认电报和超限超重车辆挂运通知单确定的运行条件,由列车调度员发布调度命令。

(7)装载剧毒品货物车辆的挂运,必须纳入调度日(班)计划,重点布置、预报、交接和跟踪掌握。

(8)限速机车车辆,应根据限速机车车辆挂运电报及规章制度有关规定安排挂运。纳入调度日(班)计划的,按日(班)计划挂运、交接;未纳入调度日(班)计划的,铁路局集团公司管内必须由调度所值班主任(值班副主任)准许后方可安排挂运;跨铁路局集团公司(简称跨局)交接时,由相邻铁路局集团公司计划调度员共同确认挂运电报及规章制度有关规定,并经两铁路局集团公司调度所值班主任协商同意后方准安排交接。

三、调度组织机构设置

国铁集团铁路运输调度工作实行分级管理、集中统一指挥,铁路运输调度指挥体系主要由国铁集团、铁路局集团公司、运输站段三级组成。

(1)国铁集团设运输调度指挥中心(简称调度中心)。

国铁集团调度中心设值班主任和行车、客运、客运行包、货运、军运、特运、集装箱、施工、机车、车辆、动车、工务、电务、供电等调度台。

(2)铁路局集团公司设调度所。

铁路局集团公司调度所设值班主任、值班副主任、计划、列车、客运、货运、特运、集装箱、施工、机车、车辆、动车、红外线(5T)、工务、电务、供电调度台,根据需要可设置快运、篷布、军运、客运行包等调度台。根据各工种调度台工作量情况,有关调度台可合并设置,具体由铁路局集团公司确定。各工种调度可根据需要设置主任调度员岗位。

铁路局集团公司施工管理办公室(简称施工办)设在调度所。

(3)运输站段宜设生产调度指挥中心(简称指挥中心),编组(区段)站宜设调度车间(调度室)。运输站段指挥中心设主任(值班主任)、生产调度、专业调度等调度岗位(或在既有生产指挥机构内设调度岗位),编组(区段)站调度车间设值班站长、车站调度员、货运调度员等调度岗位,具体由铁路局集团公司确定。

专业运输公司(中铁集装箱运输有限责任公司、中铁特货物流股份有限公司、中铁快运股份有限公司)设生产(运输)调度部,下属分公司可设运营调度部。

(4)国铁集团、铁路局集团公司(专业运输公司)、运输站段调度分别代表国铁集团、铁路局集团公司(专业运输公司)、运输站段负责日常运输组织指挥工作。国铁集团值班主任、铁路局集团公司值班主任、运输站段指挥中心值班主任或编组(区段)站值班站长分别领导一班调度工作。在日常运输调度组织工作中,下级有关部门和人员必须服从上级调度的指挥,执行上级调度指令。

国铁集团调度统一指挥各铁路局集团公司和专业运输公司完成运输生产经营任务;铁路局集团公司调度统一指挥铁路局集团公司管内运输生产单位完成运输生产经营任务;运输站段(编组站、区段站除外)调度按规定组织(督促)、协调本站段有关作业人员完成运输生产任务;编组(区段)站调度统一指挥本站区作业人员完成运输生产任务。

各级调度应根据调度的工作的特点合理确定班制。国铁集团、铁路局集团公司、编组(区段)站主要工种调度全路统一实行四班制(国铁集团有特殊要求除外)。

在日常运输组织工作中,各级调度按照业务分工设置了若干不同职名的调度员,分别负责一定的工作。铁路局集团公司调度所一般设有:

(1)列车调度员。负责管辖区段内列车运行的组织指挥工作,实现按列车运行图行车,保证列车运行安全。

(2)计划调度员。负责管辖范围内的阶段计划的编制和计划的组织实现。

(3)货运调度员。负责管辖区段内的装卸车组织以及管内重车的输送。

(4)客运调度员。负责旅客运输组织和客车运用工作。

此外,根据需要还设有施工调度员、篷布调度员、特运调度员、机车调度员、工务调度员、电务调度员、电力调度员、车辆调度员、动车调度员等。某铁路局集团公司调度所调度组织系统如图1-1所示。

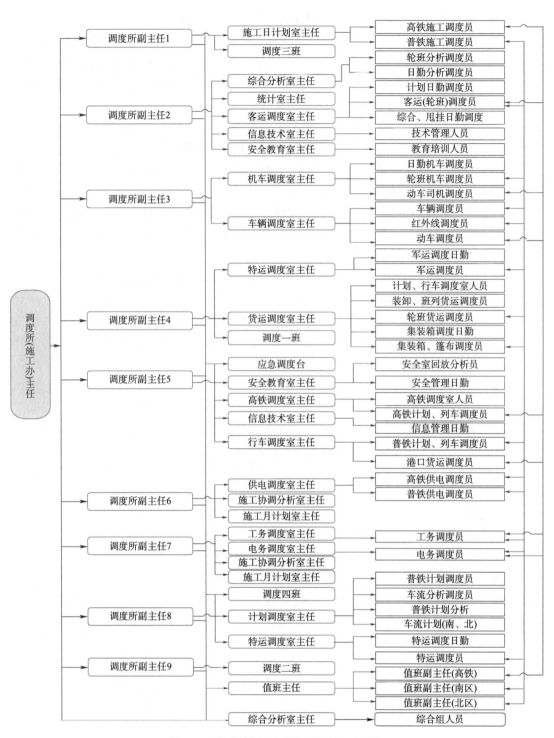

图1-1 某铁路局集团公司调度所调度组织系统

任务1.2 运输调度主要职责

一、国铁集团调度主要职责范围

(1)按规定对铁路局集团公司调度安全指挥进行监督管理和监督检查指导工作。维护调度纪律,检查铁路局集团公司、专业运输公司调度执行国铁集团调度命令和规章制度的情况,对违令、违章造成不良后果的单位和人员进行通报批评并提出处理意见。

(2)负责全路日常客运、货运和车流组织工作。组织铁路局集团公司及时输送旅客和货物,平衡各铁路局集团公司货车保有量,经济合理地使用机车车辆,充分利用运输能力,挖掘运输潜力,提高运输效率和效益。

(3)编制和下达国铁集团调度轮廓计划和日计划,督促、检查各铁路局集团公司按调度日(班)计划均衡地完成运输生产经营任务。

(4)监督、检查、指导铁路局集团公司按货物列车编组计划编车、按列车运行图行车、按运输生产经营计划组织运输,督促、组织铁路局集团公司按国铁集团批准的计划均衡地完成分界口列车交接、机车机班调整等工作,及时协调处理铁路局集团公司间运输工作中出现的问题,实现铁路局集团公司间分界口畅通。

(5)掌握铁路局集团公司及重点用户、主要港口和车站的装卸车情况。

(6)掌握国际旅客列车和跨铁路局集团公司(简称跨局)旅客列车的运行情况,对晚点列车收集、分析晚点原因,组织有关铁路局集团公司及相关单位(人员)采取措施,恢复运行秩序。

(7)了解铁路局集团公司、主要站客流波动及旅客列车票额利用情况,组织指导行包运输工作;处理跨局旅客列车的临时加开、停运、变更径路、途中折返、车辆甩挂和调整编组(1个月以内的行李车、邮政车)等工作;根据需要安排跨局客车回送;落实专运、中央大型会议及重点任务的乘车计划,并掌握运行情况。

(8)组织和掌握军运、特运工作,安排新兵和退役士兵运输,重点掌握与其有关的列车始发、运行情况。

(9)负责国铁集团抢险救灾物资、人员运输组织工作,跟踪掌握输送情况。

(10)负责审核、审批国铁集团管理的施工计划,组织铁路局集团公司兑现施工计划,组织做好施工期间分界口车流、机车机班调整工作。

(11)掌握各铁路局集团公司运输调度工作情况,检查各铁路局集团公司日常运输工作的完成情况。

(12)掌握国铁集团备用货车,批准国铁集团备用货车的备用、解除备用,检查铁路局集团公司对备用货车的管理情况。

(13)负责全路专用货车的统一调整、新造车辆出厂组织、军运备品回送、集装箱和篷布的运用。

（14）检查、通报安全情况，及时收取和掌握铁路交通事故、设备故障、自然灾害等突发事件信息，按规定进行应急处置，通报信息、组织救援、调整运输，负责跨局调动救援列车、救援队。

（15）负责国铁集团日常运输工作完成情况和调度安全监督检查情况的分析工作，及时总结、推广调度工作先进经验。

（16）负责检查指导铁路局集团公司调度基础管理和技术培训工作，规范调度管理，推进标准化规范化建设，加强队伍建设。

（17）负责调度信息化需求管理，积极采用、推广先进技术和设备，组织调度信息系统开发和应用，负责调度信息系统运用管理，促进调度指挥工作现代化。

（18）掌握铁路口岸站货物列车交接情况，负责下达临时中欧、中亚等班列开行的调度命令。

（19）负责全路运输十八点统计业务管理，督促、指导、协调铁路局集团公司调度所完成运输十八点统计有关工作，监督检查工作质量，并定期进行考核评价。

二、铁路局集团公司调度主要职责范围

（1）在国铁集团调度的集中统一指挥下，负责铁路局集团公司管内运输组织和调度指挥工作。

（2）严格执行各项规章制度、安全管理制度和安全卡控措施，遵守和维护调度纪律，及时处理影响行车安全的有关情况，保证调度指挥安全。

（3）组织铁路局集团公司管内各运输生产单位密切配合、协同动作，经济合理地使用机车车辆，充分利用运输能力，挖掘运输潜力，压缩运输成本，提高运输效率和效益，完成运输生产经营任务。

（4）负责编制和下达铁路局集团公司调度日（班）计划，并组织运输站段落实，提高计划兑现率。对运输站段落实日（班）计划情况，提出评价考核建议。

（5）负责组织铁路局集团公司管内各运输生产单位按列车编组计划编车、按列车运行图行车、按运输生产经营计划组织运输，督促、组织运输站段按调度日（班）计划均衡地完成运输任务，及时协调处理铁路局集团公司运输工作中出现的问题。

（6）组织调整铁路局集团公司管内的货流、车流，按阶段均衡地完成国铁集团下达的车流调整方案和去向别装车方案，重点掌握分界口排空、快运货物和重点物资运输。

（7）按国铁集团批准的计划组织列车在分界站均衡交接，保证机车与列车的紧密衔接；与相邻铁路局集团公司（简称邻局）密切联系，及时交换列车计划，积极协商解决出现的问题，保证分界站畅通。

（8）掌握铁路局集团公司管内各站和主要客户、港口装卸车情况，提高直达列车和成组装车比重，提升运输能力。

（9）组织旅客列车按列车运行图正点运行，遇列车晚点时，应积极采取措施，组织有关单位（人员）恢复运行秩序，做好正晚点分析并上报国铁集团。

（10）掌握铁路局集团公司管内客车配属、客流波动、票额利用、旅客列车开行及运行情

况,重点掌握动车组列车、特快旅客列车、国际旅客列车、重点旅客列车的运行情况及旅客列车超员情况;处理旅客列车的临时加开、停运、变更径路、途中折返、车底编组、客车回送、整列换乘、车辆甩挂和调整编组(管内列车,跨局列车1个月以内硬卧、硬座、软卧、软座、餐车)、客车底试运行和实施票额临时调整等工作;落实专运及重点任务,并掌握运行情况;参与组织做好旅客列车行包运输工作。

(11)组织完成铁路局集团公司管内军运、特运、超限、超重、挂有装载危险货物车辆等重点列车运输组织工作,组织落实新兵和退役士兵运输任务,重点掌握与其有关的列车始发、换乘接续及运行情况。

(12)负责铁路局集团公司管内抢险救灾物资、人员运输组织工作,跟踪掌握输送情况。如遇自然灾害或事故中断行车时,铁路局集团公司应及时采取措施,提出有关旅客列车停运、加开、折返和变更径路等方案,并及时发布调度命令(跨局旅客列车报国铁集团批准后发布)。

(13)负责组织编制、下达年度轮廓施工计划、月度施工计划和施工日计划,安排维修日计划,汇总、下发邻近营业线施工安全监督计划;组织专题研究集中修施工和对运输影响较大的施工;发布运行揭示调度命令和施工、维修作业的调度命令,协调组织施工、维修作业计划兑现;指导相关单位天窗修;进行施工分析、考核等。

(14)向国铁集团调度报告铁路局集团公司调度工作情况,检查铁路局集团公司管内运输站段运输工作完成情况。

(15)认真执行国铁集团备用货车管理制度,严格掌握铁路局集团公司管内备用货车的备用、解除备用。

(16)负责铁路局集团公司管内专用货车的调整,军运备品回送,集装箱和篷布的运用。

(17)及时收取和上报铁路交通事故、设备故障、自然灾害等突发事件信息,按规定进行应急处置,通报信息、组织救援、调整运输。负责调动救援列车、救援队或向国铁集团调度申请跨局调动救援列车、救援队。

(18)负责指导运输站段调度业务工作,检查各运输站段执行调度命令和有关规章制度的情况;对违令、违章的单位和人员进行通报批评并提出处理意见。

(19)负责铁路局集团公司日常运输工作完成情况和调度安全工作情况的分析工作,及时总结、推广调度工作先进经验。

(20)负责铁路局集团公司调度基础管理和技术培训,规范调度管理,加强队伍建设和调度所安全生产标准化建设,指导运输站段调度日常运输生产工作。

(21)负责铁路局集团公司调度信息化需求管理,组织调度信息系统实施应用,负责调度信息系统运用管理,积极采用、推广先进技术和设备,促进调度指挥工作现代化。

(22)负责中欧、中亚等班列开行和铁路口岸站列车交接组织。

(23)负责铁路局集团公司运输十八点统计工作,及时、准确完成十八点报告,建立业务沟通联系机制,督促指导运输站段、分界站做好运输十八点统计工作,并定期进行考核评价。

三、专业运输公司调度主要职责范围

(1)在国铁集团调度的集中统一指挥下,负责本公司的运输生产组织和调度指挥工作,

并与铁路局集团公司(运输站段)开展日常运输生产组织协调工作。

(2)严格执行各项规章制度,遵守和维护调度纪律,及时处理影响运输的有关情况。

(3)组织各分(子)公司协同合作,负责专业运输有关组织,挖掘运输潜力,提高运输效率和效益。

(4)负责掌握本公司生产组织需求,及时向国铁集团调度报告运输生产组织情况及发生的问题,按规定进行应急处置,接到上级调度要求了解涉及运输安全、生产信息时,应组织做好落实和汇报工作。

(5)负责向国铁集团调度申请重点物资运输等有关装运、列车开行的调度命令,接收、转发国铁集团和铁路局集团公司发布的相关调度命令,掌握有关班列、专用车辆、行李车、装载高铁快运集装件的动车组开行、调整等有关调度命令下达、执行情况,并及时督促相关分(子)公司落实;负责组织有关列车的运行计划落实、盯控等工作。

(6)掌握并协调所属车辆(箱)的维护和检修工作,保证运用状态良好。

(7)掌握本公司运输生产动态等情况,完成有关列车开行、能力利用等指标的统计、分析工作。

(8)负责检查各分(子)公司执行有关规章制度情况,对违令、违章的单位和人员进行通报批评并提出处理意见。

(9)负责本公司调度基础管理和技术培训,规范调度管理、加强队伍建设。

(10)负责本公司生产调度信息化需求管理,积极采用、推广先进技术和设备,促进调度指挥工作信息化、现代化,组织调度信息系统应用实施,负责调度信息系统运用管理。

四、编组(区段)站调度主要职责范围

(1)严格执行各项规章制度,遵守和维护调度纪律,认真执行上级调度命令和指示,及时处理影响行车安全的有关情况,保证车站调度指挥安全。

(2)掌握货流、车流,根据铁路局集团公司下达的调度日(班)计划,正确编制和组织实现车站作业计划(班计划、阶段计划和调车作业计划),按货物列车编组计划、列车运行图和重点要求解编列车,不间断地接发列车。

(3)经济合理地运用车站技术设备和能力,掌握调车机运用,组织有关单位和人员密切配合、协同动作,按作业计划、技术作业过程和时间标准完成编组和解体列车的任务,提高作业效率,加速机车车辆周转。

(4)及时收取调度所阶段计划,掌握车流变化,正确推算现车和指标,按阶段向铁路局集团公司调度汇报车流和车站作业情况。

(5)重点组织旅客、军运、货物班列、重载、超限、超重、超长和重点货物列车的开行。

(6)主动与厂矿企业联系,及时预报车辆到达情况和取送车作业计划,组织开行路企直通列车;组织回送客车(机车)、货物作业车、检修车(修竣车)和专用车的取送,缩短待取、待送时间。

(7)根据施工日计划、阶段计划相关要求,组织落实运输有关准备工作。

(8)发生铁路交通事故时,积极组织救援,减小事故对行车的影响。

(9)正确、及时填画技术作业图表,认真分析车站作业计划兑现情况和运输生产完成情况,并及时上报。

(10)负责车站日常运输生产工作完成情况分析,及时总结、推广运输组织先进经验。

五、运输站段调度(编组站、区段站除外)主要职责范围

(1)严格执行各项规章制度,遵守和维护调度纪律,服从调度集中统一指挥。

(2)按作业计划、技术作业过程和时间标准组织生产,提高作业效率,高质量组织完成日常运输生产任务。及时、准确向调度所相关专业调度提供编制日(班)计划的资料,并根据运输生产实际提出合理化建议。

(3)严格执行上级调度命令,负责有关调度命令申请、接收、核对、传达等工作(规章已明确指定流程要求的除外),确保调度命令及时准确传达至相关部门(人员),遇特殊情况及时向上级调度报告。

(4)做好信息通报工作,收集、传递应急处置和安全生产信息,及时主动向上级调度报告运输组织作业进度及发生的问题和情况,接到上级调度要求了解涉及运输安全、生产信息时,应组织做好落实和汇报工作。

铁路局集团公司(运输站段)结合专业特点和生产组织情况,可对运输站段调度职责进行补充完善。

任务1.3　运输调度工作制度

为检查、落实日常运输生产情况,不断提高调度指挥水平,更好地完成生产经营任务,必须加强调度基础工作,建立调度工作制度,提高调度人员的综合素质。我国国家铁路调度各级机构依据《中国国家铁路集团有限公司铁路运输调度规则》(简称《调规》)的要求,成功地建立了完整的基本工作制度体系。

一、调度所管理制度

调度所应建立和健全各项基本管理制度,明确管理责任,抓好规章制度执行及安全生产的检查、监控、分析、考核工作。

调度所管理制度应包括安全、生产、施工、教育、技术、基础管理等基本制度,并将基本管理制度纳入《调度所管理工作细则》(简称《所细》)。《所细》是为更好地贯彻执行上级规章、制度和办法,由铁路局集团公司调度所结合所属铁路局集团公司的实际情况和调度工作的需要而制定的管理工作实施细则,是调度所进行管理的基本制度和办法,所有调度人员必须遵照执行。

(1)安全管理制度:包括安全例会制度以及安全生产责任制、安全信息管理、安全风险分级管控和隐患排查治理制度、安全监督检查、安全分析、应急响应补充规定、红线管理等内容。

(2) 生产管理制度：包括日（班）计划、阶段计划、3~4h列车运行调整计划编制和实施、临时旅客列车开行组织、装车组织、卸车组织、排空组织、重点物资运输管理、十八点统计管理、工作联系、生产分析等内容。

(3) 施工管理制度：包括施工组织协调、施工计划、运行揭示调度命令、施工调度命令的编制、审批和下达、施工期间运输组织和施工分析等内容。

(4) 教育管理制度：包括培训、考试、职业技能竞赛、持证上岗等内容。

(5) 调度所技术管理制度：包括规章文电管理、技术资料管理、调度命令管理、新图实施管理、调度指挥系统管理、信息化管理、网络安全管理等内容。

(6) 基础管理制度：包括会议、考勤、值班、卫生、保密、文明生产、安全保卫、公文、办公设备、图表台账管理和班组建设及岗位竞赛评比、工作质量检查与考核、业绩考核、现场调研等内容。

二、运输调度指挥工作制度

1. 电视电话会议制度

为及时了解和掌握运输生产、运输安全等情况，各级调度应建立电视电话会议制度。

(1) 铁路局集团公司分管运输副总经理（总调度长）每日6:30—7:30间，调度所分管生产副主任每日22:00—23:00间，分别向国铁集团调度中心分管生产副主任报告运输生产情况；铁路局集团公司值班主任每日6:30前向国铁集团值班主任汇报第一班运输安全和班计划任务完成情况及全日修正计划；国铁集团值班主任向铁路局集团公司值班主任提出运输生产要求和布置第二班工作重点。

(2) 国铁集团逢双日召开全路运输生产电视电话会议，由各铁路局集团公司分管运输副总经理（总调度长）汇报运输安全和运输生产情况，国铁集团向铁路局集团公司提出运输生产要求和布置工作重点。

(3) 铁路局集团公司每日召开全局运输生产电视电话会议，由运输站段分管生产的副站（段）长汇报全日运输安全和运输生产情况，铁路局集团公司向运输站段提出运输生产要求和布置工作重点。

2. 交接班和班中会制度

为保持调度工作的连续性，各级调度应建立交接班会等制度。国铁集团、铁路局集团公司交接班和班中会，分别由国铁集团值班主任、铁路局集团公司值班主任负责主持，有关调度人员参加。交接班会应充分利用信息化手段，提高交接班质量。

(1) 接班会。传达有关命令、指示和重点事项，通报上一班安全、运输生产情况，布置安全注意事项，研究本班完成运输生产经营任务的具体措施。

(2) 班中会。每班至少召开一次，根据调度日（班）计划执行情况，研究完成本班和全日任务的具体措施。班中会主要解决两个问题：一是落实本班和全日运输工作任务，根据当时工作进度以及预计情况，提出安全正点以及完成卸车、排车、装车、主要指标等方面存在的问题，研究具体措施，分工负责，突破关键，争取全面完成本班和全日运输工作任务；二是根据上级调度下达的次日轮廓计划，提出次日（或下一个班）计划的重点要求，使计划编制人员目标明确,为编好次日(或下一个班)计划打下良好的基础。

(3)交班会。各工种调度分别汇报本班安全、运输生产经营任务完成情况,分析存在的问题,总结经验教训。

各工种调度交接班时,交班内容和待办事项必须清楚、完整,不得遗漏。

3. 工作报告制度

为加强各级调度间工作联系,加强与安全生产管理部分、专业部门之间的信息沟通,准确掌握工作进度和安全信息,及时处理发生的问题,各级调度应建立工作报告制度。

(1)车站向铁路局集团公司调度报告内容:

①车站在列车到、开或通过后,及时报告车次、时分(具有自动采点设备,可自动采点时除外)。

②列车始发站应及时报告列车解编进度、编组内容、列车编组变化情况及出发列车速报(车次、机型、机车号、辆数、牵引总重、换长);列车在非始发站摘挂作业,作业站应及时报告列车在站作业、占用股道及作业后的编组变化情况。

③机车及股道占用情况。

④因特殊原因,临时造成旅客积压,不能及时输送。

⑤车站有关工种人员每3h向铁路局集团公司所属工种调度上报规定内容。

⑥具备信息系统上报条件的车站,应通过系统及时准确上报。

⑦施工维修登销记情况。

⑧按时报告运输十八点统计的相关内容。

⑨影响运输生产组织的相关事项。

⑩安全情况和重要事项应随时报告。

(2)铁路局集团公司调度向国铁集团调度报告内容:

①每日10:00(22:00)前,铁路局集团公司值班主任向国铁集团调度报告接班后的管内运输情况,预计本班分界口列车交接、排空、机车运用情况,每日6:30前向国铁集团值班主任报告运输安全和运输生产任务完成情况的综合分析。

②铁路局集团公司各工种调度及时向国铁集团相关工种调度报告各项规定的内容。

③安全情况和重要事项应随时报告。

(3)当上级调度向下级调度和运输生产单位了解有关运输情况时,有关人员应及时汇报。

(4)铁路局集团公司调度接到铁路交通事故、行车设备故障等安全信息后,应按规定填写"铁路交通事故(设备故障)概况表"(安监报-1),及时报告国铁集团调度,并通过铁路安全管理信息系统及时报送铁路局集团公司安全生产管理部门。

4. 铁路局集团公司运输领导值班制度

为加强对运输工作的领导,及时了解和处理突发事件,铁路局集团公司应建立运输调度领导值班制度。

(1)值班人员:铁路局集团公司总调度长或调度所主任(副主任)、书记。

(2)值班时间:工作日18:00至次日8:00、非工作日8:00至次日8:00。

(3)值班要求：

①对重点运输任务，按等级认真盯控，确保安全正点。

②对Ⅰ、Ⅱ级施工，按日计划组织实施，并组织监控，对临时发生的问题采取果断措施及时处置。

③遇恶劣天气时，提前预想，对设备运行、运输组织造成影响时，立即组织应急处置，保证运输安全。

④遇旅客列车大面积晚点或运输不畅时，应详细了解、掌握情况，采取有效措施，尽快恢复列车运行秩序。

⑤当发生铁路交通事故或繁忙干线、干线行车设备故障时，及时组织处理，减小对运输秩序的影响。

5. 分界站会议制度

为加强铁路局集团公司之间的协作，保证分界站运输的畅通，铁路局集团公司间分界站会议由相邻铁路局集团公司根据运输生产需要协商召开，原则上每年不少于一次，必要时由国铁集团组织，研究改进列车交接和日常施工等工作，制定、修改分界站协议。

6. 深入现场制度

为了提高调度人员组织指挥水平，加强各级调度之间、调度与运输站段有关人员的工作联系，各级调度人员每季度深入现场应不少于一次，熟悉设备、人员、作业组织等情况，交换工作意见，解决日常运输及安全生产中存在的问题。

(1)深入现场前应有计划，返回后应有报告。

(2)深入现场的活动，可采用添乘机车(动车组)、列车，召开座谈会、联劳会、同班会，跟班作业，专题调研等形式。

任务1.4　运输调度作业标准

铁路运输调度人员在运输生产中担负着重要责任，对保障运输安全、提高运输效率起着非常重要的作用。因此，对调度工作人员必须有严格的要求。

一、运输调度岗位基本要求

铁路运输调度人员必须具有较高的思想政治觉悟，具有大局意识和较强的协调组织能力；具有较强的专业知识和工作经验，技术业务熟练；具有计算机基本操作能力，较强的文字处理和语言表达能力；遵章守纪、爱岗敬业、服从指挥、团结协作；身心健康。

1. 普速铁路调度岗位基本要求

(1)调度人员招聘(选拔)要求。

调度人员招聘(选拔)须按照公平、公正、公开的原则进行。新招聘(选拔)调度人员除具备上述基本素质要求外，还须满足以下条件：

①年龄要求：国铁集团新招聘调度人员年龄一般应在35岁以下。铁路局集团公司新招

聘列车调度员年龄一般应在 30 岁及以下,其他工种新招聘调度员一般应在 35 岁及以下,硕士研究生及以上学历的年龄可适当放宽。

②学历要求:国铁集团调度应有全日制大学本科及以上文化程度,铁路局集团公司调度人员宜有全日制大专及以上文化程度。

③工作经历要求:新招聘(选拔)调度人员从事现场相关岗位工作应满 2 年。国铁集团调度应从下级调度人员或专业对口的优秀人员中招聘。铁路局集团公司列车调度员应从车站值班员、车站调度员、助理值班员、机车(动车组)司机或优秀行车人员中招聘,亦可以从与铁路专业相关的院校毕业生中直接招聘(由铁路局集团公司安排在现场从事相关行车岗位工作)。其他工种调度员应从基层运输生产单位专业对口的优秀人员中招聘。车站调度员应从有实践工作经验和指挥能力的优秀行车人员中选拔。其他运输站段调度人员选拔由本单位自行规定。

(2) 培训要求。

①铁路局集团公司应对新招聘调度人员制订培训计划,组织进行任职资格培训。列车调度员培训时间不少于 6 个月,其他工种调度员培训时间不少于 3 个月,其中理论培训(脱产)不少于 1 个月。培训期满进行考试和考核,合格后方准持证上岗。

②对转岗、转台调度人员必须经过跟班学习,经考试、考核合格后,方准独立工作。

③为不断提高调度人员的业务水平,各级调度可采取脱产培训与不脱产培训相结合的方式,轮流对现职运输调度人员进行培训,脱产培训学习每年不得少于 10 日(80 学时);对新设备投入运用、新规章实施、列车运行图调整等必须提前进行业务培训,考试(考核)不合格不得上岗。

④铁路局集团公司每年组织现职调度员进行"普速铁路调度员合格证"年度鉴定考试,合格后方准上岗。

⑤铁路局集团公司应将调度员职业技能竞赛纳入本铁路局集团公司(简称本局)职业技能竞赛统一安排,原则上每年应组织一次。国铁集团原则上每 3 年组织一次全路调度职业技能竞赛,对职业技能竞赛成绩优胜者应给予奖励并在晋职晋级时优先考虑。

2. 高速铁路调度岗位基本要求

(1) 高速铁路调度人员招聘(选拔)要求。

高速铁路调度人员招聘(选拔)应按照公平、公正、公开的原则进行,新招聘(选拔)高速铁路调度人员除具备上述调度人员基本素质要求外,还应满足以下条件:

①年龄要求:铁路局集团公司高速铁路列车调度员初任年龄一般应在 35 岁及以下,其他调度员初任年龄一般应在 40 岁及以下,遇特殊情况可适当放宽。

②学历要求:国铁集团高速铁路调度应有全日制大学本科及以上文化程度,铁路局集团公司高速铁路调度宜有全日制大专及以上文化程度。

③专业要求:铁路局集团公司高速铁路列车调度员由运输、机务相关专业毕业;其他专业毕业的应在运输、机务运用工作岗位定职后工作满 3 年;其他工种调度员由相关专业毕业或从事相关专业工作满 2 年。

④铁路局集团公司高速铁路调度工作经历要求:

a. 高速铁路值班副主任:从事高速铁路计划调度员工作不少于2年或从事高速铁路列车调度员工作不少于2年。初设高速铁路值班副主任岗位,从事普速铁路值班副主任、高速铁路计划调度员或高速铁路列车调度员工作累计不少于1年。

b. 高速铁路计划调度员:从事高速铁路列车或客服调度员工作不少于2年。初设高速铁路计划调度员岗位从事高速铁路列车或客服调度员工作不少于1年,或者从事普速铁路计划、客运或列车调度员工作累计不少于2年。

c. 高速铁路列车调度员:从事普速铁路列车调度员或高速铁路动车组司机工作不少于2年。

d. 动车调度员:从事动车组检修、客车检修、运用技术管理工作累计不少于2年或从事专业调度工作不少于2年。

e. 高速铁路客服调度员:从事列车长、值班站长、客运值班员、客运计划员工作累计不少于5年或从事普速铁路调度员工作不少于2年。

f. 高速铁路施工调度员:从事普速铁路施工调度员或高速铁路列车调度员工作不少于2年。

g. 高速铁路供电调度员:从事普速铁路供电调度员工作不少于2年。

h. 动车司机调度员:从事高铁动车组司机工作不少于1年。

(2)高速铁路调度人员培训要求。

①新职高速铁路调度员任职资格培训时间不少于3个月。其中,集中理论培训(脱产)不少于20日,岗位理论培训(脱产)不少于10日,实作技能培训(跟班学习)不少于2个月。培训期满进行理论考试和实作考核,合格后方准办理"高速铁路调度员资格证"。

②铁路局集团公司高速铁路调度员不同工种间转岗、同工种间转台必须进行跟班学习,经考试、考核合格后,方准独立工作。

③现职高速铁路调度员每年须按规定参加脱产适应性培训,每年累计脱产培训时间不少于15日(150学时);对新设备、新技术投入运用、新规章实施、列车运行图调整等必须提前进行业务培训。

④铁路局集团公司高速铁路调度员应取得"高速铁路调度员资格证"后方准上岗。

⑤铁路局集团公司每年组织现职调度员进行"高速铁路调度员资格证"年度鉴定考试,合格后方准上岗。

二、铁路局集团公司调度所运输调度岗位作业标准

1. 值班主任

(1)作业标准(表1-1)。

值班主任作业标准　　　　　　表1-1

程序	项目	内容	技术要求	说明事项
一、接班	(一)了解情况	1. 了解重点事项	(1)有关命令、文电。 (2)重点列车车次、运行条件和注意事项等。 (3)动车组列车开行计划和运行情况	

项目 1　铁路运输调度工作组织

续上表

程序	项目	内容	技术要求	说明事项
一、接班	(一)了解情况	2.了解生产情况	(1)日(班)计划主要任务。 (2)行车设备使用状态、有关施工安排。 (3)临客的停运和加开、客车运行情况。 (4)编组区段站的股道运用及车流接续情况,分界口列车交接及机车运用情况。 (5)保留列车	
	(二)参加接班会	1.听取交班重点事项	认真听取,做好记录	主持接班会
		2.听取岗位情况汇报	认真听取,做好记录	
		3.布置工作	(1)传达上级文件、电报、命令和指示。 (2)针对各岗位提出的问题,明确解决办法。 (3)布置班工作重点,提出具体要求	
		4.听取领导布置工作	做好记录并开展安全预想	
	(三)接班要求	1.对口交接	正在执行的调度命令、文件、电报等重点事项当面交接清楚	
		2.检查备品、卫生	备品齐全,办公环境整齐、清洁	
		3.检查调度管理信息系统	确定系统工作正常后,重新登录	
		4.在"交接班簿"上签字	有关内容交接清楚后双方签认	
二、班中作业	(一)核实计划和情况	1.重点事项	(1)重点运输计划落实情况。 (2)超限车挂运计划。 (3)Ⅱ级及以上施工计划	
		2.运输生产	(1)分界口列车交接、排空计划及机车交路。 (2)主要客运站、编组区段站接发列车和到发线运用情况。 (3)配空及管内车到位情况。 (4)主要装卸站作业情况	
		3.运输设备	主要运输设备运用情况	
		4.天气情况	了解管内天气情况及对运输的影响	
	(二)组织工作	1.安全检查	(1)对重点揭示事项盯控工作逐项分工。 (2)及时检查安全重点事项盯控情况	
		2.联系工作	(1)向国铁集团调度汇报运输安全生产情况。 (2)与邻局联系,协调解决分界口有关事宜	
		3.班中会	(1)重点运输情况。 (2)各工种日(班)计划兑现情况。 (3)客、货列车运行情况。 (4)针对存在的问题提出解决方案	

续上表

程序	项目	内容	技术要求	说明事项
二、班中作业	(二)组织工作	4.生产组织	(1)掌握分界口列车交接和机车交路,向国铁集团报告相关情况。 (2)检查相关岗位日(班)计划执行情况,协调解决相关问题。 (3)检查编组区段站的车流调整和中间站车辆的移动情况,协调车流交换。 (4)组织编制第二班计划。 (5)检查站段列车运行图、编组计划和日(班)计划执行情况	
		5.施工组织	(1)检查施工计划的执行情况。 (2)落实Ⅱ级及以上以及枢纽地区施工组织及盯控人员到位情况。 (3)调度指挥系统施工或维修时,与施工单位办理登、销记手续	
		6.其他工作	(1)正确、及时填写"运输概况表"。 (2)审核、上传"铁路交通事故(设备故障)概况表"(安监报-1)	
	(三)调度命令发布	1.发布调度命令	(1)启动、结束应急响应调度命令。 (2)转发上级调度命令。 (3)领导要求需发布的调度命令	
		2.审核签认调度命令	(1)旅客列车加开、停运、折返及车辆甩挂。 (2)变更接发动车组列车进路。 (3)原规定为通过的动车组由正线变更为到发线接车。 (4)动车组在营业站不能接入高站台股道。 (5)一个有源应答器的管辖范围必须设置两处及以上限速地段或限速长度超过6000m时,动车组由列车自动防护(ATP)控车方式改按LKJ控车方式运行。 (6)旅客列车反方向行车和变更固定径路运行的调度命令。 (7)需使用传真机传输至外铁路局集团公司(简称外局)的调度命令	
	(四)应急处置	1.事故(设备故障)通报	(1)当发生事故或设备故障时,组织有关人员按规定正确、及时通报。 (2)填写"行车事故、设备故障通报记录簿",记录通报时间和内容	应急处置必须迅速果断,坚决消灭臆测行车,宁可错扣,不可错放

续上表

程序	项目	内容	技术要求	说明事项
二、班中作业	(四)应急处置	2.救援组织	(1)落实救援列车、救援队的出动情况。 (2)跟踪掌握事故救援作业进度,并及时拟定书面汇报材料(如事故概况、领导到位情况、救援过程及进度、事故造成的影响等)。 (3)当客车发生大面积晚点时,拟定启动应急预案调度命令,并指派有关人员下达。 (4)向国铁集团和铁路局集团公司领导汇报事故救援进展情况	
		3.应急响应	(1)当发生灾害、行车事故、设备故障、天气恶劣等影响正常行车达到规定条件时,经铁路局集团公司应急领导小组同意,及时下达启动应急响应的调度命令。 (2)根据铁路局集团公司应急领导小组指示,下达调度命令宣布应急响应结束,并通知铁路局集团公司有关领导和部门	
三、交班	(一)重点事项交班	1.做好交班准备	(1)组织各岗位调整好列车运行,为下一个班的工作打好基础。 (2)整理有关文电。 (3)重要事项在"交接班簿"中登记清楚。 (4)整理室内卫生	
		2.对口交接	(1)与接班人员按"交接班簿"的内容逐项交班。 (2)有关内容交接清楚后双方签认。 (3)参加接班班组接班会,向接班班组交接运输有关重点事项	
	(二)参加交班会	1.听取各岗位交班通报	落实重点注意事项已交班	主持交班会
		2.总结本班工作	总结经验,分析存在的问题和不足	
		3.听取领导分析问题、总结经验	虚心接受批评,吸取经验教训,提高指挥水平	

(2)执行要求。

作业中严格执行《铁路技术管理规程》(简称《技规》)、《调规》《铁路交通事故调查处理规则》(简称《事规》)、《铁路营业线施工安全管理办法》和铁路局集团公司《普速铁路行车组织规则》(简称《行规》)、《高速铁路行车组织细则》(简称《行细》)、《行车突发事件应急预案》等有关标准和规章。

2. 值班副主任(普速铁路)
(1)作业标准(表1-2)。

值班副主任(普速铁路)作业标准　　　　　　表1-2

程序	项目	内容	技术要求	说明事项
一、接班	(一)了解情况	1.了解重点事项	(1)有关命令、文电。 (2)重点列车车次、运行条件和注意事项等	
		2.了解生产情况	(1)日(班)计划主要任务。 (2)行车设备使用状态、有关施工安排。 (3)临客的停运和加开、客车运行情况。 (4)编组区段站的股道运用及车流接续情况,分界口列车交接及机车运用情况。 (5)保留列车	
	(二)参加接班会	1.听取交班重点事项	认真听取,做好记录	
		2.听取岗位情况汇报	认真听取,做好记录	
		3.布置工作	(1)传达上级文件、电报、命令和指示。 (2)针对各岗位提出的问题,明确相应的解决办法。 (3)布置班工作重点,提出具体要求	
		4.听取领导布置工作	做好记录并开展安全预想	
	(三)接班要求	1.对口交接	正在执行的调度命令、文件、电报等重点事项应当面交接清楚	
		2.检查备品、卫生	备品齐全,办公环境整齐、清洁	
		3.检查调度管理信息系统	确定系统工作正常后,重新登录	
		4.在"交接班簿"上签字	有关内容交接清楚后双方签认	
二、班中作业	(一)核实计划	1.重点事项	(1)重点运输计划落实情况。 (2)超限车挂运计划。 (3)Ⅱ级及以上施工计划	
		2.运输生产	(1)分界口列车交接、排空计划及机车交路。 (2)主要客运站、编组区段站接发列车和到发线运用情况。 (3)配空及管内车到位情况。 (4)主要装卸站作业情况	
		3.运输设备	主要运输设备运用情况	
		4.天气情况	了解管内天气情况及对运输的影响	
	(二)组织工作	1.重点工作检查	(1)按照分工,对日(班)计划安全重点揭示内容进行盯控。 (2)对关键岗位、关键人员实施盯控和指导	

续上表

程序	项目	内容	技术要求	说明事项
二、班中作业	(二)组织工作	2.联系工作	(1)与邻局联系,协调解决分界口有关事宜。 (2)发生问题及时向邻区值班副主任通报并向值班主任汇报	
		3.审核3~4h列车运行调整计划	(1)重点、军运、超限、限速列车运行计划及相关调度命令。 (2)旅客列车运行调整和客运站股道安排。 (3)交车、卸车、配空列车的计划安排。 (4)检查综合维修天窗的计划安排。 (5)非正常情况下行车运行计划	审核无误后签认
		4.班中会	(1)重点任务执行情况。 (2)听取各工种日(班)计划兑现情况汇报。 (3)针对存在的问题提出解决办法。 (4)客、货列车运行情况	
		5.生产组织	(1)掌握分界口列车交接和机车交路,向值班主任报告相关情况。 (2)检查列调台阶段计划落实情况,协调解决各台发生问题。 (3)检查编组区段站的车流调整和中间站车辆的移动情况。 (4)组织管辖区段编制第二班调整计划。 (5)检查站段列车运行图、编组计划和日(班)计划执行情况	
		6.施工组织	(1)检查施工计划的执行情况。 (2)对Ⅱ级及以上以及枢纽地区施工实施安全盯控。 (3)调度指挥系统施工或维修时,协助值班主任确认设备使用状况	
		7.审核签认调度命令	(1)线路临时限速运行、恢复正常速度(含提速)。 (2)列车中挂有限速的机车、车辆。 (3)动车组、旅客列车车辆故障、动车组安装过渡车钩限速运行。 (4)施工较规定时间推迟开始。 (5)同一线路跨越站界施工并向封锁区间开行路用列车。 (6)变更行车闭塞法或恢复原行车闭塞法	

续上表

程序	项目	内容	技术要求	说明事项
二、班中作业	(二)组织工作	8.其他工作	(1)检查管辖范围"铁路交通事故(设备故障)概况表"(安监报-1)填写情况。 (2)检查所辖区段调度人员班前了解情况、重点事项交班等基础工作。 (3)检查各计划调度台日(班)计划的编制情况,协调各计划台间的车流衔接	
	(三)应急处置	1.事故(设备故障)通报	(1)当发生事故或设备故障时,按规定的通报范围正确、及时通报。 (2)到有关列调台实施盯控。 (3)填写"行车事故、设备故障通报记录簿",记录通报时间和内容	应急处置必须迅速果断,坚决消灭臆测行车,宁可错扣,不可错放
		2.救援组织	(1)检查落实救援列车(救援队、接触网抢修车)的出动命令的发布情况。 (2)审核列车运行调整方案和相关调度命令。 (3)了解救援现场领导到位情况,掌握事故现场救援方案。 (4)组织各岗位落实救援方案,及时向值班主任报告救援进度。 (5)正确、及时记录事故救援过程	
		3.应急响应	协助值班主任确认启动结束应急响应条件	
三、交班	(一)重点事项交班	1.做好交班准备	(1)组织各岗位调整好列车运行,为下一班工作打好基础。 (2)整理有关文电。 (3)重要事项在"交接班簿"中登记清楚。 (4)整理室内卫生	
		2.对口交接	(1)与接班人员按"交接班簿"的内容逐项交班。 (2)有关内容交接清楚后双方签认	
	(二)参加交班会	1.听取各岗位交班通报	落实重点注意事项已交班	
		2.总结本班工作	总结经验,分析存在问题和不足	
		3.听取领导分析问题、总结经验	虚心接受批评,吸取经验教训,提高指挥水平	

(2)执行要求。

作业中严格执行《技规》《调规》《事规》《铁路营业线施工安全管理办法》《行规》《行细》

《行车突发事件应急预案》等有关标准和规章。

3.值班副主任(高速铁路)
(1)作业标准(表1-3)。

值班副主任(高速铁路)作业标准　　　　表1-3

程序	项目	内容	技术要求	说明事项
一、接班	(一)了解情况	1.了解重点事项	(1)有关命令、通知、文电。 (2)列车调度台列控限速设置情况。 (3)重点列车注意事项	
		2.了解生产情况	(1)列车开行计划、列车运行情况。 (2)动车组运用信息,动车组检修和车底热备情况。 (3)行车设备使用状态、有关施工安排情况。 (4)与本岗位有关的其他事项	
	(二)参加接班会	1.听取岗位情况汇报	认真听取,做好记录	
		2.布置工作	(1)传达上级文件、电报、命令和指示。 (2)针对各岗位提出的问题,明确解决办法。 (3)布置本班重点,提出工作要求	
		3.听取领导布置工作	做好记录并开展安全预想	
	(三)接班要求	1.对口交接	正在执行的调度命令、文件、电报等重点事项应当面交接清楚	
		2.检查备品、卫生	备品齐全,工作场所定置、卫生管理到位	
		3.检查调度指挥系统	确定系统工作正常后,重新登录	
		4.在"交接班簿"上签字	有关内容交接清楚后签认	
二、班中作业	(一)核实计划	1.重点事项	(1)重点列车情况。 (2)检查各列调台列控限速设置正确。 (3)其他重点事项	
		2.运输生产	(1)动车组列车开行计划、回送计划、试运行计划、检测列车运行计划和路用列车开行计划。 (2)施工(维修)计划。 (3)试验列车运行方案	
		3.运输设备	主要运输设备运用是否正常	
		4.天气情况	了解管内天气情况及对运输的影响	
	(二)组织工作	1.安全检查	(1)盯控日(班)计划安全重点揭示内容。 (2)对关键岗位、关键人员实施盯控和指导	
		2.联系工作	(1)加强与邻局联系,协调解决分界口有关事宜。 (2)发生问题及时通报	

续上表

程序	项目	内容	技术要求	说明事项
二、班中作业	(二)组织工作	3.审核3~4h列车运行调整计划	(1)重点事项及有关调度命令。 (2)列车运行调整计划。 (3)车底出入库情况及主要客运站股道运用安排情况	
		4.生产组织	(1)实时掌握动车组正晚点情况,遇晚点时及时查明原因。 (2)检查列调台阶段计划落实情况,协调解决各台发生问题。 (3)确认符合控制模式转换条件后,签认"CTC控制模式转换登记簿"。 (4)人工触发进路、人工排列进路、人工准备进路,删除进路序列,在列车运行时段或需进行调车作业的车站办理控制模式、操作方式转换,办理允许改方、总辅助改方、使用总人解、事故解按钮解锁,使用基本图生成或手工铺画列车运行线,天窗时间外进行临时抢修(含上道)作业,办理经轨道电路分路不良区段的作业,使用防淹门操作终端发送同意关门指令时,下达区间逻辑状态确认命令(包括闭塞分区确认无车占用、区间逻辑状态总解锁、区间占用逻辑检查开启/关闭的验证和执行命令)等需到岗监控的情况,及时到调台实施安全盯控。 (5)遇动车列车晚点影响车底接续时,组织制定动车组运用、开行调整方案,并组织相关岗位执行,同时按规定与外局协商和向国铁集团报告	
		5.施工组织	(1)检查施工计划的执行情况。 (2)对需开行路用列车的施工(维修)作业组织实施安全盯控。 (3)调度指挥系统施工或维修时,协助值班主任确认设备使用状况。 (4)检查列调台运统-46登记情况	
		6.审核签认调度命令	(1)临时限速(含设置、取消列控限速)。 (2)列车反方向运行。 (3)列车变更基本径路。 (4)调度命令用作允许列车运行的行车凭证。 (5)动车组在区间被迫停车后,返回(退回)至后方站。	

项目 1 铁路运输调度工作组织

续上表

程序	项目	内容	技术要求	说明事项
二、班中作业	(二)组织工作	6.审核签认调度命令	(6)区间救援。 (7)抢修作业。 (8)在车站、区间临时停车上、下人员。 (9)处理设备故障需开行路用列车、轨道车。 (10)列车需临时降弓运行。 (11)有运行揭示调度命令的施工,较规定时间推迟开始、提前毕时。 (12)施工开通后启用新版本 LKJ 数据涉及径路、线路允许速度变化的第一列列车,发布明确列车运行径路、限制速度的调度命令	
		7.其他工作	(1)检查管辖范围"铁路交通事故(设备故障)概况表"(安监报-1)填写情况。 (2)填写"高速铁路运输概况表"	
	(三)应急处置	1.事故(设备故障)通报	(1)当发生设备故障、交通事故、自然灾害等非正常情况时,立即到列调台实施安全盯控。 (2)及时通报值班主任、高速铁路调度室安全员、高速铁路调度室主任、调度所副主任	应急处置必须迅速果断,坚决消灭臆测行车,宁可错扣,不可错放
		2.救援组织	(1)检查落实救援列车(救援队、接触网抢修车)的出动命令的发布情况。 (2)审核列车运行调整方案和调度命令。 (3)了解现场救援组织情况和救援方案。 (4)组织相关岗位实施救援方案,及时向值班主任报告救援进度。 (5)正确、及时记录事故救援过程	
		3.应急响应	协助值班主任确认启动和结束应急响应条件	
三、交班	(一)重点事项交班	1.做好交班准备	(1)组织各岗位调整好列车运行,为下一个班的工作打好基础。 (2)整理有关文电。 (3)重要事项在"交接班簿"中登记清楚。 (4)检查各列调台列控限速设置正确。 (5)检查各岗位"交接班簿"登记正确、完整后签认。 (6)整理岗位卫生	
		2.对口交接	(1)与接班人员按"交接班簿"内容逐项交班。 (2)有关内容交接清楚后接班人员签认	

续上表

程序	项目	内容	技术要求	说明事项
三、交班	(二)参加交班会	1.听取各岗位交班通报	落实重点注意事项已交班	
		2.总结本班工作	总结经验,分析存在的问题和不足	
		3.听取领导分析问题、总结经验	认真听取,吸取经验教训,提高指挥水平	

(2)执行要求。

作业中严格执行《技规》《调规》《事规》《铁路营业线施工安全管理办法》《行规》《行细》《行车突发事件应急预案》等有关标准和规章。

4. 计划调度员(普速铁路)

(1)作业标准(表1-4)。

计划调度员(普速铁路)**作业标准**　　　　　　　表1-4

程序	项目	内容	技术要求	说明事项
一、接班	(一)了解情况	1. 了解重点事项	(1)阅读有关命令、文电。 (2)了解军运、重点列车注意事项及超限货物列车运行条件和挂运车次。 (3)重点工作要求	
		2. 了解生产情况	(1)分界口列车交接情况,管辖区段列车运行、编组及摘挂作业情况,中间站存车及股道运用、保留列车分布。 (2)编组、区段站及中间站列车到开计划、编解作业情况和到发线、编组线占用情况,列车编组及车流接续。 (3)临客开行计划及客车甩挂计划。 (4)管辖范围内施工计划。 (5)管辖范围内装卸作业和配空计划。 (6)机车交路。 (7)分界口限制车流接入和交出情况	
	(二)参加接班会	1. 听取交班事项	对与本岗位有关事项做好记录并做好安全预想	
		2. 汇报本岗位工作情况	针对存在的问题,提出工作的关键和要求	
		3. 听取领导布置工作	与本岗位有关事项做好记录并做好安全预想	
	(三)接班要求	1. 对口交接	正在执行的调度命令、文件、电报等重点事项当面交接清楚	
		2. 检查备品、卫生	备品齐全,办公环境整齐、清洁	

项目1　铁路运输调度工作组织

续上表

程序	项目	内容	技术要求	说明事项
一、接班	(三)接班要求	3.检查调度管理信息系统	确定系统工作正常后,重新登录	
		4.在"交接班簿"上签字	有关内容交接清楚后双方签认	
二、班中作业	(一)分阶段核实计划	1.重点事项	核对军运、超限、限速、剧毒品等重点运输挂运条件及计划的落实情况	
		2.运输生产	(1)交接车、编组内容及机车交路运用情况,卸车、配空等有效车流。 (2)管辖范围内列尾装置分布情况	
		3.运输设备	主要运输设备运用情况	
		4.天气情况	了解管内天气情况及对运输的影响	
	(二)组织工作	1.收集资料	(1)分阶段收集编组区段站列车到发、股道、机车运用、调机出库和作业情况。 (2)分界口18:00(6:00)列车交接和编组情况。 (3)重点列车挂运条件和股道运用安排。 (4)区间卸车动力和卸车劳力安排。 (5)中间站存车、始发车的车流情况。 (6)与相邻铁路局集团公司、邻台交换有关资料,核对分界口列车交接计划及列车编组内容。 (7)了解邻台车流积压情况、机班配属及施工维修天窗等情况	
		2.编制和下达阶段计划	(1)列车到、发及运行计划,包括列车车次、发站(车场)、到站(车场)、发到时分、编组内容、特定运行径路、始发列车车辆来源。 (2)分界站列车交接计划,包括列车车次、交接时分、编组内容(重车分去向、空车分车种)。 (3)管内工作车输送计划、各站配空挂运计划和摘挂列车的甩挂作业计划。 (4)装载超限超重、军运物资(人员)、剧毒品、运输警卫方案货物车辆,有运行条件限制的机车车辆、自轮运转特种设备挂运和专列开行计划。 (5)机车车辆试运行及路用列车开行计划。 (6)重点注意事项	(1)按照每3h为一阶段编制阶段计划(有需求、具备条件的铁路局集团公司可按每6h为一阶段编制),并与相邻台(局)交换,下达时间不晚于阶段计划开始60min前下达。 (2)在不晚于阶段计划开始60min前,向调度所列车、机车调度员以及编组站、区段站值班站长(车站调度员)下达计划,并确认接收情况。 (3)遇阶段计划发生变化时,应及时向有关单位(人员)布置

续上表

程序	项目	内容	技术要求	说明事项
二、班中作业	(二)组织工作	3.与相邻铁路局集团公司交换次日(班)分界口列车交接计划	(1)分界站交接列车车次、时分、编组内容。 (2)核对超限限速车辆、重点、剧毒品运输条件和有关电报、命令内容	
		4.班中会	(1)通报开车计划调整情况。 (2)通报日(班)计划执行情况。 (3)针对班工作中存在的问题,提出解决办法	
		5.运输组织	(1)安排中间站调小机车取送作业计划。 (2)了解编组区段站解编作业进度。 (3)了解所辖区段的列车运行情况。 (4)掌握所辖分界口列车交接及排空情况。 (5)掌握管内工作车移动情况。 (6)掌握编组、区段站车流情况。 (7)检查核对所辖区段超限、限速车辆和剧毒品车辆是否符合挂运条件,并纳入日(班)计划。 (8)做好所辖区段各调度台间的协调工作,组织日(班)计划的兑现。 (9)检查站段执行日(班)计划情况	分阶段进行运输组织
		6.提供编制日(班)计划资料	(1)所辖区段内各站去向别重车数(其中到本局和邻局管内摘挂车流分到站)、车种别空车数和待卸车数。 (2)停运列车、备用车的分布情况。 (3)在途列车的编组内容和预计到达编组站、区段站、分界站的时刻。 (4)快速班列等重点列车编组情况和预计到达分界站的时分	
	(三)应急处置	1.事故(设备故障)处理	当发生事故或设备故障时,协助值班主任(值班副主任)完成相应工作	
		2.救援组织	(1)检查、督促救援列车(救援队)及时出动。 (2)审核事故地段列车运行计划,及时调整,保证救援列车运行畅通。 (3)组织疏通事故地段两端站股道,保证救援列车到达后能够迅速展开救援工作。 (4)准备好救援所需机车、车辆,做好救援起复准备工作。 (5)合理调整车流。 (6)协助列调台做好事故救援相关组织工作	应急处置必须迅速果断,坚决消灭臆测行车,宁可错扣,不可错放
		3.应急响应	协助值班(副)主任做好启动和结束应急响应工作	

续上表

程序	项目	内容	技术要求	说明事项
三、交班	(一)重点事项交班	1.做好交班准备	(1)调整好列车运行,为下一班工作打好基础。 (2)整理有关文电,在"交接班簿"内注明号码。 (3)重要事项填写"交接班簿"。 (4)整理室内卫生	
		2.对口交接	(1)与接班人员按"交接班簿"的内容逐项交班。 (2)有关内容交接清楚后双方签认	
	(二)参加交班会	1.汇报本岗位工作	汇报本班工作完成情况及交班存在问题	
		2.值班主任总结本班工作	认真听取,吸取经验教训,提高指挥水平	
		3.领导分析问题、总结经验	认真听取,吸取经验教训,提高指挥水平	

(2)执行要求。

作业中严格执行《技规》《调规》《事规》《铁路营业线施工安全管理办法》《行规》《行车突发事件应急预案》等有关标准和规章。

5.计划调度员(高速铁路)

(1)作业标准(表1-5)。

计划调度员(高速铁路)作业标准　　　　　表1-5

程序	项目	内容	技术要求	说明事项
一、接班	(一)了解情况	1.了解重点事项	(1)日(班)计划重点运输有关事项。 (2)有关文电、调度命令	
		2.了解生产情况	(1)动车组始发、运行正晚点情况。 (2)动车组开行计划、车底运用情况及乘务担当情况。 (3)动车组车底型号及乘务担当。 (4)其他与本工种有关的事宜	
	(二)参加接班会	1.听取相关岗位情况汇报	与本岗位有关事项做好记录和安全预想	
		2.汇报本岗位工作情况	针对存在的问题,提出解决方法	
		3.听取领导布置工作	与本岗位有关的事项做好记录并开展安全预想	

27

续上表

程序	项目	内容	技术要求	说明事项
一、接班	(三)接班要求	1.对口交接	正在执行的调度命令、文件、电报等重点事项当面交接清楚	
		2.检查备品、卫生	备品齐全,办公环境整齐、清洁	
		3.检查调度管理信息系统	确定系统工作正常后,重新登录	
		4.在"交接班簿"上签字	有关内容交接清楚后签认	
二、班中作业	(一)核实计划	1.重点运输计划	落实车底的整备状态符合运输需要	
		2.动车组回送计划	阅读命令,与车站核对动车组回送计划及准备情况	
	(二)组织工作	1.日计划编制和下达	(1)收集次日动车组列车开行日计划资料,遇有图外加开时,应确认加开条件。 (2)审核相关调度岗位提交的日计划资料。 (3)与邻局交换日计划资料。 (4)按规定向国铁集团高速铁路调度提出动车组列车运输调整、回送、试运行申请。 (5)汇总、编制下达次日动车组列车开行日计划,并上报国铁集团,上传至调度所内部网站	
		2.日常组织	(1)掌握动车组运行情况,分析晚点原因。 (2)及时发布有关调度命令和口头指示。 (3)检查各站段调度命令的执行情况。 (4)了解次日动车组车底上线情况,车辆不能满足运行图时应时及时向有关部门汇报。 (5)收集情况,填记各项表报,并按规定向上级汇报和与邻局交换信息。 (6)做好列车运行图及相关文电数据维护、核对。 (7)填写本岗位相关工作台账	
		3.应急处置	(1)遇列车晚点时,制定动车组列车开行调整方案,组织有关岗位实施。 (2)及时向有关站、段发布加开、停运等调度命令	
三、交班	(一)重点事项交班	1.做好交班准备	(1)整理有关文电,在"交接班簿"内注明号码。 (2)重要事项填写"交接班簿"。 (3)整理室内卫生	
		2.对口交接	(1)与接班人员按"交接班簿"内容逐项交班。 (2)有关内容交接清楚后接班人员签认	

续上表

程序	项目	内容	技术要求	说明事项
三、交班	(二)参加交班会	1.汇报本岗位工作	汇报本班工作完成情况及交班存在问题	
		2.值班主任总结本班工作	认真听取、吸取经验教训,提高指挥水平	
		3.领导分析问题、总结经验	认真听取、吸取经验教训,提高指挥水平	

(2)执行要求。

作业中严格执行《技规》《调规》《事规》《铁路营业线施工安全管理办法》《行细》《行车突发事件应急预案》等有关标准和规章。

6.列车调度员(普速铁路非CTC区段)

(1)作业标准(表1-6)。

列车调度员(普速铁路非CTC区段)作业标准　　表1-6

程序	项目	内容	技术要求	说明事项
一、接班	(一)了解情况	1.了解重点事项	(1)有关命令、文电。 (2)军运、重点列车注意事项及超限车限制条件和挂运车次等。 (3)跨班调度命令的交付和执行情况。 (4)本区段临时限速情况	
		2.了解生产情况	(1)列车开行计划,分界口列车交接情况,车流接续情况,列车运行、编组及摘挂作业情况,中间站存车及股道运用、停运列车的停留分布。 (2)行车设备使用状态,施工、维修日计划,运行揭示调度命令,施工、维修调度命令和区间路料卸车及限速情况。 (3)调度区段内装卸作业和配空计划。 (4)机车交路。 (5)其他与本岗位有关的事宜	
		3.听取领导布置工作	与本岗位有关事项做好记录,并做好安全预想	
	(二)参加接班会	1.听取交班事项和相关岗位提出的问题	与本岗位有关事项做好记录,并做好安全预想	
		2.通报接班了解的情况和问题	针对存在的问题,提出解决建议	
		3.听取领导布置工作	与本岗位有关事项做好记录,并做好安全预想	
	(三)接班要求	1.对口交接	正在执行的调度命令、文件、电报等重点事项当面交接清楚	
		2.检查备品、卫生	备品齐全,办公环境整齐、清洁	

续上表

程序	项目	内容	技术要求	说明事项
一、接班	(三)接班要求	3. 检查调度管理信息系统	确定系统工作正常后,重新登录	
		4. 在"交接班簿"上签字	有关内容交接清楚后双方签认	
二、班中作业	(一)3～4h列车运行调整计划	1. 收集资料	(1)邻台列车交接计划。 (2)编组区段站接发车计划。 (3)中间站站存车。 (4)摘挂列车编组内容。 (5)施工维修计划及现场作业准备情况	
		2. 编制计划	(1)车站列车到、发时分和列车会让计划。 (2)列车在中间站作业计划。 (3)区段装卸车计划。 (4)施工(维修)计划。 (5)重点列车注意事项	
		3. 下达计划	(1)摇总铃。 (2)与现场校对钟表。 (3)提出安全生产要求,传达事故通报。 (4)列车会让计划。 (5)摘挂列车和调小机车外出作业计划。 (6)施工维修作业计划。 (7)重点事项和要求	除列车会让计划可用电脑下达外,其他均口头下达,重点事项必须复诵
	(二)组织工作	1. 列车运行组织	(1)选择合理会让站、越行站,组织列车按图行车。 (2)组织列车进行快速、平行作业,缩短列车在站作业时间。 (3)组织好施工作业前后的列车运行。 (4)按规定组织反方向行车、合并列车运行	
		2. 施工组织	(1)核对施工日计划、运行揭示调度命令,掌握线路限速信息。 (2)与车站核对施工申请。 (3)拟定施工调度命令、天窗维修调度命令、电网停电调度命令。 (4)发布限速调度命令(包括施工前、后)。 (5)发布准许天窗维修或施工封锁调度命令。 (6)确认施工完毕。 (7)确认封锁区间(区段)具备开通条件。 (8)发布施工完毕开通的调度命令	

续上表

程序	项目	内容	技术要求	说明事项
二、班中作业	(二)组织工作	3.应急处置	(1)当得到现场关于列车、线路等出现危及行车安全的报告时,应及时指示有关人员立即停车,查明情况,妥善处理。 (2)遇有铁路车辆运行安全监控系统报警时,及时确认车次,安排列车停车检查或甩车处理。 (3)当发生设备故障、交通事故、自然灾害等非正常情况时,按规定及时处理和通报,并积极采取有效措施,组织救援抢修,尽快恢复正常行车	应急处置必须迅速果断,坚决消灭臆测行车,宁可错扣,不可错放
		4.提供日(班)计划资料	(1)在途列车编组内容、预计到达编组、区段站的时间。 (2)按重车分去向,空车分车种,推定本区段各站18:00(6:00)现在车分布情况	
		5.其他工作	(1)加强与司机出退勤的联系,根据列车运行情况准确、及时叫班。 (2)及时、正确、完整地填记各种图表。 (3)及时完成其他规定内容的工作	
	(三)调度命令发布	1.详细了解现场情况	确认具备发布调度命令条件	
		2.拟写调度命令	(1)按规定书写命令。 (2)在计算机编辑时"模板"中未用到的字句删除,在书面拟写时"模板"中未用到的字句圈掉。 (3)当调度命令书写不正确时,应重新书写。 (4)已发布的调度命令,遇有错、漏或变化时,必须取消前发命令,重新发布全部内容的调度命令	发布行车调度命令,要一事一令,不得发布无关内容
		3.审核签认	严格执行审核、签认制度	
		4.下达调度命令	(1)在使用计算机网络、传真机、无线传送系统发布调度命令时,命令接收人员确认无误后应及时反馈回执。 (2)在电话发布调度命令时,指定受令人员中一人复诵,并记明发收人员姓名及时刻。 (3)在具备良好转接设备和通信记录装置的条件下,符合使用列车调度电话发布、转达调度命令内容的,列车调度员(车站值班员)可使用列车调度电话向列车司机发布(转达)调度命令。 (4)严格按照规定的时机下达调度命令	指挥列车运行的命令和口头指示,只能由列车调度员发布
		5.确认已交付	确认回执或口头汇报已收到	

续上表

程序	项目	内容	技术要求	说明事项
三、交班	(一)重点事项交班	1.做好交班准备	(1)调整好列车运行,为下一班工作打好基础。 (2)整理有关文电,在"交接班簿"内注明号码。 (3)重要事项填写"交接班簿"。 (4)整理室内卫生	
		2.对口交接	(1)与接班人员按"交接班簿"的内容逐项交班。 (2)有关内容交接清楚后双方签认	
	(二)参加交班会	1.汇报本岗位工作	汇报本班工作完成情况及交班存在问题	
		2.值班主任总结本班工作	认真听取,吸取经验教训,提高指挥水平	
		3.领导分析问题、总结经验	认真听取,吸取经验教训,提高指挥水平	

(2)执行要求。

作业中严格执行《技规》《调规》《事规》《铁路营业线施工安全管理办法》《行规》《行车突发事件应急预案》等有关标准和规章。

7. 列车调度员(普速铁路 CTC 区段)

(1)作业标准(表 1-7)。

列车调度员(普速铁路 CTC 区段)作业标准　　　　　表 1-7

程序	项目	内容	技术要求	说明事项
一、接班	(一)了解情况	1.了解重点事项	(1)有关命令、通知、文电。 (2)重点列车注意事项。 (3)列控限速设置情况,跨班调度命令的交付和执行情况	
		2.了解生产情况	(1)列车开行计划及运行情况。 (2)动车组运用信息,掌握动车组检修和车底热备情况。 (3)施工(维修)日计划、运行揭示调度命令、施工(维修)调度命令。 (4)行车设备状况、天气情况。 (5)救援列车动态、机车车辆存放情况。 (6)与本岗位有关的其他事项	
	(二)参加接班会	1.听取相关岗位提出的问题	与本岗位有关事项做好记录,做好安全预想	
		2.汇报本岗位工作	针对存在的问题,提出解决措施	
		3.听取领导布置工作	与本岗位有关事项做好记录	

续上表

程序	项目	内容	技术要求	说明事项
一、接班	(三)接班要求	1. 对口交接	正在执行的调度命令、文件、电报等重点事项当面交接清楚;核对列控限速设置正确及行车设备状况	
		2. 检查备品、卫生	备品齐全,工作场所定置、卫生管理到位	
		3. 检查调度指挥系统	确定系统工作正常后,重新登录	
		4. 签认"交接班簿"	有关内容交接清楚后签认	
二、班中作业	(一)3~4h列车运行调整计划	1. 收集资料	(1)邻台列车交接计划。 (2)车底出库及站内待发情况。 (3)车站到发线运用情况。 (4)施工维修计划及作业准备情况。 (5)其他有关事项	
		2. 编制计划	(1)根据日(班)计划,铺画列车运行计划线。 (2)确认车站列车到发时分、股道使用、会让计划等。 (3)接发动车组列车的计划	动车组列车的接发及股道、站台、停车位置按有关规定执行
		3. 下达计划	(1)将计划下达至车站。 (2)布置重点事项,提出安全生产要求	
	(二)组织工作	1. 列车运行组织	(1)注意列车在区间和车站的运行情况。 (2)组织晚点列车恢复正点	
		2. 施工组织	(1)指示助理调度根据施工(维修)日计划、运行揭示调度命令,逐项核对申请内容无误。 (2)指示助理调度及时拟定并正确发布准许利用天窗施工(维修)的调度命令或接触网停送电调度命令。 (3)施工(维修)结束,确认施工(维修)单位在运统-46销记完毕,方可放行列车。 (4)在调度台登记运统-46时,指示助理调度正确、及时办理登记手续	有施工路用列车开行的施工维修作业按封锁方式组织
		3. 应急处置	(1)当得到现场关于列车、线路等出现危及行车安全的报告时,应及时指示有关人员立即停车,查明情况,妥善处理。 (2)遇防灾安全监控系统报警时,应立即确认报警地点,并根据限速提示向相关动车组列车发布限速运行的调度命令;对来不及发布调度命令的列车,立即通知司机限速运行;对禁止运行的报警信息,应及时关闭相关信号并通知司机停车。	应急处置必须迅速果断,坚决消灭臆测行车,宁可错扣,不可错放

续上表

程序	项目	内容	技术要求	说明事项
二、班中作业	(二)组织工作	3.应急处置	(3)当发生设备故障、交通事故、自然灾害等非正常情况,按规定正确、及时处理和通报,并积极地采取有效措施,组织救援抢修,尽快恢复正常行车	
		4.人工办理进路	(1)通知值班副主任到岗盯控。 (2)与助理调度共同确认是否具备办理进路条件。 (3)布置助理调度通过CTC调度终端人工办理进路,并执行"二人确认制度"。 (4)确认进路排列、信号开放正确。 (5)指示助理调度在CTC调度终端上正确操纵信号、道岔等设备,以及接触网停电、道岔单锁、线路(道岔、按钮)封锁等标志的设置及取消	进行调度终端操作时,必须严格执行"眼看、手指(鼠标指)、口呼""一看、二按(点击)、三确认、四呼唤"制度和联控标准用语
		5.控制模式转换	(1)遇CTC设备故障、施工(维修)影响CTC设备正常使用或铁路局集团公司规定施工(维修)需按非常站控模式组织作业时,确认车站值班干部到岗,并经值班副主任准许后,方可指示有关车站转入非常站控模式。 (2)正确及时向非常站控模式车站下达列车运行调整计划,计划中应包括列车车次、到发时刻、接发股道和施工(维修)计划等事项。 (3)正确及时向非常站控模式车站发布有关调度命令、行车凭证和口头指示。 (4)恢复正常时,及时指示车站转入分散自律控制模式,并报告值班副主任	控制模式(方式)相互转换时,需登记"CTC控制模式转换登记簿",并确认助理调度与车站有关事项交接清楚
		6.其他工作	(1)及时、正确、完整填记各种图表。 (2)及时完成其他工作	
	(三)调度命令发布	1.详细了解现场情况	听取有关人员意见,确认具备发布调度命令条件	
		2.拟写调度命令	(1)在书写命令内容、受令处所时必须正确、完整、清晰。 (2)在计算机编辑时,"模板"中未用到的字句删除;在书面拟写时,"模板"中未用字句圈掉。 (3)当调度命令书写不正确时,应重新书写。 (4)当已发布的调度命令,遇有错、漏或变化时,必须取消前发调度命令,重新发布全部内容的调度命令	发布行车调度命令,要一事一令,不得发布无关内容
		3.审核签认	严格执行审核、签认制度	

续上表

程序	项目	内容	技术要求	说明事项
二、班中作业	(三)调度命令发布	4.下达调度命令	(1)在发布调度命令前,列车调度、助理调度均应口诵命令内容和受令处所,(包括动车组列车担当的车组号),共同确认正确后方可下达。 (2)在使用列车调度电话发布调度命令时,指定受令人员中一人复诵,并记明发收人员姓名及时刻。 (3)在使用计算机、传真机、无线传送系统发布调度命令时,必须及时确认签收情况。 (4)列车调度员应使用无线传送系统向司机下达书面调度命令,并及时确认司机签收情况;无法使用无线传送系统向司机下达书面调度命令时,可使用列车调度电话发布,并与司机核对。 (5)严格按照规定的时机下达调度命令	
		5.确认已交付	确认回执或口头汇报已收到	
	(四)列控限速	1.列控限速设置	(1)助理调度拟定限速调度命令,输入限速参数,并添加值班副主任签认。 (2)列车调度再次输入限速参数,以校验确认。 (3)助理调度将该限速参数发送至值班副主任审核,签认后发送至临时限速服务器(TSRS)进行校验。 (4)限速开始时间临近时,助理调度通过CTC的限速命令管理界面激活和执行需设置的列控限速。 (5)确认限速光带正确显示,已设置栏的限速参数信息正确设置。 (6)如果设置失败,根据失败原因提示重新设置,仍不成功时,应立即报告值班副主任,并按列控限速设置不成功的有关规定办理,同时登记运统-46并通知电务人员处理	与助理调度认真执行"二人确认制度"和联控标准用语,保证列控限速取消正确、及时
		2.列控限速取消	(1)与助理调度共同确认已具备取消限速的条件。 (2)助理调度拟定取消限速的调度命令,输入取消限速参数(取消限速命令必须与要取消的列控限速调度命令的限速区段设置参数完全一致,不得对某一限速区段进行分段取消或覆盖取消;下同),并添加值班副主任签认。 (3)列车调度再次输入取消限速参数,以校验确认。 (4)助理调度将该取消限速参数发送至值班副主任审核,签认后发送至临时限速服务器(TSRS)进行校验。 (5)助理调度通过CTC的限速命令管理界面激活和执行取消限速的命令。 (6)确认限速光带已消失及已设置栏的限速参数已取消。 (7)如果取消失败,根据失败原因提示重新设置,仍不成功时,应立即报告值班副主任,同时登记运统-46并通知电务人员处理	

续上表

程序	项目	内容	技术要求	说明事项
三、交班	(一)重点事项交班	1.做好交班准备	(1)调整好列车运行,为下一个班的工作打好基础。 (2)整理有关命令、通知、文电,在"交接班簿"内注明名称和号码。 (3)确认重点事项、救援列车动态、施工维修情况、运行揭示调度命令、行车设备状况、机车车辆存放情况和调度命令交付情况,并填写"交接班簿"。 (4)检查列控限速设置情况,登记"交接班簿"中"限速情况"栏。 (5)整理岗位卫生	
		2.对口交接	(1)与接班人员按"交接班簿"内容逐项进行交接。 (2)有关内容交接清楚后,接班人员签认	
	(二)参加交班会	1.汇报本岗位工作	汇报本班工作完成情况及存在问题	
		2.值班副主任总结本班工作	认真听取,吸取经验教训,提高指挥水平	
		3.领导分析问题、总结经验	认真听取,吸取经验教训,提高指挥水平	

(2)执行要求。

作业中严格执行《技规》《调规》《事规》《铁路营业线施工安全管理办法》《行规》《行车突发事件应急预案》等有关标准和规章。

8.助理调度员(普速铁路CTC区段)

(1)作业标准(表1-8)。

助理调度员(普速铁路CTC区段)作业标准　　　　表1-8

程序	项目	内容	技术要求	说明事项
一、接班	(一)了解情况	1.了解重点事项	(1)有关命令、通知、文电。 (2)重点列车注意事项。 (3)列控限速设置情况,跨班调度命令的交付和执行情况	
		2.了解生产情况	(1)列车开行计划、列车运行情况。 (2)动车组运用信息,掌握动车组检修和车底热备情况。 (3)施工(维修)日计划、运行揭示调度命令、施工(维修)调度命令。 (4)行车设备状况、天气情况。 (5)救援列车动态、机车车辆存放情况。 (6)与本岗位有关的其他事项	

续上表

程序	项目	内容	技术要求	说明事项
一、接班	(二)参加接班会	1.听取相关岗位提出问题	与本岗位有关事项做好记录,并做好安全预想	
		2.汇报本岗位工作情况	针对存在的问题,提出解决措施	
		3.听取领导布置工作	与本岗位有关的事项做好记录	
	(三)接班要求	1.对口交接	正在执行的调度命令、文件、电报等重点事项当面交接清楚;核对中心控制方式车站设备情况	
		2.检查备品、卫生	备品齐全,工作场所定置、卫生管理到位	
		3.检查调度指挥系统	确定系统工作正常后,重新登录	
		4.签认"交接班簿"	有关内容交接清楚后签认	
二、班中作业	(一)组织工作	1.注意列车运行	(1)认真监视CTC报警信息,加强对管辖各站列车进路排列情况的监控。(2)注意列车在区间和车站的运行情况。(3)发现异常情况,正确、及时进行处置	
		2.编制、下达调车作业计划	(1)利用CTC正确及时编制、下达调车作业计划。(2)向调车指挥人布置作业要求和注意事项。(3)变更调车作业计划时,应通知司机停车,待所有参加作业人员均传达清楚后方可继续作业	
		3.施工组织	(1)根据施工(维修)日计划、运行揭示调度命令,逐项核对申请内容无误。(2)及时拟定并发布准许利用天窗施工(维修)的调度命令或接触网停送电调度命令。(3)施工(维修)结束,确认施工(维修)单位在运统-46销记后,方可放行列车。(4)在调度台登记运统-46时,正确、及时办理登记手续	
		4.应急处置	(1)当得到现场关于列车、线路等出现危及行车安全的报告时,应及时指示有关人员立即停车,查明情况,妥善处理。(2)遇防灾安全监控系统报警时,必须立即确认报警地点,并按列车调度指示及有关规定处理。(3)当发生设备故障、交通事故、自然灾害等非正常情况时,按规定正确、及时处理和通报,并积极采取有效措施,组织救援抢修,尽快恢复正常行车	应急处置必须迅速果断,坚决消灭臆测行车,宁可错扣,不可错放

续上表

程序	项目	内容	技术要求	说明事项
二、班中作业	(一)组织工作	5.人工办理进路	(1)与列车调度共同确认是否具备办理进路条件。 (2)根据列车调度指示,通过CTC调度终端人工办理进路,并执行"二人确认制度"。 (3)确认进路排列、信号开放正确。 (4)根据列车调度指示,正确及时取消、变更和解锁进路。 (5)根据列车调度指示,正确操纵信号、道岔等设备,以及接触网停电、道岔单锁、线路(道岔、按钮)封锁等标志的设置及取消。 (6)登记"高铁调度台行车(工作)日志"	进行调度终端操作时,必须严格执行"眼看、手指(鼠标指)、口呼""一看、二按(点击)、三确认、四呼唤"制度和联控标准用语
		6.控制模式转换	(1)遇CTC设备故障、施工(维修)影响CTC设备正常使用或铁路局集团公司规定施工(维修)需按非常站控模式组织作业时,确认车站值班干部到岗,并经值班副主任准许后,方可指示有关车站转入非常站控模式。 (2)恢复正常时,及时指示车站转入分散自律控制模式,并报告班副主任。 (3)转换控制模式(方式)时,与车站相互核对清楚设备状况、列车运行计划、相邻有岔车站控制模式及与本站(线路所)有关的调度命令等情况,并登记"控制模式(操作方式)转换核对情况登记簿"	
	(二)调度命令发布	1.详细了解现场情况	听取有关人员意见,确认具备发布命令条件	
		2.拟写调度命令	(1)在书写命令内容、受令处所时,必须正确、完整、清晰。 (2)在计算机编辑时,"模板"中未用字句删除;在书面拟写时,"模板"中未用字句圈掉。 (3)当调度命令书写不正确时,应重新书写。 (4)当已发布的调度命令,遇有错、漏或变化时,必须取消前发调度命令,重新发布全部内容的命令	发布行车调度命令,要一事一令,不得发布无关内容
		3.审核签认	严格执行审核、签认制度	
		4.下达调度命令	(1)在发布调度命令前,列车调度、助理调度均应口诵命令内容和受令处所,确认正确后方可下达。 (2)在使用列车调度电话发布调度命令时,指定受令人员中一人复诵,并记明发收人员姓名及时刻。	

续上表

程序	项目	内容	技术要求	说明事项
二、班中作业	(二)调度命令发布	4.下达调度命令	(3)在使用计算机、传真机、无线传送系统发布调度命令时,必须及时确认签收情况。 (4)可使用无线传送系统向司机下达书面调度命令时,列车调度应与助理调度核对车组号无误后直接向司机下达,并及时确认司机签收情况;无法使用无线传送系统向司机下达书面调度命令时,可使用列车调度电话发布,并与司机核对。 (5)严格按照规定的时机下达调度命令	
		5.确认已交付	确认回执或口头汇报已收到	
	(三)列控限速	1.列控限速设置	(1)助理调度拟定限速调度命令,输入限速参数,并添加值班副主任签认。 (2)列车调度再次输入限速参数,以校验确认。 (3)助理调度将该限速参数发送至值班副主任审核,签认后发送至临时限速服务器(TSRS)进行校验。 (4)限速开始时间临近时,助理调度通过CTC的限速命令管理界面激活和执行需设置的列控限速。 (5)确认限速光带正确显示,已设置栏的限速参数信息正确设置。 (6)如果设置失败,根据失败原因提示重新设置,仍不成功时,应立即报告值班副主任,并按列控限速设置不成功的有关规定办理,同时登记运统-46并通知电务人员处理	与列车调度认真执行"二人确认制度"和联控标准用语,保证列控限速取消正确、及时
		2.列控限速取消	(1)与列车调度共同确认已具备取消限速条件。 (2)助理调度拟定取消限速的调度命令,输入取消限速参数(取消限速命令必须与要取消的列控限速调度命令的限速区段设置参数完全一致,不得对某一限速区段进行分段取消或覆盖取消;下同),并添加值班副主任签认。 (3)列车调度再输入取消限速参数校验确认。 (4)助理调度将该取消限速参数发送至值班副主任审核,签认后发送至临时限速服务器(TSRS)进行校验。 (5)助理调度通过CTC的限速命令管理界面激活和执行取消限速的调度命令。 (6)确认限速光带已消失,已设置栏的限速参数已取消。 (7)如果取消失败,根据失败原因提示重新设置,仍不成功时,应立即报告值班副主任,同时登记运统-46并通知电务人员处理	

39

续上表

程序	项目	内容	技术要求	说明事项
三、交班	(一)重点事项交班	1. 做好交班准备	(1)整理有关命令、通知、文电,在"交接班簿"内注明名称和号码。 (2)确认重点事项,救援列车动态、施工维修情况、运行揭示调度命令、机车车辆存放情况和调度命令交付情况,并填写"交接班簿"。 (3)检查中心控制方式车站设备情况,登记"交接班簿"中"集控站设备状况"栏。 (4)整理岗位卫生	
		2. 对口交接	(1)与接班人员按"交接班簿"内容逐项进行交接。 (2)有关内容交接清楚后,接班人员签认	
	(二)参加交班会	1. 汇报本岗位工作	汇报本班工作完成情况及存在问题	
		2. 值班副主任总结本班工作	认真听取,吸取经验教训,提高指挥水平	
		3. 领导分析问题、总结经验	认真听取,吸取经验教训,提高指挥水平	

(2)执行要求。

作业中严格执行《技规》《调规》《事规》《铁路营业线施工安全管理办法》《行规》《行车突发事件应急预案》等有关标准和规章。

9. 列车调度员(高速及城际铁路)

(1)作业标准(表1-9)。

列车调度员(高速及城际铁路)作业标准　　　　　表1-9

程序	项目	内容	技术要求	说明事项
一、接班	(一)了解情况	1. 了解重点事项	(1)有关命令、通知、文电。 (2)重点列车注意事项。 (3)列控限速设置情况,跨班调度命令的交付和执行情况	
		2. 了解生产情况	(1)列车开行计划及运行情况。 (2)动车组运用信息,掌握动车组检修和车底热备情况。 (3)施工(维修)日计划、运行揭示调度命令、施工(维修)调度命令。 (4)行车设备状况、天气情况。 (5)救援列车动态、机车车辆存放情况。 (6)与本岗位有关的其他事项	
	(二)参加接班会	1. 听取相关岗位提出的问题	与本岗位有关事项做好记录,做好安全预想	
		2. 汇报本岗位工作情况	针对存在的问题,提出解决措施	
		3. 听取领导布置工作	与本岗位有关事项做好记录	

续上表

程序	项目	内容	技术要求	说明事项
一、接班	(三)接班要求	1.对口交接	正在执行的调度命令、文件、电报等重点事项当面交接清楚;核对列控限速设置正确及行车设备状况	
		2.检查备品、卫生	备品齐全,工作场所定置、卫生管理到位	
		3.检查调度指挥系统	确定系统工作正常后,重新登录	
		4.签认"交接班簿"	有关内容交接清楚后签认	
二、班中作业	(一)3~4h列车运行调整计划	1.收集资料	(1)邻台列车交接计划。 (2)车底出库及站内待发情况。 (3)车站到发线运用情况。 (4)施工维修计划及作业准备情况。 (5)其他有关事项	
		2.编制计划	(1)根据日(班)计划,铺画列车运行计划线。 (2)确认车站列车到发时分、股道使用、会让计划等。 (3)接发办理客运业务的动车组列车必须执行"三固定"	三固定指固定股道、站台、停车位置
		3.下达计划	(1)将计划下达至车站。 (2)布置重点事项,提出安全生产要求	
	(二)组织工作	1.列车运行组织	(1)注意列车在区间和车站的运行情况。 (2)组织晚点列车恢复正点	
		2.施工组织	(1)指示助理调度根据施工(维修)日计划、运行揭示调度命令,逐项核对申请内容无误。 (2)指示助理调度及时拟定并正确发布准许利用天窗施工(维修)的调度命令或接触网停送电调度命令。 (3)施工(维修)结束,确认施工(维修)单位在运统-46销记完毕,方可放行列车。 (4)在调度台登记运统-46时,指示助理调度正确、及时办理登记手续	有施工路用列车开行的施工维修作业按封锁方式组织
		3.应急处置	(1)当得到现场关于列车、线路等出现危及行车安全的报告时,应及时指示有关人员立即停车,查明情况,妥善处理。 (2)遇防灾安全监控系统报警时,必须立即确认报警地点,并根据限速提示向相关动车组列车发布限速运行的调度命令。对来不及发布调度命令的列车,立即通知司机限速运行。对禁止运行的报警信息,应及时关闭相关信号并通知司机停车。 (3)当发生设备故障、交通事故、自然灾害等非正常情况时,按规定正确、及时处理和通报,并积极采取有效措施,组织救援抢修,尽快恢复正常行车	应急处置必须迅速果断,坚决消灭臆测行车,宁可错扣,不可错放

续上表

程序	项目	内容	技术要求	说明事项
二、班中作业	(二)组织工作	4.人工办理进路	(1)通知值班副主任到岗盯控。 (2)与助理调度共同确认是否具备办理进路条件。 (3)布置助理调度通过CTC调度终端人工办理进路，并执行"二人确认制度"。 (4)确认进路排列、信号开放正确。 (5)指示助理调度在CTC调度终端上正确操纵信号、道岔等设备，以及接触网停电、道岔单锁、线路(道岔、按钮)封锁等标志的设置及取消	进行调度终端操作时，必须严格执行"眼看、手指(鼠标指)、口呼""一看、二按(点击)、三确认、四呼唤"制度和联控标准用语
		5.控制模式转换	(1)遇CTC设备故障、施工(维修)影响CTC设备正常使用或铁路局集团公司规定施工(维修)需按非常站控模式组织作业时，确认车站值班干部到岗，并经值班副主任准许后，方可指示有关车站转入非常站控模式。 (2)正确及时地向非常站控模式车站下达列车运行调整计划，计划中应包括列车车次、到发时刻、接发股道、施工(维修)计划等事项。 (3)正确及时地向非常站控模式车站发布有关调度命令、行车凭证和口头指示。 (4)恢复正常时，及时指示车站转入分散自律控制模式，并报告值班副主任	控制模式(方式)相互转换时，需登记"CTC控制模式转换登记簿"，并确认助理调度与车站有关事项交接清楚
		6.其他工作	(1)及时、正确、完整地填记各种图表。 (2)及时完成其他工作	
	(三)调度命令发布	1.详细了解现场情况	听取有关人员意见，确认具备发布调度命令条件	
		2.拟写调度命令	(1)书写命令内容、受令处所必须正确、完整、清晰。 (2)在计算机编辑时，"模板"中未用到的字句删除；书面拟写时，"模板"中未用字句圈掉。 (3)当调度命令书写不正确时，应重新书写。 (4)当已发布的调度命令，遇有错、漏或变化时，必须取消前调度命令，重新发布全部内容的调度命令	发布行车调度命令，要一事一令，不得发布无关内容
		3.审核签认	严格执行审核、签认制度	
		4.下达调度命令	(1)在发布调度命令前，列车调度、助理调度均应口诵命令内容和受令处所，(包括动车组列车担当的车组号)，共同确认正确后方可下达。	

续上表

程序	项目	内容	技术要求	说明事项
二、班中作业	(三)调度命令发布	4.下达调度命令	(2)在使用列车调度电话发布调度命令时,指定受令人员中一人复诵,并记明发收人员姓名及时刻。 (3)在使用计算机、传真机、无线传送系统发布调度命令时,必须及时确认签收情况。 (4)列车调度员应使用无线传送系统向司机下达书面调度命令,并及时确认司机签收情况;无法使用无线传送系统向司机下达书面调度命令时,可使用列车调度电话发布,并与司机核对。 (5)严格按照规定的时机下达调度命令	
		5.确认已交付	确认回执或口头汇报已收到	
	(四)列控限速	1.列控限速设置	(1)助理调度拟定限速调度命令,输入限速参数,并添加值班副主任签认。 (2)列车调度再次输入限速参数,以校验确认。 (3)助理调度将该限速参数发送至值班副主任审核,签认后发送至临时限速服务器(TSRS)进行校验。 (4)限速开始时间临近时,助理调度通过CTC的限速命令管理界面激活和执行需设置的列控限速。 (5)确认限速光带正确显示,已设置栏的限速参数信息正确设置。 (6)如果设置失败,根据失败原因提示重新设置,仍不成功时,应立即报告值班副主任,并按列控限速设置不成功的有关规定办理,同时登记运统-46并通知电务人员处理	与助理调度认真执行"二人确认制度"和联控标准用语,保证列控限速设置正确、及时
		2.列控限速取消	(1)与助理调度共同确认已具备取消限速条件。 (2)助理调度拟定取消限速的调度命令,输入取消限速参数(取消限速命令必须与要取消的列控限速调度命令的限速区段设置参数完全一致,不得对某一限速区段进行分段取消或覆盖取消;下同),并添加值班副主任签认。 (3)列车调度再次输入取消限速参数,以校验确认。 (4)助理调度将该取消限速参数发送至值班副主任审核,签认后发送至临时限速服务器(TSRS)进行校验。 (5)助理调度通过CTC的限速命令管理界面激活和执行取消限速的命令。 (6)确认限速光带已消失及已设置栏的限速参数已取消。 (7)如果取消失败,根据失败原因提示重新设置,仍不成功时,应立即报告值班副主任,同时登记运统-46并通知电务人员处理	

续上表

程序	项目	内容	技术要求	说明事项
三、交班	(一)重点事项交班	1.做好交班准备	(1)调整好列车运行,为下一班工作打好基础。 (2)整理有关命令、通知、文电,在"交接班簿"内注明名称和号码。 (3)确认重点事项、救援列车动态、施工维修情况、运行揭示调度命令、行车设备状况、机车车辆存放情况和调度命令交付情况,并填写"交接班簿"。 (4)检查列控限速设置情况,登记"交接班簿"中"限速情况"栏。 (5)整理岗位卫生	
		2.对口交接	(1)与接班人员按"交接班簿"内容逐项进行交接。 (2)有关内容交接清楚后,接班人员签认	
	(二)参加交班会	1.汇报本岗位工作	汇报本班工作完成情况及存在问题	
		2.值班副主任总结本班工作	认真听取,吸取经验教训,提高指挥水平	
		3.领导分析问题、总结经验	认真听取,吸取经验教训,提高指挥水平	

(2)执行要求。

作业中严格执行《技规》《调规》《事规》《铁路营业线施工安全管理办法》《行细》《行车突发事件应急预案》等有关标准和规章。

10.助理调度员(高速及城际铁路)

(1)作业标准(表1-10)。

助理调度员(高速及城际铁路)作业标准　　　表1-10

程序	项目	内容	技术要求	说明事项
一、接班	(一)了解情况	1.了解重点事项	(1)有关命令、通知、文电。 (2)重点列车注意事项。 (3)列控限速设置情况,跨班调度命令的交付和执行情况	
		2.了解生产情况	(1)列车开行计划、列车运行情况。 (2)动车组运用信息,掌握动车组检修和车底热备情况。 (3)施工(维修)日计划、运行揭示调度命令、施工(维修)调度命令。 (4)行车设备状况、天气情况。 (5)救援列车动态、机车车辆存放情况。 (6)与本岗位有关的其他事项	

续上表

程序	项目	内容	技术要求	说明事项
一、接班	(二)参加接班会	1.听取相关岗位提出问题	与本岗位有关事项做好记录,做好安全预想	
		2.汇报本岗位工作情况	针对存在的问题,提出解决措施	
		3.听取领导布置工作	与本岗位有关的事项做好记录	
	(三)接班要求	1.对口交接	正在执行的调度命令、文件、电报等重点事项当面交接清楚;核对中心控制方式车站设备情况	
		2.检查备品、卫生	备品齐全,工作场所定置、卫生管理到位	
		3.检查调度指挥系统	确定系统工作正常后,重新登录	
		4.签认"交接班簿"	有关内容交接清楚后签认	
二、班中作业	(一)组织工作	1.注意列车运行	(1)认真监视CTC报警信息,加强对管辖各站列车进路排列情况的监控。(2)注意列车在区间和车站的运行情况。(3)当发现异常情况时,正确、及时进行处置	
		2.编制、下达调车作业计划	(1)利用CTC正确及时编制、下达调车作业计划。(2)向调车指挥人布置作业要求和注意事项。(3)变更调车作业计划时,应通知司机停车,待所有参加作业人员均传达清楚后方可继续作业	
		3.施工组织	(1)根据施工(维修)日计划、运行揭示调度命令,逐项核对申请内容无误。(2)及时拟定并发布准许利用天窗施工(维修)的调度命令或接触网停送电调度命令。(3)施工(维修)结束,确认施工(维修)单位在运统-46销记后,方可放行列车。(4)在调度台登记运统-46时,正确、及时办理登记手续	
		4.应急处置	(1)当得到现场关于列车、线路等出现危及行车安全的报告时,应及时指示有关人员立即停车,查明情况,妥善处理。(2)遇防灾安全监控系统报警时,必须立即确认报警地点,并按列车调度指示及有关规定处理。(3)当发生设备故障、交通事故、自然灾害等非正常情况时,按规定正确、及时处理和通报,并积极采取有效措施,组织救援抢修,尽快恢复正常行车	应急处置必须迅速果断,坚决消灭臆测行车,宁可错扣,不可错放

续上表

程序	项目	内容	技术要求	说明事项
二、班中作业	(一)组织工作	5.人工办理进路	(1)与列车调度共同确认是否具备办理进路条件。 (2)根据列车调度指示,通过CTC调度终端人工办理进路,并执行"二人确认制度"。 (3)确认进路排列、信号开放正确。 (4)根据列车调度指示,正确及时取消、变更和解锁进路。 (5)根据列车调度指示,正确操纵信号、道岔等设备,以及接触网停电、道岔单锁、线路(道岔、按钮)封锁等标志的设置及取消。 (6)登记"高铁调度台行车(工作)日志"	进行调度终端操作时,必须严格执行"眼看、手指(鼠标指)、口呼""一看、二按(点击)、三确认、四呼唤"制度和联控标准用语
		6.控制模式转换	(1)遇CTC设备故障、施工(维修)影响CTC设备正常使用或铁路局集团公司规定施工(维修)需按非常站控模式组织作业时,确认车站值班干部到岗,并经值班副主任准许后,方可指示有关车站转入非常站控模式。 (2)恢复正常时,及时指示车站转入分散自律控制模式,并报告值班副主任。 (3)在转换控制模式(方式)时,与车站相互核对清楚设备状况、列车运行计划、相邻有岔车站控制模式及与本站(线路所)有关的调度命令等情况,并登记"控制模式(操作方式)转换核对情况登记簿"	
		7.其他工作	(1)及时、正确、完整地填记各种图表。 (2)及时完成其他工作	
	(二)调度命令发布	1.详细了解现场情况	听取有关人员意见,确认具备发布命令条件	发布行车调度命令,要一事一令,不得发布无关内容
		2.拟写调度命令	(1)在书写命令内容、受令处所时必须正确、完整、清晰。 (2)在计算机编辑时,"模板"中未用字句删除;在书面拟写时,"模板"中未用字句圈掉。 (3)当调度命令书写不正确时,应重新书写。 (4)当已发布的调度命令,遇有错、漏或变化时,必须取消前发调度命令,重新发布全部内容的命令	
		3.审核签认	严格执行审核、签认制度	
		4.下达调度命令	(1)在发布调度命令前,列车调度、助理调度均应口诵命令内容和受令处所,确认正确后方可下达。	

续上表

程序	项目	内容	技术要求	说明事项
二、班中作业	(二)调度命令发布	4.下达调度命令	(2)在使用列车调度电话发布调度命令时,指定受令人员中一人复诵,并记明发收人员姓名及时刻。 (3)在使用计算机、传真机、无线传送系统发布调度命令时,必须及时确认签收情况。 (4)可使用无线传送系统向司机下达书面调度命令时,列车调度应与助理调度核对车组号无误后直接向司机下达,并及时确认司机签收情况;无法使用无线传送系统向司机下达书面调度命令时,可使用列车调度电话发布,并与司机核对。 (5)严格按照规定的时机下达调度命令	
		5.确认已交付	确认回执或口头汇报已收到	
	(三)列控限速	1.列控限速设置	(1)助理调度拟定限速调度命令,输入限速参数,并添加值班副主任签认。 (2)列车调度再次输入限速参数,以校验确认。 (3)助理调度将该限速参数发送至值班副主任审核,签认后发送至临时限速服务器(TSRS)进行校验。 (4)限速开始时间临近时,助理调度通过CTC的限速命令管理界面激活和执行需设置的列控限速。 (5)确认限速光带正确显示,已设置栏的限速参数信息正确设置。 (6)如果设置失败,根据失败原因提示重新设置,仍不成功时,应立即报告值班副主任,并按列控限速设置不成功的有关规定办理,同时登记运统-46并通知电务人员处理	与列车调度认真执行"二人确认制度"和联控标准用语,保证列控限速取消正确、及时
		2.列控限速取消	(1)与列车调度共同确认已具备取消限速条件。 (2)助理调度拟定取消限速的调度命令,输入取消限速参数(取消限速命令必须与要取消的列控限速调度命令的限速区段设置参数完全一致,不得对某一限速区段进行分段取消或覆盖取消;下同),并添加值班副主任签认。 (3)列车调度再输入取消限速参数校验确认。	

续上表

程序	项目	内容	技术要求	说明事项
二、班中作业	(三)列控限速	2.列控限速取消	(4)助理调度将取消限速参数发送至值班副主任审核,签认后发送至临时限速服务器(TSRS)进行校验。 (5)助理调度通过CTC的限速命令管理界面激活和执行取消限速的调度命令。 (6)确认限速光带已消失,已设置栏的限速参数已取消。 (7)如果取消失败,根据失败原因提示重新设置,仍不成功时,应立即报告值班副主任,同时登记运统-46并通知电务人员处理	与列车调度认真执行"二人确认制度"和联控标准用语,保证列控限速取消正确、及时
三、交班	(一)重点事项交班	1.做好交班准备	(1)整理有关命令、通知、文电,在"交接班簿"内注明名称和号码。 (2)确认重点事项、救援列车动态、施工维修情况、运行揭示调度命令、机车车辆存放情况和调度命令交付情况,并填写"交接班簿"。 (3)检查中心控制方式车站设备情况,登记"交接班簿"中"集控站设备状况"栏。 (4)整理岗位卫生	
		2.对口交接	(1)与接班人员按"交接班簿"内容逐项进行交接。 (2)有关内容交接清楚后,接班人员签认	
	(二)参加交班会	1.汇报本岗位工作	汇报本班工作完成情况及存在问题	
		2.值班副主任总结本班工作	认真听取,吸取经验教训,提高指挥水平	
		3.领导分析问题、总结经验	认真听取,吸取经验教训,提高指挥水平	

(2)执行要求。

作业中严格执行《技规》《调规》《事规》《铁路营业线施工安全管理办法》《行细》《行车突发事件应急预案》等有关标准和规章。

11.施工调度员

(1)作业标准(表1-11)。

施工调度员作业标准　　　　　　　　　　　表1-11

程序	项目	内容	技术要求	说明事项
一、接班	(一)了解情况	1.了解重点事项	(1)严格遵守劳动纪律和作业纪律;上班不迟到、不早退。 (2)阅读有关文件、施工电报、运行揭示调度命令。 (3)阅读有关停施工命令,了解军运、重点列车开行对施工的影响	

项目 1　铁路运输调度工作组织

续上表

程序	项目	内容	技术要求	说明事项
一、接班	(一)了解情况	2.了解生产情况	(1)巡视列调台,了解第一班施工及维修作业完成情况及未完成原因并向室主任汇报。 (2)了解所辖各列调台当日第二班施工计划安排情况。 (3)了解其他与本岗位相关事宜	
	(二)参加施工调度室碰头会	1.通报第一班天窗修完成情况	分析未兑现原因,针对存在问题,提出解决方法	
		2.汇报本班工作存在的问题	针对存在的问题,提出解决方法	
		3.听取领导布置工作	与本岗位有关事项做好记录,并做好安全预想	
二、班中作业	(一)组织工作	1.编制、下达施工(日)计划	(1)按规定使用施工计划管理系统。 (2)确认停施工命令及重点列车开行计划。 (3)根据主管业务部门提报的施工计划申请,与月度施工计划、施工单位的施工电报进行核对。 (4)施工日计划要以施工方案、施工电报作为依据。同一区间(处所)有多个作业单位同时提出作业申请相互影响时,优先安排重点工程。 (5)于9:00前将次日施工日计划交主管施工副主任(副班副主任)审批,经审批同意后按规定程序下达	
		2.拟发运行揭示调度命令	(1)检查、核对施工单位提报施工计划是否与施工方案一致。 (2)拟写运行揭示调度命令。 (3)将拟写好的运行揭示调度命令草稿,经过自检后提交命令组施工调度员、施工调度室主任(副主任)、调度所主任(副主任)逐级审核签认。 (4)通过运行揭示调度命令发布平台发布至有关业务部门、机务段、车务段(直属站),相关单位签收完毕后,打印出来再一次与命令草稿核对命令内容正确,受令处所齐全,并将签收人姓名抄写在命令草稿上,命令核对人逐一核对后签名。 (5)施工主管将实际下发的运行揭示调度命令核对无误后签字。 (6)书面送交列车调度员签认	

49

续上表

程序	项目	内容	技术要求	说明事项
二、班中作业	(一)组织工作	3.临时要点	(1)临时要点计划必须经主管业务处审查、铁路局集团公司主管运输副总经理或总调度长批准。 (2)审核临时要点计划正确无误后,检查是否与施工(维修)日计划冲突,如与其他施工(维修)计划冲突时,通知相关单位取消与其相冲突的施工(维修)计划(如为重点施工,提交室主任裁决是否安排临时要点)。 (3)将申请计划送相关行调台、值班副主任,并传真给相关车务站段值班室	
	(二)其他工作	1.应急处置	(1)遇灾害、设备故障需设备抢修时,负责组织实施抢修施工方案。 (2)预计超过24h的临时限速或变更正常行车方式时,根据设备管理单位的申请,按规定发布有关运行揭示命令	
		2.其他	(1)根据室主任(副主任)安排,参加运输施工协调会,提出优化施工组织的合理化建议。 (2)提前介入Ⅱ级及以上施工、LKJ基础数据换装电报,掌握施工重点、注意事项及设备变化情况。 (3)整理有关文件、电报及调度命令、表报,分送到各个相关岗位。 (4)督促有关单位及时在施工信息管理系统中签收施工日计划。 (5)巡查所辖各列调台18:00后一阶段的天窗修计划安排情况。发现问题,及时汇报给施工调度室主任(副主任)	

(2)执行要求。

作业中严格执行《技规》《调规》《事规》《铁路营业线施工安全管理办法》《行规》《行细》《铁路营业线施工安全管理实施细则》等有关标准和规章。

12.货运调度员

(1)作业标准(表1-12)。

货运调度员作业标准　　　　　　　　　　　　　　　　　表1-12

程序	项目	内容	技术要求	说明事项
一、接班	(一)了解情况	1.了解重点事项	(1)日(班)计划重点、军运装卸任务。 (2)阅读有关文电、停限装命令	

续上表

程序	项目	内容	技术要求	说明事项
一、接班	(一)了解情况	2.了解生产情况	(1)所辖区段内装卸车任务及送空安排,卸车车流到达情况。 (2)铁路局集团公司全日计划装卸车任务。 (3)路料的卸车安排。 (4)其他与本工种有关的事宜	
	(二)参加接班会	1.听取交班重点事项和相关岗位提出的问题	与本岗位有关事项做好记录并做好安全预想	
		2.汇报本岗位工作情况	针对存在的问题,提出解决方法	
		3.听取领导布置工作	与本岗位有关的事项做好记录并开展安全预想	
	(三)接班要求	1.对口交接	正在执行的调度命令、文件、电报等重点事项当面交接清楚	
		2.检查备品、卫生	备品齐全,办公环境整齐、清洁	
		3.检查调度管理信息系统	确定系统工作正常后,重新登录	
		4.在"交接班簿"上签字	有关内容交接清楚后双方签认	
二、班中作业	(一)核实计划	1.重点运输计划落实情况	准确、详细、清楚、明了	
		2.运输生产	大组管内车上线及配空列车计划	
		3.运输设备	检查主要装卸设备运用是否正常	
		4.天气情况	了解管内天气情况及对运输的影响	
	(二)组织工作	1.与货运站碰头	(1)掌握各货运站装卸车数和作业进度。 (2)掌握货源、劳力、设备和天气情况。 (3)根据货源、站内空车、到卸重车情况,确定该货运站的空车需求。 (4)掌握货运站(含专用线)待卸、待送情况以及出现积压的线路和品类	
		2.参加班中会	(1)汇报装卸车预计完成情况。 (2)提出有关问题和措施。 (3)听取领导布置的任务和要求	
		3.装卸组织	(1)落实重点物资、防洪、救灾抢险物资的装车。 (2)提出配空需求,填写"调度所内部岗位作业通知书"书面通知计划员。 (3)落实实际配空计划,根据车流调整、货运收入高低、货位等情况,布置货运站装车。 (4)准确掌握限制去向装车情况。 (5)预计全日卸车到达情况。 (6)督促计划员、列车调度员组织管内车移动到位。	

续上表

程序	项目	内容	技术要求	说明事项
二、班中作业	(二)组织工作	3.装卸组织	(7)按阶段掌握装卸进度和预计完成情况,并按规定填记运调四并报国铁集团。 (8)了解实际装卸车和装车落空原因	
		4.提供日(班)计划资料	(1)预计当日18:00各站卸车数、装车数和去向别装车数、重点物资装车数,"五定班列"装车情况。 (2)18:00待卸车,有关停限装命令,卸车单位的卸车能力	
		5.填写、核对有关报表	(1)完成"重点物资装车表""电煤卸车情况表"及其他报表。 (2)与统计室核对18:00装卸完成情况	
三、交班	(一)重点事项交班	1.做好交班准备	(1)整理有关文电,在"交接班簿"内注明号码。 (2)重要事项填写"交接班簿"。 (3)整理室内卫生	
		2.对口交接	(1)与接班人员按"交接班簿"的内容逐项交班。 (2)有关内容交接清楚后双方签认	
	(二)参加交班会	1.汇报本岗位工作	汇报本班工作完成情况及交班存在问题	
		2.值班主任总结本班工作	认真听取,吸取经验教训,提高指挥水平	
		3.领导分析问题、总结经验	认真听取,吸取经验教训,提高指挥水平	

(2)执行要求。

作业中严格执行《技规》《调规》《事规》《行规》《铁路货物运输管理规则》等有关标准和规章。

13. 客运调度员

(1)作业标准(表1-13)。

客运调度员作业标准   表1-13

程序	项目	内容	技术要求	说明事项
一、接班	(一)了解情况	1.了解重点事项	(1)日(班)计划重点运输有关事项。 (2)阅读有关文电、调度命令	
		2.了解生产情况	(1)客车始发、运行正晚点情况。 (2)客车甩挂、重点列车计划。 (3)临客开行情况。 (4)其他与本工种有关的事宜	
	(二)参加接班会	1.听取交班重点事项和相关岗位提出的问题	与本岗位有关事项做好记录并做好安全预想	

项目1　铁路运输调度工作组织

续上表

程序	项目	内容	技术要求	说明事项
一、接班	(二)参加接班会	2.汇报本岗位工作情况	针对存在的问题,提出解决方法	
		3.听取领导布置工作	与本岗位有关的事项做好记录并开展安全预想	
	(三)接班要求	1.对口交接	正在执行的调度命令、文件、电报等重点事项当面交接清楚	
		2.检查备品、卫生	备品齐全,办公环境整齐、清洁	
		3.检查调度管理信息系统	确定系统工作正常后,重新登录	
		4.在"交接班簿"上签字	有关内容交接清楚后双方签认	
二、班中作业	(一)核实计划	1.重点运输计划	落实车底的整备状态符合运输需要	
		2.团体计划和客车甩挂作业计划	阅读命令,与车站核对团体计划、甩挂计划及准备情况	
		3.行包运输计划	审核车站超重行包运输申请和行李车运能调整计划	
		4.客车临时变更营业站、运行经路、运行区段	确认列调台计划安排正确	
		5.临客开行计划	确认列调台营业站、运行经路计划正确	
	(二)组织工作	1.收取日(班)计划资料	(1)收取次日客车甩挂作业计划,并将客车加挂、减编、欠定员、客车送厂、段修、试验车及客车车辆跨区回送等提供给日勤客调。 (2)与邻局交换有关资料和调度命令。 (3)向国铁集团客运调度员汇报跨局旅客列车加挂(甩)车情况并请示命令。 (4)查阅有关命令、电报,核对客列检上报计划并整理出次日计划	
		2.参加班中会	(1)通报次日客车加开、停运、中途折返、迂回运输和客车底回送计划。 (2)听取领导布置的任务和要求	
		3.日常组织	(1)检查重点列车有关客运准备工作情况。 (2)收取客车加挂、减编、欠定员、客车厂、段修、试验车及客车车辆跨区回送等情况,汇总核对无误后拟发调度命令。 (3)根据有关电报及综合台调度命令、客列检上报的甩挂计划等,拟发相关调度命令。 (4)及时检查各站段调度命令的执行情况	
		4.提供日(班)计划资料	旅客列车的加开、停运、中途折返、迂回运输和客车底回送、车辆甩挂等情况	

续上表

程序	项目	内容	技术要求	说明事项
二、班中作业	(二)组织工作	5.应急处置	(1)旅客列车大面积晚点时,及时向前方客运站和邻局预报晚点情况,并及时按规定通报。 (2)提出旅客列车停运、折返、变更运行径路方案。 (3)根据有关文电和调度命令,及时向有关站(段)下达旅客列车加开、停运和甩挂计划,并书面通知有关工种。 (4)预计停留时间较长的旅客列车,组织有关站段做好旅客的解释及餐茶供应组织工作	
		6.其他工作	(1)对下达的调度命令中有关涉及长期执行调度命令内容进行登记或删除。 (2)收取直达特快列车乘车人数和跨局直通临客乘车人数,进行分析汇总并报国铁集团客运调度员。 (3)填记各项表报,并按规定向上级汇报。 (4)掌握各次旅客列车编组。 (5)与邻局核对分界口客车正晚点情况,正确填报 YB-8	
三、交班	(一)重点事项交班	1.做好交班准备	(1)整理有关文电,在"交接班簿"内注明号码。 (2)重要事项填写"交接班簿"。 (3)整理室内卫生	
		2.对口交接	(1)与接班人员按"交接班簿"的内容逐项交班。 (2)有关内容交接清楚后双方签认	
	(二)参加交班会	1.汇报本岗位工作	汇报本班工作完成情况及交班存在问题	
		2.值班主任总结本班工作	认真听取,吸取经验教训,提高指挥水平	
		3.领导分析问题、总结经验	认真听取,吸取经验教训,提高指挥水平	

(2)执行要求。

作业中严格执行《铁路旅客运输管理规则》《铁路旅客运输规程》《铁路旅客运输服务质量》(GB/T 25341)等有关标准和规章。

 复习思考

1.铁路运输调度的基本任务是什么?
2.铁路运输调度工作的原则是什么?
3.调度所组织系统是如何构成的?

4. 调度所管理制度主要包括哪些制度？
5. 调度所基础管理制度分别包括哪些内容？
6. 铁路局集团公司调度向国铁集团调度报告内容有哪些事项？
7. 列车调度员应具有哪些基本素质？
8. 铁路局集团公司调度所的职责有哪些？

铁路运输调度工作基础

项目内容

本项目主要介绍列车运行图、铁路区间通过能力、货物列车编组计划基本原理以及运输调度设备(TDCS、CTC)。

学习目标

1. 能力目标

了解列车运行图、货物列车编组计划在铁路运输工作中的地位作用、执行要求;了解调度设备的工作原理。

2. 知识目标

了解列车运行图、货物列车编组计划的编制方法;掌握执行要求;熟悉调度设备使用方法。

3. 素质目标

树立安全正点意识,时刻把安全意识内化于心。

任务 2.1 列车运行图

一、列车及其分类

1. 列车

列车是指按照《技规》、货物列车编组计划和列车运行图规定的编挂条件、车组、重量或长度等要求编成的车列,并挂有机车及规定的列车标志。

列车重量应根据机车牵引力、区段内线路状况及其设备条件确定。列车长度应根据运行区段内各站到发线的有效长度,且需预留 30m 的附加制动距离确定。

动车组为固定编组;动车组以外的旅客列车按列车编组表编组;军用列车的编组,按有关规定办理。

2. 按列车的运输性质分类

(1)旅客列车(动车组、特快、快速、普通旅客列车等);

(2)特快货物班列;

(3)军用列车;

(4)货物列车(快速货物班列、快运、重载、直达、直通、冷藏、自备车、区段、摘挂、超限及小运转列车);

(5)路用列车。

3. 列车运行等级顺序

列车运行等级顺序原则上按速度等级由高到低的顺序,同速度等级的列车原则上按以下等级顺序:

(1)动车组列车;

(2)特快旅客列车;

(3)特快货物班列;

(4)快速旅客列车;

(5)普通旅客列车;

(6)军用列车;

(7)货物列车;

(8)路用列车。

开往事故现场救援、抢修、抢救的列车,应当优先办理。

特殊指定的列车或列车种类的等级,应当在指定时确定。

4. 列车运行原则

列车运行原则上以开往北京方向为上行,反之为下行。

全国各线的列车运行方向,以国铁集团的规定为准,但枢纽地区的列车运行方向由铁路局集团公司规定。

列车必须按有关规定编定车次。上行列车编为双数,下行列车编为单数。在个别区间,使用直通车次时,可与规定方向不符。

在双线区间,列车应按左侧单方向运行。仅限于整理列车运行时,方可使列车反方向运行。旅客列车仅在正方向区间的线路封锁施工、发生自然灾害或因事故中断行车等特殊情况下,经铁路局集团公司调度所值班主任准许,方可反方向运行。

5. 列车车次编排规定(表2-1)

列车车次编排　　　　　　　　　表2-1

一、旅客列车					
列车种类	车次范围	说明	列车种类	车次范围	备注
1.高速动车组旅客列车	G1~G9998	"G"读"高"	3.动车组旅客列车	D1~D9998	"D"读"动"
其中 直通	G1~G4998	G4001~G4998 为临客预留	其中 直通	D1~D4998	D4001~D4998 为临客预留
其中 管内	G5001~G9998	G9001~G9998 为临客预留	其中 管内	D5001~D9998	D9001~D9998 为临客预留
2.城际动车组旅客列车	C1~C9998	"C"读"城" C9001~C9998 为临客预留	4.直达特快旅客列车(160km/h)	Z1~Z9998	"Z"读"直"

续上表

一、旅客列车					
列车种类		车次范围	说明	列车种类	车次范围	备注
其中	直通	Z1~Z4998	Z4001~Z4998为临客预留	其中 直通	1001~3998	3001~3998为临客预留
其中	管内	Z5001~Z9998	Z9001~Z9998为临客预留	其中 管内	4001~5998	
5.特快旅客列车(140km/h)		T1~T9998	"T"读"特"	(2)普通旅客慢车	6001~7598	
其中	直通	T1~T3998	T3001~T3998为临客预留	其中 直通	6001~6198	
其中	管内	T4001~T9998	T4001~T4998为临客预留	其中 管内	6201~7598	
				8.通勤列车	7601~8998	
6.快速旅客列车(120km/h)		K1~K9998	"K"读"快"	9.临时旅客列车(100km/h)	L1~L9998	"L"读"临"
其中	直通	K1~K4998	K4001~K4998为临客预留	其中 直通	L1~L6998	
其中	管内	K5001~K9998	K5001~K6998为临客预留	其中 管内	L7001~L9998	
				10.旅游列车(120km/h)	Y1~Y998	"Y"读"游"
7.普通旅客列车(120km/h)		1001~7598		其中 直通	Y1~Y498	
				其中 管内	Y501~Y998	
(1)普通旅客快车		1001~5998				

二、特快货物班列			
特快货物班列(160km/h)	X1~X198	"X"读"行"	

三、货物列车					
列车种类	车次范围	列车种类	车次范围	列车种类	车次范围
1.快运货物列车		济南局	X2661~X2690	广州局	X2771~X2810
(1)快速货物班列(120km/h)	X201~X398	南昌局	X2741~X2770	成都局	X2841~X2890
		南宁局	X2811~X2840	兰州局	X2921~X2950
(2)货物快运列车(120km/h)	X2401~X2998 X401~X998	昆明局	X2891~X2920	青藏公司	X2971~X2990
		乌鲁木齐局	X2951~X2970	②管内	X401~X998
①直通	X2401~X2998	沈阳局	X2431~X2480	哈尔滨局	X401~X430
哈尔滨局	X2401~X2430	太原局	X2511~X2540	北京局	X481~X510
北京局	X2481~X2510	郑州局	X2571~X2600	呼和浩特局	X541~X570
呼和浩特局	X2541~X2570	西安局	X2631~X2660	武汉局	X601~X630
武汉局	X2601~X2630	上海局	X2691~X2740	济南局	X661~X690

续上表

三、货物列车					
列车种类	车次范围	列车种类	车次范围	列车种类	车次范围
南昌局	X741~X770	(3)中欧、中亚集装箱班列,铁水联运班列	X8001~X9998	6.技术直达列车	10001~19998
南宁局	X811~X840			7.直通货物列车	20001~29998
昆明局	X891~X920			8.区段货物列车	30001~39998
乌鲁木齐局	X951~X970	中欧、中亚集装箱班列(120km/h)	X8001~X8998	9.摘挂列车	40001~44998
沈阳局	X431~X480			10.小运转列车	45001~49998
太原局	X511~X540	中亚集装箱	X9001~X9500	11.重载货物列车	71001~77998
郑州局	X571~X600	水铁联运班列	X9501~X9998		
西安局	X631~X660	(4)普快货物班列	80001~81998	12.自备车列车	60001~69998
上海局	X691~X740			13.超限货物列车	70001~70998
广州局	X771~X810	2.煤炭直达列车	82001~84998		
成都局	X841~X890	3.石油直达列车	85001~85998	14.冷藏列车	78001~78998
兰州局	X921~X950	4.始发直达列车	86001~86998		
青藏公司	X971~X990	5.空车直达列车	87001~87998		
各局的零散货物车辆,可挂入直达、直通、区段货物列车中。挂有装运跨局零散货物快运车辆的列车,在基本车次前加字母"X"。如:X28002次。					

四、单机和路用列车					
列车种类	车次范围	说明	列车种类	车次范围	说明
1.单机			直通	DJ5001~DJ6998	
客车单机	50001~50998		管内	DJ7001~DJ8998	
货车单机	51001~51998		4.试运转列车	55001~55998	
小运转单机	52001~52998		普通客、货列车	55001~55300	
2.补机	53001~54998		300km/h以上动车组	55301~55500	
3.动车组检测、确认列车	DJ1~DJ8998	"DJ"读"动检"	250km/h动车组	55501~55998	
(1)动车组检测列车	DJ1~DJ8998		5.轻油动车、轨道车	56001~56998	
300km/h检测列车	DJ1~DJ998		6.路用列车	57001~57998	
直通	DJ1~DJ400		7.救援列车	58101~58998	
管内	DJ401~DJ998		8.回送客车底列车	"00"均为数字	
250km/h检测列车	DJ1001~DJ1998		有火回送动车组车底	001~00100	
直通	DJ1001~DJ1400		无火回送动车组车底	00101~00298	
管内	DJ1401~DJ1998		无火回送普速客车底	00301~00498	
(2)动车组确认列车	DJ5001~DJ8998		回送图定客车底:图定车次前冠以数字"0"		
			因故折返旅客列车:原车次前冠以"F"(读"返")		

为确保列车车次全路统一性及有关行车设备和信息系统正常运行,列车车次编排仅限于使用大写汉语拼音字母和阿拉伯数字。列车编用车次,旅客列车在全路范围、货物列车在铁路局集团公司管内不得重复,旅客列车车次由国铁集团确定。各铁路局集团公司不得超

出上述车次规定范围,或擅自编造、自造使用车次。

在季节性、特定时间段开行的动车组、全程客运客车牵引的临时旅客列车,可使用相应等级图定车次。

二、列车时刻表

北京西—香港西九龙 G97 次列车时刻表见表 2-2。

北京西—香港西九龙 G97 次列车时刻表　　　　　表 2-2

车站名	站次	到站时间	发车时间	里程(km)	速度(km/h)
北京西	1		10:00	0	
石家庄	2	11:07	11:09	281	251
郑州东	3	12:31	12:34	693	301
武汉	4	14:17	14:20	1229	312
长沙南	5	15:38	15:41	1591	278
广州南	6	18:01	18:06	2298	303
深圳北	7	18:35	18:40	2400	211
香港西九龙	8	18:58		2439	130

三、列车运行图的概念和分类

1. 列车运行图的概念

列车运行图是运用坐标原理对列车运行时间、空间关系的图解表示。在列车运行图上,对列车运行时空过程的图解可以有两种不同的形式:一是以横坐标表示时间,纵坐标表示距离。这时,列车运行图上的水平线表示分界点的中心线,水平线间的间距表示分界点间的距离,垂直线表示时间,斜线表示列车运行线。二是以横坐标表示距离,纵坐标表示时间。这时,列车运行图上的水平线表示时间,垂直线表示分界点中心线,垂直线间的间距表示分界点间的距离,斜线表示列车运行线。目前,我国铁路列车运行图采用第一种图形表示形式。

列车运行图(图 2-1)是列车运行时刻的图解,是列车在铁路区间运行及在车站到发或通过时刻的技术文件。它规定各次列车占用区间的顺序,列车在每个车站的到达和出发(或通过)时刻,列车在区间的运行时间,列车在车站的停站时间以及机车交路、列车重量和长度等。

列车运行图是全路组织列车运行的基础,是铁路运输综合性计划,也是列车调度员指挥列车运行的基本依据和手段。全路所有运输生产部门都必须严格按照列车运行图的要求开展工作。

2. 列车运行图的分类

列车运行图按时间线间隔的大小、区间正线数、列车运行速度、上下行方向的列车数量、列车的运行方式等条件可以分为多种类型。

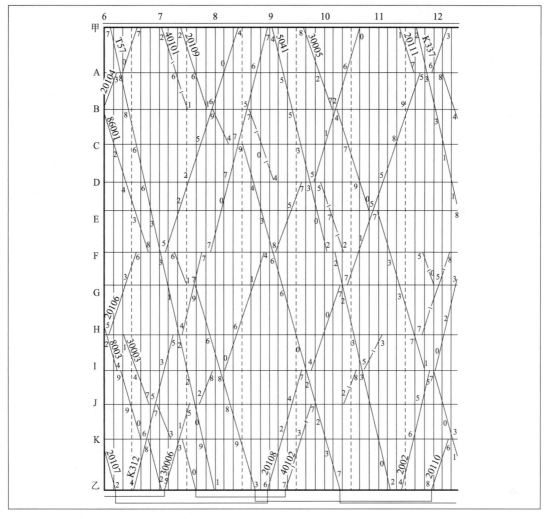

图 2-1 甲—乙区段列车运行图

(1) 按时间线间隔的大小划分。

列车运行图按时间线间隔的大小可分为二分格运行图、十分格运行图和小时格运行图。时间线以 2min 为单位的运行图,称为二分格运行图,如图 2-2a) 所示。时间线以 10min 为单位的运行图,称为十分格运行图,如图 2-2b) 所示。时间线以小时为单位的运行图,称为小时格运行图,如图 2-2c) 所示。

二分格运行图主要供编制列车运行图时使用,十分格图主要供列车调度员在日常调度指挥工作中编制列车运行调整计划和绘制列车实际运行图时使用,小时格图主要在编制旅客列车方案图和机车周转图时使用。

(2) 按照区间正线数划分。

列车运行图按区间正线数可分为单线运行图、双线运行图和单双线运行图。

在单线区段采用的运行图称为单线运行图,如图 2-3 所示。在单线区段,上下行方向列车都在同一正线上运行,列车的交会、越行只能在车站上进行。

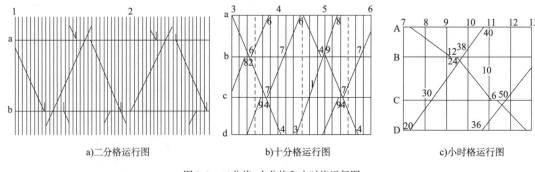

a)二分格运行图　　　　b)十分格运行图　　　　c)小时格运行图

图 2-2　二分格、十分格和小时格运行图

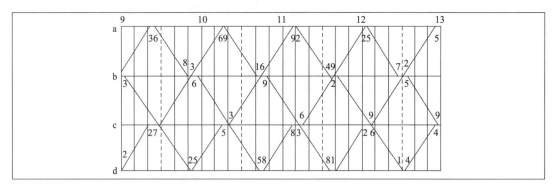

图 2-3　单线成对平行运行图

在双线区段采用的运行图称为双线运行图,如图 2-4 所示。在双线区段,列车的交会可在区间内或车站上进行,但列车的越行必须在车站上进行。

在一个区段兼有单线运行图和双线运行图的列车运行图称为单双线运行图,如图 2-5 所示。

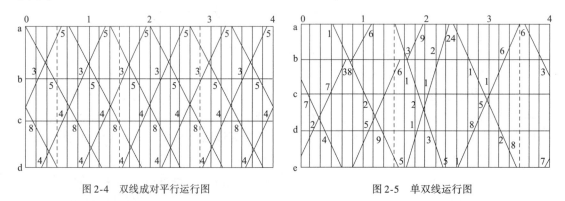

图 2-4　双线成对平行运行图　　　　图 2-5　单双线运行图

(3) 按照列车运行速度划分。

列车运行图按列车区间运行速度可分为平行运行图和非平行运行图。

在全区段上,同一区间内同方向列车运行线相互平行的运行图称为平行运行图(图 2-3、图 2-4)。在全区段上,同一区间内同方向列车运行线不相平行的运行图称为非平行运行图,如图 2-6 所示。

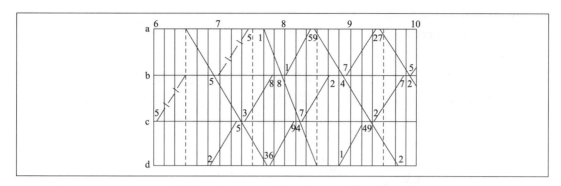

图 2-6 单线非平行运行图

(4) 按照上下行方向的列车数量划分。

列车运行图按上下行的列车数量可分为成对运行图和不成对运行图。

同一区段内上下行方向列车数目相等的列车运行图,称为成对运行图(图 2-3、图 2-4)。同一区段内上下行方向列车数目不相等的列车运行图,称为不成对运行图,如图 2-7 所示。

(5) 按照同方向列车运行方式划分。

列车运行图按同方向列车运行方式可分为追踪运行图和非追踪运行图。

在装有自动闭塞的单线或双线区段上,全部或部分同方向运行的列车以闭塞分区为运行间隔的运行图称为追踪运行图,如图 2-8 所示。

在非自动闭塞区段上,同方向列车的运行以站间或所间区间为间隔的运行图称为非追踪运行图(图 2-7)。

以上各种分类是针对列车运行图的某一特点而加以区分的。实际上,每张列车运行图都具有多方面的特点,如某一区段的列车运行图(图 2-8)既是双线的、非平行的,又是追踪的。

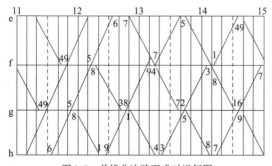

图 2-7 单线非追踪不成对运行图

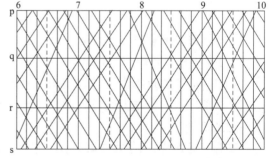

图 2-8 双线追踪非平行运行图

四、列车运行图要素

列车运行图虽有各种不同的类型,但它是由一些基本要素所组成的。因此,在编制列车运行图之前,首先必须确定组成列车运行图的各项要素。

列车运行图要素包括:列车区间运行时分,列车在中间站的停站时间,机车在基本段和折返点所在站的停留时间标准,列车在技术站和客货运站技术作业时间标准,车站间隔时间,追踪列车间隔时间。

1. 列车区间运行时分

列车区间运行时分是指列车在两相邻车站或线路之间的运行时间标准,由机务部门采用牵引计算和牵引试验相结合的方法,按运行方向和列车种类分别查定。

列车区间运行时分按车站中心线或线路所通过信号机之间的距离计算。当到发场中心线与车站中心线不一致时,按到发场中心线计算(图2-9)。

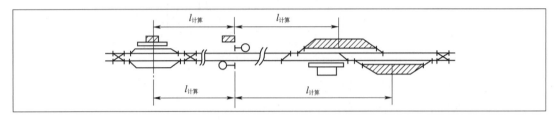

图2-9 计算车站或线路所间列车运行时分距离图

因为旅客列车和货物列车的运行速度各不相同,上下行方向的线路平面、纵断面条件和列车重量也不相同,所以列车区间运行时分应按列车种类和运行方向分别查定。此外,列车区间运行时分还应根据列车在每一区间两个车站上不停车通过和停车两种情况分别查定。列车不停车通过两个相邻车站(或车场)中心线所需的区间运行时分称为区间纯运行时分。列车到站停车的停车附加时分(列车到站停车比不停车通过车站时所增加的运行时分)和停站后出发的起动附加时分(列车由车站起动出发比不停车通过车站时所增加的运行时分),应根据机车类型、列车重量以及进出站线路平面、纵断面等条件查定。例如,A—B区间的上行纯运行时间$t_{纯}^{上}=14\min$,下行纯运行时间$t_{纯}^{下}=15\min$,A站和B站起动附加时间均为2min,即$t_{起}^{A}=t_{起}^{B}=2\min$;A站和B站停车附加时间均为1min,即$t_{停}^{A}=t_{停}^{B}=1\min$,则A—B区间的运行时分可以缩写为

$$上行:14^{1}_{2} \qquad 下行:15^{2}_{1}$$

2. 列车在中间站的停站时间

(1) 列车在中间站停站的原因。

①进行必要的技术作业,如在采用补机地段的起点站和终点站上进行摘挂机车作业、在长大下坡道之前的车站上进行试风和列车技术检查,机车乘务组连续工作时间超过规定标准中途换班等。

②客货运作业,如旅客乘降,行李、包裹等的装卸,车辆摘挂,货物的装卸,等等。

③列车在中间站的会车和越行。

(2) 停站时间的确定。

客货运作业停站时间,应根据列车种类分别规定。对旅客列车规定旅客乘降及行李、包裹等的装卸所需要的停站时间;对摘挂列车规定摘挂车辆、取送车及不摘车装卸作业所需要的停站时间。

列车进行技术作业和客货运作业的时间标准,由每一车站用分析计算和实际查标相结合的方法分别确定。列车在中间站的各项作业,应尽可能平行进行。在满足实际需要的条

件下,应最大限度地缩短列车停站时间,以提高列车的旅行速度。

3. 机车在基本段和折返点所在站的停留时间标准

机车在基本段和折返点所在站停留时间标准,取决于机车的运用方式。铁路机车的基本运用方式有肩回运转制交路、半循环运转制交路、循环运转制交路和环形运转制交路等。

机车在基本段和折返点所在站办理必要作业所需要的最短时间,称为机车在基本段和折返点所在站的停留时间标准。机车在折返点所在站应办理的作业:在到发线上的到达作业(包括到达试风、摘机车、准备机车入段进路等)、机车入段走行、机车在段内作业、机车出段走行和在到发线上的出发作业(包括挂机车、出发试风等)。综合以上各项作业所需要的时间,便可得出机车在折返点所在站的停留时间标准。如图2-10所示,10001次列车机车自到达折返点所在站之时起至牵引10004次列车出发时止,在该站的停留时间(包括在段内的停留时间)为

$$t_{折} = t_{到达} + t_{入段} + t_{整备} + t_{出段} + t_{出发} \quad (\text{min}) \tag{2-1}$$

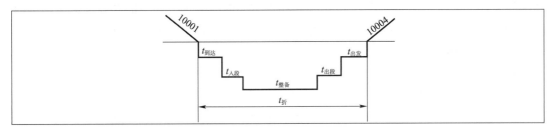

图 2-10 机车在折返点所在站作业过程图

上列各项作业时间,可根据分析计算和查标相结合的方法确定。

在机务基本段所在站,如不采用循环运转制时,机车也需办理上述各项作业,而且整备作业要更加细致,因而整备时间也更长。

在编制运行图前,机务部门必须对每一牵引区段的机车分别查定办理各项作业的时间标准,并规定机车在基本段和折返点所在站的停留时间标准。

4. 列车在技术站和客货运站技术作业时间标准

为了保证车站与区段工作协调,必须编制与车站技术作业过程相配合的列车运行图。因此,在编制列车运行图时,需具备技术站、客货运站技术作业过程的主要作业时间标准,包括:

(1)在到发车场内办理各种列车作业的时间标准;
(2)在驼峰或牵出线上解体和编组列车的时间标准;
(3)旅客列车车列在配属段、折返所所在站的停留时间标准;
(4)货物站办理整列或成组装卸作业时间标准。

上述标准,一般可根据《车站行车工作细则》(简称《站细》)确定。

5. 车站间隔时间

车站间隔时间是指在车站上办理两列车的到达、出发或通过作业所需要的最小间隔时间。在查定车站间隔时间时,应遵守有关规章的规定及车站技术作业时间标准,以保证行车安全和最有效地利用区间通过能力。

常用的车站间隔时间包括不同时到达间隔时间($\tau_{不}$)、会车间隔时间($\tau_{会}$)、同方向列车连发间隔时间($\tau_{连}$)、同方向列车不同时开到间隔时间和不同时到开间隔时间等,其值大小与车站信号、道岔操纵方法、车站邻接区间的行车闭塞方式、车站类型、接近车站线路的平纵断面情况、机车类型、列车重量和长度等因素有关。在编制新列车运行图之前,每个车站都应根据具体条件,查定各种车站间隔时间。下面简要介绍三种车站间隔时间。

(1) 不同时到达间隔时间($\tau_{不}$)。

单线区段相对方向列车在车站交会时,从某一方向列车到达车站时起至相对方向列车到达或通过该站时止的最小间隔时间,称为不同时到达间隔时间,如图 2-11 所示。为了提高货物列车的运行速度,除上下行列车在同一车站上都有作业需要停站外,原则上应使交会的两列车中的一列通过车站,因此,在运行图上较常采用的是一列停车、一列通过的不同时到达间隔时间。

为确保行车安全,在进站信号机外制动距离内进站方向为超过《技规》规定的下坡道,而接车线末端又无隔开设备的车站,禁止办理相对方向同时接车。凡不能办理相对方向同时接车的车站,由相对方向到站停车的两列车也需要保持必要的不同时到达间隔时间。

(2) 会车间隔时间($\tau_{会}$)。

在单线区段,自某一方向列车到达或通过车站之时起至由该站向这个区间发出另一对向列车时止的最小间隔时间,称为会车间隔时间,如图 2-12 所示。

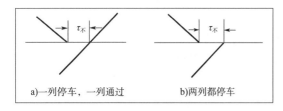

图 2-11　不同时到达间隔时间图　　　　图 2-12　会车间隔时间图

会车间隔时间由车站值班员监督列车到达或通过后,为向这个区间发出另一列车所需办理必要作业的作业时间组成,根据各站信联闭设备条件及其作业内容查定。

(3) 同方向列车连发间隔时间($\tau_{连}$)。

在单线或双线区段上,自列车到达或通过邻接的前方站时起至本站再向该区间发出另一同方向列车时止的最小间隔时间,称为同方向列车连发间隔时间。根据列车在前后两站停车或通过的不同情况,连发间隔时间可有下列四种形式:

①前行列车前方站通过,后行列车本站通过,如图 2-13a) 所示;
②前行列车前方站停车,后行列车本站通过,如图 2-13b) 所示;
③前行列车前方站通过,后行列车本站出发,如图 2-13c) 所示;
④前行列车前方站停车,后行列车本站出发,如图 2-13d) 所示。

按照连发间隔时间组成因素的不同,可以将上述四种形式的连发间隔时间归纳为两种类型:第一种类型为图 2-13a)、b) 两种形式,其共同点是列车均在本站通过,其不同点仅在于前者是前方站车站值班员监督列车通过,后者是监督列车到达;第二种类型为图 2-13c)、d) 两种形式,其共同点是列车均在本站出发,其不同点仅在于前者是前方站车站值班员监督列车通过,后者是监督列车到达。

6.追踪列车间隔时间

在自动闭塞区段,一个站间区间内同方向可有两列或两列以上列车,以闭塞分区间隔运行,称为追踪运行。追踪运行的两列车之间的最小间隔时间,称为追踪列车间隔时间 I,如图 2-14 所示。追踪列车间隔时间,决定于同方向列车间隔距离、列车运行速度及信联闭设备类型。

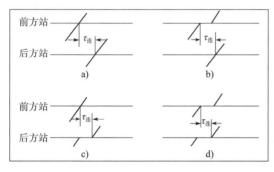

图 2-13 同方向列车连发间隔时间

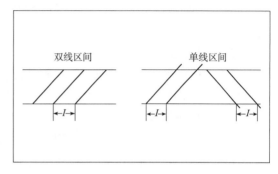

图 2-14 追踪列车间隔时间图

五、列车运行图编制

列车运行图是列车运行的图解方式,全路组织列车运行的基础。它规定了各次列车占用区间的顺序,列车在区间的运行时分,列车在各个车站的到达、出发(或通过)时刻,列车的会让、越行,列车的重量和长度标准、机车交路等。

由于列车运行图规定了列车运行的各项要求,与列车运行有关的各部门必须按照列车运行图的要求安排好各自的工作,如车站应根据列车运行图所规定的列车到达和出发时刻,安排车站的接发列车、调车工作和全站的运输工作计划;机务部门应根据列车运行图的要求,确定每天需要派出的机车台数、派出的时刻,以及安排机车的整备和乘务员的作息计划;工电等部门应按列车运行图的要求,组织施工及维修工作等。因此,列车运行图既是行车组织工作的基础,又是联系各部门工作的纽带,是铁路运营管理工作的综合性计划。

综上所述,科学合理地编制列车运行图,对保证行车安全,适应市场需求,提高运输能力、效率和效益,都具有重要意义。

1.列车运行图编制的基本原则

列车运行图分为基本运行图(简称基本图)和分号运行图(简称分号图)。基本图是指根据列车开行方案确定的列车种类及行车量,适当考虑行车量的一定波动所编制的列车运行图。分号图是指为适应运量的较大波动或线路施工的需要,按照抽换基本图中的某些运行线或不同行车量而编制的运行图。

(1)铁路要根据铁路运输市场需求、铁路技术装备或运输组织方式变化及时编制列车运行图。

(2)列车运行图编制实行两级管理,跨局列车由国铁集团组织铁路局集团公司编制,局管内列车由铁路局集团公司负责编制。

(3)基本图的编制、调整和分号图的编制原则上以会议的方式进行。列车运行图的编制、调整及确定的相关事项,以国铁集团或铁路局集团公司的正式文电公布实行。

2. 列车运行图编制的基本要求

列车运行图应根据客货运量、区段通过能力等因素,确定列车对数,并符合下列要求。

(1)列车运行、车站间隔、技术作业等时间标准。

列车区间运行时分、列车追踪间隔时间、车站间隔时间、列车技术检查作业时间、机车换挂时间等,是保证列车运行安全、进行技术作业所需的最小间隔时间标准,必须符合标准要求。

(2)迅速、便利地运输旅客和货物。

在确定旅客列车行车量及列车性质时,必须根据客流,贯彻"长短分工、快慢分工"的原则;铺画旅客列车运行线时,应合理规定停站次数和时间;安排货物列车运行线时,要突出重点、兼顾一般,保障货物的输送。

(3)充分利用通过能力,经济合理地使用机车车辆和安排施工、维修天窗。

合理铺画旅客列车运行线和优化货物列车铺画方案,既要充分利用通过能力,减少空费时间,又要提高列车旅行速度,保障机车车辆周转。

天窗是指在列车运行图中,不铺画列车运行线或调整、抽减列车运行线,为营业线施工、维修作业预留的时间。天窗按用途可分为施工天窗和维修天窗。

(4)做好列车运行线与车流的结合。

车流是列车运行图的基础,铺画运行线时必须符合列车编组计划所规定的列车种类、数量和性质。

(5)保证各站、各区段的协调和均衡。

区段内均衡地铺画列车运行线,可以有效地利用通过能力,保证畅通无阻。直达和直通列车运行线要做到区段间紧密衔接,干线与支线间紧密衔接。同时,充分考虑编组站能力,使有改编作业与无改编作业的列车均衡交错地到达编组站,保证编组站作业均衡。

(6)合理安排乘务人员作息时间。

乘务人员保持充沛精力进行工作,有利于提高劳动生产率,保证行车安全。

机车周转图规定了机车正常保养和整备作业时间,规定了机车供应台数,合理地安排了机车交路,为促使机车运用与列车运行线结合紧密,机车周转图应与列车运行图同时编制。

3. 列车运行线的表示方式

列车运行线的表示方法见表2-3。

列车运行线表示方法　　　　　　　　　　　表2-3

列车种类	表示方法	备注
旅客列车、动车组检测列车、动车组确认列车、回送动车组列车、试运转动车组列车	红单线————	以车次区分
临时旅客列车、旅游列车	红单线加红双杠—‖—‖—	以车次区分

续上表

列车种类	表示方法	备注
回送客车底	红单线加红方框—□—□—	
特快班列	蓝单线加红圈—○—○—	
快速班列	蓝单线加蓝圈—○—○—	
直达列车(普快班列)	蓝单线————	
直通、自备车、区段列车	黑单线————	以车次区分
摘挂列车、小运转列车	黑单线加"＋""｜"—＋—｜—	以车次区分
重载货物列车	蓝断线—— ——	以车次区分(铁路局集团公司可根据具体情况补充规定)
冷藏列车	黑单线加红圈—○—○—	
军用列车	红断线—— ——	
回送军用列车	红断线加红方框－－□－－□－－	
超限超重货物列车	黑单线加黑方框－□－□－	
路用列车、试运转列车(不含动车组)	黑单线加蓝圈－○－○－	以车次区分
单机	黑单线加黑三角－▷－▷－	
救援、除雪列车	红单线加红"×"—×—×—	以车次区分
重型轨道车	黑单线加黑双杠—‖—‖—	

4. 列车运行时刻的表示记号

小时格、十分格列车运行图,列车时刻的分秒均用阿拉伯数字表示,秒的字号要小于分的字号。列车始发、到达时刻填记在列车运行线与车站中心线相交的钝角内,列车通过车站的时刻填记在列车运行线与车站中心线相交出站一端的钝角内,如图2-15所示。

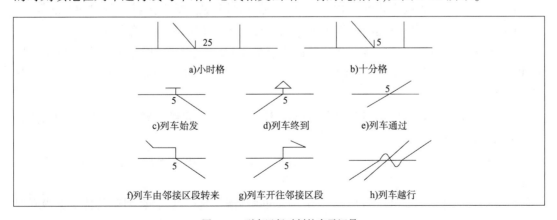

图 2-15 列车运行时刻的表示记号

5. 列车运行图编制的技术资料

铁路局集团公司各业务部门负责提出、收集、整理、核定列车运行图编制资料,做到准确、完整、及时。由铁路局集团公司工信部门汇总,经铁路局集团公司编图委员会审核、批准后报国铁集团;国铁集团编图委员会各有关业务部门负责审核、汇总各铁路局集团公司上报的资料。

铁路局集团公司上报国铁集团列车运行图编制资料如下:

(1)现行列车运行图执行情况的分析总结及改善意见;

(2)新列车运行图预计完成的主要指标及其分析比较,包括旅客列车旅行速度、货物列车平均旅行速度、货运机车日车公里等;

(3)各线线路允许速度、车站过岔速度、线路慢行资料及封锁线路施工计划(包括工务和基建工程部门);

(4)客流资料,跨局旅客列车开行建议方案,动车组运用交路计划,旅客列车停车站名和站停时分;

(5)货物班列开行建议方案、区间运行时分和停站时分;

(6)客货列车在中间站和技术站技术检查作业时间,调整列检布局方案;

(7)客货列车机型、机车运用方式、乘务制度、机车各项技术作业标准;客货列车牵引重量、区间运行时分、起停车附加时分、慢行附加时分标准;

(8)各区段货物列车编制对数、列车分类、列车换长;

(9)直通和直达货物列车在技术站的技术作业时间;

(10)货物班列开行方案;

(11)快运货物列车停站站名、站停时分及开行方案。

铁路局集团公司业务部门在列车运行图编制资料准备工作方面的分工如下:

(1)计划部门负责提出新列车运行图短、平、快建设项目,以及新线、新设备投产计划等;

(2)工务部门负责提出各线单双线、区间距离、车站中心里程、线路允许速度、车站过岔速度、线路慢行资料,以及特殊施工天窗,既有线线路进行技术改造工程必须在列车运行图上考虑的封锁线路施工计划等;

(3)电务部门负责提出闭塞方式、信号机坐标、信号联锁方式和追踪间隔时间标准等;

(4)基建工程部门负责提出可以纳入新列车运行图的工程及相关技术资料等;

(5)机务部门负责提出各线各种列车的牵引机型(动力牵引方式)、担当区段、机车运用方式、乘务方式及一次乘务工作时间标准、牵引重量、各项技术作业标准、区间运行时分、起停车附加时分;

(6)供电部门负责提出牵引变电所供电范围和方式及单元供电臂范围,供电天窗时间、停电方式及供电能力等;

(7)车辆部门负责提出各种车辆构造速度、列检布局、作业方案、各种列车技术作业站及作业时间标准等;

(8)客运部门负责提出新列车运行图实行期间预期客流密度、旅客列车及特快货物班列开行方案、动车组运用交路安排、客运停车站名和技术作业时间标准等;

(9)货运部门负责提出新列车运行图实行期间快运货物列车、班列和直达货物列车开行方案等;

(10)运输部门负责提出新列车运行图实行期间各线(包括分界口)的预期货运量、各区段货流密度、主要站分品类方向别发送量、车流径路、货物列车编组计划、货物列车行车量、区段管内工作方案,列尾配置类型及摘挂地点,列车间隔、车站间隔时间及加强通过能力的措施和方案等;

(11)信息技术部门负责为业务部门资料准备工作提供信息技术支持等。

6.列车运行图编制的技术标准

为提高列车运行图的编制质量,必须科学合理地确定各项技术作业标准。主要技术作业标准全路统一,由国铁集团在每次重新编制基本图时确定,并在下发的新列车运行图编制纲要中公布。没有公布的技术作业标准或由于设备条件限制不能执行统一标准时,由铁路局集团公司组织查定并报国铁集团审批。查定时,必须进行充分的调查研究和必要的试验,在保证安全的基础上,贯彻"创新、挖潜、提效"的方针,保证标准先进合理。

经国铁集团审定的技术作业标准和相关资料需纳入《列车运行图技术资料》文本,作为编制和执行列车运行图的依据,各铁路局集团公司必须认真执行。确需修改时,需要报国铁集团批准的报国铁集团审批,履行相关手续。修改的技术资料由铁路局集团公司工信部门汇总、公布并报国铁集团相关部门备案。铁路局集团公司工信部门每年对《列车运行图技术资料》进行一次全面核对与规范,并以文件形式重新发布。

《列车运行图技术资料》文本包含内容和责任部门如下:

(1)说明:工信部门负责。

(2)列车车次编定表:运输部门负责。

(3)线路允许速度表:工务部门负责。

(4)车站正线、到发线有效长度表:工务、运输部门负责。

(5)列车间隔时间标准:运输、机务、电务部门负责。

(6)客运作业技术标准、动车组运用交路:客运部门负责。

(7)旅客列车牵引机型及牵引定数:机务部门负责。

(8)货物列车牵引机型及牵引重量、换长表:机务、运输部门负责。

(9)客货机车在自外段、站技术作业时分标准:机务、运输部门负责。

(10)列车区间运转时分:机务、运输部门负责。

(11)货物列车、特快货物班列车辆技术检查时间:车辆部门负责。

(12)分界口列车对数、牵引定数、换长表:运输、机务部门负责。

(13)列车对数表:运输部门负责。

(14)预留施工慢行附加时分表:运输、工务、机务部门负责。

(15)预留施工天窗时间表:运输、工务、机务部门负责。

(16)列尾作业站名、交路、作业时间标准:运输部门负责。

(17)限制机车重联运转区间表:工务、机务部门负责。

(18)限制机车回送专列连挂台数桥梁表:工务、机务部门负责。

(19)使用补机区间表:机务部门负责。

(20)LKJ 基础线路数据:电务、机务、工务部门负责。

(21)客运机车交路示意图:机务部门负责。

(22)货运机车交路示意图:机务部门负责。

7. 列车运行图编制的组织领导

为加强列车运行图编制工作的组织领导,国铁集团、铁路局集团公司应成立编图委员会和编图工作组。

(1)国铁集团编图工作组的职责是,在国铁集团编图委员会的领导下,组织重点列车牵引试验,审定主要技术作业标准,具体组织运行图的编制、审核和实施工作。

(2)铁路局集团公司编图委员会的职责是,根据国铁集团的统一部署,结合本局情况,负责确定全局管内列车运行图的编制方针、原则、任务,拟定具体实施计划,协调解决有关问题,全面领导并按时完成本局的编图工作。

8. 列车运行图的编制、审核、实施程序

(1)国铁集团下发新图编制通知,提出本次编图的原则、任务、要求和日程安排;

(2)各铁路局集团公司根据国铁集团要求确定本局编图的任务和要求,提出新图工程和项目,组织列车牵引试验,查定技术作业标准;

(3)召开全路编图准备会议,审定编图技术资料,确定跨局列车开行方案、动车运用交路计划、机车交路等与编图有关的重大事项,下发新图编制纲要;

(4)编制跨局旅客列车运行方案;

(5)召开全路第一阶段编图会议,铺画旅客列车(先跨局后管内,先重点后一般)和货物班列运行线,编制机车周转图,预留施工天窗;

(6)各铁路局集团公司优化管内客车运行方案,预铺画货物列车运行线;

(7)召开全路第二阶段编图会议,铺画货物列车运行线,选定货物班列、直达列车、重载列车运行线,编制完整机车周转图,完成基本列车运行图编制工作;

(8)各铁路局集团公司计算列车运行图各项指标,整理、审核列车运行图及相关资料、文件,做好编图工作总结;

(9)国铁集团于实行前45天下发实行新图文件,铁路局集团公司于实行前30天下发实行新图文件及相关资料,做好新图实施前各项准备工作,组织相关部门进行新图培训,召开新图实施工作会议;

(10)实施新图,做好列车运行图新旧时刻交替和新图实施值班、总结等工作。

在规定的有效期间内,必须严格贯彻执行列车运行图,要保持列车运行图的严肃性和相对稳定。当需要调整时,必须由铁路局集团公司以书面形式上报国铁集团并得到正式的书面批复。国铁集团根据各铁路局集团公司提报的调图范围和内容,协调、确定调整图的实行日期。

调整内容涉及局间分界口时,由申请的铁路局集团公司于调整图拟实施前60天上报国铁集团,国铁集团同意后组织相关铁路局集团公司调整,国铁集团于实施调整图前30天、相关铁路局集团公司于实施调整图前20天将执行文件下发至各相关单位和部门。铁路局集团公司要将调整图相关文件上报国铁集团并抄知相关铁路局集团公司。

跨局列车在本局管内调整或局管内列车调整时,由铁路局集团公司于调整图拟实施前30天上报国铁集团,国铁集团批复后由铁路局集团公司组织调整。调整图相关文件由铁路局集团公司于实施调整图前20天下发至各相关单位和部门,同时上报国铁集团并抄知相关铁路局集团公司。各铁路局集团公司应将调整后的列车运行图及相关指标报国铁集团有关业务部门。

9. 分号图编制

(1) 遇下列情况时,应编制分号图:

①春运、暑期和其他节假日运输的需要;
②线路施工的需要;
③货运量波动的需要;
④大批货物临时运输及特种运输的需要;
⑤处置重大突发事件的需要。

为春运、暑期运输和线路施工编制的分号图,又分别称为春运图、暑期图和施工图;根据其他运输需要编制的分号图名称可在分号图前冠以该分号图的主题,例如"十一"分号图等。

(2) 在编制分号图时,原则上不变动基本图旅客列车运行线。

分号图的编制可分为编制和选线两种。编制是指在基本图以外另行编制的运行图,单独定点、定车次;选线是指在基本图上用抽减运行线的方法制定运行图,只减少客、货列车对数,不单独定点、定车次。

(3) 春运图、暑期图,由各铁路局集团公司根据客流预测提出跨局临客开行建议方案并于实行前60天上报国铁集团,国铁集团综合各铁路局集团公司建议,确定跨局临客开行方案,组织编制。铁路局集团公司管内临客开行方案,由铁路局集团公司确定并铺画临客运行线。春运图、暑期图的实行文件,国铁集团于实行前30天、铁路局集团公司于实行前20天下发至各相关单位和部门。

(4) 当施工图的编制范围涉及跨局客货列车时,由铁路局集团公司于施工图实施前45天上报国铁集团,国铁集团同意后组织或委托相关铁路局集团公司编制。实行文件,国铁集团于实行前30天、铁路局集团公司于实行前20天下发至各相关单位和部门。

当施工图的编制范围仅涉及管内列车时,由铁路局集团公司组织编制。相关文件由铁路局集团公司于施工图实施前20天发到相关单位。

大批货物临时运输以及特种运输需要编制分号图时,比照施工图的编制办法进行。

采用选线方法制定的分号图,跨局列车由国铁集团、管内列车由铁路局集团公司确定。实行文件,国铁集团于实行前20天、铁路局集团公司于实行前15天下发至各相关单位和部门。

(5) 为适应旅游市场的需求,应适量铺画旅游列车运行线,跨局由国铁集团、局管内由铁路局集团公司组织铺画并公布。

由于列车运行图的调整引起旅游专列时刻的变化,由相关铁路局集团公司在下发调整图执行文件的同时公布,跨局旅游专列报国铁集团修改跨局旅游专列简明时刻表。

铁路局集团公司开行跨局旅游专列,按国铁集团公布的旅游专列相关要求组织。

(6)临时需要加开跨局临时旅客列车,由铁路局集团公司于开行前30天报国铁集团批准后,运行线由国铁集团组织铺画;临时加开管内临时旅客列车,由铁路局集团公司确定运行时刻。因突发客流、应急等原因不能于开行前30天提报的,由调度部门确定运行时刻。

开行旅游专列和临时旅客列车影响的货物列车由调度调整。

任务2.2　铁路区间通过能力

一、铁路运输能力

为了完成运输生产经营任务,满足人们对运输的需求,铁路必须具备一定的运输能力。铁路运输能力一般以通过能力和输送能力来表示。

在一定的机车车辆类型和一定的行车组织方法的条件下,铁路区段内的各种固定设备在单位时间内(通常指一昼夜)所能通过或接发的最多列车数或对数称为通过能力。通过能力在一定程度上取决于广大铁路职工能否协同动作和铁路固定设备、机车车辆能否合理运用。因此,通过能力并不是一成不变的,是随着技术设备和行车组织方法的改善而提高。计算铁路通过能力的目的,就在于能够胸中有数地安排运输生产,保证铁路运输适应国民经济不断发展和人民生活不断提高的需要。

铁路区段通过能力按照下列固定设备进行计算:

(1)区间。其通过能力主要取决于区间正线数、区间长度、线路纵断面、机车类型,信号、联锁、闭塞设备的种类。

(2)车站。其通过能力主要取决于车站到发线数,咽喉区道岔的布置,驼峰和牵出线数,信号、联锁、闭塞设备的种类。

(3)机务段设备和整备设备。其能力主要取决于内燃机车、电力机车的检修台位,段内整备线。

(4)电气化铁路的供电设备。其能力主要取决于牵引变电所和接触网。

根据以上固定设备计算出来的通过能力,可能是各不相同的。其中,能力最薄弱的设备限制了整个区段的能力,即该区段的最终通过能力。

在实际工作中,通常又把通过能力分为设计通过能力、现有通过能力和需要通过能力。根据设计的设备或改造设备、机车车辆类型、行车组织方法所计算的通过能力,称为设计通过能力;在现有设备和现行的行车组织方法条件下,铁路各种固定设备可能达到的通过能力,称为现有通过能力;为了适应国家建设和人民生活的需要,在一定时期内,铁路各种固定设备所应具有的通过能力,称为需要通过能力。

输送能力是指在一定的机车车辆类型、一定的固定设备和一定的行车组织方法的条件下,按照移动和人员配备的现有数量,在单位时间(通常为一年)内所能运送最多的货物吨数。

二、以非平行运行图扣除系数计算铁路区间通过能力的方法

当采用非平行运行图扣除系数计算方法计算铁路区间通过能力时,通常需要先计算平行运行图的通过能力,然后在此基础上再确定非平行运行图的通过能力。

1. 平行运行图通过能力

(1) 计算平行运行图通过能力的基本原理。

在平行运行图上,同一区间内同方向列车的运行速度都是相同的,并且上下行方向列车在同一车站上都采取相同的交会方式。从这种运行图上可以看出,任何一个区间的列车运行线总是以同样的铺画方式一组一组地反复排列的。一组列车占用区间的时间,称为运行图周期 $T_周$。图 2-16 给出了不同类型的运行图周期。不同类型的运行图周期所包含的上下行列车数可能是不同的。若一个运行图周期内所包含的列车对数或列数用 $n_周$ 表示,则放行一列或一对列车平均占用该区间时间应为

$$t_{占均} = \frac{T_周}{n_周} \quad (\text{min}) \tag{2-2}$$

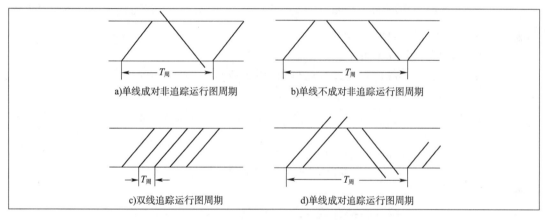

图 2-16 不同类型运行图周期示意图

因而,对于一定类型平行运行图区间通过能力 n,应用直接计算法可按如下式计算:
当不考虑固定作业时间占用时间有效度系数时,则

$$n = \frac{1440}{t_{占均}} = \frac{1440 n_周}{T_周} \tag{2-3}$$

当考虑固定作业时间 $T_固$ 而不考虑有效度系数 $d_{有效}$ 时,则

$$n = \frac{(1440 - T_固) n_周}{T_周} \tag{2-4}$$

当同时考虑固定作业占用时间和有效度系数时,则

$$n = \frac{(1440 - T_固) n_周 d_{有效}}{T_周} \tag{2-5}$$

式中:$T_固$——固定作业时间,为进行线路养护维修、技术改造施工、电力牵引区段接触网检修等作业,必须预留的固定占用区间时间,以及必要的列车慢行和其他附加时

分,但双线区段施工期间组织反向行车时,应扣除利用非施工方向放列车所节省的时间,min;

$d_{有效}$——有效度系数,扣除设备故障和列车运行偏离、调度调整等因素所产生的技术损失后,区间时间可供有效利用的系数,一般可取 0.91~0.88。

运行图周期系由列车(一个或几个列车)区间纯运行时分$\sum t_{运}$、起停车附加时分$\sum t_{起停}$以及车站间隔时间$\sum \tau_{站}$所组成,即

$$T_{周} = \sum t_{运} + \sum t_{起停} + \sum \tau_{站} \quad (\text{min}) \tag{2-6}$$

一般情况下列车在各区间的运行时分不相同,各车站的间隔时间也可能不同,所以每一区间的$T_{周}$常常是不等的。由上述公式可以看出,通过能力大小与$T_{周}$成反比,即$T_{周}$越大,通过能力越小。在整个区段里,$T_{周}$最大的区间也就是通过能力最小的区间,称为该区段的限制区间。限制区间的通过能力即该区段的区间通过能力。

列车区间运行时分,对运行图周期的大小起主要作用。在运行图周期里$\sum t_{运}$最大的区间,称为困难区间。大多数情况下,困难区间往往就是限制区间。虽然有的区间本身不是困难区间,但是由于车站间隔时间数值较大,因而成了限制区间。

综上所述,在不同类型的运行图里,$T_{周}$的组成及$n_{周}$的数值是不同的。因此,必须对不同类型的运行图分别计算其通过能力。

(2)单线成对非追踪平行运行图。

在单线区段,通常采用成对非追踪运行图(图2-17)。

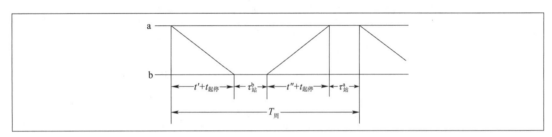

图 2-17 单线成对非追踪运行图周期示意图

单线成对非追踪平行运行图周期可用下式表示:

$$T_{周} = t' + t'' + \tau_{站}^{a} + \tau_{站}^{b} + \sum t_{起停} \quad (\text{min}) \tag{2-7a}$$

式中:t'、t''——上下行列车的区间纯运行时分,min;

$\tau_{站}^{a}$、$\tau_{站}^{b}$——a、b 站的车站间隔时间,min;

$\sum t_{起停}$——列车起停附加时分,min。

由于一个周期内所包含的列车数为一对(即$n_{周}=1$),因此只要将($n_{周}=1$)代入式(2-3)~式(2-5),即可得相应区间通过能力。

为了使区段通过能力达到最大,应当使限制区间的$T_{周}$数值尽量缩小。在采用一定类型的机车和一定的列车重量标准的条件下,区间运行时分$\sum t_{运}$是固定不变的。若想要缩小$T_{周}$,只有设法缩小$\sum t_{起停} + \sum \tau_{站}$的数值。可以通过在限制区间合理地安排列车运行线的铺画方案达到上述目的(图 2-16)。运行图上列车运行线的可能铺画方案有 4 种:

①上下行列车不停车通过车站而进入区间,如图 2-18a)所示,运行图周期为

$$T_周 = t' + t'' + \tau_{不}^{a} + \tau_{不}^{b} + 2t_停 \quad (\text{min}) \tag{2-7b}$$

②上下行列车不停车通过车站而开出区间,如图2-18b)所示,运行图周期为

$$T_周 = t' + t'' + \tau_{会}^{a} + \tau_{会}^{b} + 2t_起 \quad (\text{min}) \tag{2-7c}$$

③下行列车不停车通过区间两端车站,如图2-18c)所示,运行图周期为

$$T_周 = t' + t'' + \tau_{不}^{a} + \tau_{会}^{b} + t_起 + t_停 \quad (\text{min}) \tag{2-7d}$$

④上行列车不停车通过区间两端车站,如图2-18d)所示,运行图周期为

$$T_周 = t' + t'' + \tau_{会}^{a} + \tau_{不}^{b} + t_起 + t_停 \quad (\text{min}) \tag{2-7e}$$

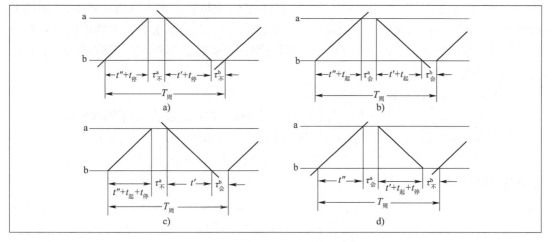

图2-18 列车运行线铺画方案示意图

在选择限制区间列车运行线的合理铺画方案时,应考虑到区间两端车站的具体条件。如图2-18所示,在a站下行出站方向有较大上坡道时,如果采用下行列车在a站停车进入区间的方案,就有可能造成下行列车出发起动困难,这时就应选用下行列车通过a站而$T_周$又是较小的方案。

2. 非平行运行图通过能力

(1)非平行运行图通过能力的计算方法。

非平行运行图的通过能力,是指在旅客列车数量及其铺画位置既定的条件下,该区段一昼夜内所能通过的货物列车和旅客列车对数(或列数)。

计算非平行运行图通过能力的方法有两种:

一是图解法。在运行图上首先铺画旅客列车,然后在旅客列车间隔内铺画其他货物列车(包括摘挂列车)。在运行图上所能最大限度地铺画的客货列车总数即该区段的非平行运行图的通过能力。图解法虽比较精确,但比较烦琐,故只在特殊需要时采用。

二是分析法。根据旅客列车和摘挂列车的扣除系数,可以近似地计算非平行运行图的通过能力 $n_非$,其计算公式为

$$n_货^{非} = n - \varepsilon_客 n_客 - (\varepsilon_{快货} - 1)n_{快货} - (\varepsilon_{摘挂} - 1)n_{摘挂} \quad (\text{对或列}) \tag{2-8}$$

$$n_非 = n_货^{非} + n_客 \quad (\text{对或列}) \tag{2-9}$$

式中:$n_货^{非}$——非平行运行图的货物列车通过能力(包括快运货物列车、沿零摘挂列车和摘挂

列车在内）；

$n_{客}$——在运行图上铺画的旅客列车对数或列数；

$n_{快货}$——在运行图上铺画的快运货物列车的对数或列数；

$n_{摘挂}$——在运行图上铺画的摘挂列车的对数或列数；

$\varepsilon_{客}$——旅客列车的扣除系数；

$\varepsilon_{快货}$——快运货物列车的扣除系数；

$\varepsilon_{摘挂}$——摘挂列车的扣除系数。

所谓扣除系数，是指因铺画一对或一列旅客列车、快运货物列车或摘挂列车，必须从平行运行图上扣除的货物列车对数或列数。由上述公式可以看出，分析法的精确性主要取决于扣除系数数值的规定是否合理。因此，当研究用分析法确定非平行运行图的通过能力时，必须研究确定扣除系数的原理。

（2）旅客列车扣除系数。

如图 2-19 所示，在运行图上铺画旅客列车所造成的扣除系数，由如下两部分组成：

①基本扣除系数 $\varepsilon_{基}$。一对旅客列车占用限制区间的时间 $t_{客占}$ 与一对货物列车占用限制区间的时间 $T_{周}$ 之比，称为基本扣除系数。$t_{客占}$ 由旅客列车区间运行时分 $t_{客}$ 和车站间隔时间 $\tau_{站}$ 两部分组成，即

$$t_{客占} = t'_{客占} + t''_{客占} = (t'_{客} + t''_{客}) + \sum \tau_{站} = \Delta(t' + t'') + \sum \tau_{站} \tag{2-10}$$

$$\varepsilon_{基} = \frac{t_{客占}}{T_{周}} = \frac{\Delta(t' + t'') + \sum \tau_{站}}{T_{周}} \tag{2-11}$$

式中：$t'_{客}$、$t''_{客}$——旅客列车在限制区间的上下行运行时分，min；

t'、t''——货物列车在限制区间的上下行运行时分，min；

Δ——货物列车与旅客列车速度的比值。

②额外扣除系数 $\varepsilon_{外扣}$。由于两相邻旅客列车之间的时间间隔不是货物列车占用限制区间时间的整倍数而产生的额外扣除时间 $t_{外扣}$ 与一对货物列车占用限制区间的时间 $T_{周}$ 之比，称为额外扣除系数。$\varepsilon_{外扣}$ 数值的大小与运行图上旅客列车对数及其铺画位置、区间不均等程度、中间站到发线数目等因素有关。在单线区段可近似地按如下经验公式计算：

$$\varepsilon_{外扣} = 0.7j - 0.025n_{客} - 0.1 \tag{2-12}$$

式中：j——区间不均等程度，它等于货物列车平均运行图周期与限制区间运行图周期之比，即 $j = \dfrac{T_{周}^{平均}}{T_{周}}$。在一般情况下，额外扣除系数可取 0.2~0.5。

因此，旅客列车的扣除系数 $\varepsilon_{客}$ 应为

$$\varepsilon_{客} = \varepsilon_{基} + \varepsilon_{外扣} \tag{2-13}$$

快运货物列车扣除系数的确定方法，与旅客列车基本相同。

（3）摘挂列车扣除系数。

摘挂列车的运行速度虽与货物列车一样，但由于摘挂列车在中间站停站次数较多、停站时间较长，所以对通过能力也有一定影响。区间越均等，运行图铺满程度越高，这种影响就越大。如图 2-20a)所示，在平行运行图上，当区间均等时，摘挂列车每一次在车站完成作业

后发出,都要从运行图上扣掉一条列车运行线。在这种情况下,摘挂列车的扣除系数等于停站次数加1。

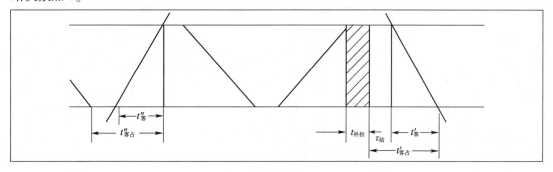

图 2-19 运行图上铺画旅客列车所形成的扣除时间图

在非平行运行图上,除了因铺画旅客列车而产生一定的空费时间 $t_{外扣}$ 外,由于区间不均等,在邻接较小区间的车站还将产生运行图空隙。利用这些空费时间和运行图空隙铺画摘挂列车,就可以使摘挂列车扣除系数大大缩小,如图 2-20b) 所示。

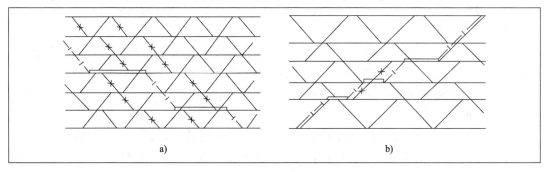

图 2-20 摘挂列车对区间通过能力影响图

通过上述分析可以看出,扣除系数的大小与一系列因素有关,主要包括:
① 区间的不均等程度;
② 旅客列车、快运货物列车、摘挂列车的运行速度、数量及其在运行图上的铺画位置;
③ 旅客列车和摘挂列车在区段内的停站次数及停站时间。

上述这些因素的影响只能在运行图铺好之后才能完全确定。因此,在计算通过能力时,不得不利用扣除系数的经验数值。目前,我国铁路采用的扣除系数见表 2-4、表 2-5。

列车扣除系数表　　　　　　　　　　　　　　　　表 2-4

区间正线	闭塞方法	旅客列车	快运货物列车	摘挂列车	备注
单线	自动	1.0	1.0	1.3~1.5	
	半自动	1.1~1.3	1.2	1.3~1.5	摘挂列车 3 对以上取 1.3
双线	自动		2.0~2.3	2.5~3.0	摘挂列车 3 对以上取 2.5,6 对以上取 2.0
	半自动	1.3~1.5	1.4	1.5~2.0	

注:其他闭塞方式可参照半自动闭塞取值。

三显示双线自动闭塞区段旅客列车扣除系数表　　　　　表2-5

$n_{客}$(列)	$I_{追}$(min)						
	6	7	8	9	10	11	12
5~10			2.3~2.4	2.15~2.3	2.05~2.2	1.95~2.1	1.9~2.0
11~20			2.3~2.35	2.15~2.2	2.05~2.1	1.95~2.0	1.8~1.9
21~30		2.4~2.45	2.2~2.25	2.05~2.1	1.95~2.0	1.85~1.9	1.7~1.8
31~40	2.5~2.55	2.3~2.35	2.1~2.15	1.95~2.0	1.85~1.9	1.75~1.8	1.6~1.7
41~50	2.4~2.45	2.2~2.25	2.0~2.05	1.85~1.9			
51~60	2.3~2.35	2.1~2.15	1.9~1.95				
61以上	用图解法确定						

注:四显示双线自动闭塞区段,用图解并参照本表取值确定。

三、高速铁路通过能力的计算

在高速铁路线路上,由于在列车运行组织方面与一般铁路有着明显的不同,因此其在通过能力计算上具有如下特点:

(1)若以客运站作为客流的主要始发和终到站,并将客流主要始发站与终到站之间的铁路区段定义为客流区段,则旅客列车通常应以客流区段为单位制定开行方案,即在高速铁路上通常只开行客运站间的旅客列车。因而,高速铁路通过能力应以客流区段为单位,计算客流区段别的通过能力。

(2)在一个客流区段内,高速列车也可能在中间客运站或中间站停车办理客运作业,与不停车高速列车比较,它将产生额外的占用列车运行图时间,即开行在客流区段内有关车站停车办理作业的高速列车,将对通过能力产生不利影响。在高速铁路通过能力计算中,若采用扣除系数法,这一影响可用高速列车扣除系数 $\varepsilon_{高}$ 表示。因此,研究高速铁路通过能力扣除系数计算法时,还应通过采用分析的方法或模拟的方法,确定高速列车扣除系数。

(3)当采用高、中速列车共线运行的运输组织模式时,在高速铁路上开行的中速列车,由于列车运行速度较高速列车低,而且停车办理作业的次数也可能较多,因而占用列车运行图时间较长,即开行中速列车将对通过能力产生不利的影响。在高速铁路通过能力计算中,若采用扣除系数法,这一影响可用中速列车扣除系数 $\varepsilon_{中}$ 表示。因此,在研究高速铁路通过能力扣除系数计算法时,还应通过采用分析方法或模拟方法,确定中速列车扣除系数。

(4)为使高速铁路技术设备经常处于质量良好的使用状态,以确保行车安全,在高速铁路列车运行图中,一般应为设备日常维修和养护预留出必要时间的"天窗"。它不仅缩短了运行中可供列车运行的时间段,而且人为地将列车运行图分割为两个隔开的时间段,致使在列车运行图上不能组织列车24h循环运行,对通过能力造成了相当大的影响。

(5)为方便旅客乘车旅行,在编制列车运行图时,应尽可能规定适宜的旅客列车始发和终到时刻。为此,对于高速铁路来说,一般应规定在6:00—24:00在客流区段内到发。受这一有效到发时间的限制,在列车运行图中除"天窗"时间之外,还将产生一定的称之为无效时间的时间段,它对通过能力也有一定的影响。

根据上述分析,当采用"全高速"运输组织模式时,高速铁路通过能力 $n_{高}$ 可按下式计算:

$$n_{高} = \frac{1440 - (t_{检} + t_{无效})}{I\varepsilon_{高}} \quad (2\text{-}14a)$$

式中: $t_{检}$——列车运行图"天窗"时间,min;

$t_{无效}$——列车运行图无效时间,min;

I——追踪列车间隔时间,min。

当采用"高、中速列车共线运行"运输组织模式时,高速列车通过能力 $n_{高}$ 则应按下式计算:

$$n_{高} = \frac{1440 - (t_{检} + t_{无效})}{I[\varepsilon_{高} + \alpha_{中}(\varepsilon_{中} - \varepsilon_{高})]} \quad (2\text{-}14b)$$

式中: $\alpha_{中}$——列车运行图中的中速列车比重。

四、使用能力

以上计算出来的非平行运行图货物列车通过能力,称为计算能力,即最大能力。在实际工作中,列车运行由于受到各种主、客观因素的影响,实现计算能力是很困难的。为了考核分析日常工作中通过能力的实际利用程度,在计算能力的基础上,规定了一个能够实现的数值,即使用能力。

使用能力 $N_{使}$,是根据现有工作组织水平,并考虑运输工作不均衡的影响,将货物列车计算能力 $N_{货}$ 扣除一定损失后,即在当前一定时期内能够实现的货物列车通过能力。其计算公式为

$$N_{使} = N_{货} K_{使} \quad (\text{对或列}) \quad (2\text{-}15)$$

式中: $K_{使}$——区间通过能力使用系数。

五、提高区间通过能力的措施

随着国民经济的发展,运量不断增加,铁路运输能力应予以加强。

铁路区间通过能力是否需要提高,应按国民经济发展计划进行运量预测,并计算需要通过能力,其计算公式为

$$N_{需} = (n_{货} + \varepsilon_{客} n_{客} + \varepsilon_{摘} n_{摘} + \varepsilon_{快} n_{快})(1 + \gamma_{备}) \quad (2\text{-}16)$$

式中: $n_{货}$——直达、直通、区段等一般货物列车对数或列数;

$\gamma_{备}$——通过能力储备系数,我国铁路规定单线为20%,双线为15%。

当现有通过能力不能满足 $N_{需}$ 的要求时,应有计划地采取措施,提高区间通过能力。例如,图2-21所示的甲—乙区段,若区段通过能力需要30对时,应对 B—C、D—E 区间采用提高能力的措施。

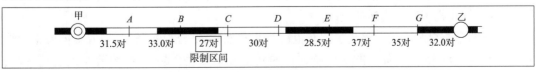

图2-21 甲—乙区段各区间通过能力示意图

提高区间通过能力的措施，基本上可以分为改建措施和技术组织措施两大类。凡是增加或改建铁路技术设备的加强措施，属于改建措施，一般需要较大投资；凡是通过改进行车组织方法或改善技术设备的使用方法，不需大量投资的，属于技术组织措施。

1. 提高区间通过能力的改建措施

（1）装设完善的信号、联锁、闭塞设备，如采用自动闭塞、集中联锁、调度集中等设备。

（2）增设线路所或会让站。

（3）铺设双线插入段及修建双线或第三线、第四线。

（4）减缓线路的坡度及提高线路和桥隧建筑的质量，以提高线路允许速度。

2. 提高区间通过能力的技术组织措施

（1）改善机车功率的利用，提高列车运行速度。

（2）采用双机、补机或多机牵引，提高列车运行速度。

（3）缩短车站间隔时间或追踪列车间隔时间。车站间隔时间越短，运行图周期越小，通过能力就越大。

（4）采用不成对运行图。当上下行方向运量不相等，而行车量较大方向的能力受限制时，在单线非自动闭塞区段，可采用不成对运行图，以适应行车量较大方向的需要。根据计算，在单线非自动闭塞区段采用不成对运行图时，行车量较大方向的通过能力比成对运行图增加 10%~20%。

任务2.3　货物列车编组计划

一、货物列车编组计划的作用及任务

铁路运输完成的货物"位移"，是通过列车实现的。但是，全路各站设备条件不同、能力不同，各技术站编组列车的种类和方法也不同。货物列车编组计划所要研究和解决的主要问题就是怎样编组列车、编组哪些列车和在哪些车站上编组列车的问题。

在解决上述问题的同时，还要考虑加速车辆解编、减少车站改编作业、合理运用调车设备等问题，加速货物的送达和机车车辆的周转。

怎样把车辆变成列车呢？有两种极端的做法：一种做法是不分车辆的去向和远近，不加组织地一律编入摘挂列车或区段列车；这样势必会造成远距离的车辆逐段或逐站作业，延误了货物的送达，延缓了机车车辆的周转，增加了各站的作业；另一种做法是不管每个去向的车流多少，一律在装车站集结，编入直达列车。这样虽然由于中途不进行改编作业而节省了一些时间，但是车辆要等待集结成列，就大大延长了车辆在站停留时间，同样不能达到快速运送货物、加速机车车辆周转的目的。

正确的车流组织方法应该是根据车流的大小和性质，结合设备条件，采取不同的组织形式。在装车量较大、流向集中的地点或邻近的几个装车站联合起来，组织装车地直达列车；对装车地直达列车以外的车流，通过对车流各种组合方案，确定出在编车站集结时间短、在途中运行快的列车编组方法,按车辆去向的远近,由技术站分别编组技术直达、直通、区段列车;对到达中间站的车辆或中间站挂出的车辆,一般编入摘挂列车。

1. 货物列车编组计划的作用

(1)把全路复杂的重、空车流,分别按到站和去向的不同,组织到不同种类的列车中,有节奏地组织运输生产。

(2)规定了各站的作业任务、作业方法和使用车站技术设备的办法,对车站工作组织起着决定性的作用。

(3)规定了各站间的相互关系和联合动作,是全路车站分工的战略部署。

(4)货物列车编组计划是铁路与国民经济其他部门紧密联系的一个重要环节。

(5)货物列车编组计划与列车运行图有密切的联系,它是编制列车运行图的基础。没有货物列车编组计划的行车量和列车分类,则列车运行图难以铺画。同时,货物列车编组计划根据列车运行图来体现。两者密切结合,成为行车组织工作的基本技术文件。

2. 货物列车编组计划的任务

货物列车编组计划是全路车流组织计划,依据该计划来统一安排全路的车流组织方案,具体规定货运站、编组站、区段站等编组货物列车的要求、方法和内容。

(1)在装车站最大限度地组织直达列车和成组装车,以减少技术站的改编作业量。

(2)根据车流特点、设备条件和作业能力,正确规定装车站和技术站编组列车的办法,最大限度地减少车辆的改编作业次数、加速车辆周转。

(3)合理分配技术站的调车工作任务,尽量将调车作业集中到技术设备先进、解编能力大、作业效率高的路网性编组站上进行,以便充分发挥设备能力、减少人力消耗、降低运输成本。

(4)在具有平行径路的铁路方向上,按照运输里程及区段通过能力的使用情况,规定合理的车流径路,以平衡各铁路线路的任务,减轻主要铁路方向的负担。

(5)合理组织管内零散车流,加速管内车流的输送。

另外,根据国民经济发展计划中对铁路运输的要求,预见车流将来可能发生的变化,有计划、有准备地调整某些站场的分工,必要时从合理组织车流的实际出发,提出新建或扩建站场的计划,这也是货物列车编组计划的一项重要任务。

二、货物列车编组计划的主要内容

货物列车编组计划的主要内容见表2-6。

甲站货物列车编组计划(示例)　　　　表2-6

发站	到站	编组内容	列车种类	定期车次	附注
甲	丁	丁及其以远	技术直达		
甲	丙	(1)丙及其以远(不包括丁及其以远); (2)空棚车	直通		

续上表

发站	到站	编组内容	列车种类	定期车次	附注
甲	乙	乙及其以远(不包括丙及其以远)	区段		
甲	乙	(1)A—D间按站顺； (2)乙及其以远	摘挂		按组顺编组

从表 2-6 中得知，货物列车编组计划主要有以下内容：

(1)发站。列车的始发站(编成站)。

(2)到站。列车的终到站(解体站)。

(3)编组内容。规定了该列车用哪些车流编组及车辆的编挂方法。

(4)列车种类。表示该列车的种类。

(5)定期车次。若该列车为装(卸)车地组织的直达列车，则表示该列车开行期间的固定车次。

(6)附注。对编组内容栏加以补充说明，常见的说明如按站顺、按组顺、规定基本组重量、开行列数等。

编组内容栏规定的列车中车辆的编挂方法，通常为以下几种：

(1)单组混编。该列车到达站及其以远的车辆，不分到站、不分先后混合编挂。

(2)分组选编。一个列车中分为两个及其以上的车组，属于同一组的车辆必须编挂在一起。对车组的排列，无特殊要求者，可以不按组顺编挂。

(3)到站成组。在列车中同一到站的车辆必须编挂在一起。

(4)按站顺编组。在列车中除同一到站必须挂在一起外，还要求按车辆到站的先后顺序进行编挂。

以上各种列车编组方法，是根据各有关车站的能力、所需列车的性质分别确定的，达到加速车辆周转和货物送达的目的。

三、货物列车编组计划的编制过程

编制货物列车编组计划是一项细致而复杂的工作。编制工作通常分为 3 个阶段进行，即准备资料阶段、编制阶段和实行前的准备阶段。货物列车编组计划的编制质量在很大程度上取决于编制资料的准备工作。只有充分掌握可靠的编制资料，才能编制出经济有利、切实可行的货物列车编组计划。

1. 货物列车编组计划的编制资料

(1)货物列车编组计划实行期间的日均计划车流。

计划车流是编制货物列车编组计划的主要依据，其准确与否，对货物列车编组计划的质量有直接影响。如果计划车流确定大了，在制订计划时必须规定多开列车，这样在日常执行中则会因实际车流较小使货车平均集结时间增大；反之，如果计划车流确定过小，则某些可以编组直达列车的车流没有被吸收，从而增加技术站的改编作业。在实际工作中一般是根据国民经济计划对铁路运输的要求，分析实际车流规律，经过经济调查和各铁路局集团公司互相核对,综合平衡,最后确定货物列车编组计划实行期间的日均计划车流。

(2)各线的列车重量标准和换算长度。

(3)主要装卸站的技术设备、装卸能力。主要包括专用线长度、股道数量、容车数、日均装卸车数、批数和时间等。

(4)技术站的有关技术资料。包括车场分工、股道数量、有效长度、调车机车台数、改编能力以及按到达站别的列车平均编成辆数、集结系数等。

(5)现行货物列车编组计划执行情况等。

2. 货物列车编组计划的编制程序

编制阶段的工作分两个步骤进行:第一步,在国铁集团的领导下,各铁路局集团公司共同编制跨局的货物列车编组计划;第二步,在跨局货物列车编组计划的基础上,各铁路局集团公司自行编制本局管内的货物列车编组计划:

(1)确定日均计划重车车流量。在审批各铁路局集团公司提出的品类别、发到站别运输计划后,编制计划重车车流表。

(2)编制装车地直达货物列车编组计划。

(3)编制空车货物列车编组计划。计算较大的装卸站或区段不同车种空车的余缺,按合理调整空车的原则,分配空车并编制计划空车车流表,确定空车直达货物列车编组计划。

(4)编制快运货物列车编组计划。

(5)编制技术站货物列车编组计划。

(6)检查装车地直达货物列车编组计划同技术站货物列车编组计划的配合情况,并修正不配合的装车地直达货物列车编组计划。

(7)规定直达列车补轴、减轴的办法。

(8)确定货物列车编组计划,计算各项指标。

四、货物列车编组计划的执行

为了正确执行货物列车编组计划,各铁路局集团公司在每次新货物列车编组计划实施前,必须制定保证实现货物列车编组计划的措施,各技术站应安排好车场分工、固定线路用途、调整劳动组织等准备工作,组织有关人员认真学习。

各铁路局集团公司应经常对职工进行运输纪律的教育,各级调度人员应组织车站严格按编组计划规定编车,认真组织直达列车按时开行和正常运行,对快运货物列车等列车的开行重点掌握,发现违反货物列车编组计划时,应及时督促车站纠正。

车站调度员、车站值班员、调车区长等有关人员,应严格执行货物列车编组计划,不得违反。如发现违反编组,应查明原因,立即纠正。

各铁路局集团公司主管编组计划及有关人员应经常深入现场调查研究,总结分析车流动态、货源货流变化、直达列车开行、技术站作业、能力使用、设备变化及货物列车编组计划执行等情况,不断总结经验,及时提出改进意见。

(1)货物列车编组计划不得经常变更。因车流或技术设备发生变化必须局部调整时,要有计划、有准备地进行,并及时向有关单位布置。跨局货物列车编组计划由国铁集团调整;

铁路局集团公司管内编组计划由铁路局集团公司调整,在征得有关铁路局集团公司同意后方可变更跨局区段、摘挂、小运转货物列车编组计划,变更内容应报国铁集团备案。

(2)列车应当满轴编组。列车应按列车运行图规定的列车牵引质量或换长满轴编组,尾数波动执行有关规定。运行区段牵引定数不一致的直达列车,由货物列车编组计划指定列车牵引质量、换长时,按货物列车编组计划指定的牵引质量、换长编组。摘挂列车、小运转列车允许欠轴开行。

(3)分组列车不受车组号顺位的限制(单独指定编挂位置者除外)。临时排送的空车,应单独选编成组(摘挂、小运转列车除外)。按回送单据向指定到站回送的空车(特殊规定者除外),按该到站的重车办理。

(4)摘挂列车的始发站,应将到达途中各站的车组挂于列车前部(特殊规定者除外),为区间留轴后尚有余轴时,可加挂指定车流。限速的机车、车辆,虽属直达、直通或区段车流,也可利用摘挂列车挂运。

(5)列车的补轴(包括超轴)除另有规定外,应利用与该列车相同到站的车流补轴,相同车组应连挂在一起。如没有相同到站的车流补轴时,可用符合货物列车编组计划规定、不超过该列车到达站的最远到站车组补轴。

(6)车辆应按规定径路运行,对需要加油的冷藏车,可视作前方加油站的重车办理(特殊规定者除外)。

(7)为加速到达中间站(包括中间站挂出)需要快运的鲜活易腐货物的运送,可优先用直达、直通、区段列车挂运。如有特殊需要,各铁路局集团公司可在货物列车编组计划中指定车次,利用直达、直通、区段列车甩挂中间站车辆。

(8)凡有下列情况之一者(另有规定者除外)均为违反货物列车编组计划:

①直达列车的车流,编入直通、区段、摘挂和小运转列车;直通列车的车流编入区段、摘挂和小运转列车;区段列车的车流编入摘挂和小运转列车。

②直通、区段、摘挂和小运转列车的车流,编入直达列车;区段、摘挂和小运转列车的车流编入直通列车;摘挂和小运转列车的车流编入区段列车。

③未按规定选分车组或未执行指定的编挂顺序(由于执行隔离限制,确实难以兼顾时除外)。

④未按补轴、超轴规定编组列车。

⑤违反规定的车流径路,将车辆编入异方向列车。

⑥未达到列车运行图或货物列车编组计划规定的列车(基本组)牵引质量、长度(摘挂列车、小运转列车除外)。

⑦其他未按货物列车编组计划规定编组的列车。

(9)在特殊情况下,必须承认违反货物列车编组计划时,跨局列车由国铁集团、局管内列车由铁路局集团公司调度下达调度命令。对违反货物列车编组计划的列车,应记录车次、原因、责任者,以便核查。各铁路局集团公司、各编组站应建立健全货物列车编组计划分析考核制度,按月对货物列车编组计划执行情况进行分析考核,并提出月度分析报告。对违反货物列车编组计划的情况应进行重点分析,对组织的高质量直达列车要及时加以总结,促进各编组站认真执行货物列车编组计划。

五、装车地直达货物列车编组计划编制

在我国铁路运输的货物中,约有2/3属于大宗货物,如煤、焦炭、矿石、石油、粮食、建材等,这为组织装车地直达运输创造了条件。

装车地直达列车是指由装车站利用自装车流组织的直达列车。它包括始发直达列车、阶梯直达列车、循环直达列车。整列短途列车虽不属于直达列车,但因其系一站装一站卸,运输效率较高,在编制装车地直达货物列车编组计划时应一并研究。

随着重载运输的发展,重载单元列车已在我国部分线路上开行。它是提高铁路运输能力的一项重要的组织措施。重载单元列车是由装车地到卸车地固定机车车辆循环运用的列车单元。列车中途不拆散,在运行过程中,除占用正线和到发线外,不占用调车设备,因而大大减轻了编组站的作业负担,加快了货物的送达速度,提高了经济效益。重载单元列车是一种集中运输方式,即"集中装车—集中运行—集中卸车—集中回空",对于中短途的大宗货物运输来说更具优越性。但开行这种列车应具备严格的条件,如货源充足、货物品类单一、发到站的装卸设备适应整列装卸等。显然,这些条件适用于运送煤炭、矿石、建材等大宗货物,适用于到达大型电厂、大型港口、大型仓库、大型冶金联合企业等卸车地点。对于长途运输来说,由于增加了空车走行距离等问题,开行重载单元列车是否有利,应全面权衡利弊,谨慎选用。

1. 装车地直达列车的优越性及组织条件

(1)装车地直达列车的优越性。

由装车地组织的直达列车,是一种经济、有利的车流组织形式。装车地直达列车主要具有以下优越性:

①能减少有关技术站的改编作业量和有关区段的摘挂列车数量,缓和铁路通过能力的紧张程度。我国铁路大部分技术站往往都不具备对通过本站车流全部改编的作业能力,大量组织始发直达列车,能减轻技术站的改编作业负担。

②能够加速车辆周转和货物的送达,对提高车辆运用效率,加速物资和资金的周转都有很大好处。

③有些始发直达列车能直接配合生产的需要运送货物,使"生产—运输—生产"的过程更好地衔接起来,保证运输对生产的良好服务。

(2)装车地直达列车的组织条件。

装车地直达列车的优点是显著的,应当大力组织。但是,并非所有装车站都可以组织直达列车,如装车能力不足、货位少或空车来源没有保证的车站就不宜组织装车地直达列车。组织装车地直达列车,一般应具备以下条件:

①发货单位或发站的直达货流充足而稳定,流向集中。

②发、收货单位或装卸车站有足够的货位、仓库和装卸能力,能保证整列或成批地进行装车和卸车。如果不能进行整列装车和卸车,而是进行分批装卸,将产生大量的车辆等待停留时间。

例如,某站专用线组织始发直达列车,该地点每批只能装 15 辆,列车编成 45 辆,则需要经过三批装车后才能组织一列始发直达列车,如果空车是整列送到,那么等于 45 辆车都要消耗三批的装车时间,如图 2-22 所示。这样组织直达列车损失太大,是不经济的。

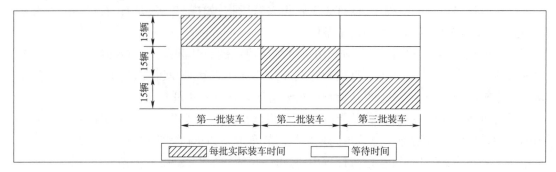

图 2-22 分批装车示意图

③有足够的符合车种要求的空车供应,以满足装车需要。

④直达列车运行途中如果需要增加重量时,有合适的补轴车流。

⑤如果组织到达技术站解体的直达列车,应符合前方技术站货物列车编组计划的有关规定。

例如,甲—己方向货物列车编组计划规定:甲站编组到达乙站的技术直达列车,编组内容为乙站及其以远;到达丁站的直通列车,编组内容为:①丁站及其以远;②庚站及其以远。到达己站的区段列车,编组内容为己站及其以远;其他技术站都编开区段列车,如图 2-23 所示。

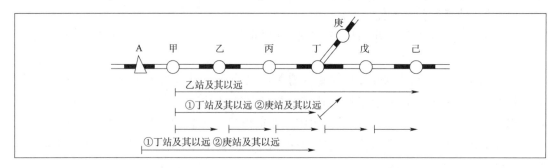

图 2-23 始发直达列车与前方技术站货物列车编组计划配合示意图

如果 A 站组织开到丁站解体的始发直达列车,所吸收的车流及分组选编的办法应符合甲技术站货物列车编组计划的规定,即不得编入乙及其以远的车流,也不得把庚站及其以远和丁站及其以远的车流混编在一起。否则,将延缓到达乙站车流的运送,增加了丁站和戊站的改编作业量,会使有关技术站的作业因车流条件变化而受到影响。所以,这种列车到达甲站后就可能被提前解体,将车流分别编入开往乙站和丁站的列车。

2. 装车地直达货物列车编组计划的编制要点

装车地直达运输是最经济有效的车流组织形式。为了提高它在总装车数中所占的比重,国铁集团在下达年度运输计划及审定各铁路局集团公司上报的计划时,规定了各铁路局集团公司应完成的装车地直达运输任务。

各铁路局集团公司根据国铁集团下达的任务,从所采用的计划车流中查出品类别和发到站别的直达车流,结合装卸站的设备条件、装卸能力,参考以往实际并与有关厂矿企业共同研究协商,拟定出装车地直达货物列车计划草案报国铁集团;经国铁集团平衡、调整后确定。

在拟定装车地直达货物列车编组计划草案时,本着"集零成组、集组成列、可远勿近、可高勿低"的原则,要优先采用效率高、在实际工作中最易实现的组织形式。一般做法如下:

(1)先组织一个发站一个发货单位装的直达列车,再组织同一发站几个发货单位装的直达列车,最后组织几个车站联合配开的阶梯直达列车。

(2)先组织到达同一专用线或同一车站卸车的直达列车,再组织到达同一区段内几个站卸车的直达列车,最后组织到达技术站解体的直达列车。

(3)组织循环直达列车。如果直达列车往返都有货装,或其回程恰好是回空方向不额外增加空车走行公里,或虽增加一些空车走行公里,但因此保证了始发直达列车的组织实现,以及某些需要使用专用货车运送的大宗货物,都可以组织循环直达列车。

(4)建立直达基地或联合出车区。采用这种办法,可以把零散车流汇集起来,组织多站配开的远程直达列车。例如,装车地区各企业专用线有的装车线长度不足,不宜分别组织直达列车,若联合组织直达列车又因装车地点过于分散而不宜实现时;或支线牵引定数低于干线,直达列车需要变更重量,在干支线衔接站又因无适当车流补轴而需拆散部分列车,均可利用直达列车基地或联合出车区开行直达列车。

例如,甲—丁方向上煤炭装车计划见表2-7,并已知主要装、卸站装卸能力充足,空车来源有保证。

甲—丁方向煤炭装车计划表(日均车数) 表2-7

装车站	卸车站							合计
	甲	乙	丙	丁	R	S	T	
X	3			2	165	△25		195
Y		5					△30	35
M			4	○30				34
N					○10	○10	○5	25
合计	3	5	4	32	175	35	35	289

编制装车地直达货物列车编组计划时,先组织一站(X站)装至一站(R站)卸者165辆(表中带□者),再组织两站(X、Y站)装至两站(S、T站)卸者55辆(表中带△者),最后组织M、N两站装至丁站解体者(表中带○者)共55辆,如图2-24所示。这些始发及阶梯直达列车,即可纳入货物列车编组计划(图2-24)。

3. 空车直达货物列车编组计划

组织始发直达货物列车需要的空车,一般以空车直达列车的方式组织供应。空车直达列车应按重车直达列车需要的车种进行组织,所以大部分空车直达列车系由一种空车组成。例如,送往石油装车站的空车直达列车由空罐车组成,送往煤炭装车站的空车直达列车由空敞车组成。

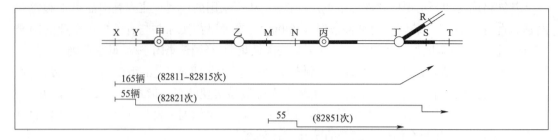

图 2-24　甲—丁方向装车地直达列车计划示意图

注：编成辆数为 55 辆。

空车直达列车的编成辆数，一般按运行区段的列车计长确定，但原列折返装车站的空车直达列车，其编成辆数应当与重车直达列车的编成辆数相同。

确定空车直达列车的组织地点时，应按空车车种（如空敞车等）单独研究。组织空车直达列车的最适宜地点是大量卸车站，这些车站卸车量大，空车来源稳定可靠，集结空车直达列车所消耗的车小时较小，组织空车直达列车比较有利。对于有大量卸车的铁路枢纽，如果卸车分散，则可指定枢纽内收集空车比较方便且具有编组能力的车站编组空车直达列车。

任何车站编开空车直达列车时，均应满足式（2-17）的条件：

$$N_{空}(\sum t_{节}^{空} + t_{节}^{装}) \geq T_{集}^{空} \tag{2-17}$$

式中：$N_{空}$——一昼夜编组空车直达列车的车流量，车；

$\sum t_{节}^{空}$——开行空车直达列车时，无改编通过沿途技术站每车节省的时间之和，h；

$T_{集}^{空}$——开行空车直达列车时，在空车编车站一昼夜的集结车小时，车·h；

$t_{节}^{装}$——开行空车直达列车时，在列车的到达站（直达列车装车站）每车节省的时间，h，其值按下式求得：

$$t_{节}^{装} = t'_{站}^{装} - t_{站}^{装} \tag{2-18}$$

式中：$t'_{站}^{装}$——不开空车直达列车时，平均每车在装车站的停留时间，h；

$t_{站}^{装}$——开行空车直达列车时，平均每车在装车站的停留时间，h。

空车直达列车，在几个车站都有编组能力的前提下，在哪一车站编组最有利，应按式（2-19）进行计算比较：

$$Nt_{节}^{空} = N_{直}^{空}(\sum t_{节}^{空} + t_{节}^{装}) - T_{集}^{空} \quad (车·h) \tag{2-19}$$

$\sum t_{节}^{空}$ 有最大值的车站编组空车直达列车可获得最多的车小时节省，因而最有利。

如果某种空车在其回空方向上有若干个空车汇集站，每个车站都具有编组空车直达列车的能力，但每站都编组空车直达列车并不一定能取得最大的经济效益，亦可用式（2-19）的基本原理，对各种编组方案进行计算比较，选择消耗小、节省多的方案。在计算时，应注意任何一种方案中，均需包括最后一个汇集站编组空车直达列车。

4. 装车地直达货物列车的考核指标

在装车地直达货物列车编组计划确定后，应计算以下指标：

（1）车地直达列车比重（也称直达列车装车率），是指装车地直达列车吸收的车流占全部装车数的百分率，按式（2-20）计算：

$$\alpha_{\text{直装}} = \frac{u_{\text{直装}}}{u_{\text{装}}} \times 100\% \quad (2\text{-}20)$$

式中：$u_{\text{直装}}$——直达列车吸收的装车数，车；

$u_{\text{装}}$——总装车数，车。

(2)装车地直达列车平均运程，是指装车地直达列车平均运行的公里数，按式(2-21)计算：

$$l_{\text{直}}^{\text{均}} = \frac{\sum n_{\text{直}}^{\text{装}} l_{\text{直}}^{\text{装}}}{\sum n_{\text{直}}^{\text{装}}} \quad (\text{km}) \quad (2\text{-}21)$$

式中：$\sum n_{\text{直}}^{\text{装}} l_{\text{直}}^{\text{装}}$——装车地直达列车总走行公里数，km；

$\sum n_{\text{直}}^{\text{装}}$——装车地直达列车总数，列。

(3)装车地直达列车无改编通过的技术站数，按式(2-22)计算：

$$K_{\text{技}} = \frac{\sum K_{\text{技}} n_{\text{直}}^{\text{装}}}{\sum n_{\text{直}}^{\text{装}}} \quad (2\text{-}22)$$

式中：$\sum K_{\text{技}} n_{\text{直}}^{\text{装}}$——装车地直达列车无改编通过的技术站总次数。

5.衡量装车地直达运输效果的标准

组织直达运输的可能性和合理性，不但取决于是否具备各种条件，而且取决于所想达到的效果。

一种衡量直达运输效果的标准是保证重点物资的优先、快速、及时运送。它着眼于最大限度地加快运送速度而不管其他指标如何。它主要适用于紧急军运、抢险救灾物资运输，以及疏港工作等短期性的特殊需要等。

另一种衡量直达运输效果的标准是最大限度地减轻有关技术站的改编作业负担。它着眼于解决某些技术站改编作业能力不足的实际困难，对于因组织始发直达列车而增加的费用则考虑较少。因此，采用这一标准时要求多编装车地直达列车，并尽可能无改编通过沿途更多的技术站。这种"以装缓编"的办法，对解决当前铁路运输能力不足的困难是现实而有效的。

还有一种衡量直达运输效果的标准是车小时的节省。这种被普遍采用的办法，主要着眼于加速铁路车辆的周转。当直达运输有多种组织方案时，优先选用节省车小时最多的方案。对于车小时节省与损失的计算，一般是这样考虑的：

(1)在装车站上，一方面由于直达车流被直达列车所吸收而减少了非直达列车的集结车流量，因此将延长其他车辆的集结停留时间；另一方面，直达列车因其空车整列到达、整列或成批配装而缩短其集结时间，总体算来一般"得"大于"失"。

直达列车在装车站的停留车小时，与装车线货位数量有关。应按整列到空、整列装车、分批同时装车或分批依次顺序装车等不同情况，分别进行计算。

(2)在运行途中经过的技术站上，由于无改编通过与改编相比较，将有较大的车小时、调机小时及其他调车设备投资的节省，通过的技术站越多，效果越显著。这就是装车地直达列车最大的经济效益之所在。

(3)在卸车站上(指同一到站的直达列车)，不管是整列卸车还是分批卸车，都将比零星到达卸车便于组织送车和卸车,便于排空,货车停留时间将大大减少。

应当指出的是,以上各种衡量直达运输效果的标准都是侧重某一特定情况,而以国民经济换算费用节省的多少作为衡量标准才是最全面、最合理的。由于它的计算方法复杂,多在制定装车地直达运输远景规划时采用。

六、技术站货物列车编组计划编制

没有被装车地直达列车吸收的车流,都要到相应的技术站汇集,集结编成各种列车,直接或逐步送到目的地,因而就产生了各个技术站编组哪些列车的问题,这就是技术站货物列车编组计划的基本任务。

技术站货物列车编组计划,是在线路方向上对所有车流统筹研究的基础上确定的。如果将某支车流单独划出编组一个到达站的列车,就会在列车编组站多消耗一个货车集结车小时($T_集$),但在列车经过的技术站因不需要改编而获得车小时的节省($N_直\sum t_节$)。因此,货车集结车小时、技术站间车流量、每车在技术站节省的时间等均是研究技术站货物列车编组计划的主要因素。

1. 技术站间的计划车流

技术站间的计划车流是编制技术站货物列车编组计划的基础资料和编制依据。技术站间车流与装车站的车流不同,除本站产生和消失的车流外,大量的是中转车流,如图 2-25 所示。

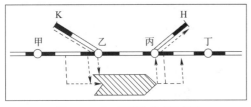

图 2-25 乙—丙车流组成示意图

图 2-25 中乙站向丙站发出的车流包括:

(1)乙站装车到达丙站、丙—丁间各站及丙—H 支线各站卸车的车辆。

(2)甲—乙间各站装车到达丙站、丙—丁间各站及丙—H 支线各站卸车的车辆。

(3)乙—K 支线各站装车到达丙站、丙—丁间各站及丙—H 支线各站卸车的车辆。

(4)除以上三种车流外,还有装车地直达列车到乙站解体后需转送到达丙站、丙—丁间各站和丙—H 支线各站卸车的车辆。

综上所述,每一技术站发出的车流包括:

(1)该站自装车流。

(2)该站与其后方相邻技术站间各站及衔接支线所装车流。

(3)该站衔接支线所装车流。

(4)到达该站解体的装车地直达列车中需继续运送的车流。

到达每一技术站的车流包括:

(1)到达该站所卸车流。

(2)到达该站与其前方相邻技术站间各站及衔接支线所卸车流。

(3)到达该站衔接支线所卸车流。

技术站间车流不包括被装车地直达列车吸收的车流,以及同一区段到发和相邻区段到发的摘挂车流。

按照上述技术站车流包括的内容,对发到站别的计划车流进行合并和整理后,即可编制技术站间计划车流表。例如,根据图2-25,甲—丁方向重车车流表合并整理后编制出甲—丁方向技术站间计划重车车流(表2-8、表2-9),已被装车地直达列车吸收的车流应从有关数字中减去。

甲—丁方向重车车流表(日均车数)　　　　　　　　　　　　　　　　表2-8

由\往	甲	甲—乙	乙	乙—K	乙—丙	丙	丙—H	丙—丁	丁	计
甲		28	170	10	40	100	10	55	470	883
甲—乙	25	1	10	4	5	5	2	3	10	65
乙	230	5		10	5	35	3	2	185	475
乙—K	10	2	1	2	10	5	2	3	5	40
乙—丙	20	3	1	4	3	2	4	3	55	96
丙	30	2	40	3	2		10	5	35	127
丙—H	15	3	4	2	6	1	1	1	15	48
丙—丁	5	2	3	3	4	2	3		5	27
丁	250	25	165	10	10	70	15	3		548
计	585	71	394	48	86	220	50	75	780	2309

甲—乙方向技术站间计划重车车流表(单位:车)　　　　　　　　　　　　表2-9

由\往	甲	乙	丙	丁	计
甲		170+10+40=220	100+10+55=165	470−220=250 △	635
乙	230+10+20=260		35+3+2+5+2+3+5+2+3=60	185+10+5=200	520
丙	30+15+5=50	40+2+3+4+3+2+3+2+3=62		35+55+15−55=50 △	162
丁	250	$\overrightarrow{165+25+10=200}$	70+10+15=95		545
计	560	482	320	500	1862

为醒目起见,应分别上下行方向绘制车流梯形图。以下行方向为例,甲—丁下行方向车流梯形图如图2-26所示。

2. 货车集结时间

(1)一个到达站一昼夜的货车集结时间($T_集$)。

假定组成一个车列的各车组大小相等且均衡到达,则一个车列在集结过程中消耗的车小时可用直角三角形的面积来表示,即

$$T_集^列 = \frac{1}{2}mt_列 \quad (车·h) \tag{2-23}$$

式中:$t_列$——每列平均集结时间,h;

m——平均编成辆数,车。

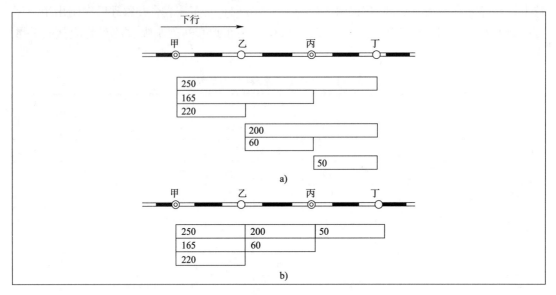

图 2-26 甲—丁下行方向车流梯形图(单位:车)

按照上述条件,如果一昼夜内各车列之间不发生集结中断时(图 2-27),则一个列车到达站一昼夜消耗的集结车小时为

$$T_{集} = \frac{1}{2}(t_{列}^1 + t_{列}^2 + t_{列}^3 + \cdots + t_{列}^n)m = \frac{1}{2} \times 24m = 12m \quad (车 \cdot h) \quad (2\text{-}24)$$

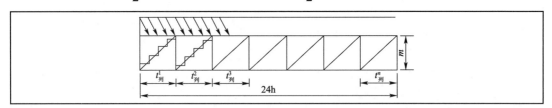

图 2-27 某到达站一昼夜均衡集结图

在实际工作中,上述假定的条件几乎是不存在的。车组大小一般不等,到达间隔也不一定相等,车列间也常产生集结中断,等等。

①当大车组先到,小车组后到,车列集结初期车组到达间隔小、后期车组到达间隔大时,则

$$T_{集}^{列} > \frac{1}{2}mt_{列}$$

②当小车组先到,大车组后到,车列集结初期车组到达间隔大、后期车组到达间隔小时,则

$$T_{集}^{列} < \frac{1}{2}mt_{列}$$

③因车列间有集结中断,则

$$t_{列}^1 + t_{列}^2 + t_{列}^3 + \cdots + t_{列}^n < 24h$$

所以,在一般情况下,$T_集$不等于$12m$,经常小于$12m$。通常用式(2-25)表示:

$$T_集 = cm \quad (车·h) \tag{2-25}$$

式中:c——集结系数。

设某一列车的到达站一昼夜的车流量为N,则每辆货车的平均集结时间按式(2-26)计算:

$$t_集 = \frac{T_集}{N} = \frac{cm}{N} \quad (h) \tag{2-26}$$

由式(2-26)可知,任一列车到达站一昼夜消耗的集结车小时($T_集$)只与集结系数和列车平均编成辆数m有关,而与参加集结的车流量无关;每车平均集结时间($t_集$)与车流量N成反比。

【例2-1】

设甲站编组到丁站的列车一昼夜的车流量$N' = 300$车,列车平均编成辆数$m = 50$车,则每日集结列数$n = \frac{N'}{m} = \frac{300}{50} = 6(列)$,每列平均集结时间$t_列 = \frac{24}{n} = \frac{24}{6} = 4(h)$。

此时
$$T'_集 = \frac{1}{2} t_列 mn = \frac{1}{2} \times 4 \times 50 \times 6 = 600 \quad (车·h)$$

$$t'_集 = \frac{T'_集}{N'} = \frac{600}{300} = 2(h)$$

当$N'' = 600$时,则$n = \frac{600}{50} = 12(列)$,$t_列 = \frac{24}{12} = 2(h)$

此时
$$T''_集 = \frac{1}{2} \times 2 \times 50 \times 12 = 600 \quad (车·h)$$

$$t''_集 = \frac{600}{600} = 1(h)$$

以上计算结果,$T'_集 = T''_集 = 600$ 车·h。

$T''_集$并没有因其车流量增加而发生任何变化,说明$T_集$的大小与N无关。而$t''_集$则因车流量N增大1倍而变成$t'_集$的1/2,说明$t_集$与车流量N成反比关系。

另外,对于技术站来说,其总的集结车小时消耗与其编组列车的到达站数有关,即多开一个到达站的列车,就多消耗一个$T_集 = cm$。

例如,甲站一昼夜到丁站的车流量$N_{甲-丁} = 200$车,到丙站的车流$N_{甲-丙} = 100$车,列车平均编成辆数相同,$m = 50$车。若丁和丙两种车流各自单独开行专门化列车时,其货车集结车小时消耗为

$$T^{甲-丁}_集 = \frac{1}{2} \times 6 \times 50 \times 4 = 600 \quad (车·h)$$

$$T_\text{集}^{\text{甲}-\text{丙}} = \frac{1}{2} \times 12 \times 50 \times 2 = 600 \quad (\text{车} \cdot \text{h})$$

则

$$\sum T_\text{集} = T_\text{集}^{\text{甲}-\text{丁}} + T_\text{集}^{\text{甲}-\text{丙}} = 600 + 600 = 1200 \quad (\text{车} \cdot \text{h})$$

若丁和丙两种车流合为一个到达站,即列车开到丙站,其车流总数为 200+100=300(车),甲站的货车集结车小时消耗为

$$\sum T_\text{集} = T_\text{集}^{\text{甲}-\text{丙}} = \frac{1}{2} \times 4 \times 50 \times 6 = 600 \quad (\text{车} \cdot \text{h})$$

以上计算说明,技术站多编开一个到达站的列车,就多消耗一个 $T_\text{集}$,少编开一个到达站的列车,就少消耗一个 $T_\text{集}$。

(2) 集结系数 c 的查定。

货车集结时间 $T_\text{集}$ 是编制货物列车编组计划的主要资料之一。为便于计算 $T_\text{集}$,各技术站均应查定集结系数 c。

集结系数 c 与车流配合到达情况即货车集结过程有关,但影响很小。因此,可通过现有的货车集结过程查定集结系数,以便在编制货物列车编组计划时使用。

集结系数 c 应按车站编组的列车到达站分别查定,然后再计算全站平均集结系数。摘挂列车和小运转列车,由于不要求其必须满轴开车,因而可以不必查定其集结系数。

根据式(2-25):$T_\text{集} = cm$,有 $c = \dfrac{T_\text{集}}{m}$,所以,查定集结系数 c,必须先查定每一列车到达站一昼夜的集结车小时 $T_\text{集}$ 和列车平均编成辆数 m。为查定 $T_\text{集}$,可以在调车场记录每组车辆的调入时间,从而计算出货车集结过程中消耗的车小时,也可按各个车组随列车到达车站的时间来推算货车集结过程中消耗的车小时,本站货物作业车应按装卸完了的时刻计算参加集结过程。不管用哪一种办法,均应选择车流比较稳定、工作比较正常且连续不少于 5d 的情况进行查定,以提高其准确度。

用车组随列车到达车站的时间推算 $\theta_\text{次日}$ 时,可使用推算表格(表2-10),每一到达站使用一张。表中到达车次栏,应按到达时间的先后填写。本站货物作业车则按其装卸完了时间插入适当车次之间。根据集结车数的累计情况,按列车编成辆数可以确定各个车列集结完了的时间。将各行的集结车数乘以其相应的集结间隔时间,计算出其集结车分。将各行的集结车分加总,即该到达站的集结时间。表2-10 就是甲站编组乙到达站的车辆集结时间推算表。

乙到达站车辆集结时间推算表 表2-10

到达车次	时刻	车数①(辆)	集结车数(辆)	间隔时分(min)	车分(车·min)
	18:00	结存	46	46	20	920
30011	18:20	8	� 2	17	34
30013	18:37	9	11	13	143
40011	18:50	6	17	20	340

续上表

到达车次	时刻	车数①(辆)	集结车数(辆)	间隔时分(min)	车分(车·min)
20033	19:10	12	29	60	1740
30015	20:10	12	41	10	410
自装	20:20	8	49	50	2450
40015	21:10	3	㊿	…	—
…	…	…	…	…	…
5d 计		1255			142147

注：①车数的单位也可用车表示。

表中集结车数栏画圈处为一个车列的集结终了时刻，圈外数字为满足列车编组辆数后的遗留车数。根据集结时间推算表，即可计算一个到达站的集结系数，其式为式(2-27)：

$$c_i = \frac{\sum (Nt)_i}{60Dm} \quad (2\text{-}27)$$

式中：$\sum(Nt)_i$——到达站 i 车辆集结车分总数，车·min；

D——查定集结时间的天数，d。

例如，根据表 2-10 中所列数据，代入式(2-27)，即可求得甲站编组乙到达站列车的集结系数：

$$c_乙 = \frac{142147}{60 \times 5 \times 53} = 8.9$$

全站编组的各种列车到达站集结时间推算后，可将表 2-10 的有关数字汇总于车站集结系数计算表，计算全站的平均集结系数。

例如，甲站共编组乙、丙、丁三个列车到达站，汇总计算见表 2-11。

甲站集结系数计算表　　　　表 2-11

到达站	车数(车)	列数(列)	平均辆数(车)	集结车分(车·min)	每车集结时间(min)	集结系数
乙	1255	24	53	142147	113	$c_乙=8.9$
丙	775	15	52	151253	195	$c_丙=9.7$
丁	1424	26	54	159659	112	$c_丁=9.9$
合计(平均值)	合计为 3454	合计为 65	平均值为 53	合计为 453059	平均值为 131	平均值为 $c=9.5$

注：本表是查定 5d 的数字。

全站平均集结系数的计算公式为

$$c = \frac{\sum_{i=1}^{k}(Nt)_i}{60Dm_均K} \quad (2\text{-}28)$$

式中：$m_均$——全站各到达站列车平均编成辆数，车；

K——该站编组的列车到达站数。

例如,甲站的全站平均集结系数为

$$c = \frac{453059}{60 \times 5 \times 53 \times 3} = 9.5$$

集结系数的查定,还可利用日计划图推算调车场内各到达站一昼夜的集结时间,然后再计算 c 值,这种办法称为图解法。

3.货车无改编通过技术站的节省时间

有调中转车在技术站需要经过到达、解体、集结、编组、出发等项作业,而无调中转车则只需经过与中转列车相同的一次作业。显然,货车编入直达列车或直通列车,无改编通过技术站时,将会节省在站的中转停留时间。据统计,全路主要编组站的无调中转车的平均停留时间为1.5h左右,而有调中转车的停留时间却高达7h左右,后者是前者的4倍多。货车因编入直达或直通列车在所经技术站上进行无调中转作业比有调中转作业平均每车减少的停留时间,称为货车无改编通过技术站的节省时间,可用 $t_{节}$ 表示。

为计算 $t_{节}$,现以具有甲、乙、丙三个技术站的甲—丙方向为例说明。该方向下行共有三支车流,有两种编组方案,如图2-28所示。

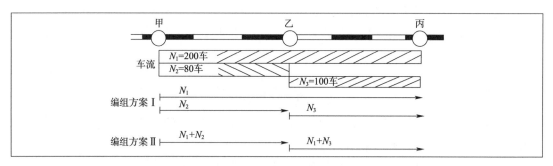

图2-28 三个技术站方向上编组方案示意图

设乙站 $t_{有调}$ 为6h,$t_{无调}$ 为1h,$T_{集} = cm = 600$(车·h)。

采用第一种编组方案时,甲站将甲—丙车流 N_1 以直达(直通)列车输送,列车无改编通过乙站时将得到中转车小时的节省 $T_{节}$,其值为 $N_1(t_{有调} - t_{无调}) = 200 \times (6-1) = 1000$(车·h)。

但是,N_1 车流单独划出开行直达列车后,与第二种编组方案比较,将使乙站每辆货车的平均集结时间因车流量减少而增大。

当 N_1 不开直达列车时,乙站每车平均集结时间为

$$t_{集} = \frac{cm}{N_1 + N_3} = \frac{600}{200 + 100} = 2(\text{h})$$

N_1 开直达(直通)列车后,N_1 车流不再参加乙站的货车集结,乙站开往丙站的车流则只剩下 N_3,此时,乙站的每车平均集结时间为

$$t'_{集} = \frac{cm}{N_3} = \frac{600}{100} = 6(\text{h})$$

这表明,由于编开直达(直通)列车后,使乙站每车平均集结时间增大了 $t'_{集} - t_{集}$,导致增

加的集结车小时为

$$T_集 = N_3(t'_集 - t_集) = N_3\left(\frac{cm}{N_3} - \frac{cm}{N_1+N_3}\right) = \frac{N_1 cm}{N_1+N_3} = N_1 t_集 = 200 \times 2 = 400(车·h)$$

这样，N_1 编开直达直通列车时，既在乙站得到车小时的节省，同时，也给乙站造成损失。其纯节省为

$$T'_节 = T_节 - T_增 = N(t_{有调} - t_{无调}) - N_1 t_集 = N_1(t_{有调} - t_{无调} - t_集) = 200(6-1-2) = 600(车·h)$$

因此，货车 N_1 无改编通过技术站时，每车平均节省的时间为

$$t_节 = \frac{T'_节}{N_1} = t_{有调} - t_{无调} - t_集 \quad (h)$$

4. 技术站开行直达、直通列车的基本条件

一般技术站对衔接的一个铁路方向都有几支车流，编开列车的方法也可以有几种，既可以各自单独开行，也可以合并在一起开行，还可以某几支合并而另几支单独开行，等等。但不管列车如何编开，必须满足下述基本条件，即

$$N_直 \sum t_节 \geqslant T_集 \tag{2-29}$$

式中：$N_直$——开行的直达（直通）列车的某到达站一昼夜的车流量，车；

$\sum t_节$——货车无改编通过沿途各技术站节省的时间之和，h；

$N_直 \sum t_节$——划出单独开行直达直通列车的车流（包括合并后的车流）在沿途各技术站节省的车小时总和，车·h；

$T_集$——开行这种列车在列车编组站产生的集结车小时消耗，车·h。

只要开行一个直达（直通）列车，节省与消耗就同时产生。当节省大于消耗时，开行是有利的。当二者相等时，由于直达（直通）列车在沿途技术站不需进行调车作业，因而还有调车机车小时、调车设备投资等项的节省，所以，也是可以开行的。

如图 2-29 所示，甲—丁方向的两支车流 N_1 和 N_2，可以用式（2-29）检查其可否单独开行直通列车：

（1）$N_1 \sum t_节 = 100 \times (3.0 + 2.0) = 500(车·h)$。

因为 500 < 660，即节省小于消耗，所以 N_1 不应单独编开直通列车。

（2）$N_2 \sum t_节 = 250 \times 3.0 = 750(车·h)$。

因为 750 > 660，即节省大于消耗，所以 N_2 可以单独编开直通列车。

因为将 N_1 和 N_2 合并后开行甲—丙的直通列车，节省比消耗更大，所以也可以合并开。

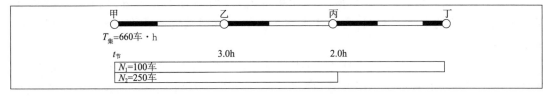

图 2-29 甲—丁方向两支车流例图

综上所述，某支车流满足了上述条件，只表明这支车流具备了开行直达、直通列车的基

本条件,即不会造成损失,但并不表明这样编开列车就是最好的办法。最优方案需要通过对整个方向上所有车流的各种组合方案进行统筹比较后才能确定。

5. 选择技术站开行直达、直通列车最优方案的基本方法

(1) 列车编组方案。

如前所述,任何一个技术站开行一个到达站的直达或直通列车时,都要在列车编组站产生集结车小时的损失,同时又在列车无改编经过的技术站上产生车小时的节省,以此二者相比较,检查其是否有利。显然,这种比较办法的本身就是一个全局性的问题,即货物列车编组计划是根据运输整体效益确定的。

一个线路方向上有数个技术站,每个技术站各有数支车流。这些车流,按照它们的共同运行径路可以有各种组合方法,各技术站间的各种到达站的列车之间,又互相衔接,密不可分,这种动态的相互联系的编开列车的方法,称为列车编组方案。

例如,在甲—丁方向上的车流情况如图2-30所示,图中 a)、b) 就是两种编组方案。方案 a) 是将 N_1 和 N_2 合并开行甲—丙方向的列车;N_3、N_4、N_5 各自单开;丙—丁的列车除编挂 N_6 的车流外,因 N_1 随甲—丙的列车送到丙站,尚未送到目的地,所以还要和 N_6 合并挂于丙—丁的列车内送至丁站。以上甲、乙、丙三站编开的这5个到达站的列车,互相配合和衔接,就构成一种列车编组方案,并用车站的代号和车流组合方式以数字表示出来,称为编组方案特征。图2-30 a) 中所示的方案特征如下:

2,3+4 ——→ 表示甲站开两种列车:一种到第2站,另一种为第3站和第4站的车流合并开到第3站。

3,4 ——→ 表示乙站开两种列车:一种到第3站,一种到第4站。

4 ——→ 表示丙站开一种列车:到达第4站。

在编组方案中,任何一个技术站的列车编开方法发生变化,都可能影响其他站和其他列车也随之发生变化。

例如,甲站改变一下列车的编开方法,将 N_1、N_2、N_3 三种车流合并只开一个到达站的列车,如图2-30 b) 所示。因 N_1 和 N_2 均未送到目的地,所以就增加了乙站的改编工作量,需将 N_1 和 N_4 合并后开到丁站,将 N_2 和 N_5 合并后开到丙站;由于 N_1 随 N_4 编入了直达列车,在丙站不再进行改编作业,所以丙站编组到丁站的列车也只有 N_6 一支车流了。这样,图2-30 b) 中4种到达站的列车编开方法,又构成了另一种列车编组方案。

在一个方向上,编组方案的数量与技术站数有关。在有四个技术站的方向上,有10种方案。这是因为,在有四个技术站的方向上,甲站有3支车流,有5种可能的车流组合方案;乙站有2支车流,有2种可能的车流组合方案;丙站有1支车流,只有1种编开方案。该方向可能的编组方案数,为各技术站车流组合方案数的乘积即 $5 \times 2 \times 1 = 10$(种)(图2-31)。

如果一个方向上有五个技术站,第一站就有4支车流,有15种可能的车流组合方案,则整个方向上就有150种列车编组方案,即 $15 \times 5 \times 2 \times 1 = 150$(种)。可见,技术站数越多,列车编组方案数也越多,而且编组方案数增加的幅度要比技术站数增加的幅度大得多。

直线方向上技术站列车编组方案数见表2-12。

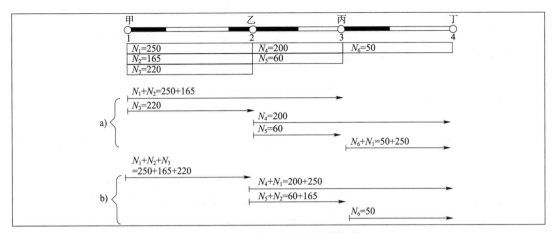

图 2-30 列车编组方案例图(单位:车)

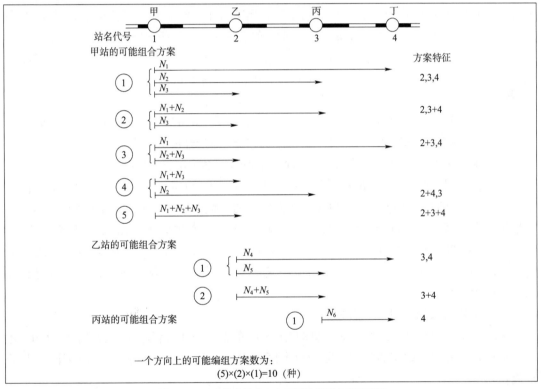

图 2-31 四个技术站方向上可能的编组方案示意图

直线方向上列车编组方案数 表 2-12

技术站数目 $n+1$	全部编组方案数(种)	
	第一站编组方案数 $f(k) = \sum_{i=0}^{k-1} c_{k-1}^{i} [(k-1)-i]$	方向上全部编组方案数 $q(n=) = \prod_{k=2}^{n} \sum_{i=0}^{k-1} c_{k-1}^{i} [(k-1)-i]$
2	1	1
3	2	2
4	5	10

续上表

技术站数目 $n+1$	全部编组方案数(种)	
	第一站编组方案数 $f(k) = \sum_{i=0}^{k-1} c_{k-1}^{i}[(k-1)-i]$	方向上全部编组方案数 $q(n=) = \prod_{k=2}^{n} \sum_{i=0}^{k-1} c_{k-1}^{i}[(k-1)-i]$
5	15	150
6	52	7800
7	203	1583400
8	877	1388641800
9	4140	5748977052000

(2) 基本方法。

在众多列车编组方案中,选择最优方案的方法有分析比较法、绝对计算法、表格计算法等方法。它们分别采用不同的计算手段,最终找出节省车小时最多或消耗车小时最少,又与车站能力相适应的方案为最优方案。寻求节省车小时最多的编组方案的计算公式为

$$Nt_{节} = \sum(N_{直}\sum t_{节}) - \sum T_{集} \tag{2-30}$$

式中:$\sum(N_{直}\sum t_{节})$——该编组方案所有编入直达、直通列车到达站的车流在沿途技术站无改编通过的车小时总节省,车·h;

$\sum T_{集}$——该编组方案所有直达、直通列车到达站的集结车小时总消耗,车·h。

$Nt_{节}$ 有最大值的列车编组方案纯节省车小时最多,为最经济的方案。

现以甲—丁方向上有 4 个技术站、10 种列车编组方案为例,计算比较见表 2-13。

由计算结果可知,第 1、3、6、8 四个方案的 $Nt_{节}$ 为最多,均为 1090 车·h。为寻求最优方案,应在最经济的四个方案中和各站改编能力适应的前提下选择改编车数最少的编组方案,即最优方案。通过比较可知,第 1 方案在乙、丙两站均不产生改编车数,因而是最优方案。

如果 $Nt_{节}$ 最多的编组方案,在沿途技术站改编车数较多,有关车站改编能力不能适应时,应选择节省车小时次之、改编能力适应的其他方案。总之,最优方案应是既经济有利又切实可行的编组方案。

6. 区段列车和摘挂列车编组方案

区段列车和摘挂列车编组方案,具体解决区段车流是和区段管内车流合开摘挂列车,还是自单独开行专门化列车的问题。因为只要区段内中间站办理货运业务,一般区段总要开行摘挂列车。

当区段车流单独编开区段列车时,就要在技术站多消耗一个 $T_{集} = cm$;如果区段车流与区段管内车流合并编开摘挂列车时,虽在技术站少消耗一个 $T_{集} = cm$,但区段车流运行速度变慢,同样会损失一定数量的车小时。当满足式(2-31)条件时,单独开行区段列车和摘挂列车是有利的:

$$N_{区}(t_{摘} - t_{区}) \geqslant T_{集} \tag{2-31}$$

式中:$N_{区}$——区段车流量,车;

$t_{摘}$、$t_{区}$——摘挂列车、区段列车在区段内的旅行时间,h;

$T_{集}$——区段列车的一昼夜集结车小时,车·h。

项目 2 铁路运输调度工作基础

计算比较 表 2-13

方案号	编组方案特征	列车编组方案(车) 甲—乙—丙—丁 1 2 3 4 $T_集$=660车·h 600车·h $t_节$ 4.0h 3.0h 250 200 50 165 60 220	$\Sigma T_集$ (车·h)	$\Sigma N_直 t_节$ (车·h)	$\Sigma N_直 t_节$ $-\Sigma T_集$ (车·h)	直达车流在沿途改编车数(车)	
						在乙站	在丙站
1	2,3,4 3,4 4	250 165 220 200 60 50	660×2+600=1920	250×7+165×4+200×3=3010	1090	/	/
2	2,3+4 3,4 4	165+250 220 200 60 50+250	660+600=1260	415×4+200×3=2260	1000	/	250
3	2+3,4 3,4 4	220+165 250 200 60+165 50	660+600=1260	250×7+200×3=2350	1090	165	/
4	2+4,3 3,4 4	165 220+250 200+250 60 50	660+600=1260	165×4+450×3=2010	750	250	/
5	2+3+4 3,4 4	220+165+250 200+250 60+165 50	600	450×3=1350	750	165 +250 =415	/
6	2,3,4 3+4 4	250 165 220 200+60 50+200	660×2=1320	250×7+165×4=2410	1090	/	200
7	2,3+4 3+4 4	250+165 220 200+60 50+200+250	660	415×4=1660	1000	/	250 +200 =450
8	2+3,4 3+4 4	200+165 250 200+60+165 50+200	660	250×7=1750	1090	165	200
9	2+4,3 3+4 4	165 220+250 60+200+250 50+200+250	660	165×4=660	/	250	250 +200 =450
10	2+3+4 3+4 4	220+165+250 60+200+165+250 50+200+250	/	/	/	250 +160 =415	250 +200 =450

摘挂货物列车编组计划,主要是确定开行对数。

在甲—丁方向上,根据车流资料等有关数据,假定各区段均可单独编开区段列车和摘挂列车,纳入技术站货物列车编组计划,列入表2-14中。

7. 货物列车编组计划的最终确定

在装车地直达货物列车编组计划和技术站货物列车编组计划编制完成以后,应检查其互相配合情况。装车地直达货物列车编组计划,应符合技术站货物列车编组计划中有关列车到达站的车流组织办法、列车编组方法等规定,否则将被提前解体不能达到预期目的。另外,应检查各技术站的改编能力是否适应改编车数的要求,特别是装车地直达列车和技术站编组列车的共同解体站,更应注意审核。对改编能力不适应的技术站,应制定解决办法,如对到达解体列车规定分组选编办法等。若不便解决时,应调整部分货物列车编组计划。

货物列车编组计划最终确定后,可绘制货物列车编组计划图(图2-32),印制货物列车编组计划手册(表2-14),发至有关人员学习和执行。

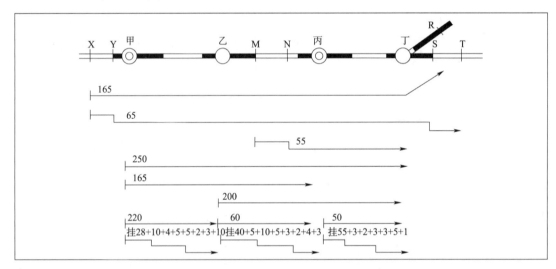

图2-32 甲—丁方向最优货物列车编组计划方案图(单位:车)

甲—丁下行方向货物列车编组计划　　　　　　表2-14

顺号	发站	到站	编组内容	列车种类	定期车次	附注
1	X	R	R站卸	始发直达	85011~85015	每日3列
2	X、Y	T	(1)S站卸;(2)T站卸	阶梯直达	85021	每日1列
3	M、N	丁	丁站及其以远	阶梯直达	85051	每日1列
4	甲	丁	丁站及其以远	技术直达		
5	甲	丙	丙站及其以远	直通		
6	乙	丁	丁站及其以远	技术直达		
7	甲	乙	乙站及其以远	区段		
8	乙	丙	丙站及其以远	区段		
9	丙	丁	(1)丁站卸;(2)丁站以远	区段		按组顺编组
10	甲	乙	(1)甲—间站顺;(2)乙及其以远	摘挂		

续上表

顺号	发站	到站	编组内容	列车种类	定期车次	附注
11	乙	丙	乙—丙间站顺	摘挂		
12	丙	丁	丙—丁间站顺	摘挂		

任务 2.4　列车调度指挥系统

一、TDCS 主要设备

1. TDCS 结构

TDCS 是实现铁路各级行车调度对列车运行实行透明指挥、实时监督调整、覆盖全路的现代化铁路列车调度指挥系统。TDCS 是铁路运输调度指挥的基础设施,是铁路运输生产的重要技术装备,由国铁集团、铁路局集团公司、车站三级构成,如图 2-33 所示。

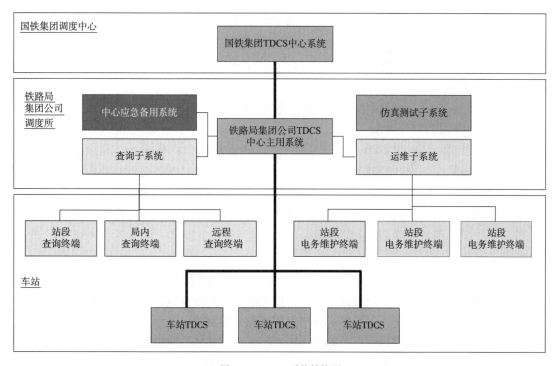

图 2-33　TDCS 系统结构图

2. 国铁集团调度中心 TDCS

国铁集团调度中心 TDCS 处于最高层,是现代化铁路运输调度指挥的核心。国铁集团调度中心 TDCS 以国铁集团调度中心大楼为主体,构成一个为调度指挥服务的局域网;通过专线通道、数据网链路、路由器与 18 个铁路局集团公司调度所远程连接,进行信息交换,并建立全路有关专业技术资料库。国铁集团调度中心能获得各铁路局集团公司分界口、重要铁路枢纽、主要干线等的运输状况和 TDCS 基层网等实时信息。

(1)局域网。

国铁集团调度中心局域网主要由数据库服务器、工作站、显示系统及各种报表输出系统通过高速以太网连接在一起,构成一个为调度指挥服务的局域网。

(2)广域网。

国铁集团调度中心使用路由器,通过 2M 专线通道方式与 18 个铁路局集团公司调度所进行信息交换,遵照专用通信协议进行信息共享和通信。

(3)服务器。

服务器是局域网中的重要设备,系统设置 2 台数据库服务器、2 台应用服务器、8 台通信服务器和 2 台信息接口服务器。

(4)工作站。

工作站由国铁集团调度人员、各级管理人员及维护人员使用。调度人员使用工作站进行日常调度工作,各级管理人员使用工作站行使审批和监督检查的管理职能,维护人员使用工作站实施系统维护。

(5)大屏幕投影系统。

大屏幕投影系统能集多种信息于一体,提供高清晰度、大画面的宏观显示。大屏幕不仅能宏观地显示调度工作站的工作内容,而且能将活动图像通过网络接口的方式以大画面显示出来,为调度人员及有关领导提供图形、图像、文字等多种方式的信息。

(6)其他设备。

例如,网络安全设备、打印机和绘图仪、数字化仪和图像扫描仪等。

3. 铁路局集团公司调度所 TDCS

铁路局集团公司调度所 TDCS 处于第二层,在各铁路局集团公司所在地建有铁路局集团公司调度所局域网。铁路局集团公司调度所通过专线通道、数据网链路、路由器与国铁集团调度中心、邻局调度所远程连接,进行信息交换。铁路局集团公司调度所 TDCS 具有列车调度指挥功能,其功能不仅是指挥和管理中心,同时也是行车控制中心,对于部分区段和车站,铁路局集团公司控制中心还可在 TDCS 的基础上发展调度集中,实现对列车进路的自动控制。

铁路局集团公司调度所 TDCS 由中心机房设备、调度所设备和远程工作站设备三大部分组成。铁路局集团公司 TDCS 通过路由器,经 2M 通道与所管辖的车站基层网、邻局 TDCS 以及国铁集团中心 TDCS 连接,互相交换信息。铁路局集团公司 TDCS 各设备通过交换机与路由器相连,构成主、备星形连接局域网实现信息交换与共享。铁路局集团公司 TDCS 局域网采用双网系统,对系统重要设备,如服务器、交换机和路由器等的软硬件均采用双套冗余。

铁路局集团公司 TDCS 中心系统结构图,如图 2-34 所示。

(1)中心机房设备。

中心机房设备包括数据库服务器、应用服务器、通信服务器、网络交换机、网络管理工作站、系统维护工作站、电源屏设备、防雷设备和远程通信系统。

项目2 铁路运输调度工作基础

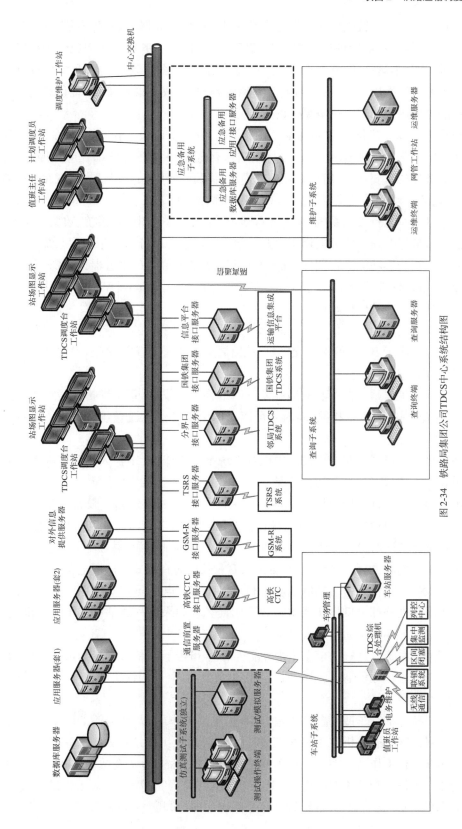

图2-34 铁路局集团公司TDCS中心系统结构图

①数据库服务器。数据库服务器由高性能的 UNIX 服务器、磁盘阵列等设备组成,安装 UNIX 类操作系统及集群管理软件构成双机环境。数据库服务器主要完成各种信息的存储和分析统计,如基本运行图、实际运行图、阶段计划、运行图自动调整以及各种分析统计报表。数据库服务器采用双机热备结构,共享磁盘阵列,构成集群环境,实现负载均衡。任一台数据库服务器的故障都不影响系统的运行。

②应用服务器。应用服务器是整个铁路局集团公司 TDCS 网的核心设备,列车运行信息的分析、3h 阶段计划的编制、实际运行图的保存等主要处理工作都在应用服务器完成。由于应用服务器的重要地位,所以在硬件方面设置双套高性能的服务器,实现完全的双机热备方式工作,确保硬件系统稳定运行。在软件方面,采用 Linux、Windows 等操作系统。应用软件主要包括列车运行表示系统、车次号自动跟踪系统、运行图处理系统、数据交换系统等。

③通信服务器。通信服务器用于铁路局集团公司中心系统和各个车站系统、邻局、国铁集团之间的数据交换功能。在硬件方面,设置双套高性能的 PC 服务器,实现完全的双机热备方式工作,确保硬件系统的稳定运行。在软件方面,采用 Linux、Windows 等操作系统,配置各种负责通信功能的应用软件。

④网络交换机。为使通信更加可靠,整个铁路局集团公司的局域网采用双以太网结构,设置两套带宽不小于 100M 的网络交换机,铁路局集团公司局域网所有工作站均配备两块网卡,可分别与两套交换机连接。

⑤网络管理工作站。在中心机房中设置网络管理工作站,系统维护人员可以在工作站监视整个 TDCS 网络的运行状况,同时还可以对网络设备进行流量统计、分析、远程配置等维护工作。

⑥系统维护工作站。在中心机房中设置系统维护工作站,维护人员可以在工作站了解系统各设备的工作状态和列车运行情况。

⑦电源屏设备。铁路局集团公司局域网上的服务器和工作站等设备均依靠电源屏供电。电源屏提供电源稳压、与设备间的隔离、双路电源的自动与人工切换以及断电报警功能。为了保证给调度所设备提供高质量的、有效可靠的净化电源,并在电源切换时使系统设备正常工作不受影响,电源屏外接双热备的大容量长延时在线式不间断电源。

⑧防雷设备。防雷设备包括电源防雷和通信防雷。电源防雷安装在电源屏的前端,用于保护电源屏免受外部不良电压或电流导致的损坏。如果远程通信使用了室外电缆,则需要在通道线的接入端加装通信防雷设备。

⑨远程通信系统。远程通信系统由 4 台路由器和若干调制解调器构成。其中,两台路由器负责与车站进行远程通信,另外两台路由器负责与邻局、国铁集团进行远程通信。

(2)调度所设备。

调度所设备包括行车调度台工作站,基本图维护工作站,调度主任工作站,主任助理工作站,值班主任工作站,分析室工作站,机调、货调、经理等工作站和大屏幕系统。

①行车调度台工作站。在各个行车调度台设置工作站,为调度员提供各种运输指挥中需要的功能。工作站配置多屏显示卡、多台高显示精度的大显示屏。工作站上安装 Windows 操作系统、列车运行显示系统、调度命令系统和列车调度系统程序。

②基本图维护工作站。在分析室或运输部设置基本图维护工作站,为铁路局集团公司基本图维护人员提供服务。

③调度主任工作站。在调度所主任室设置调度主任工作站,为调度所主任提供列车实时显示和运行图分析功能。

④主任助理工作站。在调度所设置主任助理工作站,为调度所主任助理提供列车实时显示和运行图分析功能。

⑤值班主任工作站。在调度所值班主任室设置值班主任终端,为调度所值班主任提供列车运行显示、运行图分析、运行图打印和调度命令功能。

⑥分析室工作站。在分析室设置分析室工作站,为调度所分析室人员提供运行图分析功能。

⑦其他工作站。根据各铁路局集团公司的实际情况,在统计室、机调、车流、客调、货调、经理等处可安装工作站。工作站的配置与分析室工作站配置相同。

⑧大屏幕系统。为了提供宏观的行车信息显示,在铁路局集团公司调度大厅可以设置大屏幕投影显示系统或马赛克表示盘设备,其内部均设置驱动终端。

(3)远程工作站设备。

远程工作站设备包括机务段(折返段)、车务段调度命令工作站和电务段调度工作站。

①机务段(折返段)、车务段调度命令工作站。在机务段(折返段)、车务段设置调度命令工作站,提供调度命令接收和打印功能。

②电务段调度工作站。在电务段设置电务段调度工作站,显示列车运行、车站信号设备等信息,并可进行站场显示历史回放。

4. TDCS 基层网设备

TDCS 基层网主要由车站计算机网络设备、车站分机采集及控制设备、车站值班员终端三部分组成。TDCS 基层网具有列车运行及信号设备状态信息的自动采集与传输,无线车次自动校核,相邻车站信号设备运用状态及列车运行信息显示,行车日志自动生成,调度日班计划、列车运行调整计划、调度命令自动接收等功能。车站 TDCS 结构图如图 2-35 所示。

(1)车站计算机网络设备。

车站计算机网络设备主要由网络集线器、路由器、协议转换器等设备构成。车站由网络集线器构成车站局域网。车站同 TDCS 中心的连接一般通过调制解调器接入 2M 的数字通道,并采用环形、星形或星环形相结合的结构,构成广域网。

(2)车站分机采集及控制设备。

车站分机采集及控制设备由中央采集控制单元、开关量采集设备及相应的机柜和机笼组成,一般要求分机采集及控制设备由互为热备的两套系统构成。在 6502 联锁车站,车站分机应从分线盘上直接采集信号联锁设备的状态信息;在计算机联锁车站,车站分机通过串行通信接口,接收车站计算机联锁送来的站场表示信息。车站分机通过 RS-422 串行通信接口同无线车次号设备相连,接收车站无线车次号信息。同时安装 450MHz 无线调度命令传输设备的车站,分机可通过 RS-422 串行通信接口同无线调度命令发送装置相连,发送无线调度命令。

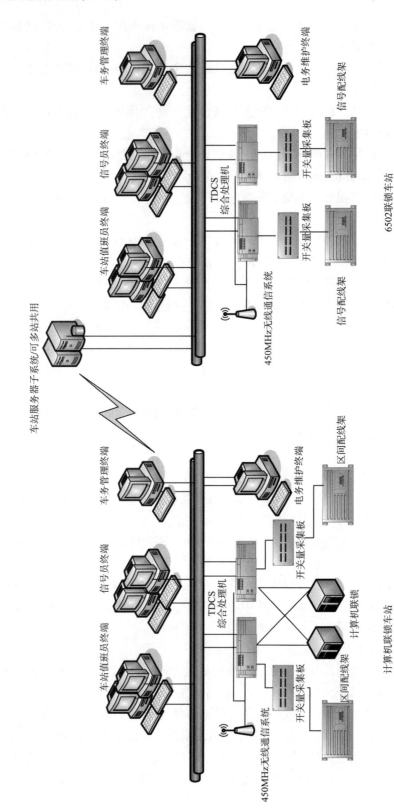

图 2-35 车站TDCS结构图

(3)车站值班员终端。

车站值班员终端一般考虑双机热备的双屏终端,双机热备保证了系统的可用性,双屏分别用于站场显示和运统2、运统3的显示。车站TDCS终端具有车站及邻站显示、车次号管理、到发点人工报点、行车日志管理、调度命令接收和打印、现在车和甩挂车编组管理、用户登录管理和其他辅助功能。

在这3层网络结构中,存在以下主要的系统接口:基层网与铁路局集团公司调度所的接口;铁路局集团公司调度所与国铁集团调度中心的接口。

二、TDCS主要功能

1. 国铁集团调度中心TDCS的主要功能

列车动态跟踪功能;运输宏观显示功能;设备运用状态实时显示功能;运行图管理功能;调度命令管理功能;列车编组管理功能;数据统计分析及预测功能;技术资料管理功能;仿真培训功能;视频播放功能;铁路局集团公司间分界口列车调度指挥管理;运行图管理;通信质量监督;调度命令无线传送;列车运行时刻显示查询;时钟校核;网络管理和维护;用户信息管理;网络安全管理;气象信息系统。

2. 铁路局集团公司调度所TDCS的主要功能

(1)站场信息管理。

铁路局集团公司TDCS中心子系统具备显示管辖范围内车站信号设备状态、列车运行状态、线路布局、临时限速命令执行状态等监视信息功能,并提供60d监视信息的历史回放。

①信号设备状态。进站、出站、区间通过、调车等信号机显示,道岔位置及状态,轨道电路的空闲、锁闭、占用,接近、离去区段的空闲及占用。

②列车运行状态应。列车运行位置、列车车次、列车牵引类型、列车运行方向、列车运行早晚点、列车停稳状态、牵引的机车类型和机车号、司机姓名和工号。

③线路布局。车站中心里程、进站信号机里程、车站高低站台、分相里程标以及无线闭塞中心(RBC)切换点。

④其他监视信息。电力区段接触网供电状态、区间封锁、股道封锁、轨道区段使用限制以及分路不良区段。

(2)列车计划管理。

①系统具备从运输调度管理系统(TDMS)接收基本图功能,并以运行图或车次时刻表方式显示。

②系统具备从TDMS接收日班计划和阶段调整计划功能,并以运行图或车次时刻表方式显示,同时可查询历史接收情况;系统具备以调度命令方式接收TDMS下达的日班计划功能。

③系统具备以基本图或日班计划为依据,生成列车运行调整计划功能。调度员可根据实际运行情况调整运行计划,系统实时进行合理性检测,经调度员调整确认后可下达到管辖范围内有关站段,并可查询历史下达情况。调整列车运行计划应遵循单一指挥、按图行车、确保重点等原则,应为调度员压缩停站时间、调整列车区间运行时分、变更越行站和会让站等提供操作方式。

④系统具备邻台计划传递和邻台(含局间)运行图复示功能。

⑤系统可根据基本图、日班计划以及运行路径批量铺画,并提供方便的人工铺画和调整手段,完成列车运行调整计划的编制。

⑥系统具备区间回退、区间折返、区间停车、机外停车、反向运行、合并运行、分部运行和区间救援等作业标志设置功能。

⑦系统应依照相关管理规定提供对超限列车、重点列车等特殊列车标记功能。

⑧系统具备施工标记功能。系统具备从 TDMS 获取车站封锁/慢行、区间封锁/慢行、维修天窗等施工标记并自动上图功能;系统应提供车站封锁/慢行、区间封锁/慢行、维修天窗等施工标记的人工标注功能;系统应提供人工标注的施工标记与相关施工调度命令关联功能;系统具备施工标记取消功能,以方便统计施工兑现率。

⑨系统具备计划操作合理性检测功能,在列车调度员实时调整、下达计划时,对不符合相关规定和违反安全要求的操作进行分级别提示和报警。列车调度员在调整运行线时,系统实时检测;下达计划时,对计划下达范围内的计划进行检测;系统应提供包括列车在办客/货站停车变通过、列车接入车站/区间封锁区段、电力机车接入无电区段、超限车与动车区间禁会、超限车与超限车区间禁会、出入口线别错误、列车同时接入同一区间等冲突检测功能。

⑩列车运行调整计划的操作界面根据当前时刻线划分为 4 个区域:实际运行区、临近计划区、调整计划区和日班计划区。实际运行区是指当前时刻之前已经完成的列车运行记录区域,不得进行更改;临近计划区是指当前时刻之后特定时间段内已经下达车站将要执行的列车运行调整计划区域;调整计划区是指临近计划区以外的列车运行调整计划区域,是列车调度员重点调整的区域;日班计划区是指调整计划区以远的列车运行计划区域。这四种区域以明显的标记区分显示,并且随着列车运行调整计划的执行以及调度员的人工操作而动态变化。

(3)车次追踪和自动采点。

①系统具备列车车次号人工输入、自动校核以及人工校正等功能。

②列车车次号以列车自动追踪为主,辅以列车运行调整计划和无线车次号校核信息。如果不一致时,由调度员或车站值班员进行人工校正。

③系统应在列车车次号自动追踪的基础上,实现自动采点功能。对于列车到达,可采用列车完整进入股道时刻适当延后作为到达点;对于列车出发,可采用列车压过出站信号机时刻适当提前作为出发点;对于列车通过,可采用列车压入股道和列车压过出站信号机时刻的中间值作为通过点。

④TDCS 从 450MHz 无线通信系统或 GSM-R 系统实时接收无线车次号信息(车次号、机车号、公里标等),并将接收到的信息与系统中的列车车次号、位置信息进行核对。如果不一致则产生报警,由调度员或车站值班员进行人工校正。

(4)列车实际运行图。

①系统具备通过自动采点实现列车运行实际的自动记录,自动生成列车实际运行图功能。遇设备故障、施工等特殊情况无法自动采点时,按照相关规定由人工报点。

②铁路局集团公司间分界口车站报点信息应采用共享机制,即由分界口车站所属铁路局集团公司采点后向邻局传递。各铁路局集团公司应规范车次号的使用,保证车次号的一

致性。

③系统按照相关规定严格限制列车运行实际的人工修改。

(5) 调度命令管理。

①调度命令格式遵从国铁集团和铁路局集团公司相关规范,系统具备调度命令模板维护及通过模板生成调度命令功能。

②系统应提供自由编辑和格式化输入两种模式进行调度命令的输入,两种模式可以进行切换。格式化输入模式下调度员必须严格按模板要求输入车站、车次、线路、里程以及时间等命令内容。

③系统具备根据有关规定进行调度命令号码管理功能。

④系统具备接收 TDMS 施工计划功能,并可将施工调度命令转存,供调度员编辑下达。

⑤调度员能通过有线或无线手段,向管辖区段的各受令单位以及在辖区内运行的列车进行调度命令下达。

⑥受令方接收到调度命令后,系统提示用户接收调度命令并给出自动回执,用户签收后,给出手动回执。调度台应显示调度命令的接收情况。

⑦系统具备调度命令查询、显示、统计和打印功能。

⑧系统具备调度命令邻台间、邻局间转发功能。

⑨系统具备受令组和常用词汇维护功能,并保存维护受令组的记录。

(6) 其他功能。

①系统具备列车占用丢失报警功能。系统检测到区间运行列车占用红光带丢失,并且在指定时间内,本列车未占用前方相邻区段时,应在相关调度台和车站的终端上产生列车占用丢失报警。

②系统具备列车紧跟踪报警功能。当系统检测到区间运行列车前方相邻区段占用且在指定时间内未出清时,则应在相关调度台和车站的终端上产生列车紧跟踪报警。

③系统具备自我诊断、运行日志和重要操作记录保存、查询和打印等功能,应提供良好的网络维护和系统运行维护手段。

④系统具备完善的帮助系统,以图像和文字的方式直观地显示系统操作、使用和维护的步骤等。

⑤系统具备相关技术资料查询功能,可以加载各种标准格式的文字或图片资料,并提供技术资料的更新导入、显示以及打印功能。

⑥系统应提供模拟测试和仿真培训功能。

⑦系统具备管辖范围内接触网供电状态人工标记功能。

3. 车站 TDCS 的主要功能

(1) 站场信息管理。具备信号设备状态、列车运行状态与线路布局监视信息显示功能以及其他监视信息(包括电力区段接触网供电、区间封锁、股道封锁、轨道区段使用限制、分路不良区段)。

(2) 系统具备列车车次号人工输入、自动校核、人工校正及电力机车属性修改等功能。

(3) 系统具备本站管辖范围内的区间封锁、股道封锁、轨道区段使用限制、列车停稳状态、接触网供电状态和轨道区段分路不良等状态人工标记功能。

（4）系统具备调度所下达阶段计划的接收、签收、查询和打印功能。

（5）系统具备调度所下达调度命令的接收、签收、查询和打印功能。

（6）系统具备绿色许可证、红色许可证、路票等行车凭证编制、打印功能，在具备无线调度命令传送系统的条件下，可将行车凭证发送至机车，并显示回执。

（7）系统具备调度所下达阶段记事信息的接收、签收和查询功能。

（8）系统具备本站管辖范围内的速报和站存车信息编辑、查询和上报功能。

（9）施工登、销、记管理。

（10）系统具备与中心一致的列车占用丢失报警和列车紧跟踪报警功能。

（11）系统自动生成车站行车日志（中间站为运统2，编组站、区段站为运统3），并提供存储、查询和打印功能。系统应按照规定严格限制对列车运行实际的人工修改。

（12）系统具备站间预告功能。

（13）列车进路错办报警。系统根据车站采集的站场表示《行细》、车次跟踪信息、中心调度员下达的阶段计划以及相关行车规章制度和《站细》条件对车站值班员或信号员人工办理的列车接发车进路进行检查，对于违反约束条件的进路，系统应给予报警提示，以辅助车站值班员或信号员检查列车接发车进路的正确性。

（14）接发车作业流程管理。系统根据相关安全规章和《铁路接发列车作业》标准中规定的作业流程、标准提供对车站接发车作业流程管理功能，以辅助车站行车作业人员进行车站作业。系统提供接发车作业流程执行情况检查功能，对于发生"漏步骤"和"错步骤"的情况给出提示，并提供接发车作业流程执行情况的记录功能；系统提供接发车作业流程执行情况查询功能，供车务管理人员对车站值班员的作业执行情况进行监督。

（15）系统为信号员（内勤助理值班员）提供阶段计划视图和股道视图（占线板）的显示和操作功能；阶段计划视图可实时显示车站值班员签收的阶段计划和已安排的接发车股道；股道视图可显示接发车车次、股道状态（有电无电状态、占用锁闭状态、分路不良状态、防溜状态）、临时限速标记等信息。

（16）非正常行车作业辅助。系统提供非正常条件下的作业辅助功能，以辅助车站行车人员完成非正常情况下的接发车作业。系统依据列车计划和站场信号设备数据，提供故障分析功能。通过选择相关故障设备，针对此故障设备结合阶段计划向车站值班员提供受影响的列车列表。在车站联锁系统故障或者停用检修时，系统提供站场设备状态人工设置功能；人工可对当前站场显示状态进行快照保存，并可以在任何时候恢复重现。

（17）系统提供每日注意事项和通知信息的下达、显示和查询功能。

（18）系统具备记录本车站的操作日志、接发车作业流程步骤以及本车站的接发列车、阶段计划、调度命令、站存车、速报、报点信息和站场表示等信息，并提供终端查询及相关的统计分析功能，以便车站管理人员对日常工作进行监督分析。

三、TDCS行车作业组织

1. 接发列车

（1）TDCS设备运行正常（包括车站信号设备能正常建立列车进路）时，车站在办理接发列车的过程中,由 TDCS 设备自动完成列车车次(包括机车号码)的记录,列车到达、出发、通过时刻的采点(TDCS 设备的自动采点方式:列车全部进入接车线时加 1min 采集到达点;发出列车第一轮对越过出站信号机处的轨道绝缘节时减 1min 采集出发点;通过列车到达点和出发点加权平均后采集通过点)。车站值班员不再填写"行车日志"("运统 2"或"运统 3"),也不必向列车调度员报点,但仍须执行《技规》《行规》《铁路接发列车作业》等规章和标准,以及向列车调度员汇报列车作业情况和晚点原因,遇列车有异状时应一并报告。TDCS 设备在正常情况下,当 TDCS"行车日志"栏列车运行部分信息因故不能自动生成或生成错误,车站值班员应及时进行人工输入或修改,并向列车调度员报告。

(2)车站值班员在办理列车闭塞(预告)时,应认真核对阶段计划,随时注意确认 TDCS "行车日志"栏列车车次等自动生成的内容是否正确,遇列车车次号错误时,应及时联系确认并修改车次。车站值班员对车次有疑问时,必须及时与列车调度员联系,了解列车有关情况。未经列车调度员允许,不得办理阶段计划中未包括的车次。自动闭塞区段车站值班员在办理列车预告时,TDCS"行车日志"中"同意邻站发车"和"邻站同意发车"栏可不填写。

(3)对操作程序中规定需靠人工输入的项目,车站值班员应根据作业情况正确、及时地逐项输入 TDCS"行车日志"栏内。

(4)车站在向未安装 TDCS 系统的区段办理列车时,调度系统不具备报点功能的,仍执行原规定。

2.3～4h 列车运行调整计划的下达

列车调度员应及时通过调度系统向车站分方向下达 3～4h 列车运行调整计划。当遇变更、调整 3～4h 列车运行调整计划时,列车调度员应利用系统及时向车站发布。

3. 使用 TDCS 设备发布、接受调度命令的规定

列车调度员在发布调度命令时,除认真按《技规》《调规》的有关规定执行外,还必须遵守下列规定:

(1)跨局调度命令,接车铁路局集团公司列车调度员可委托发车铁路局集团公司发布。接车铁路局集团公司列车调度员将调度命令内容电传给发车铁路局集团公司,发车铁路局集团公司列车调度员要及时将命令内容输入 TDCS 工作台中并向有关处所、人员发布。

(2)列车调度员拟好命令后,要严格按照调度命令格式,逐项认真复核无误后按规定发布。遇需值班主任签认发布的调度命令时,值班主任认真检查确认无误后,方可按"确认"键。发布和接收命令时,列车调度员不再填记"调度命令登记簿",受令的相关处所及人员不再抄收调度命令内容,但仍需认真执行复诵、核对制度。

(3)发布的调度命令,列车调度员若发现错误时,要立即通知所有受令处所撤销该命令,然后重新拟发调度命令,并注明"撤销前发 × 号命令"(包括受令处所人员发现错误重新发布时)。

(4)发布后的调度命令,要得到所有受令处所人员的回执(签收),未得到全部受令人的回执(签收)时,列车调度员必须进行查问确认。

受令处所的有关人员遇调度命令内容存在错误时,不得签收受令回执,应立即将情况告知列车调度员,要求重新发布调度命令。

(5)列车调度员、值班主任、站段的受令人员对跨班执行的所有调度命令,必须打印并在"交接班簿"内登记,对号签字交接。对本班使用的调度命令,不再打印,但需要在计算机系统内进行保存,保存期为1年。

(6)车站值班员需要调度员发布命令时,利用TDCS系统中的命令请求选项,请求所在调度台发布调度命令。列车调度员应根据车站值班员的请求命令,发布调度命令。

4. 车次号的管理

列车本务、补机司机、车站值班员应按以下分工要求,正确及时地办理列车车次号的输入手续。

(1)列车调度员应实时追踪掌握列车车次号信息,对于未能及时输入车次号的列车,或因故障造成车次号丢失时,应及时修改车次号。

(2)安装机车无线车次号校核系统的机车,在列车始发站挂妥本列后或开行单机于发车前,本务、补机司机必须将本次机车所担当的列车(单机)车次输入到列车运行监控记录装置内。当发现所输入的车次号错误时,必须重新办理车次号的输入。遇途中变更列车车次或途中开行单机时,本务机车、补机司机必须将变更后的列车车次号及时输入列车运行监控记录装置内。

(3)未安装机车无线车次号校核系统设备的机车、动车、重型轨道车担当列车运行时,在列车始发站发车时前,由车站值班员办理列车车次号的输入手续,途中各站及列车调度员发现车次号与实际不符合时,要及时进行人工更改。

(4)车站由未安装TDCS系统的区段接入列车时,车站值班员应认真核对阶段计划,与阶段计划核对无误后,输入车次号。

5. 有关行车簿、册、调度图表及信息资料的管理

(1)采用人工作业时,填记和保管的行车簿、册、调度图表办法仍执行有关规章规定。

(2)打印(或存盘)的列车运行图、调度命令每日专人收集,按规定期限妥善保管。每个调度区段的列车运行图,列车调度员每日6:00、18:00打印列车运行图(或存盘),保存1年。

(3)打印的列车运行图内容应满足《调规》的要求,不得隐藏早晚点统计内容。但对特殊列车运行线可根据有关规定隐藏。对于打印的实际列车运行图出现的缺少部分,列车调度员在交班前采用人工方式补画齐全。

四、TDCS故障处理及检修

1. 基本要求

(1)为保证TDCS设备正常运行,设备操作使用人员要精心爱护设备,必须严格按"TDCS系统用户手册"的规定操作设备。严禁利用TDCS设备从事与行车无关的事宜或输入、发布与行车作业无关的信息;禁止无关的人员操作或动用TDCS设备。同时,要求TDCS设备的各级维护人员必须认真履行岗位职责,严格按"TDCS系统维护手册"的规定加强日常设备的维护、管理工作。

(2)TDCS设备属于重要的行车设备,直接涉及行车安全和运输生产。所有安装了TDCS工作站和终端设备的行车处所,需设置"行车设备检查登记簿",遇TDCS设备故障或施工、检修时,设备使用人员与维护人员间必须认真办理登、销记签认手续,并严格按《技规》《行规》中的有关行车设备故障、施工、检修的规定办理。

(3)列车调度员遇 TDCS 设备停电、系统死机等设备故障时,必须将故障情况在"行车设备检查登记簿"内登记,并及时通知 TDCS 维护中心值班人员。值班人员接到列车调度员的通知后,应立即到现场进行故障排除和系统恢复工作,确保 TDCS 系统的正常运行。

(4)当 TDCS 终端设备发生故障时,作业人员必须及时通知设备维护人员,并将故障情况在"行车设备检查登记簿"内登记,向列车调度员报告,设备维护人员接到有关设备故障通知后,应及时判明情况进行处理。故障完毕,试验良好后,在"行车设备检查登记簿"内办理销记手续。

2. TDCS 设备发生故障时的处理规定

(1)当遇 TDCS 设备发生系统瘫痪时,必须立即转入人工铺画列车运行图等作业,组织列车运行。

(2)当一个调度区段的行车调度台发生系统瘫痪时,必须立即通过相邻行车调度工作站或值班主任工作站,打印已经生成的列车运行图,并转为人工铺画列车运行图等作业,组织列车运行。

(3)遇 TDCS 设备因故停用或局部通道设备故障及车站、乘务室、机务运转调度等终端设备发生故障时,必须立即转为人工作业。待 TDCS 设备恢复使用时,人工作业的原始记录按规定期限保存,不再另行补报或补输入到 TDCS 系统内。

(4)对 TDCS 设备不能自动生成或生成错误的列车信息,列车调度员应及时进行人工输入或修改,遇局部信息自动采集不到时,要查明原因,指示相关站段使用人员(包括列车司机)及时将缺失的信息按规定输报。

(5)当 TDCS 设备停用或恢复使用时,车站终端设备应经列车调度员命令准许。

3. 影响 TDCS 设备使用的施工、检修作业规定

(1)凡影响 TDCS 设备正常使用的施工、检修作业必须纳入月度施工方案。

(2)因 TDCS 基层网设备的施工、检修、故障处理等作业时,按《技规》《行规》有关行车设备施工、检修的有关规定办理。

(3)凡 TDCS 车站基层网施工、检修作业和直接影响 TDCS 车站基层网设备使用的施工、检修作业,作业人员除在车站办理登记外,还应由列车调度员下达准许作业的调度命令同意后方可进行作业。

(4)凡影响铁路局集团公司 TDCS 系统使用的铁路局集团公司中心设备施工、检修作业时,必须得到铁路局集团公司调度所的同意后方可进行作业。

(5)铁路局集团公司 TDCS 通道按计划进行检修测试需停用时,由铁通公司提前提出检修测试要点计划,上报局运输、电务处,经批准后按有关规定办理。

(6)电务部门对车站信号、联锁、闭塞设备进行检修作业时,不得随意关闭车站 TDCS 基层网电源。

(7)供电部门对影响 TDCS 基层网、铁路局集团公司中心设备使用的供电系统进行检修作业时,必须按规定提报检修计划,经铁路局集团公司运输部批准后方可进行。

任务 2.5　调度集中系统

一、CTC 结构

CTC 由铁路局集团公司、车站两级构成。调度集中除实现 TDCS 的全部功能外,还应实现列车编组信息管理、调车作业管理、综合维修管理、列车/调车进路人工和计划自动选排、分散自律控制等功能。

调度集中区段,车站应设集中联锁,区间应设自动闭塞或自动站间闭塞。

调度集中原则上应将同一调度区段内、同一联锁控制范围内所有车站(车场、线路所)的信号、联锁、闭塞设备纳入控制范围。调度集中区段的两端站、编组站、区段站,以及调车作业较多、有去往区间岔线列车或中途返回补机的中间站,可不纳入调度集中操纵,但出站信号机均应受调度集中控制。

分散自律调度集中系统由调度中心子系统、车站子系统和网络子系统三部分组成。CTC 总体构成如图 2-36 所示。

CTC 配置独立的处理平台,设备采用冗余配置,通信协议与 TDCS 一致。CTC 采用独立的业务专网,各级采用双局域网并通过专用数字通道组成双环形广域网。CTC 与 GSM-R 数字移动通信系统或无线通信系统结合,实现调度命令、接车进路预告信息、调车作业通知单等向司机的传送,并能通过无线通信系统获取车次号校核、调车请求及签收回执等信息。

高速铁路区段,CTC 具备与无线闭塞中心(Radio Block Center,RBC)、铁路数字移动通信系统(GSM-R)、临时限速服务器(Temporary Speed Restriction,Server,TSRS)、相邻调度区段的 CTC/TDCS、计算机联锁、列控中心、信号集中监测系统、运输调度管理系统(TDMS)的接口能力。

1. 调度中心子系统

调度中心子系统由数据服务器、应用服务器、通信前置服务器、网络设备、防雷设备、网管工作站、系统维护工作站、行调台、助理调度员工作站、值班主任台、操作员台、行调工作站、CTC 维护台、综合维修工作站、大屏显示系统、打印设备、远程维护接入和铁路运输管理信息系统(TMIS)接口计算机、电源设备等组成。

CTC 调度中心子系统硬件结构示意图如图 2-37 所示。

下面就重要组成加以介绍。

(1) CTC 服务器一般是由两台高性能服务器构成,这两台服务器互为热备,为系统的稳定运行提供保障。CTC 服务器是整个分散自律调度集中系统的核心,负责整个系统的数据收发、数据处理以及数据存储等工作。通信前置服务器一般是由两台高性能服务器构成,这两台服务器互为热备,用于调度中心和车站子系统之间的数据交换。

(2) 助理调度员工作站一般是由高性能工作站构成,主要实现调度中心人工进路操作控制、闭塞办理、区段解锁和非常处理等功能。同时,它还可实现无人车站调车作业计划的编制、调整、指挥以及在自律约束条件下的调车进路人工办理等调车相关功能。

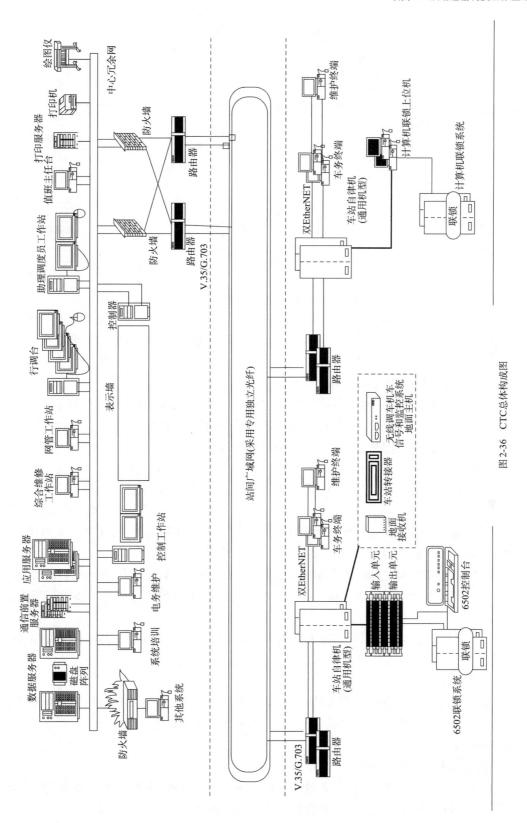

图 2-36 CTC总体构成图

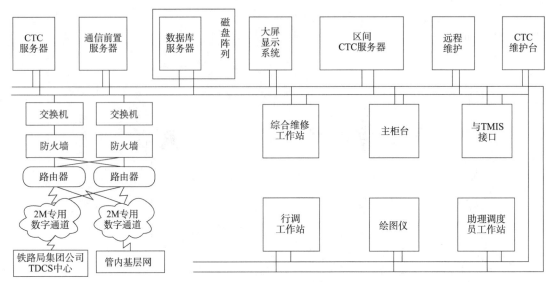

图 2-37 CTC 调度中心子系统硬件结构示意图

(3)行调工作站一般是由两台安装了多屏卡的工作站构成,主要完成显现监控管辖区段范围内列车运行位置、指挥列车运行的功能(人工编制和调整列车运行计划、调度命令的下达、与相邻区段行调台交换信息),为 CTC 提供详细的列车会让方案,是分散自律调度集中系统完成自动控制功能的主要依据。

(4)CTC 维护台一般是由高性能工作站构成,主要用于系统设置、调试和技术支持。在授权的情况下,具有远程维护与技术支持功能。同时,它具有监视系统运行状况的功能,对系统及现场设备的运用情况、操作命令、报警信息等进行记录、分析、回放、输出和打印。

(5)综合维修工作站是由高性能工作站构成,主要用于设备日常维护、"天窗"修、施工以及故障处理方面的登、销记手续办理,并具有设置临时限速,区间、股道封锁等功能。

(6)大屏显示系统是由高性能工业控制计算机、多串口卡、驱动卡和驱动分机构成,用于显示车站站场作业情况和区间列车运行情况等信息。通过观察大屏,行车调度人员可以清晰地掌握各自负责的调度区段内列车或车列的运行情况。

(7)TMIS 接口计算机是由工作站构成,通过通用串行总线接口与机房中的 TMIS 终端交换数据。网络设备主要包括两台高性能路由器、两台高性能交换机、网络协议转换器和网络防火墙。

(8)电源设备主要包括可以转换两路电源的电源屏和两台构成双机热备的 10kVA 不间断电源。

2. 车站子系统

车站子系统主要设备包括车务终端、综合维修终端、电务维护终端、网络设备、电源设备、车站自律机、防雷设备、联锁系统接口设备和无线系统接口设备等。CTC 车站子系统主要设备如图 2-38 所示。

下面就重要组成加以介绍。

(1)车务终端采用两台双机热备的低功耗工业控制计算机,主要完成运统报表的生成、站间透明的显示、车站调车作业计划的编制、调车进路的办理及其他控制操作。

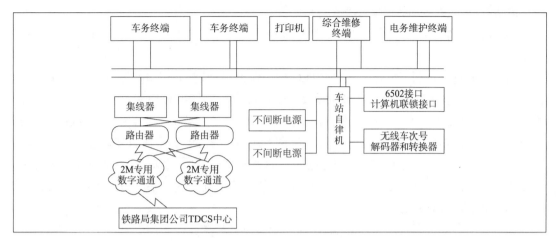

图 2-38　CTC 车站子系统主要设备

(2)综合维修终端和电务维护终端(微机监测)采用低功耗工业控制机。

(3)网络设备一般包括两台路由器、两台集线器、两台网络协议转换器(如 G703/V.35)。

(4)电源设备一般包括两台在线式不间断电源,为车务终端和车站自律机供电。车站电源系统一般由电源防雷、不间断电源、各电源模块及汇流排组成。首先从电源屏给出一个独立的电源,送至电源防雷箱;然后根据需要分成几路,其中一路送至不间断电源,经过不间断电源的净化后送至机柜,再经过总开关送至各层电源模块进行工作。

(5)车站自律机一般由具有高可靠性能的专用计算机和采控设备组成,并通过串口和无线车次号解码器、无线调度命令转接器进行连接。

3. 网络子系统

网络子系统是调度中心子系统和车站子系统联络的桥梁,由网络通信设备和传输通道构成双环自愈网络,采用迂回、环状、冗余等方式提高其可靠性。

二、CTC 的功能

1. CTC 控制模式

CTC 应具备分散自律控制和非常站控两种模式。其中,分散自律控制模式是通过调度集中设备,实现进路自动和人工办理的模式;非常站控模式是遇行车设备故障、施工、维修需要时,脱离调度集中系统控制转为车站联锁控制台人工办理的模式。

在分散自律控制模式下,只有控制指令不同来源,没有调度中心与车站控制权的转换,系统根据列车运行调整计划自动控制列车进路,根据调车作业计划自动控制调车进路,并具备人工办理进路的功能;非常站控模式是脱离 CTC 控制转为车站控制台人工控制的方式,调度中心不具备直接控制权,此时系统完好时应同时具备 TDCS 功能。

分散自律控制模式下设有中心操作、车站调车操作及车站操作三种操作方式。

(1)中心操作方式。调度员对列车及调车进路均有操作权,车站对列车及调车进路均无操作权。

(2)车站调车操作方式。调度员对列车进路有操作权,对调车进路无操作权;而车站对调车进路有操作权,对列车进路无操作权。

（3）车站操作方式。车站对列车及调车进路均有操作权,调度员对列车及调车进路均无操作权。

CTC分散自律控制下操作方式的转换由列车调度员确定,助理调度员与车站值班员(应急值守人员)进行操作。操作转换时必须在"CTC控制模式转换登记簿"内登记。在分散自律控制下,从车站操作方式转换到车站调车操作方式、中心操作方式时,由调度员点击"模式申请"后,车站点击"同意模式申请";从车站调车操作方式、中心操作方式转换到车站操作方式,由车站点击"模式申请"后,调度员点击"同意模式申请";车站调车操作方式与中心操作方式间的转换,由调度员通知车站值班员后直接切换。切换完成后,相应指示灯亮稳定绿灯,表示操作方式切换已完成。

行车调度台配置运行图操作终端、监控终端、站场操作终端;车站配置站场操作终端。

在调度终端、车务终端、车站控制台(计算机联锁终端,下同)上设置控制模式状态表示灯。

①红灯亮:非常站控模式;
②绿灯亮:分散自律控制模式;
③黄灯亮:允许转回分散自律控制模式。

在车站控制台上设置带密码的非常站控按钮。

2. CTC控制模式的转换

分散自律控制与非常站控模式间的相互转换,须通过点击车站控制台上非常站控按钮,均需输入规定的密码来实现。

分散自律控制模式转向非常站控模式不检查任何条件,但系统向调度员进行提示报警;非常站控模式转回分散自律控制模式系统确认以下条件:CTC设备正常;非常站控模式下没有正在执行的按钮操作。在满足上述条件时,允许转回分散自律控制模式表示灯亮(黄灯)后,操作非常站控按钮,转回分散自律控制模式;否则,操作无效。

系统对控制模式的转换进行记录,在控制模式转换时系统不影响已办理的列车进路和调车进路。

在非常站控模式下,CTC调度终端和车务终端所有按钮的操作均不起作用;车站在车站控制台上办理的进路和相关操作,如转换为分散自律控制后,默认为调度员的操作。在分散自律控制模式下:在车站控制台上,除非常站控按钮外,其他按钮的操作均不起作用;系统在得到列车由车站通过、到开的信息后,自动生成"行车日志",并根据列车的性质、车站线路、高低站台等设备情况和列车运行图中规定的运行时分,自动生成列车运行调整计划,自动控制列车进路,根据调车计划自动控制调车进路;车站值班员的操作不能解锁调度员办理的进路或关闭信号,调度员的操作也不能解锁车站值班员办理的进路或关闭信号。

3. CTC功能

CTC与GSM-R系统结合,实现行车凭证、调度命令、接车进路预告信息、调车作业通知单等向司机的书面可靠传送,并能通过无线通信系统获取车次号校核、调车请求及签收回执等信息。CTC与列控系统结合,可实现向动车组传送控车限速信息。

CTC 具备标注有电、无电线路,电力机车(动车组)、线路封锁等功能。根据调度员输入的信息,系统可判别内燃、电力机车(动车组)、线路有电、无电、封锁等状态。

CTC 与 TMIS 的信息交换按照"集中统一"的原则,车站各种现车信息、确报、调车作业计划等通过 CTC、TMIS 各自网络传至铁路局集团公司 T/D 结合服务器进行交换。交换资料主要包括列车计划信息、列车编组信息、车站现车信息、调车作业计划、机车交路信息和列车运行图信息等。

4. CTC 行车调度台终端

CTC 行车调度台包括列车运行图操作终端、监控终端和站场操作终端。

(1) 列车运行图操作终端。

显示本管辖调度区段列车运行图。调度员利用此终端自动生成列车运行计划、铺画列车运行线,编辑并下达调度命令,获取管辖区段各站站名、车站中心里程、车站到发线使用信息、列车车次及相应机车号码、列车正晚点信息、列车区间运行分析信息、慢行信息、施工信息、天窗修信息及事故注解信息、列车甩挂信息、列车速报信息和车站站存车信息等。

(2) 监控终端。

可显示区段内各站站场、区间设备信息和接触网停电信息。调度员利用此终端监控列车运行及调车作业。

(3) 站场操作终端。

可根据需要显示各站站场控制界面、正线列车信号机坐标、股道有效长、高低站台等。调度员利用此终端编制调车作业计划,人工操作各站信号设备。

复习思考

1. 列车运行图的作用是什么?如何分类?平行运行图有何特点?
2. 何谓区间运行时分和起停附加时分?如何计算与查定区间运行时分?列车在中间站的停车时间可根据哪些作业确定?
3. 何谓车站间隔时间?何谓 $\tau_{不}$、$\tau_{会}$、$\tau_{连}$?它们各由哪些部分组成?请绘图说明。
4. 何谓区间通过能力?何谓平行运行图周期?几种常见的运行图周期如何计算?请绘图说明。
5. 平行运行图与非平行运行图的区间通过能力计算公式如何表示?
6. 货物列车编组计划的主要内容是什么?需要解决哪些问题?
7. 列车中车辆的编挂方法有哪几种?各在什么情况下采用?
8. 装车地直达列车分为哪几种?其主要优越性及组织条件有哪些?
9. 技术站间计划车流如何确定?如何绘制合并式车流梯形图?
10. 如何计算 $T_集$?$T_集$ 为何与 N 无关?如何查定集结系数 c?
11. 技术站某支车流开行直达、直通列车的基本条件是什么?
12. 铁路列车调度指挥系统应具有哪些主要功能?
13. 调度集中系统应具有哪些主要功能?

项目 3

普速铁路调度指挥

🌀 项目内容

本项目主要介绍车流调整、调度工作计划、接发列车、列车运行、调度命令、调度指挥方法等。

◎ 学习目标

1. 能力目标

根据《技规》《调规》、列车运行图、货物列车编组计划等,正确组织指挥普速铁路列车运行。

2. 知识目标

了解运输调度指挥工作的基本规定和要求,掌握运输调度日常工作必须遵循的基本原则、责任范围、工作方法、作业程序和相互关系。

3. 素质目标

培养"大局"意识,树立"调度工作无小事"的观念。

任务 3.1　车流调整

为保持运用车的合理分布、各线车流的相对稳定,以及经济合理地运用机车车辆和铁路通过能力,根据运输情况变化,对重空车流及备用货车所进行的调整,称为车流调整。

车流调整是运输调度的一项重要工作内容。月度生产经营计划虽然规定了各铁路局集团公司和主要站每天的运用车保有量,但是由于铁路运输生产受许多因素的影响,使得各单位的运用车保有量时多时少。运用车数增加,就可能发生运输困难,甚至造成堵塞;运用车数减少,又将影响运输任务的完成。为了使运输生产正常进行,必须使各铁路局集团公司和主要车站运用车数量相对稳定在计划规定的水平上,因此,必须进行车流调整。

车流调整工作必须实行高度集中、统一调整的原则;遵循优先保证重点运输、兼顾市场需求和效率效益的原则,最大限度地满足运输需求。

国铁集团调度中心、铁路局集团公司调度所应指定专人负责车流调整工作,研究掌握货流、车流变化规律及有关技术设备的使用效能,认真推算车流,有预见、有计划地进行车流调整。

一、车流动态的掌握

车流动态的掌握是进行车流调整的重要条件。只有准确掌握车流的分布,才能有预见性地采取有效的运输调整,特别是车流调整措施。

目前,我国铁路对车流的预测有远期车流推算和近期车流推算。远期车流推算一般可预测未来 3~7d 到达局管内的车流,近期车流推算一般可预测 2d 通过铁路局集团公司的车流。

推算远期到达铁路局集团公司的管内工作车,一般使用表 3-1 所示的格式。

外局装到本局及本局装车远期车流推算　　　　　　表 3-1

年　　月

日期	发局 运行 期限 月 计划	A 4	B 4	C 3	D 2	E 1	F 2	G 3	…	计	局自装自卸计划 ××区段	××区段	××区段	…	计	合计	局自装交出计划 ××口	××口	…	计	合计
1																					
2																					
3																					
4																					
5		50																			
…																					
总计																					

国铁集团调度中心每日早上 6:00 前,将全路昨日各铁路局集团公司的方向别装车数通知各到达铁路局集团公司调度所,铁路局集团公司调度所车流调整人员根据上述资料及本局装到本局管内卸的及通过各分界站装往外局的车数,填入车流推算表,以推算远期车流。车流填记及推算方法,是按照各装车铁路局集团公司到本局的接入分界站的运行期限,分别将有关的车数填入不同的日期栏内。例如,A 铁路局集团公司装到该铁路局集团公司的车辆,其运行期限为 5d,若 A 铁路局集团公司某月 1 日装到该铁路局集团公司的车数为 50 辆,则应在 A 铁路局集团公司名下对应 5 日的栏内填记 50,其他各铁路局集团公司 1 日装到该铁路局集团公司的车数也根据运行期限填入相应栏内。逐日填记,即可预估今后某日接入管内工作车的车数。

由各铁路局集团公司到达某铁路局集团公司的车流运送期限可按下列公式计算:

$$T=\frac{1}{24}\left(\frac{L_{全程}}{v_{旅}}+\sum t_{中}\right) \tag{3-1}$$

式中:T——某铁路局集团公司装到某铁路局集团公司车流的一般运送期限,d;

$L_{全程}$——由装车铁路局集团公司的装车集中点至到达铁路局集团公司接入分界站的距离,km;

$v_{旅}$——货物列车平均旅行速度,km/h;

$\Sigma t_{中}$——沿途各技术站的中转时间之和,h。

若能取得通过重车流资料时,也可用类似方法推算远期接入的通过重车流。

二、车流调整措施

车流的日常调整措施主要有:按到站和货物品类调整装车;改变部分车流输送径路,组织重空车辆向某铁路局集团公司加速运送;指定额外的空车调整任务以及调整备用车辆等。

按照调整的对象,调整方法可分为重车调整、空车调整、空箱调整及备用车调整。

1. 重车调整

重车调整是车流调整工作的重点。这是因为在运用车中重车占很大比重,重车的流向和数量,即重车流的结构,决定着各区段的行车量,决定着空车流的结构,决定着车站的卸车任务。因此,重车调整是整个车流调整工作的基础。

重车调整措施有去向别装车调整、限制装车和停止装车、集中装车,以及迂回运输(变更重车输送径路)等。在日常运输工作中,应根据车流预测资料,运用车分布情况,各方向、各区段的列车运行情况,主要技术站、枢纽、卸车地区的作业情况,卸车站的卸车能力和搬运能力等因素,来确定调整措施。

(1) 去向别装车调整。

为了使车流分布合理,防止车流积压和堵塞,必须采取按方向别的装车调整,它是重车调整中的一项根本方法。

对装车去向的控制,首先是对自装交出及自装自卸两部分车流的控制。在正常情况下,应保证按计划完成对外局的装车。对通过困难区段的车流和到达卸车能力紧张车站的车流,要进行相应的调整。

去向别装车调整主要是通过运输生产计划来具体安排的。国铁集团根据各铁路局集团公司上报的装车计划,可以计算到达各铁路局集团公司卸车、通过各分界站及困难区段的车流数量,同时根据卸车能力、区段通过能力和计划期应当考虑的特殊情况(如施工影响、临客增加和车辆积压等情况),对装车方向和数量进行必要的平衡和调整。

在日常运输组织工作中,各铁路局集团公司必须按照上级批准的月度生产经营计划去向别装车标准组织装车(特别是向外局的装车)。但由于种种原因,如因管内工作不正常影响装车计划实现时,或因效率提高可以超额完成装车计划时,则应对管内自装自卸车数加以调整,保证向外局装车保持计划规定的方向别装车标准。在遇有发往外局的货源货流发生变化,不能实现计划的去向别装车任务时,则应逐级上报,以便上级调度采取相应的调整措施。当铁路局集团公司接入某方向的重车不足或增多时,必须采取增加或减少向该去向装车的办法进行调整,以保证完成移交重车标准,从而促进各去向列车工作的均衡和通过能力的合理使用。

(2) 限制装车或停止装车。

限制装车或停止装车,是规定在某一时期内,向某一方向、某一到站或某一收货单位发送某些品类货物的装车数量限制在一定数量之内或停止装车。

遇下列情况,应采取限制装车或停止装车措施:

①装车数超过区段通过能力和编组站作业能力时。
②装车数超过卸车地的卸车能力时。
③因自然灾害、事故,线路封锁中断行车时。
④因其他原因发生车辆积压或堵塞时。

一般来说,这种调整方法既不利于均衡运输,也不利于企业生产,因此,只有在发生自然灾害、事故以致中断行车,在个别困难区段通过能力已经饱和,某些主要卸车站或工矿企业卸车能力不足,车辆严重积压或堵塞,采取其他方法一时不能解决困难时才采用。

当采用限制装车或停止装车的调整措施时,限制装车或停止装车的期限及限制装车的数量,应根据能力及积压车流的情况决定。为了使这种调整措施产生应有的效果,并减小其不利影响,在采取这种措施时,可先停止或限制近距离装车铁路局集团公司的装车,而在恢复正常装车时,应先恢复远距离装车铁路局集团公司的装车,并且不应当对到达限装或停装地点的货物办理转票和变更到站的手续,以免加重困难。

对于长期停限装管理(主要指因各种施工封锁、设备损坏检修、线路安全隐患等影响需停装1个月及其以上),由各铁路局集团公司货运部门上报申请,国铁集团货运部进行批复。对于短期停限装管理,按下列规定办理:

①铁路局集团公司应优先调整管内装车,在调整管内装车不能消除或避免积压时,方可申请跨局停限装。

②管内停限装由铁路局集团公司负责;跨局停限装由铁路局集团公司向国铁集团提出申请,申请应写明停限装发到铁路局集团公司、发到站、收货单位、停限装品名、停限装起止时间及停限装原因,并经铁路局集团公司分管运输副总经理(总调度长)审核签字,由国铁集团调度中心以调度命令下达。

③卸车情况好转时,铁路局集团公司应及时申请恢复装车。

(3)集中装车。

集中装车是指有组织地增加某一去向的装车,使之超过计划所规定的日均装车数。除了为组织装车地直达列车需要集中装车,且需要运输生产计划中进行日历安排外,在日常运输生产中,下列情况也需采用这种措施:

①某铁路局集团公司的管内重车严重不足时。例如,连日装往某铁路局集团公司的重车不足月计划标准,或在停装、限装之后,原来停装、限装方向的通过能力,卸车站或收货单位有条件承担补装时,可以采取集中装车的措施。采取这种措施时,仍应注意均衡安排,避免过分集中。

②某方向移交重车不足时,应向该方向集中装车,以保证完成交出重车标准及该方向工作的均衡。

③重点用户、港口、国境站急需到达物资或外运物资严重积压时。

④急需防洪、抢险、救灾等重点物资时。

⑤其他经国铁集团(铁路局集团公司)确认需要组织装运时。集中装车仅在所经区段通过能力和到站卸车能力允许的条件下,方准采用。

(4)迂回运输(变更车流输送径路)。

为了加速车流输送,降低运输成本,国铁集团对各种车流规定了正常的输送径路,包括最短径路和特定径路。在日常运输工作中,正常径路因全面进行技术改造而通过能力不足,或因自然灾害和事故中断行车,或因重车严重积压、堵塞时,铁路局集团公司可组织迂回运输;跨局迂回时,应提前得到国铁集团同意,经调度命令批准后方可组织交接。

迂回运输组织应适应有关区段的通过能力,并指定变更径路的期限、列数、辆数和列车编组计划。

迂回运输时,铁路局集团公司、车站均不准在限装或停装期间,承认办理通过及到达限装、停装区段(或车站)的途中换票和变更到站。

2. 空车调整

空车调整是为了合理地运用空车,保证装车需要的调整措施。空车调整必须做到缩短空车行程、组织车种代用、消除同车种对流。铁路局集团公司、运输站段必须从全局出发,严格遵守排空纪律,按照上级调度批准的车种、辆数均衡地完成排空任务。空车调整包括正常调整、综合调整和紧急调整。

(1)正常调整:各铁路局集团公司根据车种别装车或卸车的差数、接空数和实际货车保有量确定排空车数。

(2)综合调整:当货流、车流发生变化或重车流增加时,在不影响接空铁路局集团公司重点物资装车需要的前提下,经国铁集团批准,依据下达的日计划命令可采取以重、空车总数进行综合调整。重、空车数一经国铁集团批准,各铁路局集团公司不得再增加重车代替空车数量。

(3)紧急调整:为保证特殊紧急运输任务需要所采取的非常措施。以调度命令或日计划中重点事项的形式下达,各铁路局集团公司接到紧急空车调整命令后,必须按照规定的时间、车种、辆数完成排空任务。

以上各种空车调整方法,都是保证全路车流合理分布的重要手段。空车是装车的保证,重车是空车的来源,两者只有按照计划紧密地结合起来,才能获得预期的效果。因此,任何一个排空铁路局集团公司,都必须保证实现空车调整任务。

3. 空箱调整

空箱调整是根据集装箱空箱需求、使用效率、运用分布等将不同箱型箱类的空铁路集装箱组织回送至发运站的过程。空箱调整分为阶段调整和临时调整。

阶段调整是为了平衡集装箱保有量,满足空箱使用需求按设定时间周期进行的调整。临时调整是指接到临时紧急任务或突发情况等特殊原因时进行的调整。国铁集团调度中心负责组织编制跨局空箱回送计划,铁路局集团公司调度所负责编制管内空箱回送计划,并组织运输站段落实。

铁路局集团公司应按调度命令要求组织集装箱空箱回送工作。

4. 备用车调整

备用货车(简称备用车)是为了保证完成临时紧急运输任务的需求和减少阶段性闲置货车无效流动,所储备的技术状态良好的国铁空货车。因此,备用车必须按规定办法严格管理,不能随意动用。备用车包括特殊备用车,军用备用车,专用货车备用车和港口、国境站备用车。其中,特殊备用车是指因运输市场发生结构变化,为调剂车种、满足运输需要,对国铁集团以备用车命令指定的大于本局月计划部分的某种空货车。

备用车的备用和解除备用,应经国铁集团以备用车命令批准。非标准轨货车备用、解除备用由所在铁路局集团公司负责处理。

备用车应备满48h,但不得超过3个月。因紧急任务需要解除备用车时,应经国铁集团调度命令批准,可不受时间限制。

铁路局集团公司应公布管内备用车基地。特殊备用车、军用备用车、专用货车备用车必须停放在备用车基地内。港口、国境站备用车必须停放在指定的港口、国境站。凡未停放在指定地点的,均不准统计为备用车。

①备用车实施号码制管理,国铁集团、铁路局集团公司调度、备用车所在站和车辆(机辆)段,均应建立备用车辆信息台账,登记有关车辆的备用和解除备用的时间、命令号码、备用地点、车型、车号信息。

②国铁集团、铁路局集团公司调度应分别建立备用车调度命令台账,并单独规定备用车命令号码范围。

专用货车的调整方法,除按一般货车调整规定办理外,空车应按国铁集团指定的方向、到站回送,有配属站的除国铁集团另有指定外,均应向配属站回送。专用货车的回送,应按规定填写回送单据。

为使冷藏车、罐车经常保持设备完整、性能良好,铁路局集团公司原则上不得以冷藏车代用其他货车,必须代用时,需经国铁集团调度命令批准;各种罐车应分类使用,装运危险货物的罐车必须专车专用、不得代用。

外国货车停运或在国境站积压时,应采取优先放行和换装措施;对暂时没有确定到站的进口货物,经国铁集团准许,可换装在我国货车内待发或及时组织卸车。

凡外国空货车(包括利用装该国货物的车辆),应经由最短径路向所属国回送。

任务3.2　调度工作计划

为实现按列车运行图行车、按列车编组计划编组列车、按运输生产经营计划组织运输,完成日(班)计划规定的各项任务,必须加强调度工作计划。

一、调度日(班)计划

调度日(班)计划是日常运输组织工作的基础,应按货物列车编组计划、列车运行图、运输生产经营计划、施工计划进行编制,保证均衡地完成运输生产和施工任务。

调度日(班)计划是一日(班)内的运输工作计划,包括国铁集团调度日计划和铁路局集团公司调度日(班)计划。

国铁集团调度日计划包括分界口列车交接计划(分界站交接货物列车数、临客列数、重车数、车种别空车数和重点要求)、货运工作计划(到铁路局集团公司别使用车数、能力紧张去向的装车数和重点要求),起止时间为当日18:00至次日18:00,由调度中心负责组织编制。

铁路局集团公司调度日(班)计划[简称日(班)计划]包括货运工作计划、列车工作计划、机车车辆工作计划和施工日计划,由调度所主任(副主任)负责组织编制。铁路局集团公司货运工作计划、列车工作计划、机车车辆工作计划起止时间为当日18:00至次日18:00,分为两个班计划:当日18:00至次日6:00为第一班计划,次日6:00至18:00为第二班计划。铁路局集团公司施工日计划起止时间为0:00—24:00。

1.编制调度日(班)计划时应遵守的原则

(1)坚持安全生产的原则。

(2)贯彻国家运输政策,保证重点运输的原则。

(3)最大限度地满足运输需求的原则。

(4)坚持"一卸、二排、三装"的运输组织原则。

(5)按货物列车编组计划编车,按列车运行图行车,按运输生产经营计划组织运输,按技术作业过程和时间标准组织作业,优先组织快速班列开行,最大限度地组织成组、直达运输的原则。

(6)按施工计划安排施工,坚持运输与施工兼顾的原则。

(7)经济合理地使用机车车辆和其他运输设备,提高运输效率和效益的原则。

(8)组织均衡运输的原则。

2.铁路局集团公司编制日计划的主要依据

(1)国铁集团下达的轮廓计划调度日计划、调度命令和有关文件、电报。

(2)月度运输生产经营计划、货物列车编组计划、列车运行图、机车周转图、机车车辆检修计划和有关技术作业时间标准。

(3)日运输需求车数及相关要求(军用应有军运任务通知书,超限超重货物应依据确认电报)。

(4)预计当日18:00各类运用车数、车站现在车数(重车分去向,其中到本局和邻局管内摘挂车流分到站;待卸车、空车分车种)和机车机班分布情况。

(5)旅客列车临时加开、停运、变更径路、途中折返、车辆甩挂、客车(动车组)回送等调度命令或文件、电报。

(6)机车车辆试运行及路用列车开行计划。

(7)国铁集团快运班列开行计划、命令及铁路局集团公司快运班列开行方案。

(8)列车预确报。

(9)分界站协议。

(10)月度施工计划(批复文电)及主管业部门提报的施工计划、路用列车开行申请。

(11)设备维修作业计划。

3.铁路局集团公司日计划内容

(1)货运工作计划。

①各站装车需求受理数(包括发站、发货人、品类、到站、到铁路局集团公司、运费、限制

去向和车种别受理数)。

②各站卸车计划(包括到站、车种和卸车数,整列货物应有收货人及品类)。

③快运班列、企业自备车等直达列车和成组装车的列数及辆数。

④篷布、集装箱运用计划。

⑤专用货车使用计划。

(2)列车工作计划。

①列车到发及运行计划,包括列车车次、发站、到站、发到时分、编组内容、特定运行径路,始发列车车辆来源。

②分界站列车交接计划,包括列车车次、交接时分、各列车中去向别重车数(到邻局的摘挂车流分到站)和车种别空车数。

③管内工作车输送计划、各站配空挂运计划和摘挂列车的甩挂作业计划。

④专用货车的调整、挂运计划。

⑤装载超限超重货物、军运物资(人员)、剧毒品、运输警卫方案货物车辆,有运行条件限制的机车车辆、自轮运转特种设备挂运和专列开行计划。

⑥旅客列车的临时加开、停运、变更径路、途中折返、车辆甩挂、客车(动车组)回送等计划。

⑦机车车辆试运行计划。

⑧路用列车运行计划。

(3)机车车辆工作计划。

①各区段(含跨局)机车周转图,包括机车交路、机型及机车号。

②机车沿线走行公里、机车运用台数和机车日车公里。

③机车出(入)厂、检修、回送计划及重点要求。

④各车辆检修基地(含站修)扣修、修竣车辆取送计划。

⑤各沿线车站停留故障车辆检修计划。

⑥跨局及铁路局集团公司管内客、货检修车回送计划及重点要求。

⑦动车组车底运用方案。

(4)施工日计划。

①施工计划编号、等级、项目。

②施工日期、作业内容、地点(含线别、区间、车站、股道、道岔、行别、里程)和时间。

③施工限速(含施工邻线限速)、影响范围、行车方式变化及设备变化。

④施工单位(含配合单位)、施工负责人。

⑤施工作业车进出施工地段方案。

4. 铁路局集团公司调度日(班)计划编制资料的收集

铁路局集团公司各工种调度人员,在每日14:30前向有关运输站段、编组(区段)站收集编制日(班)计划的资料,并向调度所主任(副主任)提供。

(1)货运调度员。预计当日18:00各站卸车数、装车数和去向别装车数、重点物资装车数,18:00待卸车,有关停装、限装命令,卸车单位的卸车能力,次日运输需求情况及国铁集团货运装车轮廓计划。预计18:00篷布分布情况(设有篷布调度台的由篷布调度员负责)。

(2)计划及列车调度员。预计当日18:00各站运用车(重车分去向,其中到本局和邻局管内摘挂车流分到站;待卸车、空车分车种)、备用车等的分布情况,在途列车的编组内容和预计到达编组(区段)站、分界站的时分。快运班列等重点列车编组情况和预计到达分界站的时分。

(3)特运(军运)调度员。整列和零星军用、罐车、冷藏车运输需求的车种、车型、辆数、配车时间及挂运要求;长大货物车(D型车)、装载超限超重货物、剧毒品货物车辆的分布及挂运条件、车次挂运通知单;专用货车的备用、解除和调配计划。

(4)集装箱调度员——预计当日18:00集装箱分布、装卸及运用情况,次日铁路局集团公司管内各站空箱调整计划和跨局排空箱计划;预计当日18:00快速(普快)班列装卸、开行及在途运行情况(设有快运调度台的由快运调度员负责)。

(5)机车调度员。预计当日18:00运用机车和机车回送计划,机车检修、试运行情况,机车机班分布动态情况。

(6)车辆调度员。预计当日18:00货车扣修、修竣、检修车分布及回送情况。车辆(机辆)段结存检修车、扣修、修竣车数及车种,次日检修车计划,检修能力,有运行条件限制故障车辆回送挂运电报或计划申请。铁路局集团公司管内货车检修工厂结存检修车、修竣车数及车种,货车制造工厂新造出车数量及车种,次日入厂修计划,客车车辆试运行计划。

(7)供电调度员。牵引供电非正常运行情况。

(8)客运调度员。旅客列车的加开、停运、变更径路、中途折返和客车车辆回送、甩挂等情况。

(9)施工调度员。各站、各区段施工(维修)计划,慢行处所及限速条件;自轮运转特种设备、路用列车开行方案,路料装卸作业方案。

(10)工务调度员——影响运输生产的工务事故、设备故障、自然灾害、外部环境等情况。

(11)电务调度员——影响运输生产的电务事故、设备故障等情况。

5. 货运工作计划的编制

(1)卸车计划。根据预计当日18:00铁路局集团公司管内工作车结存和次日产生的有效管内工作车数,确定次日卸车计划;根据"管内工作车去向表"(运货4)确定各站的卸车任务。

(2)装车计划。必须在保证排空任务的前提下,严格按照国铁集团下达的调度轮廓计划及各站运输需求、停限装等情况确定装车日计划。

(3)第一班装、卸车计划应达到全日计划的45%以上。

6. 列车工作计划的编制

(1)列车工作计划必须有全日车次和全日编组内容。

编制列车工作计划必须有可靠的资料,禁止编制无车流保证的空头计划。各区段日计划列数,应按列车运行图做到基本均衡。

(2)实行分号列车运行图时,选定列车车次、确定日计划列数应以分号列车运行图为基础,首先保证核心列车开行(核心列车是指根据货物列车编组计划,车流比较稳定,开行频次较高的列车)。当分号列车运行图的列车开满后,可开行基本列车运行图的列车车次;增开的跨局列车车次,由相邻铁路局集团公司协商确定。

(3)列车运行图规定的货物列车是否开满,跨局列车以分界站全日交接列车计算;铁路局集团公司管内列车以编组(区段)站全日发出列车计算;干支线衔接的区段,列车对数应分别计算;列车运行图规定在中间站始发和到达的列车未开满,但贯通全区段运行的列车已开满时,可视为列车运行图已开满。

(4)列车工作计划应确保排空列车的开行。第一班计划的排空车数应达到全日计划的45%以上。

(5)始发列车计划应按列车运行图规定的时分制定;中转列车可按预计到达时分,在分号列车运行图中选定紧密衔接的适当运行线。

图定车次贯通到底的直达货物列车,在接续的编组(区段)站因晚点不能使用原图定运行线,在制订日(班)计划时,准许利用图定的直达或直通列车运行线开车,但必须保持原车次不变。

(6)摘挂列车与其他货物列车运行线不得互相串用。

(7)在中间站始发或终到的列车,如列车运行图规定为通过时分,在编制日(班)计划时,应另加起停车附加时分。

(8)开行临时定点列车的规定:

①基本列车运行图的列车开满后,方准加开临时定点的列车(快速班列除外)。

②始发列车无适当车次使用时,可制订临时定点列车计划,其旅行时间不得超过本区段内同类列车最长旅行时间。跨局运行时,应征得邻局的同意。

③开行列车运行图以外的阶梯直达列车,只限于作业站间可临时定点。

④挂有运行条件限制机车车辆的列车、有时间限制的军用列车和在区间整列装卸的列车,不能利用列车运行图中的运行线时,可开行临时定点列车。

挂有运行条件限制机车车辆的列车,在制订日(班)计划时允许指定始发和到达时分,运行时分可在3~4h列车运行调整计划中确定。

⑤途中停运的列车,恢复运行时应利用空闲运行线。若确无适当运行线可利用时,方准开行临时定点列车到达前方第一个技术作业站。

(9)分界站当日未交出的晚点列车,需纳入次日计划。接近18:00的晚点列车,来不及纳入次日计划时,准许18:00后晚点交出。

(10)原则上不准编制跨局的超重、超长列车计划;若有必要时,应征得邻局的同意。

(11)挂有装载超限超重货物、剧毒品货物车辆和运行条件限制机车车辆的列车跨局运行时,应向邻局重点预报。

(12)班计划一经确定,必须维护计划的严肃性,在执行中原则上不准变更列车车次和整列方向别的编组内容;跨局列车遇有特殊情况必须变更日(班)计划确定的列车车次和整列方向别的编组内容时,应预先征得邻局的同意。

(13)列车工作计划编制后,相邻铁路局集团公司调度所必须主动将分界站列车交接计划(包括车次、时刻、编组内容、机车交路)核对一致后,方准上报国铁集团批准。

(14)严格执行货物列车编组计划,遇特殊情况违反货物列车编组计划时,应经铁路局集团公司计划调度员准许并发布调度命令;跨局时应经国铁集团调度命令准许。

7. 机车工作计划的编制

(1)机车车辆工作计划应保证日常运输任务的需要,按列车工作计划供应质量良好的机车车辆,合理安排机车车辆检修计划。

(2)机车周转图必须根据列车工作计划和规定的技术作业时间、乘务人员劳动时间、机车交路、检修和整备计划进行编制。不准编制反交路,消除对放单机,减少单机走行。如编有紧交路时,必须采取兑现计划的组织调整措施。

(3)跨局长交路机车工作计划编制由机车配属铁路局集团公司机车调度员负责,支配铁路局集团公司、机车经过铁路局集团公司的机车调度员配合共同编制。编制的跨局长交路区段机车工作计划必须完整准确,跨局长交路相关铁路局集团公司应实现计划、实际机车周转图的数据共享。

(4)车辆工作计划由车辆调度员负责编制。计划编制应综合考虑铁路局集团公司管内造修单位任务进度、检修车数量、管内车源和运输形势等因素。车辆工作计划主要包含定检到过期货车扣车计划,管内车辆(机辆)段及造修企业检修车、新造车的入出厂段计划,检修、拟报废、运用考核、事故故障车辆的回送等计划。

8. 施工日计划的编制

(1)施工单位于施工前3日将施工日计划申请报铁路局集团公司主管业务部室(建设项目施工日计划申请应先报项目管理机构预审,再报主管业务部室审核)主管业务部室审核(盖章)后,于施工前2日9:00前向施工办提报施工日计划申请,其中铁路局集团公司所管设备越过铁路局集团公司间分界站延伸至相邻铁路局集团公司调度管辖区段的施工日计划申请向调度管辖区段铁路局集团公司施工办提报。

(2)施工办应将主管业务部室提报的施工日计划申请与月度施工计划(批复文电)进行核对,并将Ⅰ级施工、高速铁路和繁忙干线国铁集团管理的施工计划申请于施工前2日15:00前报国铁集团调度中心,调度中心根据国铁集团月度施工计划和批准的施工文电进行审核后,于施工前2日18:00前反馈相关铁路局集团公司施工办,施工办据此编制施工日计划。

(3)纳入月度施工计划的施工项目原则上不准停止施工。因专特运等原因需停止施工时,应经铁路局集团公司分管运输副总经理(总调度长)批准,原则上于前1日14:00前以调度命令通知有关单位。已批准的国铁集团管理的施工计划,应经国铁集团调度中心主任(副主任)批准。

(4)编制的施工日计划经施工办主任(副主任)审批后,纳入调度日计划。

(5)施工办于施工前1日12:00前(0:00—4:00执行的施工日计划于前1日8:00前)将施工日计划下达有关机务(机辆)段、动车(车辆)段和车务段(直属站),传(交)主管业务部室和相关计划调度台、列车调度台、供电调度台。主管业务部室负责通知施工单位、配合单位,车务段(直属站)负责通知相关车站。其中涉及邻局的车务段(直属站)和相关调度台时,传(交)邻局施工办并由其负责转达。施工日计划不作为机务部门行车依据。

(6)Ⅰ级施工、高速铁路和繁忙干线国铁集团管理的施工日计划,施工办于施工前1日

15:00前报国铁集团调度中心。

(7)施工日计划下达后,不得随意取消施工日计划(项目)。因特殊原因临时取消时,应经铁路局集团公司分管运输副总经理(总调度长)批准(Ⅰ级施工、高速铁路和繁忙干线国铁集团管理施工计划还应经国铁集团调度中心主任或副主任批准)并采取行车安全措施后,以调度命令办理取消(含取消或重新发布运行揭示调度命令)。

(8)施工日计划下达后,施工开始前,施工单位自身原因取消施工和维修时,不发布取消施工和维修的调度命令。当涉及运行揭示调度命令的施工取消时,施工单位应登记行车条件,铁路局集团公司调度所根据登记发布调度命令。

9.日计划的审批和下达

(1)国铁集团每日10:00前向铁路局集团公司下达次日调度轮廓计划。

(2)铁路局集团公司调度日计划经分管副总经理(总调度长)批准后,于17:00前将需国铁集团调度日计划批准的内容报国铁集团调度中心。

(3)国铁集团调度中心批准的调度日计划,于17:20前以调度命令下达各铁路局集团公司。

(4)铁路局集团公司调度日计划于17:30前以调度命令下达有关单位、调度台。

(5)18:00—21:00、6:00—9:00的列车工作计划,应分别于16:00、4:00前下达有关单位。对货物列车车次的考核,仍以正式下达的日(班)计划为依据。

(6)第二班的调整计划,由铁路局集团公司调度所值班主任负责组织各工种调度人员,根据第一班计划的执行情况和日计划任务进行调整,铁路局集团公司于6:00前以调度命令下达有关单位、调度台。

二、阶段计划

阶段计划是保证实现日(班)计划的行动计划,分为铁路局集团公司计划调度员编制的阶段计划和编组(区段)站车站调度员编制的阶段计划。阶段计划根据日(班)计划内容,按照货物列车编组计划、列车运行图以及《技规》《行规》《站细》等相关规定编制,3h为一阶段下达。

铁路局集团公司计划调度员编制阶段计划的规定:

1.编制要求

(1)掌握主要车站列车到发时刻、区段内施工维修和机车运用等情况。

(2)压缩列车在站停留时间和车流在站集结时间,优先编组高质量直达列车。

(3)计划调度员在不晚于阶段计划开始100min前,将下一阶段的编组(区段)站到达列车(包括到达列车车次、预到时分、编组内容)等有关情况通知车站值班站长(车站调度员),并向值班站长(车站调度员)收取编组(区段)站编组始发和有调中转出发列车(包括出发列车车次、预发时分、编组内容、机车安排)等有关情况。

(4)计划调度员在不晚于阶段计划开始80min前,将阶段计划预告机车调度员,由其会同机务(机辆)段进行列车运行线机车匹配作业,并在不晚于阶段计划开始70min前反馈。计划调度员根据机车调度员反馈信息,对阶段计划进行调整。

2. 主要内容

(1) 列车到、发及运行计划,包括列车车次、发站(车场)、到站(车场)、发到时分、编组内容、特定运行径路,始发列车车辆来源。

(2) 分界站列车交接计划,包括列车车次、交接时分、编组内容(重车分去向、空车分车种)。

(3) 管内工作车输送计划、各站配空挂运计划和摘挂列车的甩挂作业计划。

(4) 装载超限超重、军运物资(人员)、剧毒品、运输警卫方案货物车辆,有运行条件限制的机车车辆、自轮运转特种设备挂运和专列开行计划。

(5) 机车车辆试运行及路用列车开行计划。

(6) 重点注意事项。

有关运输站段、编组(区段)站调度应将涉及上述内容的情况及时报告铁路局集团公司调度。

3. 阶段计划的下达

(1) 铁路局集团公司计划调度员按照每3h为一阶段编制阶段计划(有需求、具备条件的铁路局集团公司可按每6h为一阶段编制),并与相邻台(局)交换,下达时间不晚于阶段计划开始60min前,具体为17:00/5:00、20:00/8:00、23:00/11:00、2:00/14:00前下达。列车调度员应根据计划调度员下达的阶段计划及时编制下达3~4h列车运行调整计划。

(2) 铁路局集团公司计划调度员在不晚于阶段计划开始60min前,向调度所列车、机车调度员以及编组站、区段站值班站长(车站调度员)下达阶段计划,并确认接收情况。

(3) 遇阶段计划发生变化时,铁路局集团公司计划调度员应及时向有关单位(人员)布置。

三、3~4h列车运行调整计划

3~4h列车运行调整计划是列车调度员组织列车运行调整的综合部署,也是实现列车运行图、货物列车编组计划、运输生产经营计划和日(班)计划的具体行动计划。

3~4h列车运行调整计划按3h或4h编制。一般枢纽台采用3h计划,其他台采用4h计划。

1. 编制原则

在编制3~4h列车运行调整计划时,要坚持以下原则:

(1) 列车调度员要按列车运行图指挥列车运行,当列车不能按列车运行图运行时,除特殊情况外,要按《技规》中规定的列车运行等级顺序(单机应根据用途按指定条件运行)和先跨局后管内的原则进行调整,组织晚点列车恢复正点,实现按列车运行图行车的原则。

(2) 根据实际情况决定工作方法,注意调整计划留有余地。

(3) 保证日(班)计划任务的完成。

(4) 在保证安全的前提下,努力提高效率。

2. 主要内容

3~4h 列车运行调整计划主要包括以下内容：

(1) 车站列车到、发时分和列车会让计划(采用计算机下达的为实时调整计划)。

(2) 列车在中间站作业计划。

(3) 列车在区间、站内装卸车计划。

(4) 施工、维修计划及天窗时间安排。

(5) 重点注意事项。

3. 编制方法

列车调度员编制和执行 3~4h 列车运行调整计划的方法，一般可以分为收集资料、编制计划、下达计划、组织实现等 4 个步骤。

(1) 收集资料。

列车调度员在编制 3~4h 列车运行调整计划时，需要了解和收集的资料主要包括：

①区段内各站现在车(空车分车种，重车分去向)情况及到发线占用情况。

②邻台(局)及本区段内旅客、货物列车实际运行情况。

③摘挂列车编组内容及前方站作业情况。

④技术站到发线使用和待发列车情况。

⑤机车整备及机车交路情况。

⑥区间装卸及施工情况。

⑦领导指示及其他情况。

(2) 编制计划。

列车调度员将收集了解到的情况和资料，经过认真的分析、研究，依据列车运行图、货车列车编组计划、月度生产经营计划的要求及日班计划的任务，运用各种列车运行调整方法，制订合理、切实可行的计划。

在编制计划时，一般优先铺画旅客列车和重点列车运行线。必要时，优先安排困难区间的列车运行，充分利用通过能力。在运行图表上铺画计划运行线时，采用正铺与倒铺相结合的方法。

如图 3-1 所示，42206 次列车计划在 G 站进行摘挂车作业量比较多，什么时间开才能赶到 D 站会 K519 次客车？如果从 G 站开始铺画，往往时间算不准而返工，若采取从 D 站向 G 站倒铺，一次铺出 G 站 19:09 必须开车。采取正铺与倒铺相结合的方法铺画节省了时间。

图 3-1 倒铺与正铺相结合示意图编计划时，应注意留有余地，为各种必需的作业留足充分的作业时间，必要时，可拟定两个以上的调整方案，以适应情况的突然变化。

在安排列车运行计划时，还应特别注意本区

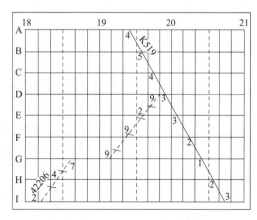

图 3-1 倒铺与正铺相结合示意图

段技术站自编始发列车的车流接续和机车交路,以保证技术站有良好的工作秩序。

在编制计划时,一般采用"满表铺线,分段编制"的方法。具体做法是:接班后,根据所掌握的情况粗线条地将列车计划线铺画到 18:00(6:00),然后按照 3~4h 计划阶段编制列车运行调整计划。在"满表铺线"的基础上,执行上一个 3~4h 列车运行调整计划的同时,边收集资料,边铺画下一个 3~4h 列车运行调整计划。这样一步步地进行,在列车运行调整计划执行前 1h 编制完成。

(3)下达实施。

列车调度员在 3~4h 列车运行调整计划编制完成后,要及时下达给各站段。根据具体情况,可采取集中、分段或个别的方式下达计划。应向基层站段执行者交代清楚,使其明确计划意图,心中有数。

(4)组织实现。

3~4h 列车运行调整计划下达后,仅仅是组织计划实现的开始。在执行计划的过程中,列车调度员要随时注意列车运行情况的变化,做到勤盯、勤问、勤联系,特别是对关键列车(如在旅客列车前面运行的货物列车,或旅客快车前在面运行的旅客慢车等)和重点车站,要及时收点,随时监督列车的运行,以便发现问题,及时采取调整措施,保证列车按计划安全正点运行。

任务 3.3 接发列车

接发列车工作是指车站(线路所)根据行车闭塞方式及技术设备条件,按规定程序办理列车接、发、通过的整个过程。接车作业是指接车站从承认邻站发车时起,至列车全部到达本站停于警冲标内方,并办完开通区间有关作业为止的一段时间内所办理的全部作业。发车作业是指发车站从向邻站请求发车(双线为预告发车)时起,至列车全部开出站界,并办完有关作业为止的一段时间内所办理的全部作业。接发列车是铁路车站行车工作的基本内容,不间断地接发列车,严格按列车运行图行车,也是列车运行安全正点的重要保证。

一、接发列车作业的要求

车站接发列车工作应由车站值班员统一指挥,因此,车站接发每一列车都应由车站值班员负责组织、统一指挥。在接发列车的各项工作中,办理闭塞、布置进路、开闭信号、交接凭证、接送列车及发车等都是接发列车的重要环节,与列车安全出入车站关系密切,车站值班员应亲自办理。由于设备条件(如设备分散,又无集中控制设备)或业务量(如行车方向多或列车到发多)等原因,车站值班员难以完全亲自办理时,除布置进路(包括听取进路准备妥当的报告)等最关键的程序外,其他可在车站值班员的统一指挥下,分别指派参与接发列车工作的助理值班员、信号员或扳道员办理。

为保证列车运行安全,车站接发列车工作必须按规定的程序办理。由于参加接发车工作的人员多,作业环节复杂,接发列车作业中的任何疏忽或差错都可能造成列车晚点或行车事故。因此,车站所有参与接发车工作的有关人员,都必须认真执行《铁路接发列车作业》《铁路车机联控作业》等标准中规定的程序和用语,贯彻"统一领导、集中指挥、逐级负责"的原则,做到安全、迅速、准确、不间断地接发列车,严格按列车运行图行车。

1. 办理闭塞前,必须确认区间空闲

目前的行车闭塞法,在正常情况下,可以保证在同一时间、同一区间(或闭塞分区)内只有一个列车运行。但由于设备原因,或由于作业人员疏忽仍有可能向占用区间发出列车。所以,车站值班员在办理闭塞前,必须确认区间空闲。例如,采用半自动闭塞设备,因区间无轨道电路,区间有遗留车辆时,设备上不能显示占用状态,如果不认真确认列车整列到达,可能导致向占用区间发车,这是非常危险的。当使用电话闭塞法行车时,因无设备控制,也有可能向占用区间发车。因此,车站值班员在接发列车工作中,在办理闭塞前必须确认区间空闲。

确认区间空闲的办法,主要是通过闭塞设备、"行车日志"、各种表示牌及有关人员的情况报告等,确认前次列车是否全部到达、补机是否返回、出站(跟踪)调车是否完毕及有无区间封锁和轻型车辆占用等。根据闭塞设备不同,确认区间(闭塞分区)空闲的方法如下:

(1)自动闭塞。通过控制台(显示器)上的监督器(列车离去表示灯),确认第一、第二、第三离去闭塞分区空闲。

(2)自动站间闭塞。通过控制台(显示器)上表示灯及"行车日志",确认区间空闲。

(3)半自动闭塞。通过闭塞机上闭塞表示灯显示和"行车日志"等确认区间空闲。

(4)电话闭塞。根据"行车日志"上电话记录的列车到达情况和助理值班员、扳道员现场确认到达列车情况的报告等确认区间空闲。

2. 行车凭证必须正确

行车凭证是列车进入区间或闭塞分区的凭据。普速铁路行车凭证可分为两大类:一类是使用基本闭塞法时的行车凭证,自动闭塞、自动站间闭塞和半自动闭塞的出站或通过信号机显示的允许运行的信号;另一类是绿色许可证、调度命令(或车站值班员命令)、当基本闭塞法停止使用后采用电话闭塞法的路票、一切电话中断时的红色许可证等。无论采用何种行车凭证,都必须保证在同一时间内一个区间或一个闭塞分区(封锁区间施工开行路用列车等特定情况除外)只有一列列车运行。

(1)路票(图3-2)。

路票是使用电话闭塞法行车的凭证。遇下列情况,应停止使用基本闭塞法,改用电话闭塞法行车:

①基本闭塞设备发生故障导致基本闭塞法不能使用、自动闭塞区间内两架及以上通过信号机故障或灯光熄灭时;

②无双向闭塞设备的双线区间反方向发车或改按单线行车时;

③发出由区间返回的列车或发出挂有由区间返回后部补机的列车时;

④自动站间闭塞、半自动闭塞区间,由未设出站信号机的线路上发车,或超长列车头部

越过出站信号机并压上出站方面轨道电路发车时；

⑤在夜间或遇降雾、暴风雨雪，为消除线路故障或执行特殊任务，开行轻型车辆时。

```
            路    票
        电话记录  第    号
          车  次_____

    延安   ━━▶   延安北


  延安站(站名印)           编号 123456
```

（规格 75mm×88mm）

图 3-2 路票

注：1. 路票为预先印好区间（即站名）和编号的硬卡片；

2. 加盖⑪字戳记者，为路票副页。

（2）绿色许可证（图 3-3）。

绿色许可证是使用自动闭塞法行车时的凭证。使用自动闭塞法行车时，当出站（进路）信号机故障时、未设出站信号机、列车头部越过出站（进路）信号机等情况下发出列车，行车凭证为绿色许可证。

```
              许  可  证
                        第_____号

   在出站(进路)信号机故障、未设出站信号机、列车头部越过出站(进路)信号机等情
况下,准许第_____次列车由_____线上发车。


                    站(站名印)车站值班员(签名)
                         年    月    日填发
```

（规格 90mm×130mm）

图 3-3 绿色许可证

注：1. 绿色纸，复写一式两份，司机一份，存根一份；

2. 不用的字句抹消。

（3）红色许可证（图 3-4）。

红色许可证是车站行车室内一切电话中断（在双线自动闭塞区间，如闭塞设备作用良好时除外），单线行车按书面联络法，双线行车按时间间隔法，列车进入区间时的行车凭证。

许 可 证

第_____号

现在一切电话中断,准许第_____次列车自_____站至_____站,本列车前于_____时_____分发出的第_____次列车,邻站到达通知 已/未 收到。

通 知 书

1. 第_____次列车到达你站后,准接你站发出的列车。
2. 于_____时_____分发出第_____次列车,并于_____时_____分再发出第_____次列车。

站(站名印)车站值班员(签名)

年　　月　　日填发

(规格 90mm×130mm)

图 3-4　红色许可证

注:1. 红色纸,复写一式两份,司机一份,存根一份;
　　2. 不用的字句抹消。

(4)调度命令(表 3-2)。

调度命令是向封锁区间开行列车的凭证,主要有两种情况:一是向封锁区间发出救援列车时,不办理行车闭塞手续,以列车调度员的命令,作为进入封锁区间的许可。当列车调度电话不能接通时,应由接到救援请求的车站值班员根据救援请求办理,救援列车以车站值班员的命令,作为进入封锁区间的许可。二是向施工封锁区间开行路用列车时,列车进入封锁区间的行车凭证为调度命令。

调度命令　　　　　　　　　　　　表 3-2

___年___月___日___时___分　　　　　　　　　第___号

受令处所		调度员姓名	
内容			

受令车站_____　车站值班员_____

(规格 110mm×160mm)

(5)半自动闭塞发车进路通知书(图 3-5)。

半自动闭塞发车进路通知书是使用半自动闭塞法行车时,遇发车进路信号机故障或超长列车头部越过发车进路信号机发车时,列车越过发车进路信号机的行车凭证。

```
┌─────────────────────────────────────────────────────────┐
│              半自动闭塞发车进路通知书                   │
│                                                         │
│                                      第_____号         │
│   1. 在列车头部越过发车进路信号机的情况下,准许第_____  │
│   次列车由_____线发车。                               │
│   2. 在_____发车进路信号机故障的情况下,准许第_____   │
│   次列车越过该发车进路信号机。                         │
│                                                         │
│                                                         │
│                    站(站名印)车站值班员(签名)        │
│                       年    月    日填发               │
└─────────────────────────────────────────────────────────┘

(规格 90mm×130mm)

图 3-5 半自动闭塞发车进路通知书

注:1. 白色纸,复写一式两份,司机一份,存根一份;
　　2. 不用的字句抹消。

### 3. 布置进路时,必须正确、及时

车站值班员布置接发列车进路时,必须向有关人员讲清楚接发列车的车次、占用线路,即某次接入某道或由某道出发。当车站一端有两个及其以上列车运行方向或双线反方向行车时,还要讲清楚方向、线别,即在车次前冠以某方向、线别。

(1)按《站细》规定的时间,正确及时地布置进路。

(2)布置进路时,应使用《铁路接发列车作业》标准中的规定用语,要求简明清楚,不得简化。布置进路的命令,不准与其他作业的命令、通知一起下达,以防混淆。当车站衔接方向有两条及以上运行线路时,布置进路除讲清楚方向外还应讲清楚经由线别。

(3)为防止布置进路时有关人员错听,受令人员必须复诵。当两人及其以上同时接受准备进路命令时,应指定一人复诵。车站值班员要认真听取复诵,核对无误,方可命令"执行"。

扳道、信号操纵人员必须按车站值班员布置的接发列车进路命令和调车作业计划,正确、及时地准备进路,保证安全、迅速地接发列车和调车作业。在扳动道岔、操纵信号时,要"眼看、手指、口呼",要认真执行"一看、二按(扳)、三确认、四呼唤(显示)"。其中,"一看":看道岔标志、信号手柄(按钮)位置。"二按(扳)":将道岔扳至所需位置(按压正确的信号按钮)。"三确认":扳完道岔、信号手柄(按压按钮)后,通过表示灯或标志确认有关进路道岔开通位置是否正确;手动道岔确认闭止块是否"落槽",确认信号开放、关闭状态是否正确;在准备接发列车进路时,确认影响接发列车进路的调车作业是否已经停止。"四呼唤(显示)":确认无误后,就地显示规定的信号或按规定执行呼唤制度。

扳道员于接发列车进路准备完了或信号开放后,除集中联锁设备能从设备上检查确认以外,其他联锁及无联锁设备应及时向车站值班员报告进路准备情况,报告用语执行《铁路接发列车作业》标准等相关规定。

### 4. 接发列车前必须认真检查确认的事项

(1)为了防止向占用线路接车,车站值班员必须在接车前认真检查、确认接车线路空闲。
```

具体检查确认办法,执行《铁路接发列车作业》标准和《站细》等相关规定。

(2)车站值班员必须亲自或通过有关人员确认影响进路的调车作业已经停止。不及时停止影响接发列车进路的调车工作,就有可能造成到达列车站外停车或出发列车晚点,甚至可能使列车与正在调车的机车车辆发生冲突事故。

(3)为优化作业组织,压缩站停时间,动车组列车开车前车站不再发车,由司机确认行车凭证、开车时间,车门关闭后即可起动列车。

(4)动车组以外的列车在车站发车前,车站值班员(助理值班员)等有关人员必须确认发车进路准备妥当、凭证已交付、出站(进路)信号机开放正确,亲自确认或得到有关人员关于旅客上下完毕、行包装卸完了、列检作业完毕并已撤除防护信号等,完全具备发车条件后,才能显示发车信号。

5. 接发列车进路的变更必须严格

遇特殊情况需取消发车进路时,车站值班员必须通知发车人员。严禁车站值班员在没有通知发车人员的情况下,关闭已开放的出站信号机。如果发车人员已经通知司机发车,而列车尚未起动时,还应通知司机,待司机明了(对司机持有行车凭证的,应收回行车凭证)后,方可取消发车进路。当出发列车已经起动时,禁止取消发车进路。

6. 按规定接送列车

为保证列车运行的安全,车站接发列车时,接发列车人员应携带列车无线调度通信设备、持手信号旗(灯),站在《站细》规定的地点接送列车。在接送列车时,应注意列车运行和货物装载状态,发现车辆燃轴、抱闸、制动梁脱落、篷布绳索脱落、货物窜动或倾斜、倒塌等危及行车安全的情况,必须立即采取措施或通知有关人员使列车停车,并报告列车调度员。当发现旅客列车尾部标志灯光熄灭时,应通知车辆乘务员进行处理。自动闭塞区段列车是追踪运行,夜间尾部标志灯光熄灭,对列车运行安全有影响,如通知不到车辆乘务员时,应使列车停车整理。当货物列车列尾装置丢失时,应报告列车调度员,列车调度员应使列车在前方站停车处理。

当列车接近车站、进站和出站时,接发列车人员应及时向车站值班员报告列车进出站情况,报告的时机、内容、用语按《铁路接发列车作业》《铁路车机联控作业》等标准执行。遇单机挂车时,由于可能没有尾部标志,还应根据车站值班员布置的挂车辆数,认真确认。车站值班员通过上述报告,以确认列车的整列出发与到达。集中联锁车站,可省略列车进出站情况的报告,由车站值班员从设备上确认。

7. 及时报点

列车进、出站后,车站值班员应及时向邻站和列车调度员报点,并记入"行车日志"。在装设有计算机报点系统的车站,报点方法按有关规定执行。遇有超长、超限列车、制动力部分切除的动车组列车、单机挂车和货物列车列尾装置灯光熄灭等情况,应一并通知邻站。以使邻站车站值班员充分做好接车准备工作,对制动力部分切除的动车组列车按规定办理相对方向同时接车和同方向同时发接列车。此时,接车站车站值班员应将邻站通知的注意事项,及时布置给助理值班员、信号员和扳道员,以便提前做好接车准备和接车安排。

二、双线自动闭塞集中联锁接发列车作业程序

1. 双线自动闭塞集中联锁接车(含通过)作业程序图(图3-6)
2. 双线自动闭塞集中联锁发车作业程序图(图3-7)

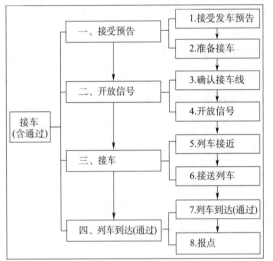

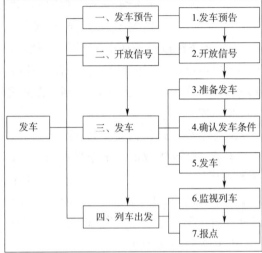

图3-6 双线自动闭塞集中联锁接车(含通过)作业程序图　　图3-7 双线自动闭塞集中联锁发车作业程序图

三、单(双)线半自动闭塞集中联锁接发列车作业程序

1. 单(双)线半自动闭塞集中联锁接车(含通过)作业程序图(图3-8)
2. 单(双)线半自动闭塞集中联锁发车作业程序图(图3-9)

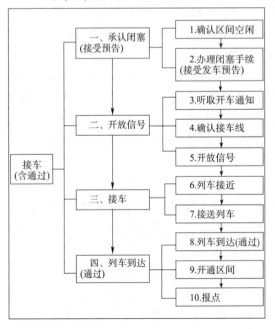

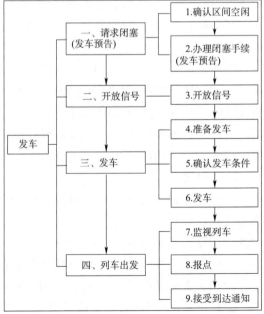

图3-8 单(双)线半自动闭塞集中联锁接车(含通过)作业程序图　　图3-9 单(双)线半自动闭塞集中联锁发车作业程序图

四、单(双)线半自动闭塞色灯电锁器联锁接发列车作业程序

1. 单(双)线半自动闭塞色灯电锁器联锁接车(含通过)作业程序图(图 3-10)

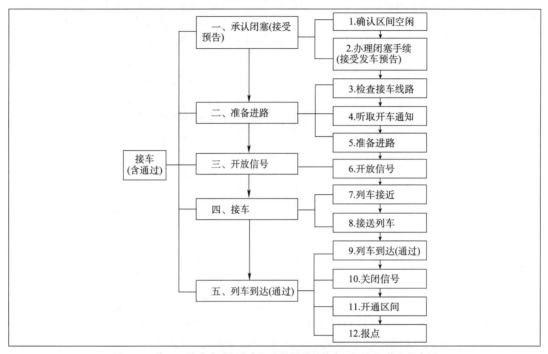

图 3-10　单(双)线半自动闭塞色灯电锁器联锁接车(含通过)作业程序图

2. 单(双)线半自动闭塞色灯电锁器联锁发车作业程序图(图 3-11)

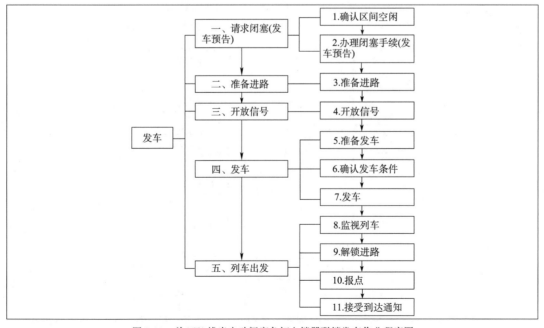

图 3-11　单(双)线半自动闭塞色灯电锁器联锁发车作业程序图

五、单(双)线自动站间闭塞集中联锁接发列车作业程序

1. 单(双)线自动站间闭塞集中联锁接车(含通过)作业程序图(图 3-12)

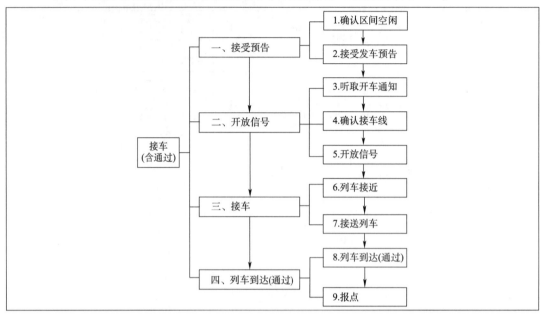

图 3-12　单(双)线自动站间闭塞集中联锁接车(含通过)作业程序图

2. 单(双)线自动站间闭塞集中联锁发车作业程序图(图 3-13)

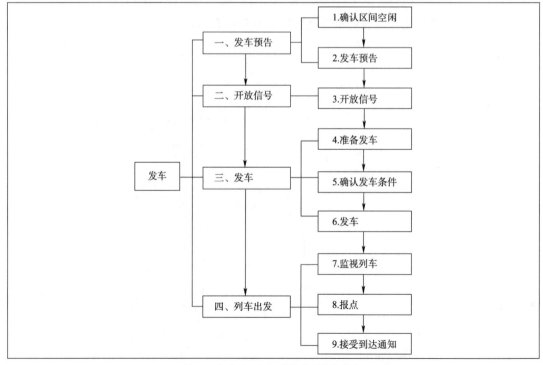

图 3-13　单(双)线自动站间闭塞集中联锁发车作业程序图

六、单(双)双线电话闭塞无联锁(联锁设备失效)接发列车作业程序

1. 单(双)双线电话闭塞无联锁(联锁设备失效)接车(含通过)作业程序图(图3-14)

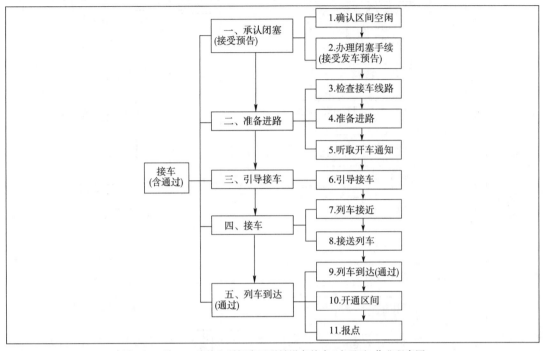

图3-14 单(双)双线电话闭塞无联锁设备接车(含通过)作业程序图

2. 单(双)双线电话闭塞无联锁(联锁设备失效)发车作业程序图(图3-15)

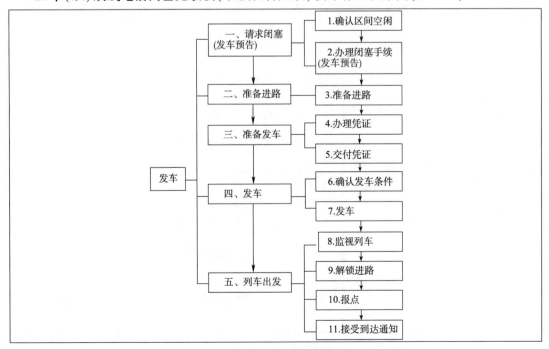

图3-15 单(双)双线电话闭塞无联锁设备发车作业程序图

3. 非正常情况下接发列车安全控制图(图3-16)

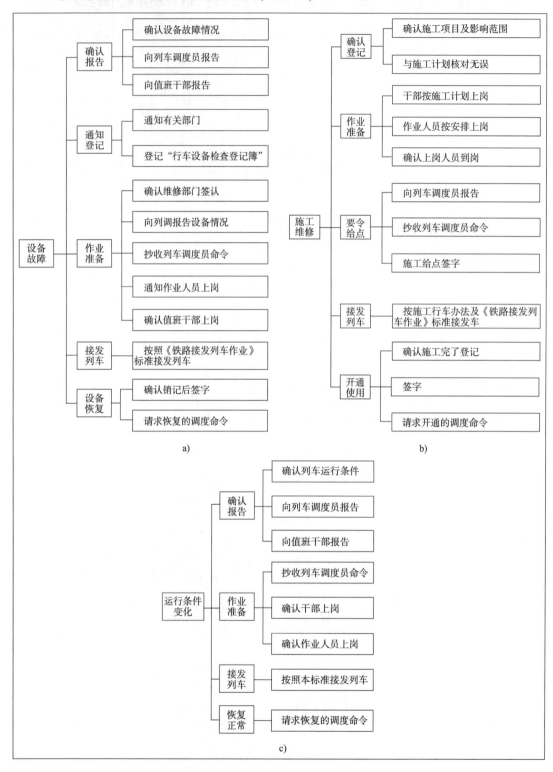

图3-16 非正常情况下接发列车安全控制图

任务 3.4　列车运行

一、列车在区间被迫停车后的处理

列车在区间被迫停车是指列车在区间因自然灾害、事故、线路中断、接触网停电、动车组（电力机车）停在分相无电区、制动失效及其他机车车辆故障等原因，导致列车不能按信号显示（行车凭证）继续向前运行的情况。列车在区间因作业需要、信号（包括地面信号和车载信号）显示停车信号或显示不明、接到停车的通知而停车，以及发现线路上有行人或障碍物等而临时停车，不属于列车在区间被迫停车。列车被迫停车不能继续运行时，司机应立即使用列车无线调度通信设备通知两端站（或列车调度员）及车辆乘务员（随车机械师），报告停车原因及停车位置。司机应根据具体情况请求救援。根据区间列车运行情况及救援方向，当需要防护时，列车前方由司机负责，列车后方由车辆乘务员（随车机械师）负责，无车辆乘务员（随车机械师）为列车乘务员负责。配备列车防护报警装置的列车应首先使用列车防护报警装置进行防护，再按上述规定进行防护。单班单司机值乘的列车防护作业办法，由铁路局集团公司结合管内实际情况进行规定。

被迫停车后，如遇自动制动机发生故障时，动车组以外的旅客列车司机应立即通知车辆乘务员迅速组织列车乘务员拧紧全列车辆的人力制动机，以使列车就地制动；其他列车的司机，应立即采取一切安全措施（如放置铁鞋、组织人员拧紧人力制动机等），并向列车调度员报告，请求救援。

车站值班员在接到被迫停车司机的报告后，应停止向区间放行列车，立即使用列车无线调度通信设备通知该区间内运行的有关列车，并将该区间内列车运行的情况通知被迫停车司机。已请求救援的列车，不得移动位置，并按规定进行防护。

需组织旅客疏散时，车站值班员应根据申请，报告列车调度员并得到准许后，扣停邻线列车后，并通知司机，由司机通知列车长（或通过列车乘务员通知列车长）组织旅客疏散。

1. 妨碍邻线的处理

列车在区间发生脱轨、颠覆等事故或其他原因被迫停车时，司机及车辆乘务员（随车机械师）应认真观察，注意是否妨碍邻线。遇可能妨碍邻线时：

（1）司机应立即用列车无线调度通信设备通知邻线上运行的列车，并通知区间两端车站或列车调度员。

（2）司机与车辆乘务员（随车机械师）分别在列车头部和尾部附近邻线上点燃火炬；自动闭塞区间还应对邻线来车方向短路轨道电路。火炬的燃烧时间一般为8min左右，在这一段时间内，已进入区间的列车运行到被迫停车的列车附近时，即可看到火炬的火光，从而采取停车措施，也给司机等人下车察看是否妨碍邻线的工作留出时间。

（3）司机亲自或指派人员沿邻线一侧对列车进行检查，发现妨碍邻线时，立即派人按规定防护，如发现邻线有车开来时，司机应鸣示紧急停车信号，其他人应向列车显示停车信号。

配备列车防护报警装置的列车应首先使用列车防护报警装置进行防护,再按上述规定进行防护。

(4)车站值班员接到列车被迫停车可能妨碍邻线的通知后,应立即通知邻线有关列车停车,在原因消除、确认不再妨碍邻线前不得向邻线放行列车。

2. 被迫停车的防护

为保证列车运行安全,列车被迫停车后,应使用响墩对列车进行防护(仅运行动车组的线路除外)。

响墩设置方法:每组为3枚,其中2枚扣在来车方向的左侧钢轨上,1枚扣在右侧钢轨上,彼此间隔20m。当机车压上响墩后,司机一侧可先听到响墩爆炸声,便于司机采取停车措施。每个响墩放置间隔20m,是为了使其爆炸声分清三响,不致与其他爆炸声相混。

在不同情况下放置响墩的要求:

(1)已请求救援的列车,应在救援列车开来方向(不明时,从列车前后两方面)距停留车列不少于300m处放置响墩,如图3-17所示。

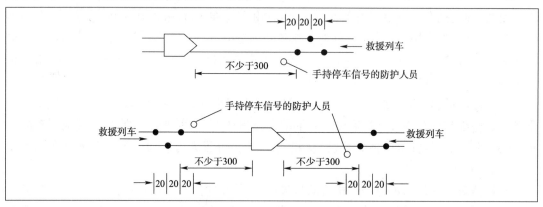

图3-17 已请求救援列车的防护(尺寸单位:m)

(2)一切电话中断后发出的列车有两种:一种是持有红色许可证通知书之1的列车(后面无续行列车);一种是持有红色许可证通知书之2的列车(后面有续行列车)。在后面有续行列车的情况下,由于续行列车对前行列车在区间停车没有准备,因此列车后部防护距离应不少于列车紧急制动距离,此制动距离为该线路最高速度等级规定的列车紧急制动距离。如果该线路最大速度为160km/h,则制动距离为1400m,防护距离应不少于1400m,如图3-18所示。

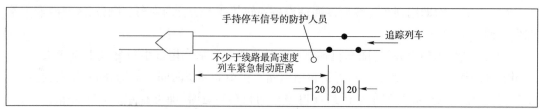

图3-18 有追踪列车运行的防护(尺寸单位:m)

(3)当列车被迫停车后,可能妨碍邻线行车时,为防止邻线列车开来发生冲突,应在邻线上放置响墩防护。在不能确认来车方向时,考虑邻线可能反方向行车,应从两端进行防护。

如果能确知来车方向,可仅对来车方向进行防护。由于邻线运行的列车没有停车准备,故放置响墩的距离不应小于线路最高速度等级规定的列车紧急制动距离。防护方法如图 3-19 所示。

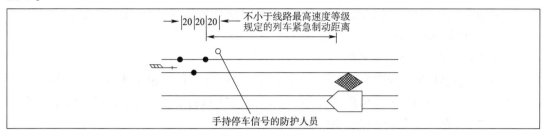

图 3-19　妨碍邻线的防护(尺寸单位:m)

(4)当列车分部运行,机车进入区间挂取遗留车辆时,因其已知停留车地点,能提前减速及停车,故在车列前方不少于 300m 处放置响墩防护,如图 3-20 所示。

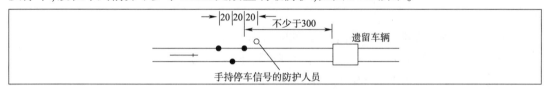

图 3-20　分部运行时机车挂取遗留车辆的防护(尺寸单位:m)

被迫停车的列车消除故障可以运行后,应用列车无线调度通信设备通知防护人员返回。此时防护人员可不撤除响墩返回列车,以便尽快恢复列车运行,但在列车运行图规定开行动车组列车的区段,考虑到动车组列车运行速度高,列车轴重轻,不撤除响墩不利于动车组列车运行安全,所以必须撤除响墩。

3.分部运行的处理

列车在区间内发生断钩、制动主管破裂、脱轨、坡停等被迫停车,必须分部运行时,应按下列要求办理:

(1)司机应立即将被迫停车的原因及需要分部运行的要求报告前方站或列车调度员。

(2)组织和指挥有关人员做好遗留车辆的防溜工作,并按规定做好防护。

(3)遗留车辆派人看守。

(4)记明遗留车辆辆数和停留位置。

(5)牵引前部车辆开往前方站。在自动闭塞区间,在运行中仍应按信号机的显示运行。在半自动闭塞区间或以电话闭塞法行车时,分部运行的前部车列运行至接车站进站信号机前,即使该信号机已开放,也必须在机外停车(司机已报告前方站或列车调度员列车为分部运行时可直接进站)。因为半自动闭塞区间机车车辆只要压上接车轨道电路,闭塞机即可解锁,区间即具有开通条件,而电话闭塞法行车则是通过人工检查确认和联系制度来保证实现列车运行空间间隔,列车到达发出电话记录号码即可办理区间开通。如果车站值班员未得到列车为分部运行的通知,又未认真确认列车是否整列到达时,即开通区间并与邻站办理闭塞手续,就可能构成向占用区间开行列车,与区间遗留车列发生冲突。

(6)机车牵引的前部车辆整列进入车站后,车站值班员将情况报告列车调度员,列车调度员发布调度命令封锁区间。

（7）救援列车到达或返回车站，车站值班员确认遗留车辆全部取回、区间空闲后，向列车调度员报告。列车调度员发布调度命令开通区间。

列车在区间内发生断钩、制动主管破裂、脱轨及坡停等情况，可采用分部运行办法。但以下情况不准分部运行：

（1）经采取措施可整列运行时。

经采取措施可整列运行时，如发生坡停后，派救援机车以双机牵引或后部补推的方式运行至车站，或在区间因车辆故障停车后，可由车辆乘务人员对车辆进行临修后继续运行等。

（2）遗留车辆未采取防护、防溜措施时。

遗留车辆未采取防护、防溜措施时，可能造成停留车辆溜逸等，酿成事故。

（3）遗留车辆无人看守时。

遗留车辆无人看守时，由于路外闲杂人员的破坏，可能撤除遗留车辆的防护、防溜措施或损坏车辆、货物。

（4）司机与列车调度员及车站值班员均联系不上时。

司机与两端站及列车调度员均无法取得联系，不准分部运行。

（5）遗留车辆停留在超过6‰坡度的线路上时。

遗留车辆停留在超过6‰坡度的线路上时，即使采取防溜措施，也存在车辆溜逸的风险，因此不能分部运行。

二、列车退行的处理

1. 列车在区间因自然灾害等原因必须退行时，应执行下列要求

（1）退行时，车辆乘务员或随车机械师（无车辆乘务员或随车机械师时为指派的胜任人员）应站在列车尾部，注视运行前方（不显示信号），发现危及行车或人身安全情况时，应立即使用紧急制动装置（或紧急制动阀），或使用列车无线调度通信设备通知司机，使列车停车。

（2）列车退行速度不得超过15km/h，以便发现危及行车或人身安全的情况下能随时停车。

（3）退行列车未得到后方站（线路所）车站值班员的准许，不得越过后方车站（线路所）最外方的预告标或预告信号机（双线区间为邻线预告标或特设的预告标），以防止与越出站界或跟踪出站调车的机车车辆发生冲突。列车退行到该处停车后，应立即向车站值班员报告，得到后方站（线路所）车站值班员准许后方可凭进站信号机的进行显示或引导信号进站。如果事先已取得列车调度员或后方站车站值班员的准许，可不在预告信号机外停车，凭进站信号机的进行显示或引导信号直接进站。

（4）车站值班员接到退行报告后，除立即向列车调度员报告外，还应根据车站线路占用情况准备进路，开放进站信号机或用引导办法，将列车接入站内。

2. 不准退行的情况

（1）按自动闭塞法运行时（列车调度员或后方站车站值班员确认该列车至后方站间无

列车,并准许时除外)。

自动闭塞区段,列车是以出站和通过信号机显示的允许运行的信号作为占用闭塞分区的凭证,在区间实行追踪运行,在这种情况下,列车退行有与后方开来的追踪列车发生冲突的危险,因此不准退行。列车只有在列车调度员或后方站车站值班员确认至后方站间无追踪列车并准许后,方可退行。

(2)在降雾、暴风雨雪及其他不良条件下,司机难以辨认信号时。

在降雾、暴风雨雪及其他不良条件下,司机难以辨认信号,直接危及行车安全,所以不准退行。

(3)一切电话中断后发出的列车(持有"红色许可证"通知书1的列车除外)。

一切电话中断后发出除持有"红色许可证"通知书之1的列车,即车站将发出续行列车,后行列车是按时间间隔发出的,如果列车退行,就有可能与后行列车发生冲突,所以不准退行。

挂有后部补机的列车,除以上三种情况外,是否准许退行,由铁路局集团公司规定。

三、动车组列车返回后方站的处理

动车组列车在区间被迫停车后,遇特殊情况必须返回后方站时,车站值班员不再向该区间放行列车,确认动车组列车至后方站间已空闲后,报告列车调度员并征得同意后,通知司机返回。司机得到车站值班员的通知,应进行换端操作,在动车组列车运行方向前端操作,运行速度不得超过40km/h,按进站信号机显示进站。

四、列车发生火灾、爆炸应急处理

(1)当列车发生火灾、爆炸时,应立即停车(使列车停车的方法:当车厢内设有紧急制动阀时,列车乘务员等有关人员应立即使用就近的紧急制动阀或紧急制动装置,使列车停车;当车厢内无紧急制动阀或紧急制动装置时,应报告司机停车)。列车乘务员发现火灾、爆炸情况或接到列车发生火灾、爆炸的通知时应立即停车,停车地点应尽量不在特大桥梁或长大隧道内,选择便于旅客疏散的地点,避免因地形限制,导致救援工作不易开展。此时,列车发生火灾、爆炸后已经影响邻线列车运行的安全,因此车站除了不再向区间放行列车,还要及时通知邻线及后续相关列车停车。

(2)电气化区段根据现场需要停电时,应立即通知供电部门停电。

(3)列车停车后应利用当地条件就地灭火,需要分隔甩车时,应根据风向及装载货物性质确定分隔甩车位置。根据经验,一般为先甩下列车后部的未着火车辆,再甩下着火车辆,然后将机后未着火车辆拉至安全地段。

(4)对甩下的车辆,在车站由车站人员负责采取防溜措施;在区间由司机、列车乘务员负责采取防溜措施。

五、列车(动车组列车除外)运行途中发生车辆故障应急处理

(1)发现客车车辆轮轴故障、车体下沉(倾斜)、车辆剧烈振动等危及行车安全的情况

时,应立即采取停车措施。由车辆乘务员检查,对抱闸车辆应关闭截断塞门,排除工作风缸和副风缸中的余风,确认安全无误后,方可继续运行;如车轮踏面损坏超过限度或车辆故障不能继续运行时,应甩车处理。

(2)列车调度员接到热轴报告后,应按热轴预报等级要求果断处理。必要时,立即安排停车检查(司机应采用常用制动,列车停车后由车辆乘务员负责检查,无车辆乘务员的由司机确认能否继续安全运行)或就近站甩车处理。

(3)遇客车安全监控系统报警或其他故障需要列车限速运行时,车辆乘务员应使用列车无线调度通信设备通知司机,司机根据要求限速运行并报告车站值班员(列车调度员)。

六、反方向行车的办理

我国铁路规定在双线区间按左侧单方向行车,这个运行方向称为正方向,相应的闭塞设备、信号机等行车设备也是按此设置的,在行车安全上有着可靠的保证;同时,根据我国铁路的行车特点,列车在各自的线路上运行时,互不干扰,能够保证最大的通过能力。

1. 准许反方向运行的条件

(1)货物列车为整理列车运行时,经列车调度员准许。

(2)旅客列车仅在正方向区间的线路封锁施工、发生自然灾害或因事故中断行车等特殊情况下,经铁路局集团公司调度所值班主任准许。

2. 发车办法

(1)必须有调度命令。

(2)双线区间设有反方向闭塞设备时,列车进入区间的行车凭证为出站信号机显示的允许运行的信号,并确认反方向行车的调度命令和反方向发车进路表示器的白色灯光;未装设反方向发车进路表示器时,发车人员通知司机后,列车凭调度命令和出站信号机显示的允许运行的信号进入区间。双线区间未设反方向闭塞设备或反方向闭塞设备故障时,应停止基本闭塞法,改按电话闭塞法行车,并在路票上加盖"反方向行车"章。

(3)布置准备发车进路的命令时,要说明反方向发车。

(4)发给司机反方向运行的调度命令,无双向闭塞设备的双线区间还要发给司机路票,路票上注明反方向发车。

3. 接车办法

(1)布置准备接车进路的命令时,说明反方向接车。

(2)开放进站信号机接车或引导接车。

七、救援列车的开行

救援列车的基本任务是为了及时抢险救灾,排除线路故障,迅速恢复正常运输秩序。为此目的的开行的列车、机车或重型轨道车等,都是救援列车。

车站值班员接到司机或工务、电务等人员的救援请求后,应立即报告列车调度员。根据列车调度员的命令封锁区间及发出救援列车。

1. 向封锁区间开行救援列车

(1)开行办法。向封锁区间发出救援列车时,不办理闭塞手续,以列车调度员的命令,作为进入封锁区间的凭证。列车调度电话不通时,应由接到救援请求的车站值班员根据救援请求办理,救援列车以车站值班员的命令,作为进入封锁区间的凭证。

(2)救援列车的出发或返回,应报告列车调度员及通知对方站。为使列车调度员正确掌握救援进度,当救援列车开往事故现场或由事故现场返回车站时,均应由车站值班员将到发时刻及由区间拉回车数,事故救援工作进度,及时报告列车调度员。为使对方站掌握救援进度和区间占用情况,亦应将上述内容通知对方站。

事故现场设有临时线路所时,车站值班员应于发车前征得临时线路所值班员同意。联系办法如下:

①车站向线路所开行救援列车时,必须事先取得线路所值班员同意,以便及时做好接车准备和防护工作。

②线路所向两端站发出救援列车时,必须取得列车调度员和接车站车站值班员的同意。

③线路所值班员接发列车前,应通知防护和引导人员,以便做好一切准备工作。

(3)在事故调查处理委员会人员到达前,站长或胜任人员应随事故救援列车(分部运行时挂取遗留车辆的机车除外)到事故现场,负责指挥有关行车工作。

2. 区间开通手续

(1)车站值班员接到事故现场负责人请求,可以开通区间,恢复列车运行时,立即报告列车调度员,请求发布命令开通区间。

(2)列车调度电话不通时,接到请求的车站值班员,可通告邻站按电话记录办理区间开通,但必须查明区间确已空闲。

3. 注意事项

(1)救援列车进入非封锁区间,列车仍以该区间原使用的行车凭证进入区间。

(2)进入封锁区间的调度命令应分别交给司机及救援列车负责人。

(3)封锁区间两端站要掌握好到发线的运用,为救援列车的机车转线、调车、停放车辆做好安排。

(4)封锁区间两端站,接发救援列车时,进路的准备都要按规定要求办理。

(5)如无空闲线路接车时,每次接车办法要在调度命令中说明,使司机心中有数。

进入事故地段的救援列车(包括单机、重型轨道车等),均须在防护信号处一度停车,撤除防护并通知救援有关事项后,再以调车方式领入事故地点。

八、路用列车的开行

路用列车是指为铁路企业内部自用而开行的列车。路用列车按用途主要有以下几种:

(1)以非运用车编成的专列,如回送入厂的列车、试验列车、除雪车、救援列车等。

(2)回送封存车的列车。

(3)进、出封锁区间为运送施工作业人员及各种路用器材而开行的列车。

(4)为施工而开行的按列车办理的线路作业机械。

(5)为由区间内收集路用器材而开行的列车。

1. 路用列车的行车凭证

(1)向非封锁区间开行路用列车时,列车仍以该区间原使用的行车凭证进入区间。

(2)向封锁区间开行路用列车时,列车进入封锁区间的行车凭证为调度命令。

向非封锁区间开行路用列车时,列车仍以该区间规定的基本闭塞法或电话闭塞法办理的行车凭证进入区间。而不能模糊地错误认为:开行路用列车就以"调度命令"为凭证将列车往区间放行。

(3)当调度电话中断时,遇有急需封锁区间抢修线路、桥涵或隧道等处的紧迫施工,路用列车进入封锁区间的行车凭证为发车站值班员的命令。

2. 向封锁区间开行路用列车的要求

(1)向施工封锁区间开行路用列车时,原则上该区间两端车站每端只准开进一列。一端站开行两列及其以上路用列车时,第一列路用列车到达指定地点停车并按规定设置防护后,施工领导人方可通知驻站专职联络人员转告车站值班员开行同方向次一路用列车进入封锁区间,作业完毕后,施工领导人(或专职联络人员)应取得车站值班员的同意后,列车方可返回车站(包括两站、所开行的路用列车回一个车站)。前行路用列车到站后,由车站值班员通知专职联络人员准许次一路用列车返回车站。

(2)路用列车应由施工单位指派胜任人员携带列车无线调度通信设备值乘,并在区间协助司机作业。

(3)向封锁区间开行路用列车时,除救援或抢险的应急情况外,发车站必须根据铁路局集团公司批准并下达的月度施工方案,以及施工负责人现场办理的书面请求,并取得列车调度员的调度命令准许后,方可办理。

(4)为确保路用列车发车进路安全无误,车站值班员必须先准备好发车进路后,再递交行车凭证。

(5)在封锁区间施工中,单机、重型轨道车以及工务部门使用的捣固、清筛线路的大型施工机械、配有动力装置自行移动式的大型施工机械,其进、出封锁区间的行车方式,均按路用列车办理。

(6)路用列车的发车,仍按列车方式发车。

九、轻型车辆及小车的使用

轻型车辆是指由随乘人员能随时撤出线路外的轻型轨道车及其他非机动轻型车辆。小车是指轨道检查仪、单轨小车、吊轨小车等。

1. 轻型车辆及小车的使用原则

(1)轻型车辆仅限昼间封锁施工维修时使用,由于其本身重量轻,可由随乘或使用人员随时撤出线路,因此不按列车办理,不发给行车凭证。

(2)在夜间或降雾、暴风雨雪时,仅限于消除线路故障或执行特殊任务时使用轻型车辆,为了确保行车安全,此时开行的轻型车辆必须有照明设备及停车信号装置等备品,并应按列车办理。

(3)轻型轨道车过岔速度不得超过15km/h,区间运行最高速度不得超过45km/h,并不得与重型轨道车连挂运行。轻型轨道车连挂拖车时,不得推进运行。

(4)小车在昼间使用时,不按列车办理,可跟随列车后面推行,但在任何情况下,都不得影响列车正常运行。夜间仅限于封锁施工维修时使用。

(5)在双线地段,单轨小车应面对来车方向在外股钢轨上推行。

2.使用轻型车辆、小车的手续

(1)为了避免与对向列车或尾随列车发生冲突,使用轻型车辆时,必须取得车站值班员对使用时间的承认,填发轻型车辆使用书(在区间用电话联系时,双方分别填写),见表3-3,并必须保证在承认使用时间内将其撤出线路以外。

轻型车辆使用书　　　　　　　　表3-3

使用日期	车种	使用区间	上下行别	起讫时间	使用目的	负责人	承认号码	车站值班员承认站
月日		自　　站 　　km 至　　站 　　km		自　时　分 至　时　分				
注意事项								

(规格88mm×125mm)

(2)使用各种小车时,负责人应了解列车运行情况,按规定进行防护,并保证能在列车到达前撤出线路以外。在车站内使用装载较重的单轨小车时,必须与车站值班员办理承认手续。

3.使用轻型车辆及小车时,必须具备下列条件

(1)必须有经使用单位指定的负责人和防护人员。

(2)轻型车辆具有年检合格证。

(3)须有足够的人员,能随时将轻型车辆或小车撤出线路以外。

(4)必须备有防护信号、列车运行时刻表、钟表及列车无线调度通信设备。

(5)轻型车辆应有制动装置(其他非机动轻型车辆根据需要安装);牵引拖车时,连挂处应使用自锁插销,拖车必须有专人负责制动。

(6)在有轨道电路的线路或道岔上运行时,应设置绝缘车轴或绝缘垫。

4.区间使用轻型车辆及小车的防护

(1)轻型车辆运行中,必须显示停车手信号,并注意瞭望。

(2)在线路上人力推行小车时,应派防护人员在小车前后方向,按线路最大速度等级的列车紧急制动距离位置显示停车手信号,随车移动,如瞭望条件不良,应增设中间防护人员。

(3)在双线地段遇有邻线来车时,应暂时收回停车手信号,待列车过后再行显示。

(4)轻型车辆遇特殊情况不能在承认的时间内撤出线路,或小车不能立即撤出线路时,在车辆或小车前后方向按线路最大速度等级规定的列车紧急制动距离位置以停车手信号防护,自动闭塞区段还应使用短路铜线短路轨道电路。在设置防护的同时,应立即使用列车无线调度通信设备通知车站值班员或列车司机紧急停车。

(5)小车跟随列车后面推行时,应与列车尾部保持大于500m的距离。

十、固定行车设备检修及故障处理

1.固定行车设备检修的规定

为避免施工、维修作业和行车相互干扰,确保行车安全,规定影响设备使用的检修均纳入天窗进行。

(1)在车站(包括线路所、辅助所)内及相邻区间、列车调度台检修行车设备,影响其使用时,事先应在"行车设备施工登记簿"内登记,并经车站值班员(列车调度员)签认或者由扳道员、信号员取得车站值班员同意后签认(检修驼峰、调车场、货场等处不影响接发列车的行车设备时,签认人员在《站细》中规定),方可开始。

(2)正在检修中的设备需要使用时,应经检修人员同意。检修完毕,检修人员应将其结果记入"行车设备施工登记簿"。

(3)对处于闭塞状态的闭塞设备和办理进路后处于锁闭状态的信号、联锁设备,严禁进行检修作业。

2.固定行车设备故障时的处理

车站信号楼(行车室)和列车调度台设有"行车设备检查登记簿",用于车站值班员(列车调度员)掌握固定行车设备状态和进行设备交接。

(1)车站值班员发现或者接到行车设备故障的报告后,应立即通知设备管理单位相关人员,并在"行车设备检查登记簿"内登记。

(2)列车调度员发现或者接到调度台行车设备故障的报告后,应立即通知设备管理单位相关人员,并在"行车设备检查登记簿"内登记。

(3)设备管理单位应在"行车设备检查登记簿"内签认,尽快组织修复,对暂时不能修复的,应登记停用内容和影响范围,并注明行车限制条件。

(4)沿线工务人员发现线路设备故障危及行车安全时,应立即连续发出停车信号和以停车手信号防护,还应迅速通知就近车站和工长或者车间主任,并采取紧急措施修复故障设备;如不能立即修复时,应封锁区间或者限速运行。

(5)车站值班员接到区间发生故障的报告后,应立即通知有关列车停车,并报告列车调度员。

必要时进入该区间的第一趟列车由工务部门的工长或者车间主任随乘,列车在故障地点停车后继续运行时,应根据随乘人员的指挥办理。

3.线路发生故障时的防护办法

(1)应立即使用列车无线调度通信设备通知车站值班员或者列车司机紧急停车,同时在故障地点设置停车信号。

(2)当确知一端先来车时,应急速奔向列车,用手信号旗(灯)或者徒手显示停车信号。

(3)如不知来车方向,应在故障地点注意倾听和瞭望,发现来车,应急速奔向列车,用手信号旗(灯)或者徒手显示停车信号。

(4)设有固定信号机时,应先使其显示停车信号。

(5)站内线路、道岔发生故障时,应按规定设置停车信号防护。

4.信号、通信设备故障时的处理

设备维修人员发现信号、通信设备故障危及行车安全时,应立即通知车站,并积极设法修复;如不能立即修复时,应停止使用,同时报告工长、车间主任或者电务段、通信段调度,并在"行车设备检查登记簿"内登记。

5.铁路职工或其他人员发现设备故障危及安全时的处理

铁路职工或者其他人员发现设备故障危及行车和人身安全时,应立即向开来列车发出停车信号,并迅速通知就近车站、工务、电务或供电人员。

任务3.5 调度命令

调度命令是各级调度在组织指挥日常运输工作中对下级调度或站段,以及有关人员按规定发布的有关完成日常运输生产任务的具体部署和指挥行车工作的命令。换言之,调度命令是行车调度处理日常行车工作中有关问题以及在非正常情况下组织指挥行车有关部门、单位和人员办理行车工作、指示作业方法和安全注意事项的带有约束性的指令。它是行车各部门具体办理行车工作的依据,是行车调度人员组织指挥行车工作和安全生产的必要手段,也是考察行车调度人员组织指挥工作的过程及工作质量的依据。它体现了铁路行车工作集中领导、统一指挥的原则。

国铁集团、铁路局集团公司调度在组织指挥日常运输工作中,应及时正确发布与运输有关的调度命令,下级调度以及行车有关人员必须坚决执行。

一、需要发布调度命令的情况

铁路运输调度工作实行分级管理、集中统一指挥。一个调度区段内由本区段列车调度员统一指挥,指挥列车运行的命令(运行揭示调度命令除外)和口头指示,只能由列车调度员发布。为确保列车运行安全、正点,确保按计划完成施工任务,积极妥善地处理各种突发事件,列车调度员在发布命令或口头指示前,应通过现场有关人员充分了解列车的运行情况、现场设备状况、施工计划以及突发事件影响的范围,并听取现场及其他有关人员意见,为现场人员执行调度命令创造良好的条件。

1.《技规》中规定需要发布行车调度命令的情况(表3-4)

行车调度命令项目表　　　　　表3-4

顺序	命令项目	受令者	
		司机	车站值班员
1	封锁、开通区间		○
2	向封锁区间开行救援列车、路用列车	○	○
3	临时变更或恢复原行车闭塞法	○	○
4	双线反方向行车、由双线改为单线或恢复双线行车	○	○

续上表

顺序	命令项目	司机	车站值班员
5	变更列车径路	○	○
6	发出在区间内停车或由区间返回的列车	○	○
7	开往区间内岔线的列车	○	○
8	发出临时由区间内返回后部补机的列车	○	○
9	列车需临时降弓运行	○	○
10	因行车设备故障、灾害或施工,以及列车中挂有限速的机车车辆等,需要使列车临时限速运行(纳入运行揭示调度命令或本务机车、动车组自身设备原因限速时除外)	○	○
11	动车组列车空调失效需打开部分车门限速运行	○	○
12	车站使用故障按钮、总辅助按钮		○
13	超长列车或列车挂有装载超限货物的车辆	○	○
14	单机附挂车辆	○	○
15	半自动闭塞区间,超长列车头部越过出站信号机(未压上出站方面的轨道电路)发车	○	○
16	在非到发线上接发列车	○	○
17	调度日(班)计划以外,临时加开或停运列车(单机除外)	○	○
18	双线区间在区间内进行跨线装卸作业时,对开入其邻线的列车	○	○
19	双线区间在区间内有除雪机、起重机工作时,对开入其邻线的列车	○	○
20	双线区间在区间内发生冲突、脱轨、火灾、爆炸事故,对开入其邻线的列车	○	○
21	列尾装置故障(丢失)的货物列车继续运行	○	○
22	改按天气恶劣难以辨认信号的办法行车或恢复正常行车	○	○
23	动车组列车转入或退出隔离模式(被救援时除外)	○	○
24	动车组列车在列控车载设备控车和列车运行监控装置控车之间人工转换	○	○
25	临时利用本务机车调车作业	○	○
26	利用天窗施工、维修作业		○
27	施工、维修作业较指定时间延迟结束		○
28	运行揭示调度命令与实际限速、行车方式或设备不符时	○	○
29	正线、到发线接触网停电或送电(接触网倒闸、跳闸后试送电、向中性区送电或弓网故障排查除外)		○
30	正线、到发线接触网停电后准许登顶作业	○	○

续上表

顺序	命令项目	受令者	
		司机	车站值班员
31	双管供风旅客列车运行途中改为单管供风	○	○
32	列车调度员认为有必要记录的上述以外的命令	有关人员	

注：1. 划○者为受令人员；
  2. 天窗维修作业在指定的时间内完成并销记后，列车调度员不再发布维修作业结束恢复行车的调度命令；
  3. 动车组列车改按列车运行监控装置方式运行需将列控车载设备隔离时，列车调度员仅发布改按列车运行监控装置方式行车的调度命令；
  4. 因调车作业动车组控车模式转换，不发布调度命令。自动站间闭塞法行车转为半自动闭塞法行车及转回的调度命令，可不发给司机。

2. 命令项目说明

（1）封锁、开通区间。

当区间内进行线路、桥隧、接触网等施工，或由于自然灾害、设备故障、行车事故的影响不能再向该区间发出正常运行的列车，或车站无人应答、不能办理行车工作等情况，需对区间进行封锁时，必须以发布调度命令的方式向有关人员提出明确的要求，并严格执行有关规定，确保行车安全。当封锁区间的因素消除后开通区间时，也应以调度命令明确。

（2）向封锁区间开行救援列车、路用列车。

当区间因施工或由于自然灾害、设备故障、行车事故等情况的影响封锁后，区间的设备情况和行车条件发生了很大的变化，需向区间内开行一些进行施工作业、抢修、救援的列车，并进行相应的作业，为保证施工作业及抢修、救援的安全，也为保证不再向区间发出正常运行的列车，在行车组织办法和作业要求上都发生很大变化，必须发布调度命令，使办理行车工作的有关人员及施工作业、抢修、救援人员明确行车要求和作业注意事项，保证在封锁区间内行车及作业的安全。

（3）临时变更或恢复原行车闭塞法。

我国普速铁路采用了3种基本闭塞法，以使列车严格按空间间隔运行，最大限度地保证列车安全。当发生基本闭塞设备不能使用等情况，需采用人工方式保证列车按空间间隔的办法运行时，行车凭证、作业要求等方面都发生了变化，为使车站接发列车人员、列车司机明确作业办法和要求，引起作业人员的重视，必须发布调度命令。当基本闭塞设备恢复正常时，必须发布调度命令，向有关车站、列车明确，避免在行车中引起闭塞方式上的混乱。自动站间闭塞法行车转为半自动闭塞法行车及转回的调度命令，由于信号及司机行车方式不发生变化，调度命令可不发给司机。

（4）双线反方向行车、由双线改为单线或恢复双线行车。

双线反方向行车及由双线改为单线行车，属于非正常的行车方式，同一条线路由单向行车改为运行上、下行列车，必须以发布调度命令方式告知列车司机、车站值班员等行车有关人员，确保行车安全。当需恢复双线行车时，必须发布调度命令，使不同的车站、列车司机同时明确，避免不同人员理解不同，造成错误办理。

(5) 变更列车径路。

列车是按列车运行图规定的径路运行的，司机熟悉规定运行区段内的线路、信号、车站等设备，旅客列车还有旅客在图定的车站乘降。当列车因特殊原因必须改变运行径路时，由于行车设备发生了变化，特别是旅客列车改变运行径路时，还涉及旅客运输组织，因此必须发布调度命令，向改变径路的车站、司机等明确改变后的列车运行径路、运行要求等，以便各方面做好准备，妥善安排好旅客，保证列车运行的安全。

(6) 发出在区间内停车或由区间返回的列车。

正常情况下列车运行是从一个车站至另一个车站，在区间内不停车（列车运行图规定的列车除外），更不返回，因装卸作业等特殊情况，确需列车在区间内停车或返回时，列车进入区间、返回车站的行车办法与正常情况下行车不同，同时对列车在区间的有关作业、停留地点、返回时刻等都需要进行明确，因此必须在发出列车前发布调度命令，明确上述事项，以便完成区间工作任务，保证列车运行的安全。

(7) 开往区间内岔线的列车。

列车开往区间内岔线时，不能采取正常的行车办法，必须发布调度命令对何时进去、何时返回等事项进行明确，指示车站及列车工作的有关人员按有关规定组织好有关工作。

(8) 发出临时由区间内返回后部补机的列车。

由于列车牵引超重或因天气不良等情况造成牵引困难，需要在列车后部临时加挂由区间返回的补机，接发列车作业时，对本务机车、补机司机和车站作业人员都有规定和要求，因此发车前必须发布调度命令，要求有关人员按相关规定作业，保证列车运行的安全。

(9) 列车需临时降弓运行。

因接触网挂异物或故障等特殊情况，需列车临时降弓通过故障地段时，列车司机必须准确掌握降弓地点，做好降弓准备，因此必须发布调度命令明确相关事项，确保列车运行安全。

(10) 因行车设备故障、灾害或施工，以及列车中挂有限速的机车车辆等，需要使列车临时限速运行（纳入运行揭示调度命令或本务机车、动车组自身设备原因限速时除外）。

当发生行车设备故障、灾害或在封锁施工后，以及在列车中挂有限速运行的机车、车辆等情况，需要使列车限速运行时，必须以调度命令明确列车运行速度限制。列车运行速度限制已纳入运行揭示调度命令时，列车司机已提前收到限速运行命令，无须再发布调度命令；本务机车或动车组自身故障时，列车司机已掌握故障情况，清楚列车运行速度限制，不要需要列车调度员再发布调度命令。

(11) 动车组列车空调失效需打开部分车门限速运行。

为保证动车组列车空调失效时车内通风良好，特殊情况下允许动车组列车打开部分车门运行，为确保开门运行时的旅客人身安全和列车运行安全，列车必须限速运行，为使列车司机等有关人员及沿途车站值班员明确作业要求，必须发布调度命令。

(12) 车站使用故障按钮、总辅助按钮。

遇轨道电路故障、闭塞设备故障、列车因故退回原发车站等情况，不能使用正常办理方式开通区间或改变运行方向时，车站需使用故障按钮或总辅助按钮办理，此时不论区间是否有列车运行或有遗留车辆，都能开通区间或改变闭塞设备的发车方向，此时若不确认区间空闲就有可能发生行车事故,必须待列车调度员和两端站车站值班员共同确认区间空闲后,由列车调度员发布调度命令,方可使用故障按钮或总辅助按钮。

(13) 超长列车或列车挂有装载超限货物的车辆。

编组货物列车是按列车运行图规定的重量和长度来进行的,以保证进入区间运行的货物列车的重量或长度,适应本务机车的牵引力和运行区段内线路有效长的要求,最大限度地完成运输生产任务,同时不影响其他列车的运行与接发。因特殊情况需要开行超长列车时,必须发布调度命令,向有关车站、列车司机等明确列车已超长,应提前做好会让计划、安排好接发列车线路。装载超限货物是指货物装车后,在平直的线路上停留时,在高度或宽度上超过了机车车辆的限界,或在平直的线路上停留时不超限,但在通过曲线时,经过计算在高度或宽度上超出了机车车辆限界。列车中挂有装载超限货物的车辆时对邻线列车的运行、车站的接发列车线路、列车运行和经过侧向道岔的速度等都有明确的规定,因此必须发布调度命令向列车运行所经各站、司机等规定运行条件,以使有关人员认真执行,确保将超限货物安全运送至目的地。

(14) 单机附挂车辆。

在区段内运行的单机,是指为区段两端的技术站提供动力,以保证技术站的列车及时发出,加速技术站的车辆移动,或者保证机车及时入库,以便更好地运用机车,减少列车乘务员的超劳等。因此,在不影响机车运用、保证列车运行安全的条件下,为充分利用机车动力和区间通过能力,允许利用单机附挂车辆,此时,必须发布调度命令予以承认。

(15) 半自动闭塞区间,超长列车头部越过出站信号机(未压上出站方面的轨道电路)发车。

半自动闭塞区间,在超长列车头部越过出站信号机但未压上出站方面的轨道电路的情况下发车时,出站信号机虽能显示进行信号,但列车司机不能确认出站信号机的显示,也就是说,不能确认进入区间的凭证,因此必须发布调度命令,告知列车司机出站信号显示正确,准许列车头部超过出站信号机发车。

(16) 在非到发线上接发列车。

接发列车应在正线、到发线上办理,遇特殊情况在调车线、货物线等非到发线上接发列车时,必须经列车调度员同意并发布调度命令。

(17) 调度日(班)计划以外,临时加开或停运列车(单机除外)。

列车是按列车运行图和日(班)计划规定的数量开行的,有关运输部门都是按日(班)计划开展工作的,如编组列车、安排人员等,在调度日(班)计划以外临时加开或停运列车时,需要增加或取消上述作业,必须发布调度命令,以使有关人员做好相应工作。单机临时加开、停运频繁,单机开行及停运组织相对简单,故单机临时加开、停运采取口头指示等方式布置,不再发布调度命令,但应及时下达列车运行调整计划,明确车次、时刻、方向等事项。

(18) 双线区间在区间内进行跨线装卸作业时,对开入其邻线的列车。

在双线区间内进行跨线装卸作业时,作业人员及机具等有可能影响邻线行车,因而必须发布调度命令,以引起进入邻线的列车注意,按调度命令的要求运行。

(19) 双线区间在区间内有除雪机、起重机工作时,对开入其邻线的列车。

在双线区间内一条线路上有除雪机、起重机工作时,作业人员及机具等有可能影响邻线行车,因而必须发布调度命令,以引起进入邻线的列车注意,按调度命令的要求运行。

(20)双线区间在区间内发生冲突、脱轨、火灾、爆炸事故,对开入其邻线的列车。

在双线区间内发生冲突、脱轨、火灾及爆炸时,事故车辆、抢修人员及救援机具等有可能影响邻线行车,因而必须发布调度命令,以引起进入邻线的列车注意,按调度命令的要求运行。

(21)列尾装置故障(丢失)的货物列车继续运行。

货物列车的列尾装置故障(丢失)时,机车乘务员不能准确掌握列车尾部风压和列车完整,为使车站接发列车人员引起注意,认真监视列车运行,确认列车完整,必须发布调度命令。

(22)改按天气恶劣难以辨认信号的办法行车或恢复正常行车。

改按天气恶劣难以辨认信号的办法行车或恢复正常行车时,作业办法发生改变并有明确的行车要求,必须发布调度命令告知有关人员。

(23)动车组列车转入或退出隔离模式(被救援时除外)。

动车组列车转入隔离模式运行时,列车由机控改为司机人工控车,行车凭证、作业要求等方面也都发生了变化,因此转入或退出隔离模式运行必须得到列车调度员同意,并发布调度命令。动车组列车被救援而转入隔离模式时,因该动车组不再担当牵引动力,所以不需要发布调度命令。

(24)动车组列车在列控车载设备控车和列车运行监控装置控车之间人工转换。

动车组列车在列控车载设备控车和列车运行监控装置控车之间人工转换时,行车凭证、作业要求等方面变化较大,必须得到列车调度员同意并发布调度命令。当动车组列车改按列车运行监控装置方式运行需要将列控车载设备隔离时,列车调度员仅发布改按列车运行监控装置方式行车的调度命令。

(25)临时利用本务机车调车作业。

除摘挂和小运转列车本务机车外,其他列车本务机车主要担当列车牵引任务,很少进行调车作业,机车乘务员对调车作业和部分车站设备不十分熟悉,与车站调车人员配合生疏,因而临时利用本务机车调动车辆时,必须发布调度命令。

(26)利用天窗施工、维修作业。

利用列车运行图规定的"天窗"进行施工、维修作业时,对接发列车、调车作业及列车在区间运行都有一定的要求,同时对施工和维修单位的作业及开始、结束的时间等都有一定的限制,有时还需要加开路用列车,必须发布调度命令向有关人员明确有关事项。因天窗维修作业前后,列车运行条件不变,因此,天窗维修作业在指定的时间内完成并销记后,列车调度员不需要发布维修作业结束恢复行车的调度命令。

(27)施工、维修作业较指定时间延迟结束。

由于施工改变了列车运行条件、车站办理接发列车的方式及进入区间的行车凭证等,如果施工较规定的时间延迟结束,施工的影响时间将延长,必须发布调度命令,使受施工影响的车站、有关施工及配合单位均了解施工情况,准许施工单位按新的时间等要求继续组织施工。

(28)运行揭示调度命令与实际限速、行车方式或设备不符时。

为便于车站、列车司机提前学习和掌握行车条件,运行揭示调度命令是提前发布的,并将限速数据写入 IC 卡,因施工提前、延迟等特殊原因导致实际情况与运行揭示调度命令不符时,必须将运行速度限制等行车要求以调度命令方式告知车站、列车司机等相关人员,以确保行车安全。

(29)正线、到发线接触网停电或送电(接触网倒闸、跳闸后试送电、向中性区送电或弓网故障排查除外)。

电气化区段的正线、到发线接触网有无电是车站办理接发列车的重要条件,停电或送电时,如果作业指挥不当,可能造成电力机车进入无电区或发生弓网事故等,送电时还可能造成作业人员的伤害等,因此电气化区段的正线、到发线接触网停电或送电时均需要发布调度命令,向车站人员、供电人员明确停送电时间、范围及作业要求等。接触网倒闸、强送电跳闸后试送电、向中性区送电或弓网故障排查时,可不发布调度命令。

(30)正线、到发线接触网停电后准许登顶作业。

电气化区段登顶作业存在人身安全风险,必须在正线、到发线接触网已停电并得到列车调度员准许后,方可在做好接地等安全防护措施后,办理登顶作业,因此必须发布调度命令。

(31)双管供风旅客列车运行途中改为单管供风。

双管供风旅客列车改为单管供风时,原通过总风管供风的车辆集便装置、塞拉门及空气弹簧,改为通过制动主管供风,并需要安排在车站进行有关作业,因此,必须向司机、列车乘务员、车站值班员等有关作业人员发布调度命令准许办理有关作业。

(32)列车调度员认为有必要记录的上述以外的命令。

在指挥行车工作当中,还有可能遇到很多特殊情况和突发事件,为指示有关人员做好与行车相关的工作,列车调度员认为有必要时,可发布调度命令。

二、列车调度员不发布调度命令的情况

除《技规》有明确规定外,遇下列情况,列车调度员亦不发布调度命令:
(1)使用绿色许可证或半自动闭塞发车进路通知书发出列车时。
(2)自动闭塞区间一架通过信号机故障。
(3)旅客列车在技术停车站(不办理客运、通勤业务和技术作业)临时变更通过。
(4)使用引导信号接车(使用引导手信号除外)。
(5)站内采用调车方式救援。
(6)已发布运行揭示调度命令的变更旅客列车固定走行径路。
(7)接发动车组列车变更固定股道。
(8)区间内机车信号、列车运行监控装置(LKJ)、轨道车运行控制设备(GYK)发生故障,运行至前方站。
(9)列车退行。
(10)自轮运转特种设备自走行时因自身设备原因限速。
(11)旅客列车发生制动故障关门,依据"旅客列车制动关门限速证明书"限速;货物列

车编入关门车数超过现车总辆数的6%,依据"制动效能证明书"限速。

（12）列车机车、车辆在区间因抱闸,经司机(车辆检车人员)检查后,需要限速运行至前方站时。

（13）调度集中系统(CTC)控制模式或操作方式转换。

三、口头指示

除调度命令之外,调度员在日常生产指挥中向有关人员发布的完成运输生产任务的具体部署和指挥行车工作的口头指令,称为口头指示。口头指示和调度命令具有同等作用,有关人员必须坚决执行。发布口头指示,应正确、及时、清晰、完整。

四、调度命令的发布

国铁集团、铁路局集团公司调度应及时正确发布与运输有关的调度命令,下级调整以及有关人员必须坚决执行。

（1）调度命令发布前,应详细了解现场情况,听取有关人员的意见,命令内容、受令处所必须正确、完整、清晰。

（2）使用计算机、传真机、调度命令无线传送系统发布调度命令时,必须严格遵守"一拟写、二审核(按规定需要监控人审核的)、三签发(按规定需要领导、值班主任或值班副主任签发的)、四发布、五确认签收"的发布程序。命令接受人员确认无误后应及时反馈回执。

（3）使用电话发布调度命令时,必须严格遵守"一拟写、二审核(按规定需要监控人审核的)、三签发(按规定需要领导、值班主任或值班副主任签发的)、四发布、五复诵核对、六下达命令号码和时间"的发布程序。使用电话发收调度命令时,应填记"调度命令登记簿"(列车调度员使用调度命令系统记录时除外)(表3-5),指定受令人员中一人复诵,并记明发收人员姓名及时刻。

调度命令登记簿(《技规》附件7)　　　　　　　　　　表3-5

月日	发出时刻	命令		复诵人姓名	接受命令人姓名	调度员姓名	阅读时刻(签名)
		号码	受令及抄知处所	内容			

(规格 190mm×265mm)

（4）已发布的调度命令遇有错、漏或变化时,尚未开始执行的,必须取消前发命令,重新发布调度命令;已开始执行的,应立即停止执行,并及时发布调度命令进行修正。

（5）调度命令书写不正确时,应重新书写。

(6)发布有关线路、道岔限速的调度命令,必须注明具体地点、限速里程及限速值。铁路局集团公司可对特殊或紧急情况不注明限速里程的场景结合具体情况制定相关办法。

(7)发布救援调度命令,必须注明被救援列车或车列的救援端里程。

(8)使用常用行车调度命令模板、常用运行揭示调度命令模板拟写调度命令时,可根据需要对命令模板内容进行增加或删减。

1. 行车调度命令的发布

行车调度命令是铁路行车中遇非正常情况下采取的作业方式的指令。列车调度员是一个调度区段行车的统一指挥者,有关行车人员必须执行列车调度员的命令、指示,服从调度指挥。铁路局集团公司列车调度员发布行车调度命令时,除严格执行《技规》有关要求外,还应遵守以下规定:

(1)发布行车调度命令,应一事一令,不得发布无关内容。一事一令是指对一个独立事件发布一个命令,该独立事件包括单因素事件和多因素事件两类。单因素事件是指不与其他工作发生关联的简单事件;多因素事件是指涉及两项及以上工作内容,且因此及彼、因果相关、时间相连的复杂事件,可发布一个调度命令。

(2)设有双线双向闭塞设备且作用良好的区间,需要连续反方向行车时,可发布一个调度命令。

(3)对跨局(调度台)的列车,接车铁路局集团公司(调度台)列车调度员可委托发车铁路局集团公司(调度台)列车调度员发布调度命令。接车铁路局集团公司(调度台)要将需转发的调度命令号码和内容发给邻局(调度台),邻局(调度台)在时间允许的情况下,不得拒绝委托,并将受令情况向接车铁路局集团公司(调度台)列车调度员通报。发布行车调度命令,涉及邻局管辖的分界站,本局列车调度员可发令至分界站,同时抄送邻局列车调度台。

(4)发布行车调度命令时,涉及限速内容应一并下达(司机已有限速调度命令除外)。

2. 施工调度命令的发布

施工调度命令是指施工作业当日由列车调度员发布的准许施工作业开始、确认施工作业结束等与实际施工作业有关的调度命令。发布施工调度命令时,除严格执行《技规》有关要求外,还应遵守以下规定:

(1)施工调度员负责拟写次日施工调度命令,经一人拟写、另一人核对后,传(交)列车调度员。

(2)列车调度员根据施工日计划与施工作业申请核对一致后,发布准许进行施工作业的调度命令。

(3)施工作业结束后,列车调度员根据申请,应及时按规定发布施工作业结束的调度命令。

(4)施工开通后有第1、2、3……列限速要求的列车,由列车调度员发布调度命令。

(5)施工开通后启用新版本LKJ数据涉及径路、线路允许速度变化的第一列列车,列车调度员应发布调度命令。

(6)因施工提前、延迟或其他原因造成运行揭示调度命令与实际限速、行车方式或设备不符时,列车调度员应取消前发运行揭示调度命令,向有关车站值班员、施工负责人、司机重新发布全部内容的调度命令;相符时仍按前发运行揭示调度命令执行。

(7)施工涉及邻线限速的,遇施工提前、推迟、延迟时,列车调度员根据施工部门登记的行车条件及时发布相关调度命令。

(8)临时封锁要点的施工需要邻线限速时,设备管理单位应在"行车设备检查登记簿"内登记邻线限速里程及限速值,列车调度员根据登记的行车条件及时发布邻线临时限速调度命令。

3. 运行揭示调度命令的发布

运行揭示调度命令是指由施工调度员发布的涉及限速、行车方式变化和设备变化的调度命令。发布运行揭示调度命令时,除严格执行《技规》有关要求外,还应遵守以下规定:

(1)运行揭示调度命令应包括时间、地点、因由、速度、行车方式变化和设备变化等内容。

(2)发布运行揭示调度命令,不得含有与受令处所无关的内容。

(3)施工调度员应依据施工日计划和主管业务部室提报的灾害、故障等涉及限速、行车方式变化和设备变化的申请编制运行揭示调度命令。

(4)国铁集团发布的"常用运行揭示调度命令模板"未涉及的项目,由铁路局集团公司制定"补充常用运行揭示调度命令模板"。

(5)运行揭示调度命令必须一人拟写、另一人核对,施工办审核签认后,于施工前1日12:00前(0:00—4:00执行的运行揭示调度命令为前1日8:00前)发布至有关业务部室、机务(机辆)段、车务站段,并传(交)相关列车调度台,其中涉及邻局车务站段和相关调度台,传(交)邻局施工办并由其转达。主管业务部室负责转交施工单位、自轮运转特种设备管理单位,车务站段负责转交相关车站。

(6)列车运行途中遇跨越运行揭示调度命令有效时段或其他原因,造成列车运行没有可依据的运行揭示调度命令时,司机应提前向车站值班员(列车调度员)报告,车站值班员立即向列车调度员报告,列车调度员安排交付书面调度命令(可在一个行车调度命令中转发有关运行揭示调度命令),跨局(调度台)运行时,应通知邻局(调度台)列车调度员。

(7)运行揭示调度命令发布的限速条件需要转变为LKJ基础数据时,除按有关LKJ数据管理规定程序办理外,本着"谁申请(登记)、谁取消"的原则,由申请(登记)部门在LKJ数据换装生效时刻后,向施工办、车站申请取消限速。施工调度员必须在得到申请(登记)部门取消限速的申请后,方准取消该运行揭示调度命令。以上情况涉及普速铁路列控基础数据需要更新时,按有关规定执行。

(8)发生灾害、设备故障等突发情况,需临时限速时(包括施工开通后未达到规定的放行列车条件),应由有关单位(人员)提出限速申请,列车调度员按规定发布临时限速调度命令;对于暂时不能取消的临时限速,应纳入运行揭示调度命令管理,具体纳入时机由铁路局集团公司规定,限速登记单位或设备管理单位应提出限速申请,报告主管业务部室,由主管业务部室审核后提交施工办发布运行揭示调度命令。

(9)因施工产生的邻线限速应纳入施工计划,按运行揭示调度命令流程管理,施工调度员依据施工计划中提报的限速申请及时发布运行揭示调度命令。

4. 发布调度命令时应注意的环节

行车调度命令是保证列车安全正点运行的重要措施,是列车调度员在调整列车运行时的必要手段。能否正确、及时地发布调度命令,事关铁路行车安全和运输效率,也是衡量一个列车调度员业务水平高低的重要标志。因此,列车调度员对于调度命令的发布工作不可忽视,必须认真严肃对待。

怎样才能做到正确、及时地发布调度命令呢？根据实际工作经验,列车调度员在发布调度命令时,应力求做到情况清楚、规章明确、内容确切、受令人齐全、措辞简明、记载完整。

(1) 情况清楚。

在发布命令前,应详细了解现场当时的线路、设备、列车或机车车辆所处的状态,需要进行作业的性质、要求和必要性,了解有关领导的指示和日(班)计划的要求,并认真听取行车有关领导、其他工种调度和现场有关行车人员的意见,对现场的实际情况做出全面、正确的判断,确定该不该发布调度命令和应如何正确发布调度命令,做到情况不清不发布调度命令。

(2) 规章明确。

规章制度是列车调度员发布调度命令的依据。当需要发布调度命令时,调度员应根据《技规》《行规》《调规》等有关行车工作规章、文件、电报等有关规定,正确及时地发布相应的调度命令。

(3) 内容确切。

调度命令的内容要严密、确切、详细、完整。在调度命令中一般应包括:作业的主体、对象、时间(包括起止时间)、地点(包括起止地点)、具体方法和安全注意事项。不得模棱两可、不明不白,防止命令下达后,被受令人误解、曲解而出现漏洞。

(4) 受令人齐全。

调度命令发出后,有关受令人将以调度命令的指示为依据进行作业,为了保证这些部门和人员工作时协调一致,发布调度命令时,必须受令人齐全,不可遗漏。

(5) 措辞简明。

发布调度命令时,措辞必须简明扼要、用词准确、文理通顺,要用最简洁、明确的语言表述调度命令的全部内容,同时应注意不要随意简化、省略必要的内容。调度命令应尽可能规范化、标准化,以利于调度员迅速下达和受令人迅速抄收,使命令执行人正确理解和执行调度命令。

(6) 记载完整。

调度命令的号码、发布时间、受令人及转抄受令人、复诵人、命令内容、发令人等,必须在"调度命令登记簿"中逐项记载齐全,并书写清楚。

五、调度命令的交付

1. 交付调度命令的规定

交付行车调度命令时,除严格执行《技规》有关要求外,还应遵守以下规定:

(1) 具备调度命令无线传送系统的,列车调度员(车站值班员)应使用调度命令无线传送系统向值乘司机发布(转达)调度命令。

(2)语音记录装置良好条件下,符合使用列车无线调度通信设备发布、转达调度命令内容的,列车调度员(车站值班员)可使用列车无线调度通信设备向列车司机发布(转达)调度命令。

(3)不具备上述条件时,本区段有停车站,列车调度员指定车站值班员在列车进入关系地点前的停车站交付调度命令;本区段无停车站或来不及时,在列车进入关系地点前的车站停车交付调度命令。

2. 限速调度命令的交付和核对

(1)限速调度命令,必须在列车进入限速地点前发布(转达)完毕,如果来不及,必须在列车进入限速地点前的车站停车转达调度命令。

(2)具备使用调度命令无线传送系统或提前在停车站交付调度命令条件的,必须传送(交付)书面调度命令。

(3)不具备使用调度命令无线传送系统或提前在停车站传送(交付)书面调度命令,必须使用列车无线调度通信设备发布(转达)调度命令时,列车调度员除发给限速地点关系站之外,还应发给转达调度命令车站,转达调度命令车站应在列车于本站通过(开车)前转达完毕。

限速地点关系站(简称关系站):限速地点在区间内,关系站为区间的两端站;限速地点在车站站内或站内跨区间,关系站为限速地点车站和相邻车站。

关系站示意图如图3-21~图3-24所示。

①站内限速(C站站内限速,关系站为B、C、D站,图3-21中运行方向A站或其后方站转达,B站核对)。

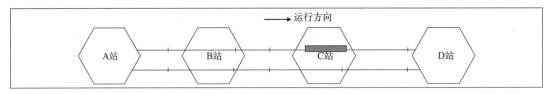

图3-21 站内限速

②区间限速(B站至C站区间限速,关系站为B、C站,图3-22中运行方向A站或其后方站转达,B站核对)。

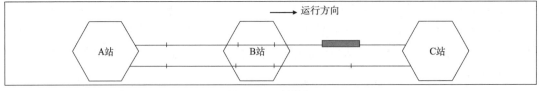

图3-22 区间限速

③站内跨区间限速(C站及C站至D站区间限速,关系站为B、C、D站,图3-23中运行方向A站或其后方站转达,B站核对)。

④一站两区间限速(C站及B站至C站、C站至D站区间限速,关系站为B、C、D站,图3-24中运行方向A站或其后方站转达,B站核对)。

(4)对限速调度命令,列车进入限速地点前的关系站在列车通过(开车)前,必须逐列与司机核对限速内容。装备区域联锁设备区段、调度集中区段、装备列控设备区段,有关核对要求由铁路局集团公司规定。

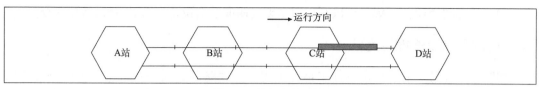

图 3-23　站内跨区间限速

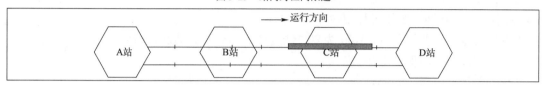

图 3-24　一站两区间限速

(5)当核对不一致时,司机应在进入限速地点前的车站停车并向车站值班员报告,车站值班员立即向列车调度员报告,列车调度员核实后,发布(交付)正确的限速调度命令。

3.可使用语音记录装置良好的列车无线调度通信设备向司机发布、转达的调度命令

(1)临时变更(改按电话闭塞法行车除外)或恢复原行车闭塞法。

(2)设有双线双向闭塞设备且作用良好的区间,双线反方向行车。

(3)变更列车径路。

(4)列车需要临时降弓运行。

(5)有计划封锁施工开通后,指定第1、2、3……列限速。

(6)临时限速。

(7)动车组列车空调失效需要打开部分车门限速运行。

(8)超长列车。

(9)单机附挂车辆。

(10)半自动闭塞区间,超长列车头部越过出站信号机(未压上出站方面的轨道电路)发车。

(11)在非到发线上接发列车。

(12)日(班)计划以外临时加开或停运列车。

(13)双线区间内进行跨线装卸作业,区间有除雪机、起重机工作,区间内发生冲突、脱轨、火灾、爆炸事故,对开入其邻线的列车。

(14)列尾装置故障(丢失)的货物列车继续运行。

(15)改按天气恶劣难以辨认信号的办法行车。

(16)动车组列车转入或退出隔离模式。

(17)动车组列车在列控车载设备控车和列车运行监控装置(LKJ)控车之间人工转换。

(18)临时利用本务机车调车作业。

(19)正线、到发线接触网停电后准许登顶作业。

(20)双管供风旅客列车运行途中改为单管供风。

(21)运行揭示调度命令与实际限速、行车方式或设备不符时。

(22)调度集中区段,由列车调度员办理接发列车,作为行车凭证的调度命令。

(23)使用引导手信号接车。

(24)遇特殊情况,向已进入关系区间的列车司机发布(交付)的调度命令。

(25)铁路局集团公司规定可以利用列车无线调度通信设备发布、转达的调度命令。

六、调度命令的编号方法

调度命令号码的编制应按不同工种分别规定。铁路局集团公司行车调度命令按日循环,运行揭示调度命令及其他专业调度命令按月循环,国铁集团各工种的调度命令按月循环(国铁集团货运和列车工作日计划命令按年循环)。

调度命令日期的划分,以 0:00 为界。调度命令循环号码的起讫时间,以 0:00 区分。

各级调度命令应保管 1 年。

国铁集团调度命令号码:

(1)货运和列车工作日计划命令号码 0001~0399。

(2)车流调整命令号码 0401~0499。

(3)行车调度命令号码 0501~1799。

(4)专运调度命令号码 1801~1899。

(5)客运调度命令号码 1901~2599。

(6)货运调度命令号码 2601~2699。

(7)快运班列调度命令号码 2701~2799。

(8)客运行包调度命令号码 2801~2899。

(9)奖励命令号码 2901~2940(每日使用一个号码,按"2901~××"格式,××按序号进行排序)。

(10)工务调度命令号码 2941~2970。

(11)电务调度命令号码 2971~3000。

(12)机车调度命令号码 3001~3299。

(13)车辆调度命令号码 3301~3399。

(14)军运调度命令号码 3401~3699。其中,军运及军列空车底回送命令号码 3401~3499,长大货物车(D 型车)使用、回送及超限专列命令号码 3501~3599。其他特定车组回送命令号码 3601~3699。

(15)特运调度命令号码 3701~3999。其中,机械冷藏车使用及回送命令号码 3701~3799,重点石油装车命令号码 3801~3899,国铁集团所属罐车调整命令号码 3901~3999。

(16)供电调度命令号码 4001~4099。

(17)停装、限装及恢复装车命令号码 4101~4399。

(18)备用车命令号码 4401~4999。

(19)集装箱命令号码 5001~5699。

(20)施工命令号码 5701~5899。

(21)备用命令号段 5901~5999。

铁路局集团公司与国铁集团调度命令号码不得重复,具体由铁路局集团公司规定。

七、常用行车调度命令模板

为规范铁路行车调度命令,国铁集团根据《技规》《调规》《事规》《铁路交通事故应急救援规则》《铁路接发列车作业》《铁路车机联控作业》《铁路调车作业》标准以及国铁集团颁布的其他规章和发布的相关文件的有关规定,对全路常用行车调度命令模板做了统一的规定,为列车调度员发布调度命令和有关行车人员执行调度命令提供了统一标准,为安全管理部门检查监督调度命令发布和执行提供了依据,为保证铁路行车安全提供了重要保证。

对国铁集团规定以外的行车调度命令模板,由各铁路局集团公司根据各自的具体情况自行制定,报国铁集团备案。

1. 行车调度命令模板

(1)封锁及开通区间(表3-6)。

调度命令　　　　　　　　　　　　　① 表3-6
[封锁及开通区间]

＿＿年＿＿月＿＿日＿＿时＿＿分　　　　　　　　第＿＿＿号

受令处所		调度员姓名	
内容	1. 封锁区间 　　＿＿＿站至＿＿＿站间＿＿＿行线因＿＿＿,自接令时(＿＿＿次列车到＿＿＿站)起(至＿＿＿时＿＿＿分止),区间封锁。 2. 开通封锁区间 　　根据＿＿＿站报告,＿＿＿站至＿＿＿站间＿＿＿行线＿＿＿完毕,(区间已空闲),自接令时起区间开通。		

受令车站＿＿＿＿＿＿车站值班员＿＿＿＿＿＿

注:使用项内不用字句划掉,不用项圈掉该项号码。

(2)向封锁区间开行救援列车(表3-7)。

调度命令　　　　　　　　　　　　　② 表3-7
[向封锁区间开行救援列车]

＿＿年＿＿月＿＿日＿＿时＿＿分　　　　　　　　第＿＿＿号

受令处所		调度员姓名	
内容	3. 向封锁区间开行救援列车 　　(自接令时起,＿＿＿站至＿＿＿站间＿＿＿行线区间封锁)。 　　准许＿＿＿站(利用＿＿＿机车)开＿＿＿次列车,进入＿＿＿站至＿＿＿站间＿＿＿行线封锁区间＿＿＿km＿＿＿m处进行救援,将＿＿＿次列车推进(拉回)至＿＿＿站(返回开＿＿＿次列车),(按救援负责人的指挥办理)。 4. 列车分部运行 　　根据＿＿＿站报告,＿＿＿次列车因＿＿＿,自接令时起＿＿＿站至＿＿＿站间＿＿＿行线区间封锁。 　　准许＿＿＿站利用＿＿＿机车开＿＿＿次列车进入封锁区间＿＿＿km＿＿＿m处挂取遗留车辆,将＿＿＿次列车推进(拉回)至＿＿＿站,(返回开＿＿＿次列车)。		

受令车站＿＿＿＿＿＿车站值班员＿＿＿＿＿＿

注:使用项内不用字句划掉,不用项圈掉该项号码。

(3)临时变更行车闭塞法或恢复原行车闭塞法(表3-8)。

调度命令  表3-8

[临时变更行车闭塞法或恢复原行车闭塞法]

___年___月___日___时___分　　　　　　　　　　　　　第_____号

受令处所		调度员姓名	
内容	5.停用基本闭塞法,改用电话闭塞法 　　自接令时(＿＿次列车到＿＿站)起,＿＿站至＿＿站间＿＿行线停用基本闭塞法,改用电话闭塞法行车。 6.恢复原行车闭塞法 　　自接令时(＿＿次列车到＿＿站)起,＿＿站至＿＿站间＿＿行线,恢复基本闭塞法行车。 7.停用自动站间闭塞法,改用半自动闭塞法 　　自接令时(＿＿次列车到＿＿站)起,＿＿站至＿＿站间＿＿行线停用自动站间闭塞法,改用半自动闭塞法行车。 8.由半自动闭塞法恢复自动站间闭塞法 　　自接令时(＿＿次列车到＿＿站)起,＿＿站至＿＿站间＿＿行线,恢复自动站间闭塞法行车。 9.双线反方向行车(未设双线双向闭塞设备或双线双向闭塞设备故障) 　　自接令时(＿＿次列车到＿＿站)起,＿＿站至＿＿站间＿＿行线停用基本闭塞法,改用电话闭塞法行车。准许＿＿次列车在＿＿站至＿＿站间利用＿＿行线反方向运行,＿＿次列车到＿＿站后,恢复＿＿行线基本闭塞法行车。 10.双线改单线行车(未设双线双向闭塞设备或双线双向闭塞设备故障) 　　自接令时(＿＿次列车到＿＿站)起,＿＿站至＿＿站间＿＿行线停用基本闭塞法,改用电话闭塞法,按单线行车。 11.恢复双线行车(未设双线双向闭塞设备或双线双向闭塞设备故障) 　　自接令时(＿＿次列车到＿＿站后)起,恢复＿＿站至＿＿站＿＿行线基本闭塞法,＿＿站至＿＿站间恢复双线行车。 12.列车反方向进入区间并运行至前方站(未设双线双向闭塞设备或双线双向闭塞设备故障)或发出由区间返回的列车 　　自接令时(＿＿次列车到＿＿站)起,＿＿站至＿＿站间＿＿行线停用基本闭塞法,改用电话闭塞法行车。准许＿＿站开＿＿次列车(反方向)进入区间＿＿km＿＿m至＿＿km＿＿m处,(返回开＿＿次列车)限＿＿时＿＿分前到＿＿站,本列到达后恢复基本闭塞法。 13.单线半自动闭塞或双线反方向越出站界调车 　　自接令时(＿＿次列车到＿＿站)起,＿＿站至＿＿站间＿＿行线停用基本闭塞法,改用电话闭塞法。准许＿＿站利用该区间越出站界调车,限＿＿时＿＿分前完毕,作业完毕后恢复基本闭塞法。			

　　　　　　　　　　　　　　　　　　　　　　　受令车站＿＿＿＿＿车站值班员＿＿＿＿＿

注:使用项内不用字句划掉,不用项圈掉该项号码。

(4)双线反方向行车、由双线改为单线(设有双线双向闭塞设备)或恢复双线行车(表3-9)。

调度命令 ⑭ 表 3-9

[双线反方向行车、由双线改为单线(设有双线双向闭塞设备)或恢复双线行车]

___年___月___日___时___分   第_____号

受令处所		调度员姓名	
内容	14.双线反方向行车 　　自接令时(_____次到_____站)起,准许_____次(、_____次……)列车在_____站至_____站间利用_____行线反方向运行。 15.双线改单线行车 　　自接令时(_____次列车到_____站)起,_____站至_____站间_____行线改按单线行车。 16.恢复双线行车 　　自接令时(_____次列车到_____站后)起,恢复_____站至_____站间双线行车。		

受令车站_____车站值班员_____

注:使用项内不用字句划掉,不用项圈掉该项号码。

(5)变更列车径路(表 3-10)。

调度命令 ⑮ 表 3-10

[变更列车径路]

___年___月___日___时___分   第_____号

受令处所		调度员姓名	
内容	17.准许_____次列车由原运行径路,改经_____运行,各站按现时分办理。		

受令车站_____车站值班员_____

注:使用项内不用字句划掉,不用项圈掉该项号码。

(6)发出在区间内停车并运行至前方站的列车(使用基本闭塞法)(表 3-11)。

调度命令 ⑯ 表 3-11

[发出在区间内停车并运行至前方站的列车(使用基本闭塞法)]

___年___月___日___时___分   第_____号

受令处所		调度员姓名	
内容	18.发出正方向进入区间内停车并运行至前方站的列车 　　准许_____站开_____次列车进入_____站至_____站间_____行线_____km_____m至_____km_____m处_____,限_____时_____分前到_____站。 19.发出反方向进入区间并运行至前方站的列车(设有双线双向闭塞设备) 　　自接令时(_____次列车到_____站)起,准许_____站开_____次列车反方向进入_____站至_____站间_____行线_____km_____m至_____km_____m处_____,限_____时_____分前到_____站。		

受令车站_____车站值班员_____

注:使用项内不用字句划掉,不用项圈掉该项号码。

(7)列车需临时降弓运行(表3-12)。

调度命令　　　　　　⑦　　表3-12
[列车需临时降弓运行]

___年___月___日___时___分　　　　　　　　　　　　　第_____号

受令处所	---	调度员姓名	
内容	20.列车需临时降弓运行 　　自接令时起,_____站至_____站间_____行线(站内_____道)_____km_____m至_____km_____m处,降弓(限速_____km/h)运行。		

受令车站_____车站值班员_____

注:使用项内不用字句划掉,不用项圈掉该项号码。

(8)列车临时限速运行(表3-13)。

调度命令　　　　　　⑧　　表3-13
[列车临时限速运行]

___年___月___日___时___分　　　　　　　　　　　　　第_____号

受令处所	---	调度员姓名	
内容	21.站内或区间临时限速 　　自接令时(_____时_____分)起至另有命令时(_____时_____分)止,_____站至_____站间_____行线_____km_____m至_____km_____m处限速_____km/h。 　　_____次列车运行至_____站至_____站间_____行线_____km_____m至_____km_____m处限速_____km/h。 22.列车中挂有限速的机车、车辆 　　_____次列车在_____站挂有限速_____km/h车辆(机车),运行至_____站。 23.旅客列车车辆故障、动车组安装过渡车钩限速运行 　　_____次列车因空气弹簧故障(密接式车钩因故更换为15号车钩、动车组安装过渡车钩),限速_____km/h运行。		

受令车站_____车站值班员_____

注:使用项内不用字句划掉,不用项圈掉该项号码。

(9)动车组列车空调失效需打开部分车门限速运行(表3-14)。

调度命令　　　　　　⑨　　表3-14
[动车组列车空调失效需打开部分车门限速运行]

___年___月___日___时___分　　　　　　　　　　　　　第_____号

受令处所	---	调度员姓名	
内容	24.动车组列车空调失效需打开部分车门限速运行 　　_____次列车因空调失效打开部分车门限速60km/h运行,通过邻靠高站台的线路时限速40km/h运行。		

受令车站_____车站值班员_____

注:使用项内不用字句划掉,不用项圈掉该项号码。

（10）车站使用故障按钮、总辅助按钮、计轴复零按钮(表3-15)。

调度命令　　　　　　　　　⑩　　表3-15

[车站使用故障按钮、总辅助按钮、计轴复零按钮]

___年___月___日___时___分　　　　　　　　　　　　第_____号

受令处所	──────────────────────────────	调度员姓名	
内容	25. 半自动闭塞区段车站使用故障按钮 　　根据_____站申请,现查明_____站至_____站间_____行线区间空闲,准许_____站使用故障按钮办理闭塞机复原。 26. 自动闭塞区段车站使用总辅助按钮 　　根据_____站申请,现查明_____站至_____站间_____行线区间空闲,准许_____站、_____站使用总辅助按钮改变闭塞方向。 27. 自动站间闭塞使用计轴复零按钮 　　根据_____站申请,现查明_____站至_____站间_____行线区间空闲,准许_____站、_____站使用计轴复零按钮办理计轴复零。		

受令车站_____车站值班员_____

注:使用项内不用字句划掉,不用项圈掉该项号码。

（11）超长列车或列车挂有装载超限货物的车辆(表3-16)。

调度命令　　　　　　　　　⑪　　表3-16

[超长列车或列车挂有装载超限货物的车辆]

___年___月___日___时___分　　　　　　　　　　　　第_____号

受令处所	──────────────────────────────	调度员姓名	
内容	28. 货物列车超长 　　_____次列车换长_____,准许在_____站至_____站间超长运行。 29. 列车挂有装载超限货物的车辆 　　_____次列车挂有超限超重货物_____辆,_____站至_____站间运行条件如下: 　(1)限速_____km/h; 　(2)行经300m及其以下半径曲线,限速_____km/h; 　(3)进出站经侧向道岔限速_____km/h,禁止(侧向)通过_____号及以下道岔; 　(4)_____站至_____站间区间会车限速_____km/h,……; 　(5)_____站至_____站间……禁止在区间会车; 　(6)_____站至_____站间……禁止在区间会_____列车; 　(7)禁止接(进)入有高站台的线路; 　(8)各站按《站细》规定的线路接发; 　(9)其他要求。		

受令车站_____车站值班员_____

注:使用项内不用字句划掉,不用项圈掉该项号码。

（12）单机附挂车辆(表3-17)。

调度命令　　　　　　　　　⑫　　表3-17

[单机附挂车辆]

___年___月___日___时___分　　　　　　　　　　　　第_____号

受令处所	──────────────────────────────	调度员姓名	
内容	30. 单机附挂车辆 　　准许_____次列车在_____站挂车_____辆到_____站,尾部车辆车号_____。		

受令车站_____车站值班员_____

注:使用项内不用字句划掉,不用项圈掉该项号码。

(13)半自动闭塞区间,超长列车头部越过出站信号机(未压上出站方面的轨道电路)发车(表3-18)。

调度命令　　　　　　　　　　　⑬　　表3-18

[半自动闭塞区间,超长列车头部越过出站信号机(未压上出站方面的轨道电路)发车]

___年___月___日___时___分　　　　　　　　　　　第_____号

受令处所	-------------------------------------	调度员姓名	
内容	31.半自动闭塞区间,超长列车头部越过出站信号机(未压上出站方面的轨道电路)发车 　　准许_____次列车在_____站_____道_____行出站信号机开放情况下越过出站信号机发车。		

受令车站_____车站值班员_____

注:使用项内不用字句划掉,不用项圈掉该项号码。

(14)在非到发线上接发列车(表3-19)。

调度命令　　　　　　　　　　　⑭　　表3-19

[在非到发线上接发列车]

___年___月___日___时___分　　　　　　　　　　　第_____号

受令处所	-------------------------------------	调度员姓名	
内容	32.在非到发线上接车 　　准许_____次列车接入_____站非到发线_____道。 33.半自动闭塞、自动站间闭塞区间在非到发线上发车 　　自接令时(_____次列车到_____站)起,_____站至_____站间_____行线停用基本闭塞法,改用电话闭塞法行车,准许_____次列车在_____站非到发线_____道发车,本列到_____站后恢复基本闭塞法行车。 34.自动闭塞区间在非到发线上发车 　　准许_____次列车在_____站非到发线_____道发车。		

受令车站_____车站值班员_____

注:使用项内不用字句划掉,不用项圈掉该项号码。

(15)调度日(班)计划以外,临时加开或停运列车(单机除外)(表3-20)。

调度命令　　　　　　　　　　　⑮　　表3-20

[调度日(班)计划以外,临时加开或停运列车(单机除外)]

___年___月___日___时___分　　　　　　　　　　　第_____号

受令处所	-------------------------------------	调度员姓名	
内容	35.临时停运列车 　　准许_____次列车在_____站停运,_____站至_____站间加开_____次列车,按现时分运行。 36.临时加开列车 　　准许_____站至_____站间加开_____次、_____次……列车,_____站至_____站间加开_____次、_____次……列车,按现时分运行。 37.加开救援列车 　　_____站至_____站间加开_____次列车,(限速_____km/h,)_____站_____时_____分开,按现时分办理。 38.救援队出动 　　因_____站至_____站间_____行线(_____站)发生事故,_____救援队立即出动。		

受令车站_____车站值班员_____

注:使用项内不用字句划掉,不用项圈掉该项号码。

(16) 双线区间在区间内进行跨线装卸作业,有除雪机、起重机工作,发生冲突、脱轨、火灾、爆炸事故时,对开入其邻线的列车(表3-21)。

调度命令　　　　　　　　　⑯　　表3-21

[双线区间在区间内进行跨线装卸作业,有除雪机、起重机工作,
发生冲突、脱轨、火灾、爆炸事故时,对开入其邻线的列车]

___年___月___日___时___分　　　　　　　　　　第_____号

受令处所	
内容	39.双线区间在区间内进行跨线装卸作业,有除雪机、起重机工作,发生冲突、脱轨、火灾、爆炸事故时,对开入其邻线的列车 　　因_____站至_____站间_____行线_____km_____m至_____km_____m处,_____次列车注意运行。

受令车站_____车站值班员_____

注:使用项内不用字句划掉,不用项圈掉该项号码。

(17) 行车设备故障(表3-22)。

调度命令　　　　　　　　　⑰　　表3-22

[行车设备故障]

___年___月___日___时___分　　　　　　　　　　第_____号

受令处所	
内容	40.列尾装置故障(丢失)的货物列车继续运行 　　根据_____站报告,_____次列车列尾装置故障(列尾主机丢失),(_____站负责吊起尾部软管,)准运行至_____站,各站注意接车。 41.货物列车列尾主机回送 　　指定_____次列车携带货车列尾主机_____台(回送)到_____站。

受令车站_____车站值班员_____

注:使用项内不用字句划掉,不用项圈掉该项号码。

(18) 改按天气恶劣难以辨认信号的办法行车或恢复正常行车(表3-23)。

调度命令　　　　　　　　　⑱　　表3-23

[改按天气恶劣难以辨认信号的办法行车或恢复正常行车]

___年___月___日___时___分　　　　　　　　　　第_____号

受令处所	
内容	42.改按天气恶劣难以辨认信号的办法行车 　　根据_____报告,_____站至_____站间信号显示距离不足200m,自接令时起,改按天气恶劣难以辨认信号的办法行车。 43.天气转好,恢复正常行车 　　根据_____报告,_____站至_____站间天气转好,自接令时起,恢复正常行车。

受令车站_____车站值班员_____

注:使用项内不用字句划掉,不用项圈掉该项号码。

(19) 动车组列车转入或退出隔离模式(被救援时除外)(表3-24)。

调度命令　　　　　　　　　　　　⑲　　表3-24

[动车组列车转入或退出隔离模式(被救援时除外)]

___年___月___日___时___分　　　　　　　　　　　第_____号

受令处所	....	调度员姓名	
内容	44.列车将列控车载设备转入隔离模式 　　准许_____次列车将列控车载设备转入隔离模式。(运行至_____站后将隔离模式退出,转换为列控车载设备方式行车。) 45.列控车载设备由隔离模式退出,转换为列控车载设备方式行车 　　准许_____次列车将隔离模式退出,转换为列控车载设备方式行车。		

　　　　　　　　　　　　　　　　　　　　受令车站_____车站值班员_____

注:使用项内不用字句划掉,不用项圈掉该项号码。

(20) 动车组列车在列控车载设备控车和LKJ控车之间人工转换(表3-25)。

调度命令　　　　　　　　　　　　⑳　　表3-25

[动车组列车在列控车载设备控车和LKJ控车之间人工转换]

___年___月___日___时___分　　　　　　　　　　　第_____号

受令处所	....	调度员姓名	
内容	46.由列控车载设备行车转换为LKJ方式行车 　　准许_____次列车(在_____站)由列控车载设备方式行车转换为LKJ方式行车。(运行至_____站后,由LKJ方式行车转换为列控车载设备方式行车。) 47.由LKJ方式行车转换为列控车载设备行车 　　准许_____次列车(在_____站)由LKJ方式行车转换为按列控车载设备方式行车。		

　　　　　　　　　　　　　　　　　　　　受令车站_____车站值班员_____

注:使用项内不用字句划掉,不用项圈掉该项号码。

(21) 临时利用本务机车调车作业(表3-26)。

调度命令　　　　　　　　　　　　㉑　　表3-26

[临时利用本务机车调车作业]

___年___月___日___时___分　　　　　　　　　　　第_____号

受令处所	....	调度员姓名	
内容	48.临时利用本务机车调车作业 　　指定_____次列车本务机车在_____站进行调车作业。		

　　　　　　　　　　　　　　　　　　　　受令车站_____车站值班员_____

注:使用项内不用字句划掉,不用项圈掉该项号码。

(22)利用天窗施工、维修作业(表3-27)。

调度命令 ㉒ 表3-27

[利用天窗施工、维修作业]

___年___月___日___时___分　　　　　　　　　　　　　　第_____号

受令处所		调度员姓名	
内容	(一)施工作业 49.封锁区间并向封锁区间开行路用列车(适用于每端各进一列) 　　____站至____站间____行线因施工,自____时____分(____次列车到____站)起区间封锁,限____时____分施工完毕。 　　(1)准许工务部门在____km____m至____km____m处施工。 　　(2)准许供电部门在____km____m至____km____m处施工。 　　(3)准许____部门在____km____m至____km____m处施工。 　　准许____站开____次列车,进入封锁区间____km____m处停车,按施工负责人的指示进行作业,(返回开____次列车,)限____时____分前到达____站。 　　准许____站开____次列车,进入封锁区间____km____m处停车,按施工负责人的指示进行作业,(返回开____次列车),限____时____分前到达____站。 50.自动闭塞区间路用列车跟踪进入区间后封锁施工 　　准许____站开____次列车跟随____次列车按自动闭塞方式进入____站至____站间____行线,在____km____m处停车。____次列车到达____站后区间封锁。准许____部门在____km____m至____km____m处施工,限____时____分施工完毕。____次列车按施工负责人的指示进行作业,(返回开____次列车,)限____时____分前到达____站。 51.信联闭施工(采用施工特定行车) 　　(1)自____时____分(____次列车到____站)起,准许____站至____站间____行线____部门施工,限____时____分施工完毕。施工期间,____站____行进站(____接车进路)信号停用。 　　(2)____站____道____行出站(____发车进路)信号停用。 　　(3)自____时____分(____次列车到达____站)起____站至____站间____行线停用基本闭塞法,改用电话闭塞法行车。 　　(4)有关行车凭证的交付和正线通过列车的引导按"施工特定行车办法"规定办理。 (二)维修作业 52.单个区间和车站维修作业 　　自____次列车____站出站(到达)(____时____分)起,准许____站(含____道、____号道岔)至____站(含____道、____号道岔)____行线进行____min维修作业。 53.单线连续多个区间和车站维修作业 　　____站(含____道、____号道岔)至____站(含____道、____号道岔)间自____次列车各站出站或到达起,准许各站及后方区间进行____min维修作业。 54.双线维修"V形天窗"作业(连续多个区间和车站) 　　____站(含____道、____号道岔)至____站(含____道、____号道岔)间____行线自____次列车各站出站或到达起,准许各站及后方区间进行____min维修作业。 55.维修"垂直天窗"作业 　　自接令时(____次列车到达____站、____次列车到达____站、____次列车到达____站……)起,____站(含____道、____号道岔)至____站(含____道、____号道岔)间上下行线准许各区间及站内进行____min维修作业。		

受令车站_____车站值班员_____

注:使用项内不用字句划掉,不用项圈掉该项号码。

(23)施工、维修作业较指定时间延迟结束(表3-28)。

调度命令　　　　㉓　表3-28
[施工、维修作业较指定时间延迟结束]

___年___月___日___时___分　　　　　　　　　　第_____号

受令处所		调度员姓名	
内容	56.施工、维修作业较指定时间延迟结束 根据_____站申请,准许_____站(含_____道、_____号道岔)至_____站(含_____道、_____号道岔)间_____行线施工(维修)作业延迟至_____时_____分结束。		

受令车站_____车站值班员_____

注:使用项内不用字句划掉,不用项圈掉该项号码。

(24)运行揭示调度命令与实际限速、行车方式或设备不符时(表3-29)。

调度命令　　　　㉔　表3-29
[运行揭示调度命令与实际限速、行车方式或设备不符时]

___年___月___日___时___分　　　　　　　　　　第_____号

受令处所		调度员姓名	
内容	57.运行揭示调度命令与实际限速、行车方式或设备不符时 　　_____次列车前发_____号运行揭示调度命令取消,运行条件如下: 　(1)_____站(含_____道、_____号道岔)至_____站(含_____道、_____号道岔)间_____行线_____km_____m至_____km_____m处限速_____km/h。 　(2)_____站至_____站间_____行线按基本闭塞法行车。 　(3)施工结束后设备变化情况:_____。		

受令车站_____车站值班员_____

注:使用项内不用字句划掉,不用项圈掉该项号码。

(25)正线、到发线接触网停电或送电(接触网倒闸、跳闸后试送电、向中性区送电或弓网故障排查除外)(表3-30)。

调度命令　　　　㉕　表3-30
[正线、到发线接触网停电或送电(接触网倒闸、跳闸后试送电、向中性区送电或弓网故障排查除外)]

___年___月___日___时___分　　　　　　　　　　第_____号

受令处所		调度员姓名	
内容	58.准许接触网有计划停电 根据供电调度_____号申请,自接令时(_____次列车到_____站)起,准许_____站(含)至_____站(含)间_____行线(_____km_____m到_____站至_____站间_____km_____m)接触网停电。 59.接触网故障停电 根据供电调度_____号通知,自接令时起,_____站(含)至_____站(含)间_____行线(_____km_____m到_____站至_____站间_____km_____m)接触网已停电。 60.接触网送电 根据供电调度_____号通知,_____站(含)至_____站(含)间_____行线(_____km_____m到_____站至_____站间_____km_____m)接触网已恢复供电。		

受令车站_____车站值班员_____

注:使用项内不用字句划掉,不用项圈掉该项号码。

(26) 正线、到发线接触网停电后准许登顶作业（表 3-31）。

调度命令 ㉖ 表 3-31

[正线、到发线接触网停电后准许登顶作业]

＿＿年＿＿月＿＿日＿＿时＿＿分　　　　　　　　　　　　　　第＿＿＿＿＿号

受令处所	--------------------------------------	调度员姓名	
内容	61. 正线、到发线接触网停电后准许登顶作业 　　根据供电调度＿＿＿号通知，＿＿＿站（含）至＿＿＿站（含）间＿＿＿行线（＿＿＿km＿＿＿m 到＿＿＿站至＿＿＿站间＿＿＿km＿＿＿m）接触网已停电，自接令时起，准许采取安全措施后进行登顶作业。		

　　　　　　　　　　　　　　　　　　　　　　　　受令车站＿＿＿＿＿车站值班员＿＿＿＿＿

注：使用项内不用字句划掉，不用项圈掉该项号码。

(27) 双管供风旅客列车运行途中改为单管供风（表 3-32）。

调度命令 ㉗ 表 3-32

[双管供风旅客列车运行途中改为单管供风]

＿＿年＿＿月＿＿日＿＿时＿＿分　　　　　　　　　　　　　　第＿＿＿＿＿号

受令处所	--------------------------------------	调度员姓名	
内容	62. 双管供风旅客列车运行途中改为单管供风 　　准许＿＿＿次列车在＿＿＿站由双管供风改为单管供风运行至终到站。		

　　　　　　　　　　　　　　　　　　　　　　　　受令车站＿＿＿＿＿车站值班员＿＿＿＿＿

注：使用项内不用字句划掉，不用项圈掉该项号码。

(28) 调度集中区段，由列车调度员办理接、发列车，作为行车凭证的调度命令（表 3-33）。

调度命令 ㉘ 表 3-33

[调度集中区段，由列车调度员办理接、发列车，作为行车凭证的调度命令]

＿＿年＿＿月＿＿日＿＿时＿＿分　　　　　　　　　　　　　　第＿＿＿＿＿号

受令处所	--------------------------------------	调度员姓名	
内容	63. 调度集中区段，由列车调度员办理发车，调度命令用作允许列车运行的行车凭证 　（1）因＿＿＿站至＿＿＿站间＿＿＿行线停用基本闭塞法，现查明＿＿＿站至＿＿＿站间＿＿＿行线区间空闲，准许＿＿＿次列车由＿＿＿站发往＿＿＿站。 　（2）在＿＿＿站＿＿＿道出站（＿＿＿发车进路）信号机故障（未设出站信号机、列车头部越过出站〔＿＿＿发车进路〕信号机）的情况下，准许＿＿＿次列车由＿＿＿道发车。 64. 调度集中区段，由列车调度员办理接车，调度命令用作允许列车运行的行车凭证 　　因＿＿＿站＿＿＿行进站（＿＿＿接车进路）信号机故障，准许＿＿＿次列车以不超过 20km/h 速度越过＿＿＿站＿＿＿行进站（＿＿＿接车进路）信号机进入＿＿＿站＿＿＿道。		

　　　　　　　　　　　　　　　　　　　　　　　　受令车站＿＿＿＿＿车站值班员＿＿＿＿＿

注：使用项内不用字句划掉，不用项圈掉该项号码。

(29)其他(表3-34)。

表3-34 ㉙

调度命令

[其他]

___年___月___日___时___分　　　　　　　　　　　　　第_____号

受令处所	--	调度员姓名	
内容	65.自接令时起取消前发____年____月____日____号命令 66.施工开通启用新版本 LKJ 数据涉及径路、线路允许速度变化列车____次列车为施工开通启用新版本 LKJ 数据后第1列(或第2列、第3列……)列车: 　(1)经由(____线)____站(含)至____站(含)间____行线运行。 　(2)经由____站____道运行。 　(3)运行至(____线)____站(含)至____站(含)间____行线____km____m至____km____m处限速____km/h运行(按线路允许速度____km/h运行)。 　(注:限速和线路允许速度在同一命令中最多只能包含一项;限速列车为施工开通后低于线路允许速度且未纳入运行揭示调度命令的第1、2、3……列临时限速列车。)		

　　　　　　　　　　　　　　　　　　　　　　　　　受令车站_____车站值班员_____

注:使用项内不用字句划掉,不用项圈掉该项号码。

2.运行揭示调度命令模板

(1)限速(表3-35)。

表3-35 ①

调度命令

[限速]

___年___月___日___时___分　　　　　　　　　　　　　第_____号

受令处所	--	调度员姓名	
内容	____月____日____时____分至____月____日____时____分(另有命令时),____线____站(含____道、____号道岔)至____站(含____道、____号道岔)间____行线____km____m至____km____m处施工(灾害、故障),限速____km/h。		

　　　　　　　　　　　　　　　　　　　　　　　　　受令车站_____车站值班员_____

注:使用项内不用字句划掉,不用项圈掉该项号码。

(2)封锁施工限速(表3-36)。

表3-36 ②

调度命令

[封锁施工限速]

___年___月___日___时___分　　　　　　　　　　　　　第_____号

受令处所	--	调度员姓名	
内容	因____线____站至____站间____行线,____km____m至____km____m处施工。开通后____线____站(含____道、____号道岔)至____站(含____道、____号道岔)间____行线____km____m至____km____m处第1列限速____km/h,第2列限速____km/h,第3列限速____km/h,(……);____月____日____时____分至____月____日____时____分限速____km/h。其中开通后第1、2、3……列限速由列车调度员发布调度命令。设备变化:____。		

　　　　　　　　　　　　　　　　　　　　　　　　　受令车站_____车站值班员_____

注:使用项内不用字句划掉,不用项圈掉该项号码。

(3)施工邻线限速(表3-37)。

调度命令　　　　　　　　　　　③　　表3-37
[施工邻线限速]

____年___月___日___时___分　　　　　　　　　　　　第_____号

受令处所		调度员姓名	
内容	1.(根据施工日计划____号,)____月____日____时____分至____月____日____时____分,____线____站(含____道、____号道岔)至____站(含____道、____号道岔)间____行线____km____m至____km____m处因邻线施工,限速____km/h。 2.施工邻线限速:____线____站(含____道、____号道岔)至____站(含____道、____号道岔)间____行线____km____m至____km____m处,____月____日____时____分至____月____日____时____分限速____km/h。		

　　　　　　　　　　　　　　　　　　　受令车站_____车站值班员_____

注:使用项内不用字句划掉,不用项圈掉该项号码。

(4)信联闭设备停用(表3-38)。

调度命令　　　　　　　　　　　④　　表3-38
[信联闭设备停用]

____年___月___日___时___分　　　　　　　　　　　　第_____号

受令处所		调度员姓名	
内容	____月____日____时____分至____月____日____时____分,因____线____站施工,施工期间: 1.____行进站(____接车进路)信号停用,列车凭引导(手)信号的显示进站。 2.(____道)____行出站(____发车进路)信号停用,列车凭绿色许可证发车。 3.____站至____站间____行线停用基本闭塞法,改用电话闭塞法行车。____站____行列车凭路票发车。 4.设备变化:____。		

　　　　　　　　　　　　　　　　　　　受令车站_____车站值班员_____

注:使用项内不用字句划掉,不用项圈掉该项号码。

(5)施工特定行车(表3-39)。

调度命令　　　　　　　　　　　⑤　　表3-39
[施工特定行车]

____年___月___日___时___分　　　　　　　　　　　　第_____号

受令处所		调度员姓名	
内容	____月____日____时____分至____月____日____时____分,因____线____站施工,____施工期间执行施工特定行车办法。 1.____行进站(____接车进路)信号停用,引导接车并正线通过时,列车凭特定引导手信号的显示,以不超过60km/h速度进站。 2.____道____行出站(____发车进路)信号停用,车站使用列车无线调度通信设备(其语音记录装置必须作用良好)将绿色许可证编号和调度命令号码通知司机,列车凭通过手信号通过车站。 3.____站至____站间____行线停用基本闭塞法,改用电话闭塞法行车。____站使用列车无线调度通信设备(其语音记录装置必须作用良好)将路票电话记录号码和调度命令号码通知司机,列车凭通过手信号通过车站。 4.设备变化:____。		

　　　　　　　　　　　　　　　　　　　受令车站_____车站值班员_____

注:使用项内不用字句划掉,不用项圈掉该项号码。

任务3.6　调度指挥方法

铁路运输调度担负着组织客货运输、保证国家重点运输、提高客货服务质量、确保运输安全的重要责任,对完成铁路运输生产经营任务,提高铁路运输企业效益起着至关重要的作用。

一、调度指挥的基本原则

1. 安全生产的原则

在行车调度指挥工作中,必须坚持安全生产的原则,正确指挥列车运行。不能发布没有安全保障依据的命令和指示。当得到有关危及行车安全的信息时,要正确、及时、妥善处理,以保证旅客列车的安全为重点,组织列车安全运行。

2. 按列车运行图行车的原则

列车正点率既是铁路运输产品质量的重要技术指标,也是铁路运输组织管理水平的综合反映。只有按列车运行图行车,才能保持正常的运输秩序,进而保证列车的正点率。

3. 单一指挥的原则

铁路行车工作是一个由互相联系、互相影响的多部门、多单位、多工种所组成的完整系统。在这个系统中,各部门、各单位、各工种间的紧密联系和协调一致,对于保证行车安全和运输效率有着重要的意义。铁路行车调度是为适应铁路行车特点而设置的铁路行车工作的统一指挥者。在列车运行调整工作中,与行车有关的人员,必须服从所在区段当班列车调度员的集中统一指挥,其他任何人不得发布与行车有关的命令和指示。

4. 下级调度服从上级调度的原则

在列车运行组织与调整过程中,相邻调度台、相邻铁路局集团公司之间应保持紧密联系,以保证列车的正常交接。对出现的问题,双方要主动协商解决,当出现意见不一致的情况时,由上一级调度进行仲裁。调度台间出现的问题由值班主任解决;铁路局集团公司间分界站出现的问题,由国铁集团解决。一经上级调度决定,有关人员必须无条件执行。

5. 按等级调整列车运行的原则

列车调度员要按列车运行图指挥列车运行,当列车不能按列车运行图运行时,除特殊情况外,原则上按速度等级由高到低排序,同速度等级的列车原则上按以下等级顺序:

(1)动车组列车。
(2)特快旅客列车。
(3)特快货物班列。
(4)快速旅客列车。
(5)普通旅客列车。
(6)军用列车。
(7)货物列车。

(8)路用列车。

另外,开往事故现场救援、抢修、抢救的列车,应当优先办理;特殊指定的列车或列车种类,其等级应当在指定时确定。

二、列车实际运行图

1.基本图与实际图的区别

列车基本运行图是指按最大运量编制的运行图,列车实际运行图(简称实际图)则是记载一个调度区段内列车运行实际情况以及列车运行有关事项的图表,二者的作用是不相同的。

2.实际图的作用

列车实际运行图的作用主要有以下几个方面:

(1)通过填记实际图,可以随时掌握调度区段内的列车运行情况、有关车站到发线占用以及作业情况及机车交路等。

(2)通过实际图,可以及时发现问题,便于提前考虑采取必要的调整措施。

(3)作为统计列车正晚点、列车技术速度、旅行速度等项指标的主要依据。

(4)列车实际运行图是分析列车运行情况,不断提出改进意见的重要资料。

3.实际图的绘制方法

列车实际运行图一般采用十分格运行图,列车运行线的表示方法。列车运行整理符号应按规定填绘在规定的表格内,其符号和表示方法如下:

(1)列车始发、终止、在中间站临时停运及由邻接区段转来或开往邻区段。

①列车始发(图3-25)。

②列车终止(图3-26)。

③列车在中间站临时停运(图3-27)。

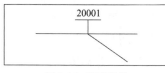
图3-25 列车始发

图3-26 列车终止

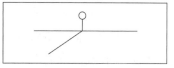
图3-27 列车在中间站临时停运

④列车由邻接区段转来(图3-28)。

⑤列车开往邻接区段(图3-29)。

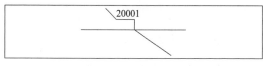
图3-28 列车由邻接区段转来

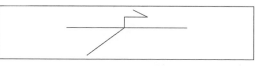
图3-29 列车开往邻接区段

⑥列车到开时分记在钝角内。早点用红圈、晚点用蓝圈记于锐角内,圈内注明早、晚点时分。晚点原因可用简明略号注明,如因编组晚点可只写"编"字。

(2)列车合并运行(在列车运行线上注明某次列车被合并)(图3-30)。

(3)列车让车(图3-31)。

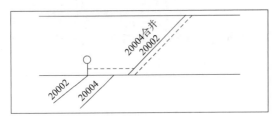

图 3-30　列车合并运行　　　　　　　图 3-31　列车让车

(4)列车反方向运行时,在反方向运行区间的运行线上填写车次及"(反)"字(图 3-32)。

(5)列车在区间内分部运行(图 3-33)。

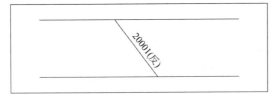 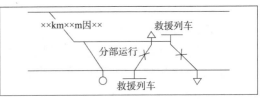

图 3-32　列车反方向运行　　　　　　图 3-33　列车在区间内分部运行

(6)补机途中折返(图 3-34)。

(7)线路中断或施工封锁区间时,应在该区间内画一红横线表示,单线区间中断或封锁(图 3-35)。

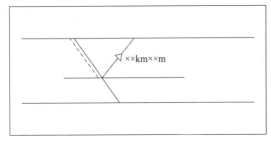 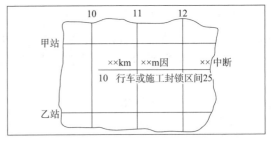

图 3-34　补机途中折返　　　　　　　图 3-35　线路中断或施工封锁区间

(8)双线区间上下行线路全部中断或封锁时,表示方法与单线区间相同;有一线中断或封锁时,以在红横线上或下画的蓝断线表示上行线或下行线中断或封锁(图 3-36)。

(9)因施工或其他原因区间内需要慢行时,自开始时起至终了时止,用红色断线表示,并标明地点(双线应标明行别)、原因、限制速度(图 3-37)。列车调度员可在 CTC/TDCS 运行图终端选择标识隐藏功能予以隐藏相关文字内容。

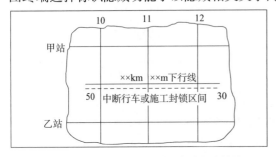 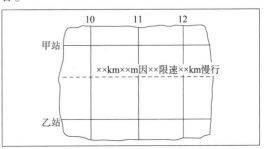

图 3-36　双线区间上下行线路全部中断或封锁　　　图 3-37　施工或其他原因区间内需要慢行

(10)列车在区间内有装卸作业时,应标明车次、作业地点、装卸货物品名(图3-38)。

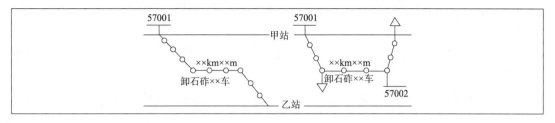

图3-38　列车在区间内有装卸作业

(11)列车在中间站不摘车作业,用红色表示。

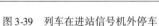

(12)列车在中间站甩挂作业,用蓝色表示,"+"表示挂,"-"表示甩。

$$\frac{-3}{+6} \quad \text{分子表示重车} \atop \text{分母表示空车}$$

(13)列车运缓时,在列车运行线上方用蓝色标明运缓时分;赶点时在列车运行线上方用红色标明赶点时分。

(14)列车在进站信号机外停车时,用红色画"△",并标明停车时分(图3-39)。

(15)机车交路及机车出入库时间的表示方法:机车在本段交路用蓝色实线,在折返段用黑色实线,并在交路上逐列标明出入库时间(图3-40)。

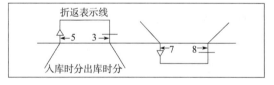

图3-39　列车在进站信号机外停车　　　图3-40　机车交路及机车出入库时间

(16)铁路局集团公司列车工作计划表按下列规定填记。

①纳入日计划开行的列车,在其车次上用蓝色画"√"表示。

②日计划调整开行的列车,在其车次上部用红色画"√"表示。

③停运的车次用蓝色画"-"表示,并简要注明停运原因。

④班计划以外临时加开的列车,用红色"+"表示。

⑤按照列车性质,另外指定车次而利用列车运行图(车次)时刻运行,在编制日计划时,用蓝色括上原车次,在原车次上部写指定的新车次;日计划调整时,用红色表示,方法同前。

三、列车调度员基本作业程序

列车调度员是一个调度区段行车工作的组织者和指挥者,其主要职责是组织、指挥本区段车务、机务、工务、电务、车辆等部门的有关行车人员,组织实现列车运行图、货物列车编组

计划和运输生产计划。为此,列车调度员必须做到:

(1)检查各站执行列车运行图和货物列车编组计划的情况,及时发布有关行车命令和口头指示。

(2)严格按列车运行图指挥行车,遇列车发生晚点时,应积极采取措施,组织有关人员恢复正点。

(3)注意列车在车站到发及区间内的运行情况,正确、及时地处理临时发生的问题,防止列车运行事故。

为了更好地完成上述工作,有关作业人员必须执行列车调度员命令,服从调度指挥。列车调度员应熟悉所辖区段内的天(天气变化)、地(线路、站场等技术设备)、人(主要行车人员)、车(机车车辆)、图(列车运行图),熟悉有关规章制度。在接班前应详细了解情况;在值班过程中应加强与邻台列调、机调、客调等联系,及时制订3~4h列车运行调整计划,及时向主要站、段、邻台进行列车到达时刻的预确报,掌握列车运行及车站作业情况,及时、正确地填记列车实际运行图,按规定提供编制日(班)计划的资料;交班前要为下一班打好交班基础,为接班列车调度员创造良好的工作条件。列车调度员基本作业程序见表3-40。

列车调度员基本作业程序　　　　　　　　　　　　表3-40

时间	作业项目	作业内容
7:30—7:50 (18:30—18:50)	班前准备	(1)阅读有关命令、文电及领导重点指示; (2)了解军运、重点列车注意事项及超限列车限制条件和挂运车次; (3)了解分界口列车交接情况,车流接续,本台列车运行、编组及摘挂作业情况,中间站存车及股道运用、停运列车分布; (4)行车设备使用状态、有关施工和区间路料卸车及区间限速情况; (5)了解跨班的调度命令发布和交付情况; (6)了解旅客列车接入情况及货物列车车位; (7)了解本辖区内装卸作业和配空计划; (8)了解机车交路情况; (9)其他与本岗位有关的事宜
7:50—8:10 (18:50—19:10)	参加接班会	(1)认真听取上一班值班主任对重点事项的交班; (2)汇报本岗位工作情况,针对存在的问题,提出完成任务的方法; (3)听取相关台和其他工种调度情况介绍; (4)听取值班主任布置本班的工作任务和有关的重点注意事项; (5)听取领导传达上级文件、电报、命令及完成军运和各项任务的指示要求
8:10—8:20 (19:10—19:20)	接班	(1)按规定程序检查、使用调度管理信息系统; (2)检查备品、图表和卫生; (3)听取交班者的交班事项,情况不明不准接班; (4)在交接本上互相签字

续上表

时间	作业项目	作业内容
8:00—9:00 (20:00—21:00) 12:30—13:00 (0:30—1:00) 16:30—17:00 (4:30—5:00)	编制3~4h列车运行调整计划	(1)收集编制3~4h列车运行调整计划的相关资料。 (2)编制3~4h列车运行调整计划： ①根据列车运行图按照先客后货、先跨局后管内和按列车的等级顺序的原则铺画列车运行计划线； ②车站列车到、发时分和列车会让计划； ③列车在中间站作业计划； ④区间天窗综合维修施工计划和装卸计划； ⑤重点列车注意事项
9:00(21:00) 13:00(1:00) 17:00(5:00)	下达3~4h列车运行调整计划	(1)对所辖区段的车站、机务段(折返段)等有关作业人员点名； (2)与现场校对钟表； (3)列车到发车次、预计时分、编组内容、机车交路及型号； (4)会让计划、摘挂列车和调小机车外出作业计划； (5)列车保留及恢复运行计划； (6)对重点事项列车调度员通过录音电话口头详细布置给有关站段和人员，并要求有关人员进行复诵
8:20—19:10 (19:20—8:10)	实施3~4h列车运行调整计划	(1)列车运行组织。 ①充分利用线路容许速度，组织晚点列车恢复正点或赶点； ②选择合理的会让站、越行站，在线路容许速度内加速放行列车； ③组织列车进行快速、平行作业，以缩短列车在站作业时间； ④组织好施工点前、点后的列车运行； ⑤按规定，组织反方向行车及列车合并运行； ⑥对非正常情况的列车运行组织指挥，严格按规定程序和要求作业，不得盲目求快； ⑦及时收取列车在车站实际运行和作业后的列车编组内容并预报前方作业站 (2)发布调度命令。 ①详细了解现场情况(包括电化区段是否影响电力牵引)； ②拟写调度命令； ③按规定审核签认； ④发布调度命令(电话发布命令的在复诵核对后再发命令号码和时间)； ⑤按规定落实有关命令是否已经交付 (3)施工组织。 ①阅读施工电报； ②核对施工计划(包括天窗施工计划，下同)； ③与车站核对施工申请； ④发布限速调度命令(包括施工前、后)； ⑤发布准许天窗维修或施工封锁调度命令； ⑥确认施工完毕； ⑦落实是否具备区间开通的条件； ⑧发布施工完毕开通的调度命令

续上表

时间	作业项目	作业内容
8:20—19:10 (19:20—8:10)	实施3~4h列车运行调整计划	(4)区间装卸组织。 ①核对区间装(卸)计划; ②落实装卸车负责人、劳力是否到位; ③发布准许进入区间作业的命令; ④电气化区段填写电调表; ⑤电力机车牵引的列车,接到列车到达指定卸车地点的报告后,办理停电手续; ⑥接到电调停电号码后,下达准许上车作业的命令; ⑦得到并确认作业完毕后请求送电; ⑧发布有关命令 (5)其他工作。 ①向有关站段通报旅客列车晚点情况; ②加强与司机出退勤的联系,根据列车运行情况按时叫班; ③及时、正确、完整地填记各种图表; ④及时完成其他规定内容的工作
14:00—14:30 (2:00—2:30)	提供编制日(班)计划资料	(1)在途列车编组内容、预计到达编组、区段站的时间; (2)按重车分去向,空车分车种,推定本区段各站18:00(6:00)现在车分布情况
19:10—19:20 (8:10—8:20)	交班	(1)整理有关文电重要事项并填写交班日志本; (2)整理室内卫生; (3)与接班人员按交班日志的内容逐项交班; (4)在交接本上互相签字
19:20—19:30 (8:20—8:30)	参加交班会	(1)汇报本岗位工作情况,总结经验教训; (2)听取值班主任对本班工作的情况总结及存在的问题; (3)听取主任(正班主任助理)对本班工作的总结及存在问题

四、调度指挥的基本方法

为维护列车运行秩序,实现按列车运行图行车,列车调度员首先要抓列车始发正点,这是保证列车运行的基础。

1. 组织列车正点出发

(1)组织旅客列车始发正点。

在组织列车正点出发的工作中,保证旅客列车始发正点是实现按列车运行图行车的首要条件,因为旅客列车等级高,一旦晚点就会影响整个区段的列车始发或运行,所以列车调度员应该重视旅客列车始发正点的组织工作。

在具体的组织工作中,对于在本区段始发的旅客列车,列车调度员应加强与各方面的联系工作。在开车前1h左右,对客车底的取送情况、机车的整备工作情况、行包等的装卸情况、旅客组织工作情况等进行检查,发现问题应及时采取措施进行处理,保证列车正点开出。

对由邻区段接入的旅客列车,列车调度员要及时向邻台(局)了解列车正、晚点情况,提前做好列车运行调整计划。当遇有旅客列车晚点时,应设法组织快速作业,与客运调度员密切配合,组织列车乘务员双开车门、组织旅客快上快下、行包快装快卸,及时准备好换挂的机车,缩短列车停站时间,保证列车正点发车。

(2)组织货物列车始发正点。

为了保证货物列车始发正点,列车调度员要抓好车流和机车这两个环节,重点要做好以下工作:

①在编制日(班)计划时,列车出发计划要切合实际,车站作业时间、车流和机车要有保障,避免计划晚点。

②在运行组织上,对编组列车所需车流,组织按时送达,并注意技术站列车的均衡到发,保证车站的正常作业,为按时编组列车创造条件,同时,要注意督促车站按时编组,及时技检。

③对始发列车所需的机车,列车调度员应加速放行,保证机车有足够的整备时间,并督促机务段组织机车按时出库。

④加强与车站的联系,督促车站按时做好发车的各项准备工作,确保按时发车。

2. 列车运行调整的方法

列车始发正点是保证按列车运行图行车的基础,但由于各种原因(如停车待发、停车待接、作业延误、途中运缓等),使列车不一定都能按列车运行图规定的时刻正点运行,当出现这种情况时,需要列车调度员对列车运行进行调整,尽可能使晚点列车恢复正点运行。

列车调度员在进行列车运行调整时,所采用的方法一般有:

(1)充分利用线路、机车、车辆的允许速度,组织缩短列车区间运行时分。为了使晚点列车恢复正点运行,或为了使列车赶到指定地点会车、让车,以及为了赶机车交路、车流接续等,在列车编组、机车类型及技术状态、乘务人员技术水平、线路情况以及天气状况等条件允许的情况下,说明运行调整的意图,提出对本次列车赶点的要求,在司机同意配合的情况下,方可组织实施。

例如,在某单线区段,按列车运行图规定10001要在B站停会K168次,实际工作中因K168次晚点36min,影响10001次的正点运行。列车调度员预先了解到这种情况后,经过周密的计算分析,提前在A站通知10001次司机并征得同意,要求在A—B、B—C两区间"赶点"4min,至C站会K168次,如图3-41所示。

(2)选择合理的会让站,加速放行列车。

当有列车发生早点、晚点或停运、加开时,往往有变更会让站、越行站的必要,以提高铁路运输质量和运输效率。

如图3-42所示,按列车运行图规定22001次在C站会22002次让K225次,现由于22001次在A站早开15min,此时可将22001次与22002次的会车地点改在D站,这样就不必在C站会K225次,提前到达终点,而22004也能早到A站。在双线区段,适当组织列车早开,可以减少待避次数,进而有利于提高列车运行速度。

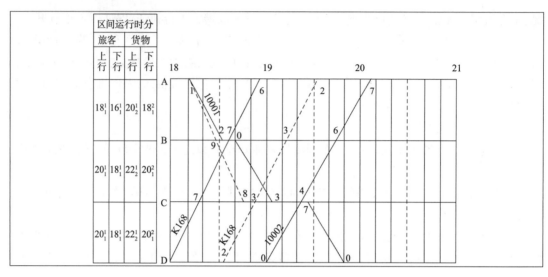

图 3-41　组织列车加速运行调整方法

注：图中实线为计划线，虚线为调整线（下同）。

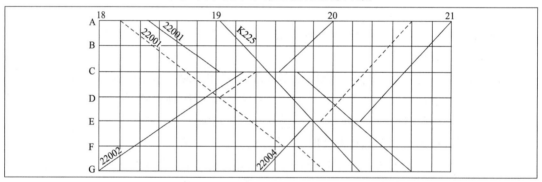

图 3-42　列车早点时，变更会让地点示意图

如图 3-43 所示，11005 次图定在 18:50 到达 C 站停会 11006 次，但因 11005 次列车晚点 40min，此时可将会车地点由 C 站改为 B 站，这样就保证了 11006 次列车的正点运行。

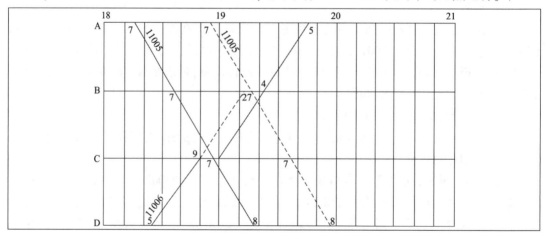

图 3-43　列车晚点时，变更会让地点示意图

(3)组织列车进行快速、平行作业,缩短列车在站作业时间。

一般来说,列车在运行途中往往需要进行一些技术作业。例如,旅客列车在途中需要进行行包装卸、旅客上下车等客运作业,摘挂列车要进行车辆甩挂等作业,当遇有列车发生晚点或加开、停运需要压缩某列车的停站时间时,列车调度员应事先周密计划部署,与车站和司机提前联系说明情况,取得有关人员的支持,组织快速平行作业,压缩列车在站作业时间,保证列车正点运行。

如图 3-44 所示,按列车运行图计划规定 45415 次摘挂列车在 B 站作业并等会 T208 次旅客列车,在 C 站也要进行甩挂作业。现因 T208 次列车晚点,若仍按图定计划在 B 站等会 T208 次列车,就会大大延长 45415 次列车在 B 站的停留时间,造成该列车晚点。此时,为了保证 45415 次列车的正点运行,列车调度员应有预见性地组织 B 站采取各种措施(如提前准备好待挂车辆,尽可能进行平行作业等)抓紧 45415 次列车的作业,缩短其在 B 站的作业停留时间,提前开到 C 站等会 T208 次。这样既保证了 45415 次在 C 站的正常作业时间,也使其能按图定时间正点到达终点。

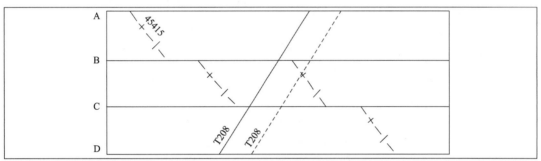

图 3-44 缩短列车在站停留时间示意图

(4)组织反方向行车及列车合并运行。

双线列车反方向运行是列车调度员调整列车运行的一种方法。它是充分运用现有技术设备、提高区间通过能力、组织列车按图行车的有力措施。调整列车运行时,为了避免列车晚点及作业需要,根据不同方向的列车密度,选择有利时机,可组织适当的列车反方向行车。

组织列车反方向行车时,因其属于非正常行车组织办法,不安全的因素较多,所以列车调度员要检查督促车站及有关人员注意行车安全,严格按有关作业程序和要求进行组织。

如图 3-45 所示,按列车运行图规定 42158 次列车要在 C 站待避 2416 次,又要会 25665 次,现 25665 次因故停运,同时,42158 次在 B 站的甩挂作业量较大,在此种情况下,列车调度员可组织利用下行线的空闲时间,在保证安全的前提下,组织 42158 次列车在 C—B 区间反方向运行,这样就可以保证 42158 次摘挂列车在 B 站有充分的作业时间,并保证其正点运行。

组织列车合并运行是将两个在途列车(包括单机)合并成一条运行线运行,是列车调度员在调整列车运行时,为了缓和区间通过能力和车站到发线使用紧张时采取的一种运行调整方法。一般来说,对单机、小运转列车或牵引辆数较少而前方又无作业的列车采用此方法。

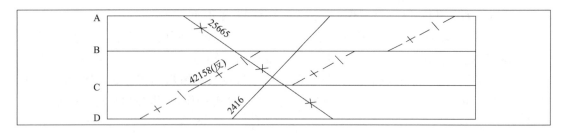

图 3-45　组织列车反方向运行示意图

如图 3-46 所示,将单机 51008 次与 32326 次列车合并,不仅节省了一条运行线,还可以增加 32326 次列车的牵引力。

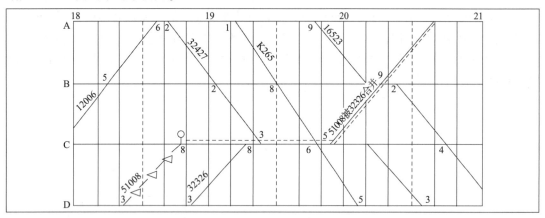

图 3-46　组织列车合并运行示意图

当技术站接车线路紧张时,把编组辆数较少的列车(如摘挂列车、小运转列车等)保留在技术站附近的中间站,与同方向的次一列车合并运行,可以缓和接车线路紧张的矛盾。

五、设备故障时的行车组织办法

1. 设备故障的汇报程序

(1)车务、机务、工务、电务、车辆及其他作业人员发现设备故障影响行车时,应立即通知车站值班员;

(2)车站值班员接到通知后,应立即通知有关设备部门和值班干部;

(3)设备部门接到通知后应尽快查明原因,组织抢修,并将故障的详细情况及预计修复时间报告车站值班员;

(4)车站值班员根据故障情况向列车调度员汇报,列车调度员接到汇报后,根据故障情况向调度所值班主任(副主任)汇报,并根据有关规定发布调度命令或口头指示;

(5)调度所值班主任接到汇报后,根据故障情况向有关领导汇报,并通知设备部门负责人及相关站段负责人;

(6)设备故障时,车务、机务、工务、电务、车辆及其他有关人员应按规定填记"行车设备检查登记簿"。

2. 轨道电路故障时的处理办法

(1)当轨道电路出现红光带不灭时,车站值班员应在"行车设备检查登记簿"内登记,并通知工务、电务等部门前来查明原因,排除故障。若在站内,还必须确认有无机车车辆占用或侵入。

(2)接近或离去区段轨道电路出现红光带不灭时的处理办法。

①自动闭塞区段,接近区段轨道电路故障出现红光带(灯)不灭时,进站信号机可继续使用;离去区段轨道电路故障出现红光带(灯)不灭时,执行《技规》《行规》等有关规定。

②半自动闭塞区段,接近区段轨道电路故障出现红光带(灯)不灭时,进站、出站信号机可继续使用。如果出站信号机不能开放时,改按电话闭塞法行车。

(3)站内轨道电路故障时的处理办法。

①因工务设备故障导致轨道电路出现红光带时,按照工务部门检查后登记的条件行车。在工务部门未确认线路可以行车前,不得放行列车。经工务部门确认线路可以行车后,按下述第②、③款规定办理。

②无岔及道岔区段轨道电路出现红光带不灭时应按引导办法接车,改按电话闭塞法发车(自动闭塞区段,发给司机绿色许可证发车)。

③到发线轨道电路故障时:到发线有机车车辆占用但轨道电路不亮红光带,发出列车时,可开放出站信号机,对存放车辆的线路,应在控制台上(计算机联锁车站在平面图上)揭挂"停有车辆"表示牌,并将道岔开通其他空闲线路;到发线无机车车辆占用但轨道电路亮红光带必须接车,有其他空闲到发线时,应在不少于《站细》规定时间内变更接车线接车;无其他空闲到发线或来不及变更时,应在确认接车线路空闲后,改按引导办法接车。

【例3-1】　　　　　盲目使用故障按钮而造成重大行车事故

　　B站为单线半自动闭塞,×年×月×日,B站值班员7:30接班,于7:38接到A站22523次列车发车通知后,填写了行车日志并排好2道接车进路。7:39又接到C站11848次的开车通知,也填写了行车日志。随后准备到粮库借油漏斗给职工分油,让该站代务站务员(车站值班员职名)替他顶岗,只向站务员交代22523次开过来了,C站有站外调车,没有交代11848次列车已从C站发出。

　　B站站务员接替车站值班员工作后,大约7:53听到22523次司机用无线列车调度通信设备呼叫B站,询问能否通过。B站站务员回答:"慢一点,看信号。"并两次询问C站站外调车情况。7:55,C站值班员通知调车已结束,B站站务员问C站:"闭塞表示灯亮的是什么灯?"C站值班员回答:"是红灯。"B站站务员说:"我这头也是红灯。"B站站务员又问:"我取消吗?"C站说:"你取消。"于是B站站务员使用故障按钮取消了11848次占用区间的表示灯,接着与C站值班员办理了22523次列车闭塞手续,开放了22523次列车2道出站信号机,7:57 22523次列车由B站通过。

　　22523次列车通过B站后,B站向列车调度员报点:"22523次7:57通过。"列车调度员作了复诵。过了大约1min,列车调度员又找到B站报点,B站站务员说:"报啥点呀? 不都报了吗?"调度员说:"你11848次呢?"B站站务员说:"不知道。"接着站务员问A、C两站11848次列车情况,当C说:"11848次7:39开了。"B站站务员才想起查

> 看行车日志,发觉 11848 次还在区间,急忙用列车无线调度通信设备呼唤 22523 次列车停车。此时,22523 次与 11848 次货物列车已发生正面冲突,导致机车乘务员死亡 5 人、重伤 3 人、机车大破 4 台、货车报废 1 辆、大破 4 辆、中破 2 辆,中断正线行车 25h15min 的惨重损失,构成行车事故。

(4)故障复原及辅助办理。

①故障复原是在半自动闭塞区间,遇接车轨道电路发生故障、闭塞设备停电后恢复供电、列车因故退回原发车站等情况下使用,以人工办理复原。辅助办理是在设有双向闭塞设备的自动闭塞区间,相邻车站在办理改变闭塞方向的过程中,如遇方向电路故障而出现"双接"或区间空闲有其他原因(监督电路故障),造成"监督区间"表示灯亮红灯而不能正常办理转换闭塞方向时,可以使用"辅助办理"的方式改变闭塞方向。

②遇到上述情况应及时报告列车调度员,申请和抄收允许使用故障按钮或总辅助按钮的调度命令。

③使用时,要先确认计数器号码,再破封按压按(拉出)按钮,并在"行车设备检查登记簿"内登记。使用辅助办理方法改变列车闭塞方向时要先按下两个按钮,即先按下总辅助按钮再按下发车辅助按钮(发车站)或再按下接车辅助按钮(接车站)。

在"行车设备检查登记簿"内登记时,内容要简明扼要,并记明使用时间和使用人。例如:"因××原因,使用××按钮,计数器号码由××号变为××号。"

④使用后,要及时通知电务人员加封,同时双方在"行车设备检查登记簿"内登记、签字。车站值班员在"行车设备检查登记簿"内记明通知时间、通知方式和被通知人姓名。

电务人员到达后,首先确认按钮使用情况,核对车站值班员在"行车设备检查登记簿"内的登记内容,并在"行车设备检查登记簿"内签名,记明到达时间。

电务人员对按钮进行施封,并在"行车设备检查登记簿"内登记、签字。例如:"对××按钮施封完毕,计数器号码为××号。"

车站值班员在对按钮的施封状态和电务在"行车设备检查登记簿"内的登记内容检查确认后签字。

3. 控制台上进站、出站、进路信号机表示灯灭灯时的处理办法

(1)进站(进路)信号机表示灯红灯灭灯时,开放进站(进路)信号机后,绿(黄)灯亮灯时,可继续使用。

(2)进站(进路)信号机表示灯红灯亮灯时,开放进站(进路)信号机后,红灯灭灯,绿(黄)灯无显示,确认地面信号机显示正确后,可继续使用。

(3)出站(进路)信号机开放后,控制台上表示灯无显示时,确认地面信号机显示正确后,可继续使用。

4. 控制台断丝表示灯亮红灯时的处理办法

控制台断丝表示灯亮红灯时,车站值班员应立即通知电务人员前来检查处理;如果控制台上进站(出站)信号机表示灯能正常显示时,进站(出站)信号机可正常使用;如果出站信号机表示灯红灯熄灭而绿灯可以正常显示时,仍可开放出站信号机发车。

5. 进路表示光带灭灯时的处理办法

进路表示光带灭灯时，车站值班员应通知工务、电务人员前来检查处理，并指派胜任人员到现场确认尖轨密贴于基本轨、道岔位置开通正确及进路空闲后，进站(出站)信号机可继续使用。

6. 出站信号机故障时发车办法及自动闭塞区间通过信号机故障时的处理办法

(1) 出站信号机故障时发车办法。

【例3-2】

××电务段信号工违章作业，使××站信号与道岔区段轨道电路失去联锁，列车压标时能开放进站信号；造成进站的11413次货物列车与停留在车站的11507次货物列车尾部猛烈相撞，机车报废1台，货车报废2辆、大破2辆、中破1辆、小破2辆，直接经济损失达132万元，构成"信号、联锁故障而导致列车冲突"的行车事故。

这起事故的教训是，除电务检修作业人员要遵守规章作业、确保信联闭等行车设备质量良好之外，车站值班员在接发列车作业过程中，必须认真操纵和监视信号；发现信号设备故障时，要立即停止使用，并严格执行"检修后的设备，经试验良好无误后再签收"的制度。

由此可见，接发列车安全对信号的要求：

①信号能正确显示和准确执行。

②当遇到信号设备发生故障时，必须能够正确及时地采取安全应变措施，以保证接发列车安全。

③遇出站信号机发生故障后，进站信号机不能显示通过信号时，为避免列车在出站信号机前停车，对通过列车应事先预告司机，车站值班员除按规定递交行车凭证外，还应显示通过手信号(昼间：展开的绿色信号旗；夜间：绿色灯光)，使列车不停车通过车站。来不及向司机预告时，可使通过列车在车站停车，司机收到凭证后再开。

④出站信号机发生故障时，发车进路上的对向道岔及邻线上的防护道岔必须加锁。

⑤装有进路表示器或发车线路表示器的出站信号机，当表示器显示不良时，由发车人员口头通知司机后，列车可凭出站信号机的显示出发。因为进路表示器及发车线路表示器只是出站信号机显示的附加表示，而不是占用区间的凭证。

(2) 自动闭塞区间通过信号机故障时的处理办法。

①自动闭塞区间内通过信号机故障(包括显示不明或灯光熄灭)，按照《技规》《行规》有关规定需要停用基本闭塞法时，改用电话闭塞法行车。

②自动闭塞区间内通过信号机故障(包括显示不明或灯光熄灭)，按照《技规》《行规》有关规定不需要停用基本闭塞法时，除执行《技规》有关规定外，对已进入区间的列车，车站值班员必须利用列车无线调度通信设备提醒司机注意运行；对未进入区间的后续列车，列车调度员必须发布注意运行的调度命令，固定用语为："根据××站报告，××站至××站间×行线×km×m处通过信号机××，××次列车运行至该处时特别注意运行。"

7. 计轴自动闭塞设备发生故障时的处理办法

（1）计轴自动闭塞设备发生故障时，车站值班员应通知电务维修人员检查设备状态，确认轴数，然后根据设备状态按以下办法办理行车：

①大区间检查表示灯显示故障而区段轨道状态表示灯显示正常时，车站值班员在确认各区段空闲后，可破封使用"大区间复零"按钮复位，并通知电务人员补封。

②区段轨道状态表示灯显示故障时，车站值班员必须确认该区段空闲、计轴数小于或等于1后，方可破封使用"区段预复零"按钮复位，并通知电务人员补封；单独使用"区段预复零"按钮以后，开往区间的首次列车，不得停用基本闭塞设备。

③区段轨道状态表示灯显示故障，使用"区段预复零"按钮不能复位或需要直接复零时，车站值班员必须确认站间区间空闲、计轴数小于或等于1，经调度命令同意后，方可同时使用"故障复零"按钮和"区段预复零"按钮复位，并通知电务人员补封。

④区段轨道状态表示灯显示故障，计轴数大于1，使用区段预复零方式和直接复零方式不能对该区段计轴设备复位时，电务维修人员应在"行车设备检查登记簿"内登记申请断电，在车站值班员确认站间区间空闲并签认后，方可进行断电故障处理。

（2）使用上述方法仍无法排除故障时，车站值班员在确认区间空闲后，停用基本闭塞法改用电话闭塞法行车。

8. 电动道岔发生故障时的处理办法

在转换电动道岔准备接发列车进路时，如挤岔表示灯亮灯、电铃长鸣而道岔不能转换到所需位置时，车站值班员应及时将道岔恢复原来位置，除立即通知工务、电务人员检查之外，并指派扳道人员携带电动道岔钥匙及手摇把，前往故障地点检查原因；需要启开开闭器就地操纵准备进路时，扳道人员听到电动转辙机箱内发出的"咔嚓"声后停止摇动，确认尖轨密贴于基本轨后，按规定对道岔加锁（分动外锁闭道岔不论对向或顺向均应对尖轨和心轨加锁），勾锁器应加在道岔尖轨的第一连接杆处，左右不得超过0.5m（分动外锁闭道岔铺设后应指定加锁位置并做好标记）。如果没有听到"咔嚓"声（包括外锁闭道岔锁闭装置故障或道岔转辙机与道岔锁闭杆脱离时），不论对向或顺向道岔均应加勾锁器。此时，车站值班员应通知养路工区派人将道岔钉闭（分动外锁闭道岔包括密贴尖轨、斥离尖轨和心轨）。车站值班员得到扳道人员关于接发列车进路正确开通、道岔已按规定加锁或钉闭的报告后，方可按引导办法接车或改按电话闭塞法发车（自动闭塞区段可发给司机绿色许可证发车）。

9. 交流停电和恢复供电时的处理办法

（1）停电表示灯亮红灯、电铃长鸣时，应按下停电切断按钮。此时，铃声停止。如果控制台轨道区段表示灯出现红灯时，列车接发及道岔转换均按本书任务3.6相关规定办理。

（2）恢复供电时：

①停电表示灯红灯熄灭，电铃再度长鸣，应拉出切断电铃按钮。此时，铃声停止，控制台全部恢复正常状态，可按正常办法接发列车。

②进站（出站）信号机开放后，突然停电，如果信号机自动关闭后又恢复供电时，应待进路解锁后，重新开放信号机。

③半自动闭塞车站，发车闭塞办妥后，突然停电，如果又立即恢复供电，闭塞表示灯亮红

灯时,应使用闭塞故障按钮复原。

(3)交流临时停电,应立即通知电务人员和供电段前来检查处理。

10. 恶劣天气难以辨认信号时的处理办法

遇恶劣天气,信号机显示距离不足200m时,司机或车站值班员必须立即报告列车调度员,列车调度员应及时发布调度命令,改按天气恶劣难以辨认信号的办法行车。

(1)列车按机车信号的显示运行。当接近地面信号机时,司机应确认地面信号,遇地面信号与机车信号显示不一致时,应立即采取减速或停车措施。

(2)当无法辨认出站(进路)信号机显示时,在列车具备发车条件后,司机凭车站值班员列车无线调度通信设备(其通信记录装置必须作用良好)的开车通知,起动列车,在确认出站(进路)信号机显示正确后,再行加速。

(3)天气转好时,应及时报告列车调度员发布调度命令,恢复正常行车。

11. 列车标志不完整时的处理办法

(1)夜间运行途中,遇列车标志不完整时,司机应及时报告车站值班员、列车调度员。机车头灯、标志灯之一不能使用时,可继续运行;机车头灯、标志灯均不能使用时,应维持运行到前方站停车处理;运行中应及时鸣笛(有禁鸣、限鸣规定的除外),警告行人、交通车辆及接发车人员。

(2)发现旅客列车尾部标志灯光熄灭时,车站值班员应及时通知车辆乘务员在前方停车站处理。

(3)发现列尾装置主机故障或丢失时,必须报告列车调度员,并在最近的前方站停车处理。此时,列车调度员必须发布调度命令至沿途各站、列车司机、列尾设备维修所(列尾工区),故障时准以故障的列尾装置主机、丢失时准以尾部车辆吊起的软管作为列车尾部标志。车站助理值班员接发列车时要注意列车尾部状况,发现异状可能危及行车安全时,要及时通知司机并进行处理。车站值班员必须确认列车整列到达后,方可办理区间开通手续。

六、特殊情况下的行车组织办法

1. 列车冒进信号

列车冒进信号机后,不得擅自动车。司机必须立即报告车站值班员,按车站值班员的指示办理。

2. 列车运行中严重晃车

(1)列车运行途中,司机将晃车里程记录于司机手册;同时,立即向车站值班员报告。

(2)车站值班员接到报告后,必须立即报告列车调度员,同时呼叫后续列车减速慢行或采取拦停列车措施,并通知工务工区赶赴现场检查,对晃车处所迅速抢修。

(3)列车调度员接到报告后,应根据现场具体情况,果断采取措施,立即发布限速慢行或封锁区间的调度命令。

3. 汛期暴风雨中行车

(1)列车通过防洪危险地段时,司机要加强瞭望,并随时采取必要的安全措施。"防洪危险地段"由铁路局集团公司查定公布,并必须抄送跨局列车运行相关的铁路局集团公司。

（2）当洪水漫至路肩时，列车应按规定限速运行；遇有落石、倒树等障碍物危及行车安全时，司机应立即停车排除障碍并确认安全无误后，方可继续运行。

（3）列车遇到线路塌方、道床冲空等危及行车安全的突发情况时，司机应立即采取停车措施，并按退行有关规定迅速将列车退至安全地段；同时，立刻通知邻近车站、邻线列车及跟踪列车。

4. 电力机车被迫停在接触网分相无电区

电力机车被迫停地接触网分相无电区时，司机要立即降弓，查明列车前方接触网无电区长度，判断电力机车能否从前部救援，并及时报告车站值班员和列车调度员。列车调度员根据司机的报告和救援机车实际情况，确定救援方案进行救援。

5. 旅客列车有扒乘人员的处理

列车调度员接到旅客列车有人扒乘的报告后，必须立即安排列车在前方站停车处理。电气化区段，处理旅客列车车顶闲杂人员时，应先停电，后处理。

 复习思考

1. 为什么要进行车流调整？调整方法有哪些？
2. 重车调整有哪些措施？
3. 日（班）计划有哪些内容？
4. 运行调整计划的编制应遵循哪些原则？
5. 运行调整计划的主要内容有哪些？
6. 如何确认区间空闲？
7. 布置进路有哪些要求？
8. 接发列车线路使用应遵循哪些原则？
9. 相对方向同时接车和同方向同时发接列车有什么规定？
10. 列车在区间被迫停车后应如何处理？
11. 哪些情况列车调度员不发布调度命令？
12. 基本图与实际图有哪些区别？

项目 4

高速铁路调度指挥

项目内容

本项目主要介绍高速铁路调度工作计划、列车运行组织、调度命令、调度指挥方法等。

学习目标

1. 能力目标

根据《技规》《调规》、列车运行图等相关规定,正确组织指挥高速铁路列车运行。

2. 知识目标

了解高速铁路运输调度的基本要求,掌握运输调度日常工作必须遵循的基本原则、工作方法、作业程序和相互关系。

3. 素质目标

培养"大局"意识,树立"调度工作无小事"的观念。

任务 4.1 调度工作计划

一、调度日计划

调度日计划是日常运输组织工作的基础,是一日(0:00—24:00)运输工作的综合部署,是保证均衡完成运输生产经营和施工任务的前提,包括列车开行计划、施工计划、维修计划。

(一)调度日计划编制的主要依据

(1)基本列车运行图(包括分号列车运行图)、有关技术作业时间标准。

(2)有关文件、电报及调度命令。

(3)动车组运用(车型、组数)、检修计划及回送、试运行、调向申请等。

(4)分界站协议。

(5)月度施工计划(批复文电)及主管业务部室提报的施工计划、路用列车开行和设备维修作业计划申请。

编制列车开行车次时,不仅要结合基本列车运行图(包括分号列车运行图)、文件电报、调度命令等因素,还应考虑动车组试运行、回送、司乘人员配置等因素;编制动车组列车所对应的车组(型号、重联)、动车组车底运用方案时必须综合考虑动车组走行公里、客流以及检修情况。同时,还应根据月度施工计划(批复文电)及主管业务部室提报的施工计划、路用列车开行、设备维修作业计划申请等,编制施工日计划和维修日计划。

(二)调度日计划的编制原则

(1)坚持安全生产的原则。
(2)贯彻国家运输政策的原则。
(3)按列车运行图行车的原则。
(4)按施工、维修计划安排施工、维修,坚持运输与施工、维修兼顾的原则。
(5)经济合理地使用动车组和其他运输设备,提高运输效率和效益的原则。

(三)列车开行计划

1.列车开行计划的主要内容

(1)列车开行车次。
(2)临时定点列车始发站、终到站、运行径路、沿途客运业务办理站及到(发)时分、动车组股道运用计划。
(3)开行列车所对应的车组(型号、重联)、动车组车底运用方案及路用列车开行计划。
(4)重点事项。

2.列车开行计划的编制和下达

(1)计划调度员每日10:00前根据基本列车运行图(包括分号列车运行图)及相关文件、电报和调度命令确定次日动车组开行方案,转交动车调度员和相关机务(机辆)段、动车段(车辆段)、客运段。
(2)动车调度员15:00前将动车组车底运用方案(含热备车)及重点事项,转交计划调度员。
(3)施工调度员15:00前将路用列车运行计划,转交计划调度员。
(4)计划调度员16:00前与邻局调度所交换动车组开行计划。
(5)17:30前形成次日列车开行计划。

列车开行计划经调度所主任(副主任)审核批准后,报国铁集团调度中心,并于18:00前以调度命令下达有关单位、调度台。

3.列车开行计划的实现

为实现列车开行计划,维护良好的运输秩序,要求:
(1)组织有关运输生产单位按各项作业时间标准完成作业。
(2)组织晚点旅客列车恢复正点。

(四)施工计划

施工计划由调度所施工调度依据月度施工计划编制,应将主管业务部室提报的施工日计划申请与月度施工计划(或批复文电,月度补充计划)进行核对,对施工编号、等级、项目、日期、作业内容、地点、时间、施工限速、影响范围、行车方式变化及设备变化、施工单位(含配合单位)、施工负责人以及路用列车进出区间方案、区间及站内装卸路料计划等事项予以明确。

1. 施工计划内容

(1)施工计划编号、等级、项目。

(2)施工日期、作业内容、地点(含线别、区间、车站、股道、道岔、行别、里程)和时间。

(3)施工限速(含施工邻线限速)、影响范围、行车方式变化及设备变化。

(4)施工单位(含配合单位)、施工负责人。

(5)路用列车进出区间方案。

(6)区间及站内装卸路料计划。

2. 施工计划编制和下达

(1)施工单位于施工前3日将施工计划申请报铁路局集团公司主管业务部室(建设项目施工日计划申请应先报项目管理机构预审,再报主管业务部室),主管业务部室审核(盖章)后,于施工前2日9:00前向施工办提报施工日计划申请,其中铁路局集团公司所管设备越过局间分界站延伸至相邻铁路局集团公司调度管辖区段(简称延伸段)的施工日计划申请向调度管辖区段铁路局集团公司施工办提报。

(2)施工办应将主管业务部室提报的施工日计划申请与月度施工计划(批复文电)进行核对,并将Ⅰ级施工、高速铁路和繁忙干线国铁集团管理的施工计划申请于施工前2日15:00前报国铁集团调度中心,调度中心根据国铁集团月度施工计划和批准的施工文电进行审核后,于施工前2日18:00前反馈相关铁路局集团公司施工办,施工办据此编制施工日计划。

(3)纳入月度施工计划的施工项目原则上不准停止施工。因专特运等原因需停止施工时,应经铁路局集团公司分管运输副总经理(总调度长)批准,原则上于前1日14:00前以调度命令通知有关单位。已批准的国铁集团管理的施工计划,应经国铁集团调度中心主任(副主任)批准。

(4)编制的施工日计划经施工办主任(副主任)审核后,纳入调度日计划。

(5)施工调度台于施工前1日12:00前(0:00—4:00执行的施工日计划于前1日8:00前)将施工日计划下达有关机务(机辆)段、动车段(车辆段)和车务站段,传(交)主管部室和相关列车调度台、计划调度台、供电调度台;主管业务部室负责通知施工单位、配合单位,车务段(直属站)负责通知相关车站。其中涉及邻局的车务段(直属站)和相关调度台时,传(交)邻局施工办并由其负责转达。施工日计划不作为机务部门行车依据。

(6)Ⅰ级施工、高速铁路和繁忙干线国铁集团管理的施工日计划,施工办于施工前1日15:00前报国铁集团调度中心。

(7)施工日计划下达后,不得随意取消施工日计划(项目)。因特殊原因临时取消时,应经铁路局集团公司分管运输副总经理(总调度长)批准(Ⅰ级施工、高速铁路和繁忙干线国铁集团管理施工计划还应经国铁集团调度中心主任或副主任批准),并采取行车安全措施后,以调度命令办理取消(含取消或重新发布运行揭示调度命令)。

(8) 施工日计划下达后,施工开始前,施工单位因自身原因取消施工时,不发布取消施工的调度命令。涉及运行揭示调度命令的施工取消时,施工单位应登记行车条件,铁路局集团公司调度所根据登记发布调度命令。

(五) 维修计划

调度所施工调度负责审核,下达维修计划,主要对作业项目、地点、时间、作业单位、配合作业单位、作业负责人、影响范围、路用列车进出区间方案等事项予以明确。

1. 维修计划内容

作业项目、地点、时间,作业单位,配合作业单位,作业负责人,影响范围,路用列车进出区间方案等。

2. 维修计划编制和下达

(1) 设备管理单位于维修作业前3日向本局主管业务部室提报计划申请,其中延伸段的维修作业计划申请,设备管理单位于维修作业前4日向本局主管业务部室提报,本局主管业务部室与局内相关业务部室沟通协调后,于维修作业前3日向调度管辖区段铁路局集团公司主管业务部室提报计划申请,由调度管辖区段铁路局集团公司主管业务部室编制维修计划并向施工办提报实施。

铁路局集团公司主管业务部室根据设备管理单位的提报,与其他主管业务部室沟通协调后编制本专业维修计划,于维修作业前2日9:00前报铁路局集团公司施工办,施工办负责审核维修日计划。

(2) 施工办于维修作业前1日12:00前将维修日计划下达本局有关车务段(直属站),传(交)主管业务部室和有关计划调度台、列车调度台、供电调度台,其中涉及邻局的车务段(直属站)和相关调度台,传(交)邻局施工办并由其负责转达。主管业务部室负责通知作业单位、配合单位,车务段(直属站)负责通知相关车站。

(3) 维修日计划下达后,不得随意取消维修日计划(项目)。因特殊原因临时取消时,应经铁路局集团公司分管运输副总经理(总调度长)批准,以调度命令办理取消。施工单位因自身原因取消维修时,不发布取消维修的调度命令。

(4) 维修日计划下达后,因特殊原因需临时增加维修作业时,在不与其他施工及维修作业产生冲突的情况下,由设备管理单位报调度管辖铁路局集团公司主管业务部室审核同意后,报调度管辖区段铁路局集团公司施工办实施。铁路局集团公司所管设备越过局间分界站延伸至邻局调度指挥区段时,由调度管辖铁路局集团公司业务部室审核同意后,报铁路局集团公司施工办实施。

二、3~4h 列车运行调整计划

3~4h 列车运行调整计划是列车调度员组织列车运行调整的综合部署,也是实现列车运行图、运输生产经营计划和日计划的具体行动计划。

1. 3~4h 列车运行调整计划的内容

(1) 车站列车到、发时分和列车会让计划(采用计算机下达的为实时调整计划)。

(2) 列车在中间站作业计划。

(3)施工、维修计划及天窗时间安排。
(4)重点注意事项。

2.列车运行调整的方法

列车调度员进行列车运行调整时,一般采用如下方法:
(1)组织列车按允许速度运行。
(2)选择合理的会让站。
(3)组织列车在车站进行平行作业。
(4)组织列车反方向行车。

任务4.2　接发列车

我国高速铁路采用调度集中系统,调度集中控制模式分为分散自律控制和非常站控两种模式。

调度集中分散自律控制模式分为中心操作方式、车站调车操作方式和车站操作方式。

(1)在中心操作方式下,调度终端具有信号设备的全部控制权,列车调度员对列车及调车进路均有操作权,车站对列车及调车进路均无操作权。

(2)在车站调车操作方式下,列车调度员对列车进路有操作权,对调车进路无操作权。而车站对调车进路有操作权,对列车进路无操作权。

(3)在车站操作方式下,车务终端具有信号设备的全部控制权,车站对列车及调车进路均有操作权,列车调度员对列车及调车进路均无操作权。

车站调度集中基本操作方式由铁路局集团公司统一公布。

车站控制是指调度集中区段车站在车站操作方式或非常站控模式下,由车站值班员负责办理列车及调车进路的状态。

一、行车闭塞

我国高速铁路采用的行车基本闭塞法有自动闭塞和自动站间闭塞两种。自动闭塞以闭塞分区作为列车间隔,自动站间闭塞则是以站间(所间)区间作为列车间隔。

在自动闭塞区段,正方向行车、列车按自动闭塞运行;反方向行车,列车按自动站间闭塞行车。

电话闭塞法是在基本闭塞法不能使用条件下,主要靠人工检查确认和联系制度来保证实现列车运行空间间隔的代用闭塞方法。车站使用电话闭塞法行车须有列车调度员命令,并严格按有关电话闭塞接发列车规定的程序、制度办理行车作业。

(一)自动闭塞

自动闭塞是将站间区间划分为若干闭塞分区,以闭塞分区作为列车追踪运行空间间隔,根据列车运行及有关闭塞分区状态,自动变换信号显示和发送列车移动授权信息,列车凭地面信号或车载信号行车的闭塞方法。

1. 正常情况下的行车凭证

（1）列控车载设备显示的允许运行的速度值。

使用自动闭塞法行车，动车组列车在完全监控、引导或者部分监控模式下运行时，行车凭证为列控车载设备显示的允许运行的速度值。

（2）允许运行的信号（在信号机常态灭灯的区段，信号机应点灯）。

动车组列车按LKJ方式运行以及动车组以外的列车，在信号机常态点灯的区段，进入闭塞分区的行车凭证为出站信号或者通过信号机显示的允许运行信号；在信号机常态灭灯的区段，进入区间的行车凭证为出站信号机或者线路所通过信号机显示的允许运行信号，信号机应点灯。

2. 发车预告的办理

（1）调度集中区段，一个调度区段内可不办理发车预告手续。

（2）两相邻调度集中的调度区段间或者调度集中区段车站（线路所）向非调度集中区段车站（线路所）发车时，由系统自动办理发车预告，遇设备故障无法自动办理时，人工办理发车预告（相邻调度区段列车运行调整计划一致时可不办理发车预告）。非调度集中区段车站（线路所）向调度集中区段车站（线路所）发车时，车站值班员应当向列车调度员（车站控制时为车站值班员）办理发车预告。

3. 特殊情况下的行车凭证

（1）在信号机常态点灯的CTCS-2级自动闭塞区段，特殊情况下办理发车的行车凭证规定见表4-1。

信号机常态点灯的CTCS-2级自动闭塞区段特殊情况下办理发车的行车凭证表　表4-1

序号	特殊情况	控车方式	行车凭证	发给行车凭证的依据	附带条件
1	出站信号机（线路所通过信号机）故障时发出列车	LKJ(GYK)控车	调度命令	1.确认第一个闭塞分区空闲；2.确认道岔位置正确及进路空闲	以不超过20km/h（动车组列车为不超过40km/h）速度运行至第一架通过信号机，按其显示的要求执行
2		隔离模式运行		1.确认区间空闲；2.确认道岔位置正确及进路空闲	以不超过40km/h速度运行至前方站进站信号机（线路所通过信号机）
3	发车进路信号机故障时发出列车	LKJ(GYK)控车	调度命令	1.确认发车进路空闲；2.确认道岔位置正确	以不超过20km/h（动车组列车为不超过40km/h）速度运行至次一信号机
4		隔离模式运行			以不超过40km/h速度运行至次一信号机

项目4 高速铁路调度指挥

续上表

序号	特殊情况	控车方式	行车凭证	发给行车凭证的依据	附带条件
5	区间一架及以上通过信号机故障时发出列车	CTCS-2级控车	列控车载设备显示的允许运行的速度值	确认区间空闲	
6		LKJ（GYK）控车	出站信号机（线路所通过信号机）显示的允许运行的信号		
7	反方向发出列车	CTCS-2级控车	列控车载设备显示的允许运行的速度值	1.确认区间空闲；2.反方向行车的调度命令	
8		LKJ（GYK）控车	出站信号机（线路所通过信号机）显示的允许运行的信号		

（2）CTCS-3级以及信号机常态灭灯的CTCS-2级自动闭塞区段，特殊情况下办理发车的行车凭证规定见表4-2。

CTCS-3级以及信号机常态灭灯的CTCS-2级自动闭塞区段特殊情况下办理发车的行车凭证表

表4-2

序号	特殊情况	控车方式	地面信号机状态	行车凭证	发给行车凭证的依据	附带条件
1	开放引导信号发出列车	CTCS-3级控车 CTCS-2级控车	灭灯	列控车载设备显示的允许运行的速度值	1.确认第一个闭塞分区空闲（发车进路信号机开放引导信号时，为确认至次一信号机间空闲）；2.确认道岔位置正确及进路空闲	
2	开放引导信号发出列车	LKJ（GYK）控车	点灯	出站信号机（发车进路信号机、线路所通过信号机）显示的允许运行的信号	1.确认区间空闲（发车进路信号机开放引导信号时，为确认至次一信号机间空闲）；2.确认道岔位置正确及进路空闲	

209

续上表

序号	特殊情况	控车方式	地面信号机状态	行车凭证	发给行车凭证的依据	附带条件
3	出站信号机（线路所通过信号机）故障且引导信号不能开放时发出列车	LKJ（GYK）控车	点灯	调度命令	1.确认区间空闲；2.确认道岔位置正确及进路空闲	以不超过40km/h速度运行至前方站进站信号机（线路所通过信号机）
4		隔离模式运行				
5	发车进路信号机故障且引导信号不能开放时发出列车	LKJ（GYK）控车	点灯	调度命令	1.确认发车进路空闲；2.确认道岔位置正确	以不超过20km/h（动车组列车为不超过40km/h）速度运行至次一信号机
6		隔离模式运行				以不超过40km/h速度运行至次一信号机
7	区间一个及以上闭塞分区轨道电路红光带时发出列车	CTCS-3级控车 CTCS-2级控车	灭灯	列控车载设备显示的允许运行的速度值	确认区间空闲	
8		LKJ（GYK）控车	点灯	调度命令	1.确认区间空闲；2.确认道岔位置正确及进路空闲	
9	反方向发出列车	CTCS-3级控车 CTCS-2级控车	灭灯	列控车载设备显示的允许运行的速度值	1.确认区间空闲；2.反方向行车的调度命令	
10		LKJ（GYK）控车	点灯	出站信号机（线路所通过信号机）显示的允许运行的信号		

（3）表4-1与表4-2的有关说明。

表4-1中第1、2项和表4-2中第3、4项，是指在出站信号机不能开放且引导信号不能开放时发出列车，此时发车进路与信号机间失去了联锁关系或无联锁关系。列车调度员（车站值班员）必须在做好下列工作后，方准发布调度命令，组织发出列车。

①确认第一个闭塞分区空闲,当按隔离模式运行时以及在 CTCS-3 级或信号机常态灭灯的 CTCS-2 级区段,必须确认区间空闲。

②确认进路道岔位置正确及进路空闲。

表 4-1 中第 3、4 项和表 4-2 中第 5、6 项,是指发车进路信号机(同一发车进路上一架或多架进路信号机)因故不能开放的情况下发出列车时,列车调度员(车站值班员)确认发车进路空闲、进路道岔位置正确并按规定加锁后,发布调度命令发出列车的作业方式。

表 4-1 中第 5、6 项和表 4-2 中第 7、8 项,是指区间一架及以上通过信号机故障或区间一个及以上闭塞分区轨道电路红光带时发出列车,列车调度员(车站值班员)确认区间空闲后,对 ATP 控车的列车,列车以列控车载设备显示的允许运行的速度值作为行车凭证;对 LKJ(GYK)控车的列车,在信号机常态点灯的 CTCS-2 级区段,行车凭证为出站信号机(线路所通过信号机)显示的允许运行的信号,在 CTCS-3 级以及信号机常态灭灯的 CTCS-2 级区段,行车凭证为调度命令。

表 4-1 中第 7、8 项和表 4-2 中第 9、10 项,是指列车在正方向运行线路上运行时,可自动追踪运行;在反方向线路上运行时,按站间间隔运行。由于我国铁路在双线区间实行左侧单方向行车制度,反方向行车时,应发布调度命令,在发车前必须确认反方向运行的线路上无迎面列车运行,区间空闲,在控制台上确认区间占用表示灯表示区间空闲后,办理改变列车运行方向手续,排列反方向发车进路,组织反方向发出列车,列车进入区间的行车凭证,对 ATP 控车的列车,列车以列控车载设备显示的允许运行的速度值作为行车凭证;对 LKJ(GYK)控车的列车,行车凭证为出站信号机(线路所通过信号机)显示的允许运行信号。

表 4-2 中第 1、2 项,是指开放引导信号发出列车时,应确认区间空闲、道岔位置正确及进路空闲。对 ATP 控车的列车,列车以列控车载设备显示的允许运行的速度值作为行车凭证;对 LKJ(GYK)控车的列车,行车凭证为出站信号机(线路所通过信号机)显示的允许运行信号。

(二)自动站间闭塞

自动站间闭塞是由区间两端站的出站信号机(线路所通过信号机)和轨道检查装置构成联锁关系,自动检查区间空闲,列车以站间(所间)区间为间隔运行,通过办理发车进路和检查列车出清区间的方式,自动实现区间闭塞和区间开通。

1. 正常情况下的行车凭证

(1)列控车载设备显示的允许运行的速度值。

使用自动站间闭塞法行车,动车组列车在完全监控、引导或者部分监控模式下运行时,行车凭证为列控车载设备显示的允许运行的速度值。

(2)允许运行的信号(在信号机常态灭灯的区段,信号机应点灯)。

动车组列车按 LKJ 方式运行及动车组以外的列车,进入区间的行车凭证为出站信号机或者线路所通过信号机显示的允许运行信号(在信号机常态灭灯的区段,信号机应点灯)。

2. 发车预告的办理

(1) 一个调度区段内可不办理发车预告手续。

(2) 两相邻调度集中的调度区段间或者调度集中区段车站(线路所)向非调度集中区段车站(线路所)发车时,应由系统自动办理发车预告,遇设备故障无法自动办理时,人工办理发车预告(相邻调度区段列车运行调整计划一致时可不办理发车预告)。非调度集中区段车站(线路所)向调度集中区段车站(线路所)发车时,车站值班员应当向列车调度员(车站控制时为车站值班员)办理发车预告。

3. 特殊情况下的行车凭证

(1) 在信号机常态点灯的CTCS-2级自动站间闭塞区段,特殊情况下办理发车的行车凭证规定见表4-3。

信号机常态点灯的CTCS-2级自动站间闭塞区段特殊情况下办理发车的行车凭证表　表4-3

序号	特殊情况	控车方式	行车凭证	发给行车凭证的依据	附带条件
1	出站信号机(线路所通过信号机)故障时发出列车	LKJ(GYK)控车	调度命令	1. 确认区间空闲; 2. 确认道岔位置正确及进路空闲	以不超过40km/h速度运行至前方站进站信号机(线路所通过信号机)
2		隔离模式运行			
3	发车进路信号机故障时发出列车	LKJ(GYK)控车	调度命令	1. 确认发车进路空闲; 2. 确认道岔位置正确	以不超过20km/h(动车组列车为不超过40km/h)速度运行至次一信号机
4		隔离模式运行			以不超过40km/h速度运行至次一信号机
5	反方向发出列车	CTCS-2级控车	列控车载设备显示的允许运行的速度值	1. 确认区间空闲; 2. 反方向行车的调度命令	
6		LKJ(GYK)控车	出站信号机(线路所通过信号机)显示的允许运行的信号		

(2) CTCS-3级以及信号机常态灭灯的CTCS-2级自动站间闭塞区段,特殊情况下办理发车的行车凭证规定见表4-4。

CTCS-3 级以及信号机常态灭灯的 CTCS-2 级自动站间闭塞区段特殊情况下办理发车的行车凭证表

表 4-4

序号	特殊情况	控车方式	地面信号机状态	行车凭证	发给行车凭证的依据	附带条件
1	开放引导信号发出列车	CTCS-3 级控车 CTCS-2 级控车	灭灯	列控车载设备显示的允许运行的速度值	1.确认区间空闲(发车进路信号机开放引导信号时,为确认至次一信号机间空闲); 2.确认道岔位置正确及进路空闲	
2		LKJ（GYK）控车	点灯	出站信号机(发车进路信号机、线路所通过信号机)显示的允许运行的信号		
3	出站信号机(线路所通过信号机)故障且引导信号不能开放时发出列车	LKJ（GYK）控车	点灯	调度命令	1.确认区间空闲; 2.确认道岔位置正确及进路空闲	
4		隔离模式运行				以不超过40km/h 速度运行至前方站进站信号机(线路所通过信号机)
5	发车进路信号机故障且引导信号不能开放时发出列车	LKJ（GYK）控车	点灯	调度命令	1.确认发车进路空闲; 2.确认道岔位置正确	以不超过20km/h(动车组列车为不超过40km/h)速度运行至次一信号机
6		隔离模式运行				以不超过40km/h 速度运行至次一信号机
7	反方向发出列车	CTCS-3 级控车 CTCS-2 级控车	灭灯	列控车载设备显示的允许运行的速度值	1.确认区间空闲; 2.反方向行车的调度命令	
8		LKJ（GYK）控车	点灯	出站信号机(线路所通过信号机)显示的允许运行的信号		

(3)表 4-3 和表 4-4 有关说明。

表 4-3 中第 1、2 项和表 4-4 中第 3、4 项,是指在出站信号机不能开放且引导信号不能开放时发出列车,此时发车进路与信号机间失去了联锁关系或无联锁关系。列车调度员(车站值班员)必须在做好下列工作后,方准发布调度命令,组织发出列车。

①确认区间空闲,在 CTCS-3 级区段以及信号机常态灭灯的 CTCS-2 级区段,必须确认区间空闲并点灯。

②确认进路道岔位置正确并按规定加锁及进路空闲。

表 4-3 中第 3、4 项和表 4-4 中第 5、6 项,是指发车进路信号机(同一发车进路上一架或多架进路信号机)因故不能开放的情况下发出列车时,列车调度员(车站值班员)确认发车进路空闲、进路道岔位置正确并按规定加锁后,发布调度命令发出列车的作业方式。

表 4-3 中第 5、6 项和表 4-4 中第 7、8 项,是指在自动站间闭塞区段,列车在正方向运行线路上运行时,按站间间隔运行,在反方向线路上运行时,仍按站间间隔运行。由于我国铁路在双线区间实行左侧单方向行车制度,反方向行车时,应发布调度命令,在发车前必须确认反方向运行的线路上无迎面列车运行,区间空闲,在控制台上确认区间占用表示灯表示区间空闲后,排列反方向发车进路,组织反方向发出列车,列车进入区间的行车凭证,对 ATP 控车的列车,列车以列控车载设备显示的允许运行的速度值作为行车凭证;对 LKJ(GYK)控车的列车,行车凭证为出站信号机(线路所通过信号机)显示的允许运行信号。

表 4-4 中第 1、2 项,是指开放引导信号发出列车时,应确认区间空闲、道岔位置正确及进路空闲。对 ATP 控车的列车,列车以列控车载设备显示的允许运行的速度值作为行车凭证;对 LKJ(GYK)控车的列车,行车凭证为出站信号机(线路所通过信号机)显示的允许运行信号。

(三)电话闭塞

当基本闭塞法不能使用时,应根据列车调度员命令,采用电话闭塞法行车。

基本闭塞法停用,按电话闭塞法行车时,列控车载设备不能正常使用,对装备 LKJ 的动车组列车,由于 LKJ 设有电话闭塞行车相应的控车模式,动车组列车司机应根据调度命令将列控车载设备转为 LKJ 方式运行;对未装备 LKJ 的动车组列车,由于列控车载设备接收不到行车许可,无法正常运行,只能将列控车载设备隔离,根据调度命令转为隔离模式运行。

1. 使用时机

当发生下列情况时,应停止使用基本闭塞法,改用电话闭塞法行车:

(1)自动闭塞设备发生故障,不能保证列车按自动闭塞方式行车时,应停止使用基本闭塞法,改用电话闭塞法行车;自动站间闭塞设备故障,不能保证列车按自动站间闭塞方式行车时,应停止使用基本闭塞法,改用电话闭塞法行车。

(2)自动站间闭塞区间,当出站信号机故障且引导信号不能开放时,不能按自动站间闭塞方式组织行车,应停止使用基本闭塞法,改用电话闭塞法行车。

2. 行车凭证

(1)调度命令。

使用电话闭塞法行车时,列车占用区间的行车凭证为调度命令。

(2)发布时机。

列车调度员办理发车时,应当查明区间空闲,接车站(线路所)为车站控制或者邻台列车调度员控制时,还应当取得其承认的电话记录号码(双线正方向首列后发车为取得前次列车到达的电话记录号码);在发车进路准备妥当后,方可发布作为行车凭证的调度命令。

车站值班员办理发车时,应当查明区间空闲,并取得接车站(线路所)承认的电话记录号码,但双线正方向首列后发车为取得前次列车到达的电话记录号码(办理发车及接车的车站、线路所为同一车站值班员指挥时不办理电话记录号码),在发车进路准备妥当后,方可向列车调度员报告,请求发布作为行车凭证的调度命令。

3. 电话记录号码

办理电话闭塞时,下列各项应当发出电话记录号码(办理发车及接车的车站、线路所为同一车站值班员或者列车调度员指挥时除外),并做好记录:

(1)承认闭塞;

(2)列车到达;

(3)取消闭塞。

电话记录号码自每日 0:00 起至 24:00 止,按日循环编号,编号办法由铁路局集团公司规定。

二、接发列车作业

高速铁路车站分为集控站、非集控站。按调度集中基本操作方式,由列车调度员直接办理接发列车作业的车站(线路所)为集控站,其他车站(线路所)为非集控站。

1. 车站值守

集控站设车务应急值守人员,由车务具有车站值班员职名的人员担任。车务应急值守人员在车站行车室(设置有调度集中车站控制终端的处所)值守。具体值守工作制度由铁路局集团公司规定。

在正常情况下,车务应急值守人员不参与行车工作。

在设备故障、施工维修、非正常行车等情况下,根据列车调度员指示,车务应急值守人员负责办理以下行车作业:

(1)向司机等相关人员递交书面调度命令。

(2)组织相关人员现场准备进路。

(3)组织相关人员对故障设备进行检查、确认。

(4)按规定对站内到发线停留车辆的防溜措施进行检查、确认。

(5)在特殊情况下与司机办理故障车、事故车有关随车运输票据和回送单据的交接、保管工作。

(6)组织应急救援,完成信息传递和其他需现场了解、检查确认的工作。

电务、工务人员应根据车务应急值守人员指示,协助办理(2)、(3)、(6)项有关作业。

采用车站调车操作方式的车站,车务应急值守人员还应担当调车领导人并负责办理调车进路。

2. 接发列车主要内容及人员分工

高速铁路接发列车的主要内容有:办理闭塞(预告)、布置与准备进路、开闭信号、交接凭证。参与车站接发列车工作的人员有:列车调度员、车站值班员、信号员、车务应急值守人员和其他人员。

当车站值班员办理接发列车时,上述接发列车作业,原则上由车站值班员(列车调度员)亲自办理。由于设备条件(如设备分散、调度集中设备故障等)或业务量(如行车方向多或列车集中到发)等原因,车站值班员难以完全亲自办理时,除布置进路(包括听取进路准备妥当的报告)外,其他作业可在车站值班员统一指挥下,分别指派信号员或其他人员办理。当列车调度员人工办理接发列车时,除办理闭塞、布置进路(包括听取进路准备妥当的报告)外,其他可在列车调度员统一指挥下,分别指派车务应急值守人员或其他人员办理。

3. 车站发车要求

(1) 动车组列车发车。

动车组列车由列车长确认旅客上下完毕后,通知司机关闭车门;列车进站停车时,司机按动车组停车位置标停车,确认列车停稳、对准停车位置后开启车门。按钮不在司机操作台上的,由列车长通知随车机械师关闭车门;列车到站停稳后,由随车机械师开启车门。如自动开关门装置故障或者特殊情况需单独开关车门时,由司机通知列车工作人员手动开关车门。

动车组列车在车站出发,动车组列车司机在确认行车凭证和开车时间,车门关闭后,即可起动列车。

(2) 动车组以外的列车发车。

动车组以外的其他列车在车站出发,司机确认行车凭证正确、发车条件完备后,直接起动列车;办理客运业务时,车站客运人员确认旅客乘降、上水、行包装卸完毕后,通过无线对讲设备通知司机,司机应得到车站客运人员的报告后,方可起动列车。

4. 人工办理进路的要求

(1) 布置进路。

正确、及时地准备好列车进路是接发列车的关键。车站值班员(车务应急值守人员)或列车调度员必须亲自布置和听取进路准备妥当的报告。

自动站间闭塞人工办理发车进路前,必须确认区间空闲、接车站(线路所)未办理同一区间发车进路。

①布置内容。车站值班员(车务应急值守人员)或列车调度员应向有关人员讲清车次和占用线路(接入某股道或由某股道出发)。如果车站一端有两个及其以上列车运行方向或双线反方向行车时,还应讲清方向、运行线路。

②布置要求。

a. 按《行细》(《站细》)规定时间,正确、及时地布置进路。

b. 布置进路应使用规定的用语,不得简化。布置进路的命令不能与其他作业的命令、通知一起下达。

c. 受令人复诵。当两个及其以上人员同时接受准备进路的命令时,应指定一人复诵。车站值班员(车务应急值守人员)或列车调度员要认真听取复诵,核对无误后,方可命令"执行"。

(2) 准备进路。

①作业人员必须按车站值班员(车务应急值守人员)或列车调度员布置的接发列车进路

命令,正确及时地准备进路;

②作业人员在扳动道岔、操纵信号时,要"眼看、手指、口呼",认真执行"一看、二按(扳)、三确认、四呼唤(显示)"制度。

a."一看":看道岔标志、信号手柄(按钮)位置。

b."二按(扳)":将道岔、信号手柄扳至所需位置(按正确的显示按钮)。

c."三确认":扳完道岔、信号手柄后,通过表示灯或标志确认有关进路道岔开通位置是否正确;手动道岔确认闭止块是否"落槽",确认信号开放、关闭状态是否正确。准备接发列车进路时,还要确认影响接发列车进路的调车作业是否已经停止。

d."四呼唤(显示)":确认无误后,就地显示规定的信号或按规定执行呼唤制度。扳动道岔、操纵信号,执行"一看,二按(扳)、三确认、四呼唤(显示)"的同时,要执行"眼看、手指、口呼"的制度。

(3)确认进路。

①确认接车线路空闲;

②确认进路上的道岔位置正确,需加锁的道岔已经加锁;

③确认影响进路的调车作业已经停止。

(4)汇报进路。

作业人员于接发列车进路准备完了或信号开放后,应及时向车站值班员(车务应急值守人员)或列车调度员报告进路准备情况。

(5)进路的取消。

遇特殊情况需要取消发车进路时,列车调度员(车站控制时为车站值班员)应与司机联系,确认列车尚未起动,待司机明了后,对司机持有行车凭证的应在收回行车凭证后,方可取消发车进路。当出发列车已经起动时,禁止取消发车进路。

(6)开放信号机的时机。

信号机开放过早,会提前占用咽喉区,影响调车作业及其他工作;开放过晚,会造成列车在信号机外减速或停车,影响正点率甚至威胁安全。因此,严格按《行细》《站细》规定时机开闭信号机,是保证安全正点接发列车的一项重要工作。

在一般情况下,考虑列车运行可能早到,应附加一定时间,适当提前开放进站信号的时机。

发车时,列车调度员(车站值班员)开放出站信号,应能保证完成包括确认出站信号机的显示等作业所需的时间。

5.接发列车线路使用原则

为保证安全和正确地接发列车,便于进行列车技术作业,接发列车应在正线或到发线上进行。

(1)旅客列车应接入规定线路。

旅客列车在安全和速度方面要求较高。同时,为便于旅客乘降、行包装卸及客车上水等工作,旅客列车应接入靠近站台的旅客列车到发线。

(2)动车组列车在车站办理客运业务时,必须固定股道、固定站台、固定停车位置。

列车运行图公布的动车组列车均明确固定股道、固定站台、固定停车位置,各站接发办理客运业务动车组列车时,必须严格执行。遇设备故障、自然灾害及列车晚点等原因必须调整固定股道时,必须经调度所值班主任(值班副主任)准许。

(3)通过列车应在正线上办理。

正线道岔一般处于直向位置,线路条件好,允许通过的速度较高,可以保证司机有良好的瞭望条件,直向通过道岔,能减少轮缘磨耗,保证列车的高速和安全。

(4)原规定为通过的旅客列车由正线变更为到发线停车、通过及动车组列车、特快旅客列车遇特殊情况必须变更基本进路时,必须经列车调度员准许,并预告司机;如果来不及预告司机时,应使列车在站外停车后,开放信号机,再接入站内。

(5)动车组列车按列控车载设备方式行车时,禁止在未设置有列控信息的股道及进路上接发。

当股道及进路上未设置列控信息时,会造成列控车载设备收不到控车信息,从而触发制动,危及动车组运行安全。

6. 列车进站停车的要求

(1)列车进站后,应停于接车线警冲标内方,以防止侧面冲突及影响邻线接发列车和调车作业。在设有出站(进路)信号机的线路上,列车头部不得越过该信号机,因为出站信号机起着防护前方道岔和区间的作用。

(2)列车进站后,如没有进入警冲标内方或压轨道绝缘时,应使用列车无线调度通信设备通知司机,指挥列车移动到警冲标或轨道绝缘内方停车。

7. 列车在站内临时停车的处理

列车在站内临时停车,待停车原因消除且继续运行时,应按下列规定办理:

(1)司机主动停车。司机发现机车车辆主要装置设备故障、危及行车或人身安全的情况等而主动停车时,等停车原因消除后,再开时由司机自行起动列车,列车调度员(车站值班员)不再通知司机开车。

(2)在本列车上由乘务员或其他人员使用紧急制动阀使列车停车,由车辆乘务员(随车机械师)查明情况消除隐患后,通知司机开车,列车调度员(车站值班员)不再通知司机开车。

(3)列车调度员(车站值班员)因设备故障、自然灾害等原因通知司机在站内临时停车的,在停车原因消除后,由列车调度员(车站值班员)通知司机开车。

(4)因其他原因临时停车,由列车调度员(车站值班员)会同司机、随车机械师(车辆乘务员)共同查明原因,恢复运行条件后,由列车调度员(车站值班员)通知司机开车。

上述(1)(2)(4)项在临时停车后,司机应立即向列车调度员(车站值班员)报告,并说明停车原因。上述情况车站值班员均应及时报告列车调度员。

8. 引导信号的使用

进站、接车进路信号机不能使用时,应当使用引导信号。引导信号无法使用时,列车调度员应当向司机发布调度命令,司机根据调度命令越过该信号机。

引导接车时,列车以不超过20km/h(动车组列车为不超过40km/h)速度进站,并做好随时停车的准备。

9. 无联锁时的接发列车

在无联锁的线路上接发列车时,除严格按接发列车手续办理外,还应将进路上无联锁的道岔及邻线上防护道岔加锁。进路上无联锁的分动外锁闭道岔无论对向或者顺向,均应当对密贴尖轨、斥离尖轨和可动心轨加锁。具体加锁办法,由铁路局集团公司规定。

10. 相对方向同时接车及同方向同时发接列车

为保证车站接发列车作业的安全,必须根据进站方向的坡度、接车线末端有无隔开设备及列车的性质,确定车站能否办理相对方向同时接车或同方向同时发接列车。

(1) 在进站信号机外制动距离内,进站方向为超过6‰的下坡道,而接车线末端无隔开设备时,禁止办理相对方向同时接车和同方向同时发接列车(仅运行动车组列车的区段除外)。

(2) 在接发列车的同时,接入列控车载设备及列车运行监控装置均故障的动车组列车、制动力部分切除的动车组列车、列车运行监控装置或轨道车运行控制设备故障的其他列车,而接车线末端无隔开设备时,禁止办理相对方向同时接车和同方向同时发接列车。

车站相对方向不能同时接车而两列车同时接近车站时,应先接不适于在站外停车的列车、停车后起动困难的列车或后面有续行列车的列车。

遇两列车不能同时接发时,原则上应按列车运行计划顺序接发,以尽量维持原列车运行秩序。

11. 站内无空闲线路时的接车

列车调度员(车站控制时为车站值班员)应保证有不间断接车的空闲线路。车站无空闲线路,是指车站正线、到发线及符合接车条件的线路,均有车占用(包括因故障封锁的线路)。在这种情况下,不能按常规接入和停放列车。

(1) 接入列车的限制。

只准许接入为排除故障、事故救援、疏解车辆等所需要的救援列车、不挂车的单机、重型轨道车等,其他列车不准办理接车。

(2) 接车要求。

在接车办法上,所接列车和单机、重型轨道车应在站外停车,由接车人员将接车线路、接车线内停留车位置、本列车预定停车地点及其他有关注意事项通知司机,司机明了后再登乘机车(推进时为前部车辆),以调车手信号旗(灯),即昼间展开的绿色信号旗,夜间以绿色灯光将列车领入站内。此外,接车前,车站值班员应派人通知接车线内机车、重型轨道车司机,禁止移动其位置,防止与接入列车发生冲突。

12. 总辅助按钮的使用

自动闭塞区间,遇轨道电路发生故障等情况,需使用总辅助按钮改变闭塞方向,由车站办理接发列车时,车站值班员确认区间空闲后,根据列车调度员命令,使用总辅助按钮改变闭塞方向,并在"行车设备检查登记簿"内登记;由列车调度员办理接发列车时,列车调度员确认区间空闲后,使用总辅助按钮改变闭塞方向,并在"行车设备检查登记簿"内登记。

13. 非常站控时的行车

(1) 使用时机。

我国高速铁路采用调度集中系统。CTC 控制模式分为分散自律控制和非常站控两种模

式。分散自律控制模式是利用列车运行调整计划自动控制列车进路,并具备人工办理进路的功能。遇下列情况可转为非常站控模式:

①调度集中设备故障。调度集中设备故障或通信中断等情况导致列车调度员(车站值班员)不能通过调度集中设备办理进路时,应将调度集中设备转为非常站控模式,使用联锁设备办理进路。轨道电路、道岔等设备故障时,虽然调度集中设备不能自动触发进路,但仍可采用道岔单操等方式使用调度集中设备办理进路,可不转入非常站控模式。

②行车设备施工、维修需要时。遇更换 CTC 设备软件、开行轨道车等行车设备施工、维修,可根据需要转入非常站控模式,使用联锁设备或现场人工方式办理进路。

③发生危及行车安全的情况需要时。车务应急值守人员发现或接到列车线路上有障碍物等危及行车安全的报告,来不及报告列车调度员进行处置而又需要在 CTC 操作终端或联锁控制台对信联闭等设备进行应急处置操作时,可直接按下非常站控按钮转入非常站控模式,采取有关应急处置措施。

(2)行车办法。

①确认报告。在调度集中设备故障以及发生危及安全的情况需要转为车站控制等情况下,集控站转为车站控制时,车务应急值守人员应报告站段指派胜任人员赶赴现场,协助做好非正常接发列车工作。此时,如果列车进路无法正常排列时,还应指派胜任人员组织工务、电务人员现场准备进路。

除因危及行车安全需要时必须立即转换为非常站控外,列车调度员提出需转为非常站控时,由于调度集中设备具备的防错办、防止电力机车进无电区的功能已无法实现,此时涉及车站指挥权的交接、车站行车有关事项的交接等,原接发列车作业组织流程发生了变化,容易出现疏漏,办理接发列车存在一定的风险,必须经调度所值班主任(值班副主任)准许。

②作业办理。转为非常站控时,由于车务应急值守人员和列车调度员必须在"CTC 控制模式转换登记簿"(《技规》(高速铁路部分)附件3,见表4-5)内登记,记明转换的原因;

为了保证接发列车安全,行车指挥权从列车调度员转到了车务应急值守人员,必须将设备状况、站内停留车情况、列车运行计划、邻站(线路所)控制模式及与本站(线路所)有关的调度命令等情况交接清楚;

转为非常站控后,应通知司机车站(线路所)转为非常站控;

转为非常站控的原因消除后,双方在"CTC 控制模式转换登记簿"内登记,并及时转回。

CTC 控制模式转换登记簿　　　　　　　　　　表 4-5

序号	分散自律转为非常站控的原因	转入非常站控				转回分散自律				备注
		月 日	时 分	列车调度员	车站值班员	月 日	时 分	列车调度员	车站值班员	

(规格 190mm×265mm)

14. 接发列车作业程序

（1）单（双）线自动闭塞分散自律控制模式下车站操作方式车站的接车（含通过）作业程序图（图4-1）。

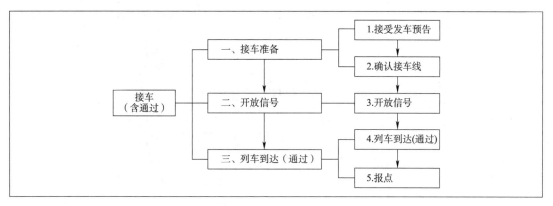

图4-1　单（双）线自动闭塞分散自律控制模式下车站操作方式车站的接车（含通过）作业程序图

（2）单（双）线自动闭塞分散自律控制模式下车站操作方式车站的发车作业程序图（图4-2）。

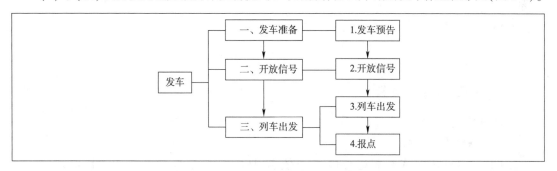

图4-2　单（双）线自动闭塞分散自律控制模式下车站操作方式车站的发车作业程序图

（3）单（双）线自动站间闭塞分散自律控制模式下车站操作方式车站的接车（含通过）作业程序图（图4-3）。

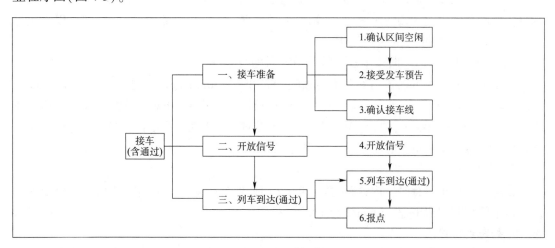

图4-3　单（双）线自动站间闭塞分散自律控制模式下车站操作方式车站的接车（含通过）作业程序图

(4)单(双)线自动站间闭塞分散自律控制模式下车站操作方式车站的发车作业程序图(图4-4)。

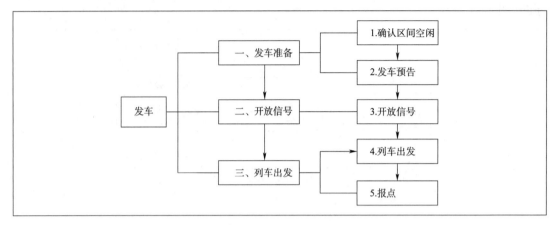

图4-4 单(双)线自动站间闭塞分散自律控制模式下车站操作方式车站的发车作业程序图

任务4.3 列车运行

一、列车区间运行组织

1. 动车组列车运行

(1)按隔离模式运行。

①动车组列车按隔离模式运行时,完全依靠司机人工控制列车运行。因此,必须确认区间空闲后,按站间组织行车,列车运行速度不超过40km/h,列车按地面信号显示运行,常态灭灯的区段应点灯,待该列车到达前方站(线路所)后方可放行后续列车。

②在较大上坡道地段,动车组列车以不超过40km/h的速度运行,存在动车组列车无法越过接触网分相无电区的情况时,列车调度员可根据司机请求发布调度命令,列车以不超过80km/h的运行速度越过接触网分相。

(2)动车组列车遇小曲线半径及特殊道岔时的行车。

动车组一般情况下动车组列车不得通过半径小于250m的曲线;通过曲线半径为300m的曲线时,限速35km/h;通过曲线半径为250m的曲线时,限速30km/h;特殊情况下,通过曲线半径为200m的曲线时,限速25km/h;通过6号对称双开道岔时,限速15km/h;不得侧向通过小于9号的单开道岔和小于6号的对称双开道岔。

(3)特殊情况。

在动车组列车运行时段内,特殊情况需开行时,列车调度员口头通知邻线会车范围内运行的动车组列车司机限速160km/h运行。

2. 列车运行速度

为保证列车运行安全,应严格控制列车运行速度,列车(动车组列车按列控车载设备方式行车时除外)运行限制速度规定见表4-6。

列车运行限制速度规定　　　　　表4-6

项目	速度
四显示自动闭塞区段通过显示绿黄色灯光的信号机	在前方第三架信号机前能停车的速度
通过显示黄色灯光的信号机	在次一架信号机前能停车的速度
通过显示一个黄色闪光灯光和一个黄色灯光的信号机	该信号机防护进路上道岔侧向的允许通过速度
通过减速地点标	按运行揭示或行车调度命令执行,未收到命令时为25km/h
推进	30km/h
退行	15km/h
接入站内尽头线,自进入该线起	30km/h

3. 列车在区间停车需下车处理

(1)列车在区间被迫停车后,司机、车辆乘务员(随车机械师)或其他乘务人员需下车处理时,为了确保人身安全,列车调度员应发布邻线列车限速160km/h及以下的调度命令,限速位置按停车列车位置前后各1km确定,司机在接到列车调度员已发布相关调度命令的口头指示后,通知有关作业人员下车处理。

(2)需组织旅客疏散时难度大,邻线再运行列车,势必危及旅客人身安全,司机在接到列车调度员已扣停邻线列车的口头指示后,通知有关作业人员下车处理。

4. 跨线运行

(1)未装备列车运行监控装置的动车组在 CTCS-0/1 级区段按机车信号模式运行时,应严格执行以下要求:

①以地面信号机显示为行车凭证,最高运行速度不超过 80km/h,运行中加强对地面信号的瞭望和确认。

②遇到地面信号机未开放或显示不明时,及时采取停车措施。

③运行区段有低于 80km/h 的运行揭示或临时限速调度命令时,司机应认真确认地面限速标志,司机按运行揭示或临时限速调度命令,人工控制列车运行速度。

(2)CTCS-2 级区段与 CTCS-0/1 级分界处,设置了级间转换应答器,当应答器故障或动车组因自身原因造成在 CTCS-2 级区段与 CTCS-0/1 级区段级间自动转换失败时,司机应立即报告列车调度员(车站值班员),并按下述规定办理:

①由 CTCS-2 级区段向 CTCS-0/1 级区段运行时,由于动车组还是在列控车载设备方式控车下,进入 CTCS-0/1 级区段后地面没有控车信息,会触发紧急制动,因此,司机应停车后根据调度命令手动转换。

②由 CTCS-0/1 级区段向 CTCS-2 级区段运行时,当列车进入 CTCS-2 级区段运行时,由于列车仍可按 LKJ 方式运行,因此可维持按 LKJ 方式继续运行。

(3)在 CTCS-3 级区段与 CTCS-2 级分界处,设置了级间转换应答器,当应答器故障或动车组因自身原因造成在 CTCS-3 级区段与 CTCS-2 级区段级间自动转换失败时,司机应立即报告列车调度员(车站值班员),并按下述规定办理:

①由 CTCS-3 级区段向 CTCS-2 级区段运行时,由于动车组还是在 CTCS-3 级列控车载设备方式控车下,是通过无线闭塞中心向动车组传送行车许可,进入 CTCS-2 级区段后不是无线闭塞中心覆盖的范围,动车组列车无法收到行车许可,会触发紧急制动,因此司机应停车后手动转换。

②由 CTCS-2 级区段向 CTCS-3 级区段运行时,当列车进入 CTCS-3 级区段运行时,由于列车仍按 CTCS-2 级列控车载设备方式控车,能按照司机控制台显示的目标距离、目标速度控制列车运行,因此可维持按 CTCS-2 级继续运行。

(4)为了统一高速铁路车站与衔接的普速铁路等其他线路车站间的行车凭证,便于车站和司机执行,高速铁路车站(线路所)向衔接的其他线路车站(线路所)发出列车时,有关行车凭证按高速铁路有关规定执行;高速铁路衔接的其他线路车站(线路所)向高速铁路车站(线路所)发出列车时,有关行车凭证按其他线路有关规定执行。

5. 动车组回送要求

(1)动车组回送按旅客列车办理,原则上采用自走行方式。无动力回送时可根据回送技术条件加挂回送过渡车,使用客运机车牵引,回送过渡车应当挂于机后第一位。8 辆编组的动车组可两列重联回送。未装备 LKJ 的动车组需在 CTCS-0/1 级区段回送时,应当采取无动力回送方式。

(2)动车组回送运行时,必须安排动车组司机及随车机械师值乘。有动力回送时,非担当区段应指派带道人员。

(3)动车组回送不进行客列检作业。

(4)动车组安装过渡车钩回送时,按规定限速运行,尽可能地避免实施紧急制动。发生紧急制动后,本务司机应当通知随车机械师,经随车机械师检查过渡车钩状态良好后方可继续运行。

(5)动车组回送时,相关动车段(所)、造修单位应当提出限速、回送方式(有动力、无动力)、可否折角运行等注意事项。

二、双线区间反方向行车

我国铁路规定双线区间按左侧单方向行车,这个运行方向称为反方向,相应的闭塞设备、列车信号机(区间信号标志牌)等行车设备也是按此设置的,行车安全有可靠的保证。同时,列车在各自的线路上运行时,互不干扰,能够保证通过能力,发挥最大的效益。

1. 反方向行车时机

(1)整理列车运行。

双线区间列车反方向运行时,改变了线路正常运行方向,对运输安全和效率都有不利影响。

(2)旅客列车遇特殊情况。

在特殊情况下旅客列车在正方向区间的线路被封锁、发生自然灾害、因事故中断行车以及正方向设备发生故障严重影响列车运行秩序而反方向自动站间闭塞设备良好等,经调度所值班主任(值班副主任)准许,方可反方向运行。

2.反方向行车要求

(1)必须有调度命令。

在双线区段,由于正常情况下列车按左侧正方向运行,当需要反方向行车时,为使司机及有关人员掌握行车方式变化,列车调度员应当发布调度命令,使有关人员按规定作业,确保行车安全。

(2)列车按站间间隔运行。

(3)区间空闲。

列车调度员(车站控制时为车站值班员)在发车前必须确认反方向运行的线路上无迎面列车运行,区间空闲。

3.动车组列车反方向运行速度

(1)动车组列车反方向运行时,在CTCS-3级区段,CTCS-3级列控系统最高允许速度为300km/h,CTCS-2级列控系统最高允许速度为250km/h。

(2)在CTCS-2级区段,在250km/h线路上最高允许速度为200km/h;在200km/h线路上最高允许速度为160km/h。

三、列车被迫停车后的处理

1.列车被迫停车相关知识

列车在区间被迫停车是指列车在区间因线路中断、接触网停电、动车组(电力机车)停在分相无电区、制动失效及其他机车车辆发生故障等原因,导致列车不能按信号显示(行车凭证)继续向前运行的情况。列车在区间因作业需要、信号(包括地面信号和车载信号)显示停车信号或显示不明、接到停车的通知而停车,以及发现线路上有行人、异物等而临时停车,不属于列车在区间被迫停车。

2.列车被迫停车后的处理方法

(1)司机的处理。

①列车被迫停车不能继续运行时,司机应立即使用列车无线调度通信设备通知列车调度员(或两端站车站值班员)及随车机械师(动车组以外的旅客列车为车辆乘务员),报告停车原因及停车位置,司机应根据需要迅速请求救援。

②已请求救援的列车,不得移动位置,并按规定进行防护。

③列车在区间被迫停车后,应保证就地制动,防止列车溜逸。列车被迫停车后,如遇自动制动机发生故障时,动车组以外的旅客列车司机应立即通知车辆乘务员,迅速组织列车乘务员拧紧全列车辆的人力制动机,以使列车就地制动。其他列车的司机,应立即采取一切安全措施,如放置铁鞋、拧紧人力制动机等,并向列车调度员报告。

(2)列车调度员(车站值班员)的处理。

列车调度员(车站值班员)在接到司机被迫停车的报告后,应将该区间内运行列车的情况通知被迫停车司机,并立即通知该区间内后续列车停车,在导致列车停车的原因消除前不得再向该区间放行列车。

(3) 可能妨碍邻线时的应急处理。

列车在区间发生脱轨、颠覆等事故或因其他原因被迫停车时,司机及随车机械师(车辆乘务员)应认真观察,注意是否妨碍邻线。可能妨碍邻线时的应急处理:

①配备列车防护报警装置的列车应首先使用列车防护报警装置进行防护。

②司机应立即用列车无线调度通信设备通知邻线上运行的列车,并通知列车调度员(或两端站车站值班员)。

③司机与随车机械师(动车组以外的旅客列车为车辆乘务员)分别在列车头部或尾部附近对邻线来车方向短路轨道电路。

④司机亲自或指派人员沿邻线一侧对列车进行检查,发现妨碍邻线时,立即报告列车调度员(或两端站车站值班员),如发现邻线有车开来时,司机应鸣示紧急停车信号。

⑤列车调度员(或两端站车站值班员)接到列车被迫停车可能妨碍邻线的通知后,应立即通知邻线有关列车停车,在妨碍邻线行车的原因消除前不得向邻线放行列车。

3. 响墩的使用

使用响墩设置防护时的设置方法:每组为3枚,其中2枚扣在来车方向的左侧钢轨上,1枚扣在右侧钢轨上,彼此间隔20m。当机车压上响墩后,司机一侧可先听到响墩爆炸声,便于司机采取停车措施。每个响墩放置间隔20m,是为了使其爆炸声分清三响,不致与其他爆炸声相混淆。

在不同情况下放置响墩的要求:

(1) 已请求救援的列车,应在救援列车开来方向(不明时,从列车前后两方面)距停留车列不小于300m处放置响墩(在仅运行动车组列车的线路除外),如图4-5所示。

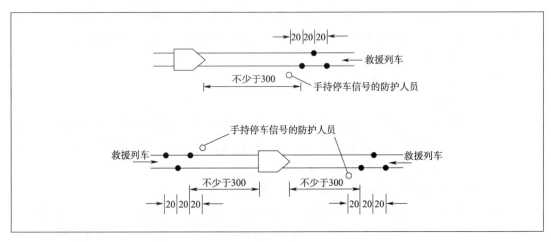

图4-5 已请求救援列车的防护(尺寸单位:m)

在仅运行动车组列车的线路上,列车在区间被迫停车后已请求救援时,由随车机械师在救援列车开来方面,距离列车不小于300m处人工进行防护,不再放置响墩防护。

(2) 列车分部运行,机车进入区间挂取遗留车辆时,因其已知停留车地点,能提前减速及停车,故在车列前方不小于300m处放置响墩防护,如图4-6所示。

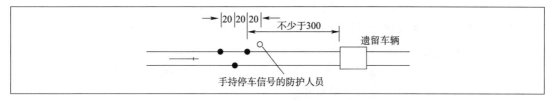

图4-6 分部运行时机车挂取遗留车辆的防护(尺寸单位:m)

(3)由防护人员设置的响墩在停车原因消除后,由防护人员撤除。

4.列车在区间退行、返回

(1)列车在区间退行。

在不得已情况下,列车必须在区间退行时,列车调度员必须扣停后续列车,并确认退行距离内的闭塞分区空闲后通知司机允许退行。随车机械师(车辆乘务员)或指派的胜任人员应站在列车尾部注视运行前方,发现危及行车或人身安全时,应立即使用紧急制动装置(紧急制动阀)或通知司机,使列车停车。列车退行速度不得超过15km/h。

列车若需退行至站内,列车调度员还应确认列车至后方站间已空闲。列车调度员(车站控制时为车站值班员)根据线路占用情况,可开放进站信号机或按引导办法将列车接入站内。动车组列车若需退行至站内,列车调度员应发布调度命令。

动车组列车退行时,改按隔离模式退行。

在降雾、暴风雨雪及其他不良条件下,难以辨认信号时,列车不准退行。

(2)动车组列车由区间返回。

动车组列车在区间被迫停车后必须返回后方站时,列车调度员必须确认动车组列车至后方站间已空闲,方可发布调度命令。

司机根据调度命令,在动车组列车运行方向(折返)前端操作,列车改按隔离模式返回。运行速度不得超过40km/h。

5.列车分部运行

(1)分部运行的处理。

①在不得已情况下,列车必须分部运行时,司机应报告列车调度员(车站值班员),并组织做好遗留车辆的防溜和防护工作,车站值班员立即报告列车调度员。司机在记明遗留车辆数和停留位置后,方可牵引前部车辆运行至前方站,在运行中仍按信号显示运行。列车调度员应封锁区间,待将遗留车辆拉回车站,确认区间空闲后,方可开通区间。

②列车分部运行时,司机必须检查试验列车制动主管的贯通状态,确认具备开车条件后,方可起动列车。

(2)不准分部运行的情况。

列车在区间发生断钩、制动主管破裂、脱轨及坡停等情况,根据需要可采用分部运行办法,但以下情况不准分部运行:

①经采取措施可整列运行时。

如发生坡停后,派救援机车以双机牵引或后部补推的方式运行至车站,或在区间因车辆故障停车后,可由车辆乘务员对车辆进行临修后继续运行等。

②对遗留车辆未采取防护、防溜措施时。

可能造成停留车辆溜逸等,酿成新的事故。

③遗留车辆无人看守时。

如遗留车辆无人看守,车辆的防护、防溜措施或车辆状态可能遭到意外破坏。

④司机与列车调度员及车站值班员均联系不上时。

此时列车调度员、车站值班员对于区间遗留车辆情况不清楚,对行车安全带来极大隐患,故不能分部运行。

⑤遗留车辆在超过6‰坡度的线路上无动力停留时。

遗留车辆停留在超过6‰坡度的线路上,即使采取防溜措施,由于坡度大也存在停留车辆溜逸的危险,因此也不能分部运行。该处超过6‰坡度是指遗留车辆所在线路的实际坡度。

四、列车运行遇其他特殊情况的处置

1. 列车冒进信号机

(1)列车冒进信号机后,司机应立即停车报告列车调度员(车站值班员),并不得擅自动车,车站值班员报告列车调度员。列车调度员(车站值班员)接到司机冒进进站(接车进路)信号机报告后,立即通知已进入区间的后续列车停车,不再向该区间放行列车。

(2)列车冒进进站(接车进路)、出站(发车进路)信号机时,列车调度员(车站控制时为车站值班员)得到报告后,在确认列车具备动车条件时,按以下规定处理:

①列车冒进进站(接车进路)信号机时,列车调度员(车站控制时为车站值班员)在确认接车进路准备妥当和列车运行条件具备后,使用列车无线调度通信设备通知司机进站。

②列车冒进出站(发车进路)信号机时,列车调度员(车站控制时为车站值班员)应在具备条件后,布置列车后退。但对出发或通过列车,列车调度员(车站控制时为车站值班员)根据实际情况,可在确认发车进路准备妥当、第一个闭塞分区空闲(自动站间闭塞区段为区间空闲)、列车运行条件具备后,使用列车无线调度通信设备通知司机继续运行。

2. 列车运行晃车

(1)运行途中列车司机发现晃车时,应立即减速运行并向列车调度员(车站值班员)报告晃车地点及晃车时列车运行速度,待本列无异常状况后恢复常速运行。车站值班员报告列车调度员。

(2)晃车时列车运行速度为160km/h以下时,列车调度员(车站值班员)立即通知已进入区间的后续列车停车,不再向该区间放行列车,通知工务部门。列车调度员根据工务部门上道检查的申请,及时发布本线封锁、邻线限速160km/h及以下的调度命令后,准许上道检查。工务检查设备后,根据现场具体情况,确定列车放行条件。

(3)晃车时列车运行速度为160km/h及以上时,列车调度员应向后续首列发布限速120km/h的调度命令,限速位置按司机汇报的晃车地点前后各1km确定。列车通过晃车地点后,司机应立即向列车调度员报告运行情况。若仍晃车,列车调度员立即通知已进入区间的后续列车停车,不再向该区间放行列车,通知工务部门,根据工务部门上道检查的申请,及时发布本线封锁、邻线限速160km/h及以下的调度命令后,准许上道检查;工务检查设备后,根据现场具体情况,确定列车放行条件。若不再晃车,则按 160km/h、250km/h、常速逐级逐列提速。

在逐级逐列提速的过程中,再次发生晃车时,列车调度员应立即通知已进入区间的后续列车停车,不再向该区间放行列车,通知工务部门,根据工务部门上道检查的申请,及时发布本线封锁、邻线限速 160km/h 及以下的调度命令后,准许上道检查。工务检查设备后,根据现场具体情况,确定列车放行条件。

3. 列车停在接触网分相无电区

(1)电力机车牵引的列车和动车组列车停在接触网分相无电区不能继续运行时,司机应立即降弓,并报告列车调度员(车站值班员),车站值班员报告列车调度员。列车调度员(车站值班员)立即通知已进入区间的后续列车停车,不再向该区间放行列车。

(2)具备采用换弓、退行闯分相等方式自救时,司机应准确报告电力机车(动车组)停车位置,由列车调度员、供电调度员、机车调度员(动车司机调度员)共同根据电力机车(动车组)类型、停车位置、牵引供电设备状况等确定自救方案,组织自救。

(3)不具备自救条件时,按以下规定处理:

①具备向中性区远动送电时,可在该分相后方接触网供电臂办理停电后,由列车调度员向供电调度员办理向中性区远动送电手续,通知停在该分相的列车升弓,待该列车驶出分相区后,再通知供电调度员恢复原供电方式并向后方接触网供电臂送电,恢复后续列车正常运行。

②不具备向中性区远动送电时,列车调度员发布邻线列车运行速度不得超过 160km/h 的调度命令,司机组织相关人员按规定对列车进行防护,并确认列车前、后方接触网无电区长度,向列车调度员报告。列车调度员根据司机有关前、后方接触网无电区长度的报告,确定救援方案,组织救援。

4. 列车碰撞异物

(1)列车运行中碰撞异物影响行车安全时,司机应立即采取停车措施,并向列车调度员(车站值班员)报告碰撞异物地点、碰撞异物情况及停车地点,动车组列车司机还应通知随车机械师。车站值班员报告列车调度员。列车调度员(车站值班员)立即通知本线已进入区间的后续列车停车,不再向该区间放行列车。需下车检查时,列车调度员根据司机请求及时发布邻线列车运行速度不得超过 160km/h 的调度命令,司机在接到列车调度员已发布相关调度命令的口头指示后,下车检查(动车组列车为通知随车机械师下车检查)。

①经检查列车可以继续运行时,恢复运行(动车组列车按随车机械师的要求运行),司机向列车调度员报告检查情况。如检查未发现异常情况,列车调度员向本线后续首列发布口头指示列车运行速度不得超过 160km/h 运行,限速位置按碰撞异物地点前后各 2km 确定,列车司机应加强瞭望,确认线路和接触网有无异常状态,在通过限速地点后立即向列车调度员报告,列车调度员在得到司机无异常的报告后,组织本线后续列车恢复正常运行;有影响行车异常情况时,列车调度员根据司机报告,扣停后续列车或组织后续列车限速运行,及时通知有关部门按规定上道检查处理。

②经下车检查确认不能继续运行时应及时请求救援,并按规定进行防护。

(2)碰撞异物侵入邻线影响邻线行车安全时,列车调度员(车站值班员)接到报告后,应立即通知邻线尚未经过该地点的列车停车,不再向邻线该区间放行列车,并通知有关部门按规定上道检查处理。

(3)碰撞异物情况不明,不能确定是否影响邻线时,列车调度员接到报告后,应立即向邻线尚未经过该地点的首列发布口头指示列车运行速度不得超过160km/h运行,限速位置按碰撞异物地点前后各2km确定。

邻线首列列车司机应加强瞭望,确认线路和接触网有无异常状态,在通过限速地点后立即向列车调度员报告,列车调度员在得到司机无异常的报告后,组织邻线后续列车正常运行。有影响行车异常情况时,列车调度员根据司机报告,扣停后续列车或组织后续列车限速运行,及时通知有关部门按规定上道检查处理。

(4)工务、电务、供电部门应利用天窗时间对碰撞异物地点前后2km范围内的设备进行重点检查。

5. 列车发生火灾、爆炸

(1)司机发现列车发生火灾、爆炸或接到列车发生火灾、爆炸的通知及报警时,必须立即停车(停车地点应尽量避开长大隧道等,选择便于旅客疏散的地点),报告列车调度员(车站值班员),车站值班员报告列车调度员。列车调度员(车站值班员)接到报告后,立即通知邻线相关列车及本线后续列车停车,不再向区间放行列车。现场需停电时,列车调度员通知供电调度员停电。需组织旅客疏散时,司机得到邻线列车已扣停的通知后,转告列车长组织列车乘务人员将旅客疏散到安全地带。

(2)重联动车组列车需解编时,由随车机械师负责引导,司机确认并拉开安全距离。解编后,动车组应分别按规定采取防溜措施。

动车组以外的列车需要分隔甩车时,应根据风向等情况而定。一般为先甩下列车后部的未着火车辆,再甩下着火车辆,然后将机后未着火车辆拉至安全地段。对甩下的车辆,在车站由车站人员负责采取防溜措施;在区间由司机、车辆乘务员负责采取防溜措施。

五、施工路用列车开行

1. 施工路用列车上线

(1)施工路用列车进入高速铁路运行必须装备列车运行监控装置或轨道车运行控制设备、机车综合无线通信设备,未装设或设备故障的禁止进入高速铁路运行。

(2)施工路用列车上线运行应纳入施工、维修日计划,向调度所提供《自轮运转特种设备运行、作业计划表》,注明发站、到站、编组、运行径路、作业地点及转线计划并经主管业务处审核批准。未提供《自轮运转特种设备运行、作业计划表》或内容不全的,禁止进入高速铁路运行。

(3)在GSM-R区段,施工路用列车司机及有关人员应配备GSM-R手持终端,开车前将联系号码报告列车调度员和相关车站值班员。施工路用列车有关人员间应相互通报联系方式,并进行通话试验。

2. 行车凭证

向封锁区间开行施工路用列车时,列车进入封锁区间的行车凭证为调度命令。该命令中应包括列车车次、停车地点、到达车站的时刻等有关事项。需限速运行时在命令中一并注明。

3. 施工路用列车接发

（1）在常态灭灯的区段，接发施工路用列车时，进站信号机、出站信号机、进路信号机、线路所通过信号机应点灯。

（2）施工路用列车在车站开车前需进行自动制动机简略试验时，由施工负责人指派胜任人员负责。

4. 施工路用列车安全

（1）天窗内所有影响施工路用列车运行的施工维修作业必须在施工路用列车通过后方可进行，并必须在施工路用列车返回前结束。

（2）施工路用列车进入封锁区间的规定：

①施工单位应指派胜任人员携带列车无线调度通信设备值乘，并在区间协助司机作业。路用列车或施工机械进入施工地段时，应在防护人员显示的停车手信号前停车，再根据施工负责人的要求，按调车办法，进入指定地点。

②在区间推进运行时，必须安装简易紧急制动阀，施工单位指定胜任人员登乘列车前端，认真瞭望，及时与司机联系，必要时使用简易紧急制动阀停车或通知司机停车。

③同一封锁区间原则上每端只开行一列路用列车，如超过时，其安全措施及运行办法由铁路局集团公司规定。有多台作业车进入同一区间时，作业车辆应组成综合作业车列合并运行，共用一个调度命令进入区间、返回车站或到达前方站。作业车及车列由车站开往区间后，由主体作业单位统一组织协调，划分各作业车的作业范围及分界点。各作业单位必须严格按规定分别设置防护。

（3）施工路用列车由封锁区间进站时，司机必须得到列车调度员（车站控制时为车站值班员）的同意后，方可进站。

（4）施工作业完毕，驻调度所（驻站）联络员必须确认施工作业车全部到达车站后，方可申请办理开通。

六、确认列车开行

1. 确认列车组织

（1）高速铁路仅运行动车组列车的区段，天窗结束后开行动车组列车前，应开行确认列车，确认列车开行纳入列车运行图。其他区段，天窗结束后首趟列车不准为动车组列车；扰动道床不能预先轧道的线路、道岔施工区段，施工开通后第一趟列车不准为旅客列车。

（2）确认列车应由工务、电务、供电部门各指派专业技术人员随车添乘，但有相应地面、车载监测设备的电务、供电部门根据需要添乘。

（3）随车机械师负责开启和关闭操纵端司机室后车厢站台侧门，供添乘人员上下车。随车机械师关闭车门后应及时通知司机。

（4）司机在确认行车凭证和开车时间，车门关闭后，即可起动列车。

（5）添乘人员必须服从司机的管理，不得干扰司机的正常操作。

2. 确认信息反馈

（1）所有参加确认的人员必须按规定的时间、确认事项和内容报告确认情况。

(2)确认信息报告程序及时间。

①异常情况:影响列车运行的确认信息由添乘人员通过司机随时向列车调度员报告,添乘人员同时还应向铁路局集团公司专业调度报告。

②正常情况:添乘人员于添乘到达确认区段终点后及时分别向铁路局集团公司专业调度汇报。

七、高速铁路救援

1. 使用机车、救援列车救援

(1)列车调度员接到救援申请,按规定发布调度命令封锁区间,并报告值班主任(值班副主任)。

(2)列车调度员根据情况确定使用内燃(电力)机车或救援列车担当救援,并将救援方案通知车站值班员和请求救援列车司机。担当救援的列车需要跨区段担当救援任务时,列车调度员必须通知机车调度员(动车司机调度员)指派带道人员。

(3)列车调度员及时发布有关调度命令。担当救援的司机接到救援命令后,必须认真确认。命令不清、停车位置不明确时,不准动车。

(4)向封锁区间发出救援列车时,不办理行车闭塞手续,以列车调度员的命令,作为进入封锁区间的许可。

(5)救援列车的出发或返回,均应通知列车调度员及对方站(与本站为同一人办理时除外)。如事故现场设有临时线路所时,列车调度员(车站控制时为车站值班员)应于发车前,商得线路所车站值班员的同意。

(6)发生事故时,在事故调查组人员到达前,站长(副站长)应随乘发往事故地点的第一列救援列车(分部运行时挂取遗留车辆的机车除外)到事故现场,负责指挥列车有关工作。

(7)救援列车进入封锁区间后,在接近被救援列车或车列2km时,要严格控制速度,同时,使用列车无线调度通信设备与请求救援的列车司机进行联系,或以在瞭望距离内能够随时停车的速度运行(最高不得超过20km/h),在防护人员处或压上响墩后停车,联系确认,并按要求进行作业。

(8)使用机车救援动车组时,应进行制动试验,制动主管压力采用600kPa。具备升弓供电条件时,允许动车组升弓供电。当使用电力机车担当救援机车,如动车组升弓,由动车组司机通知救援机车司机,救援机车司机在通过分相区前通知动车组司机断电并降弓。

连挂前,司机须与列车调度员联系,在得到列车调度员已发布邻线列车运行速度不得超过160km/h的调度命令(妨碍邻线及组织旅客疏散时为已扣停邻线列车)的口头指示后,方可开始作业。

救援机车司机在救援作业过程中,要严格遵守有关限速规定,与动车组司机保持联系。救援运行中尽可能避免实施紧急制动。

(9)动车组由机车牵引继续运行时,列车调度员根据随车机械师提出的限速要求,向救援机车司机发布限速运行的调度命令。

(10)使用机车救援动车组时,动车组列控车载设备转入或退出隔离模式不发布调度命令。

(11)当故障列车处理后可继续运行时,列车调度员应根据司机请求,取消前发救援调度命令。

2. 动车组救援动车组

(1)列车调度员接到救援申请,按规定发布调度命令封锁区间,并报告值班主任(值班副主任)。

(2)列车调度员将救援方案通知车站值班员和请求救援的动车组司机。担当救援的动车组列车需要跨区段担当救援任务时,列车调度员必须通知机车调度员(动车司机调度员)指派带道人员。

(3)列车调度员及时发布有关调度命令。担当救援的动车组司机接到救援命令后,必须认真确认。命令不清、停车位置不明确时,不准动车。

(4)向封锁区间发出救援动车组时,不办理行车闭塞手续,以列车调度员的命令,作为进入封锁区间的许可。

(5)救援列车的出发或返回,均应通知列车调度员及对方站(与本站为同一人办理时除外)。如事故现场设有临时线路所时,列车调度员(车站控制时为车站值班员)应于发车前,商得线路所车站值班员的同意。

(6)发生事故时,在事故调查组人员到达前,站长(副站长)应随乘发往事故地点的第一列救援列车到事故现场,负责指挥列车有关工作。

(7)在故障动车组前部救援时,担当救援的动车组按隔离模式进入区间,在接近被救援列车2km时,以在瞭望距离内能够随时停车的速度运行,最高不超过20km/h,在距被救援列车不小于300m处一度停车,与被救援列车联系确认后进行作业;在故障动车组尾部救援时,开放出站信号,担当救援的动车组按完全监控模式进入区间,在行车许可终点停车,与被救援列车联系确认后,按目视行车模式进入前方闭塞分区,以在瞭望距离内能够随时停车的速度运行,最高不超过20km/h,在距被救援列车不小于300m处一度停车(行车许可终点距被救援列车不足300m时除外),与被救援列车联系确认后进行作业。

连挂前,司机必须与列车调度员联系,在接到列车调度员已发布邻线列车运行速度不得超过160km/h的调度命令(妨碍邻线及组织旅客疏散时为已扣停邻线列车)的口头指示后,方可开始作业。

(8)被救援动车组转入或退出隔离模式不发布调度命令。

(9)当故障动车组处理后可继续运行时,列车调度员应根据司机请求,取消前发救援调度命令。

3. 启用热备动车组

(1)动车组故障无法及时修复时,应及时启用热备动车组。热备动车组定员少于故障动车组实际人数时,有条件时,使用定员能满足需要的其他动车组组织旅客换乘。

(2)跨局出动热备动车组时,由国铁集团调度向铁路局集团公司发布调度命令。

(3)有关单位在接到调度命令后,应迅速完成热备动车组出动前的各项准备工作,具备条件后及时发车。

(4)对担当换乘任务的动车组列车应优先放行,确保及时到位及返回归位。

(5)在站内组织旅客换乘时,应尽量安排在同一站台的两个站台面进行。

(6)在区间组织旅客换乘时,列车调度员组织担当换乘任务的动车组列车进入邻线指定位置停车。担当换乘任务的列车到达邻线指定位置停妥后,司机向列车调度员报告。列车调度员通过申请换乘的列车司机通知列车长组织旅客换乘。担当换乘任务的列车长确认旅客换乘完毕后通知司机,司机得到列车长通知,确认车门关闭,具备开车条件后起动列车,并向列车调度员报告。

任务4.4 调度命令

为确保列车运行安全、正点,按计划完成施工任务,积极妥善地处理各类突发事件,各级调度在发布与运输有关的调度在命令前,必须详细了解并掌握现场情况,保证调度命令发布及时正确;下级调度以及行车有关单位、人员必须贯彻落实分级管理、集中统一指挥的原则,坚决执行调度命令。

一、需要发布行车调度命令的情况

1.《技规》规定需要发布行车调度命令的情况(表4-7)

行车调度命令项目表　　　　　　　　　　　　　　　　表4-7

顺序	命令项目	受令者	
		司机	车站值班员
1	封锁、开通区间		○
2	向封锁区间开行救援列车、路用列车	○	○
3	临时变更或恢复原行车闭塞法		○
4	停止使用基本闭塞法发出列车	○	○
5	双线反方向行车、由双线改为单线或恢复双线行车	○	○
6	变更列车径路	○	○
7	动车组列车在区间被迫停车后返回(退回)后方站	○	○
8	向区间发出停车作业的列车	○	○
9	在车站、区间临时停车上、下人员	○	○
10	列车需临时降弓运行	○	○
11	因行车设备故障、灾害或施工,以及列车中挂有限速的机车车辆等,需要使列车临时限速运行(纳入运行揭示调度命令或本务机车、动车组自身设备原因限速时除外)	○	○
12	动车组列车空调失效需打开部分车门限速运行	○	○
13	车站使用总辅助按钮		○

续上表

顺序	命令项目	受令者 司机	受令者 车站值班员
14	准许列车越过故障的进站、出站、进路信号机或线路所通过信号机(能开放引导信号时除外)	○	○
15	调度日计划以外,临时加开或停运列车(单机除外)	○	○
16	按地面信号显示运行的列车改按恶劣天气难以辨认信号的办法行车或恢复正常行车	○	○
17	动车组列车转入或退出隔离模式(被救援时除外)	○	○
18	动车组列车在列控车载设备控车和LKJ控车之间进行人工转换	○	○
19	越出站界调车	○	○
20	利用天窗施工、维修作业		○
21	施工、维修作业较指定时间延迟结束		○
22	运行揭示调度命令与实际限速、行车方式或设备不符时	○	○
23	正线、到发线接触网停电或送电(接触网倒闸、跳闸后试送电、向中性区送电或弓网故障排查除外)		○
24	正线、到发线接触网停电后准许登顶作业	○	○
25	动车组列车按隔离模式运行需以不超过80km/h的速度越过接触网分相	○	
26	双管供风旅客列车运行途中改为单管供风	○	○
27	列车调度员认为有必要记录的上述以外的命令	有关人员	

注:1.划○者为受令人员;
  2.受令者为车站值班员的调度命令,不发给集控站车务应急值守人员;集控站转为车站控制由车站值班员指挥行车时应发给车站值班员,并必须将前发有关调度命令一并发给车站值班员;
  3.动车组列车改按LKJ方式运行需将列控车载设备隔离时,列车调度员仅发布改按LKJ方式行车的调度命令;
  4.仅发给车站值班员的命令只涉及集控站时不发布(转为车站控制时除外)。因调车作业动车组控车模式转换,不发布调度命令。

2.命令项目说明

  铁路运输调度实行分级管理、集中统一指挥。一个调度区段内由本区段列车调度员统一指挥,指挥列车运行的命令或口头指示,只能由值班列车调度员发布(运行揭示调度命令为调度所施工调度室发布)。

  (1)封锁、开通区间。

  当区间内进行线路、桥隧、接触网等施工或由于自然灾害、设备故障、行车事故的影响,不能再向该区间发出正常运行的列车,或在车站无人应答、不能办理行车工作等情况下,必须对区间进行封锁时,并以发布调度命令的方式向有关人员提出明确的要求,并严格执行有关规定,确保行车安全。当封锁区间的因素消除后恢复行车时,在行车上有时还有一些限速运行等方面的要求,必须以调度命令的方式明确要求,有关行车人员应认真执行,确保安全。

(2)向封锁区间开行救援列车、路用列车。

当区间因施工或由于自然灾害、设备故障及行车事故等情况的影响封锁后,在区间的设备情况和行车条件等方面发生了很大的变化,需向区间内开行一些进行施工作业、抢修、救援的列车,并进行相应的作业,为保证施工作业及抢修、救援的安全,也为保证不再向区间发出正常运行的列车,在行车组织办法和作业要求上都发生了很大变化,因此必须发布调度命令,使办理行车工作的有关人员及施工作业、抢修、救援人员明确行车要求和作业注意事项,保证在封锁区间内行车及作业的安全。

(3)临时变更或恢复原行车闭塞法。

高速铁路采用自动闭塞和自动站间闭塞两种基本闭塞法,以使列车严格按空间间隔运行,以最大限度地保证列车安全。当发生基本闭塞设备不能使用等情况,需采用人工方式保证列车按空间间隔的办法运行时,在行车凭证、作业要求等方面都发生了变化,为使车站接发车人员明确作业办法和要求,引起作业人员的重视,必须发布调度命令。当基本闭塞设备恢复正常时,也必须发布调度命令,向有关车站明确,在行车中避免引起闭塞方式上的混乱。

(4)停止使用基本闭塞法发出列车。

高速铁路绝大部分车站由列车调度员直接办理接发列车,规定停止使用基本闭塞法发出列车时,行车凭证为调度命令。

(5)双线反方向行车、由双线改为单线或恢复双线行车。

我国铁路规定在双线区间按左侧单方向行车,相应的闭塞设备、列车信号机(区间信号标志牌)等行车设备均是按此设置,在行车安全上有着可靠的保证;同时,根据我国铁路成对行车的特点,列车在各自的线路上运行时,互不干扰,能够保证最大的通过能力,发挥最大的效益。因此当需要双线反方向行车及由双线改为单线行车时,必须以发布调度命令方式告知列车司机等行车有关人员,提醒有关行车变化,确保行车安全。当需要恢复双线行车,也必须发布调度命令,使不同的车站、列车乘务员同时明确,避免不同人员因不同的理解而造成错误办理,影响列车运行,危及列车安全。

(6)变更列车径路。

列车是按列车运行图规定的径路运行的,司机熟悉规定运行区段内的线路、信号、车站等设备,旅客列车还有旅客在图定的车站乘降,同时列车运行监控记录装置等列车运行控制系统,输入的监控数据也是规定运行径路内的,这样既保证了列车运行的安全,也保证了运输效率。当因特殊原因列车必须改变运行径路时,行车设备发生了变化,特别是旅客列车改变运行径路时,还涉及旅客的运输组织,因此必须发布调度命令,向改变径路的车站、司机等明确改变后的列车运行径路、运行要求等,以便在各方面都做好准备,妥善安排好旅客,保证列车运行的安全。

(7)动车组列车在区间被迫停车后返回(退回)后方站。

因为设备故障等特殊情况,确需列车由区间返回后方站时,列车返回车站的行车办法与正常情况下行车不同,所以必须发布调度命令明确有关事项,以便行车有关人员、列车乘务员统一办法,严格执行,保证列车运行的安全。

(8)向区间发出停车作业的列车。

正常情况下,列车运行是从一个车站到另一个车站,在区间内不停车,特殊情况确需列车在区间内停车时,对列车在区间的有关作业、停留地点等都需要进行明确,因此必须在发出列车前发布调度命令,明确上述事项,以便行车有关人员、列车乘务员统一办法,严格执行,以便完成区间工作任务,保证列车运行的安全。

(9)在车站、区间临时停车上、下人员。

正常情况下,应严格按列车运行图规定组织旅客列车运行,但根据高铁设备故障确认和抢修的需要,特殊情况下必须在不停车的车站和区间内停车上、下人员时,必须发布调度命令对列车有关作业、停留地点等进行明确,保证列车运行的安全。

(10)列车需临时降弓运行。

因接触网挂异物或故障等特殊情况,需列车临时降弓通过故障地段时,列车司机须准确掌握降弓地点,做好降弓准备,必须发布调度命令,明确相关事项,确保列车运行安全。

(11)因行车设备故障、灾害或施工,以及列车中挂有限速的机车车辆等,需要使列车临时限速运行(纳入运行揭示调度命令或本务机车、动车组自身设备原因限速时除外)。

当发生行车设备故障、灾害或在封锁施工后,或在列车中挂有限速运行的机车、车辆等情况下需要使列车限速运行时,必须以调度命令明确列车运行速度限制。列车运行速度限制已纳入运行揭示调度命令时,列车司机已提前收到限速运行命令,不需要再发布调度命令;当本务机车或动车组自身发生故障时,列车司机已掌握故障情况,比列车调度员更清楚运行速度限制,不需要列车调度员再发布调度命令。

(12)动车组列车空调失效需打开部分车门限速运行。

为保证动车组列车空调失效时车内通风良好,特殊情况下允许动车组列车打开部分车门运行,为确保开门运行时的旅客人身安全和列车运行安全,列车须限速运行,为使列车司机等有关人员及沿途车站值班员明确作业要求,必须发布调度命令。

(13)车站使用总辅助按钮。

车站遇轨道电路故障、列车因故退回原发车站等情况下不能使用正常办理方式改变运行方向时,需使用总辅助按钮办理,此时不论区间是否有列车运行或遗留车辆,都能改变闭塞设备的发车方向,此时若不确认区间空闲就有可能发生行车事故,因此必须发布调度命令,由两端站共同确认区间空闲后,方可使用总辅助按钮,以确保列车运行的安全。列车调度员使用总辅助按钮办理时,不需发布调度命令。

(14)准许列车越过故障的进站、出站、进路信号机或线路所通过信号机(能开放引导信号时除外)。

高速铁路车站一般由列车调度员直接办理接发列车,为便于作业人员掌握,统一规定高速铁路准许列车越过故障的进站、出站、进路信号机或线路所通过信号机的行车凭证为调度命令(能开放引导信号时除外)。

(15)调度日计划以外,临时加开或停运列车(单机除外)。

列车是按列车运行图和日计划规定的数量开行的,有关运输的各部门都是按日计划开展工作的,如取送车底、安排人员等,在调度日计划以外临时加开或停运列车时,需要增加或取消上述作业，因此必须发布调度命令，以使有关人员做好相应工作。因单机加开、停运频繁，单机开行及停运组织相对简单，故单机临时加开、停运采取口头指示等方式布置，不再发布调度命令。

（16）按地面信号显示运行的列车改按恶劣天气难以辨认信号的办法行车或恢复正常行车。

当列车按地面信号显示运行，改按恶劣天气难以辨认信号的办法行车或恢复正常行车时，作业办法发生改变并有明确的行车要求，因此必须发布调度命令，向有关人员提出明确的要求，严格执行有关规定，确保行车安全。

（17）动车组列车转入或退出隔离模式（被救援时除外）。

当动车组列车转入隔离模式运行时，列控车载设备不再监控列车运行，由机车乘务员人工控制，由于在行车凭证、作业要求等方面都发生了变化，因此转入隔离模式运行必须得到列车调度员同意，以发布调度命令的方式明确，并引起作业人员的重视。当退出隔离模式运行时，也必须发布调度命令，向有关车站、列车明确，在行车中避免引起行车凭证、作业要求上的混乱。动车组列车被救援而转入隔离模式时，因该动车组不再担当牵引动力，不发布调度命令。

（18）动车组列车在列控车载设备控车和LKJ控车之间进行人工转换。

动车组列车在列控车载设备控车和列车运行监控装置（LKJ）控车之间人工转换时，行车凭证、作业要求等方面变化较大，必须得到列车调度员同意并发布调度命令予以明确。

（19）越出站界调车。

高速铁路主要运行旅客列车，为保证列车运行安全，须严格控制越出站界调车频次，须列车调度员以调度命令方式同意，并明确有关事项。

（20）利用天窗施工、维修作业。

当利用列车运行图规定的"天窗"进行施工、维修作业时，对接发列车、调车作业及列车在区间运行都有一定的要求，同时对施工和维修单位的作业及开始、结束的时间等都有一定的限制，有时还要加开路用列车、试运转列车等，因此必须发布调度命令，向有关人员明确上述事项。

（21）施工、维修作业较指定时间延迟结束。

由于施工改变了列车运行条件、车站办理接发列车的方式及进入区间的行车凭证等，如果施工较规定的时间延迟结束，施工的影响时间将延长，必须发布调度命令，使受施工影响的车站、有关施工及配合单位均了解施工情况，准许施工单位按新的时间要求继续组织施工。

（22）运行揭示调度命令与实际限速、行车方式或设备不符时。

为便于车站、列车司机提前学习、掌握行车条件，运行揭示调度命令是提前发布的，并将限速数据写入了IC卡，因施工提前、延迟等特殊原因导致实际情况与运行揭示调度命令不符时，必须将运行速度限制等行车要求以调度命令方式告知车站、列车司机等相关人员，以确保行车安全。

（23）正线、到发线接触网停电或送电（接触网倒闸、跳闸后试送电、向中性区送电或弓网故障排查除外)。

正线、到发线接触网有无电是车站办理接发列车的重要条件,停电或送电时如果作业指挥不当,可能造成电力机车进入无电区或发生弓网事故等,送电时还可能造成作业人员的伤害等,因此电气化区段的正线、到发线接触网停电或送电时均需发布调度命令,向车站人员及供电人员明确停送电时间、范围及作业要求等。接触网倒闸、强送电跳闸后试送电、向中性区送电或弓网故障排查时,可不发布调度命令。

(24)正线、到发线接触网停电后准许登顶作业。

电气化区段登顶作业存在人身安全风险,必须在正线、到发线接触网已停电并得到列车调度员准许后,方可在做好接地等安全防护措施后登顶作业,因此必须发布调度命令。

(25)动车组列车按隔离模式运行需以不超过80km/h的速度越过接触网分相。

动车组列车按隔离模式运行速度不得超过40km/h,但在大坡道地段存在动车组列车以40km/h的运行速度难以越过部分分相绝缘的实际情况,因此,规定在闯分相绝缘有困难的特殊情况下,列车调度员根据司机请求发布调度命令,列车凭调度命令以不超过80km/h的运行速度越过接触网分相。

(26)双管供风旅客列车运行途中改为单管供风。

双管供风旅客列车改为单管供风时,原通过总风管供风的车辆集便装置、塞拉门及空气弹簧,改为通过制动主管供风,并需安排在车站进行有关作业,必须向司机、车辆乘务员、车站值班员等有关作业人员发布调度命令准许办理有关作业。

(27)列车调度员认为有必要记录的上述以外的命令。

在指挥行车工作当中,还有可能遇到很多特殊情况和突发事件,为指示有关人员做好与行车相关的工作,列车调度员认为有必要时,可发布的调度命令。

二、列车调度员不发布调度命令的情况

除《技规》(高速铁路部分)中有明确规定外,遇下列情况,列车调度员亦不发布调度命令:
(1)动车组列控车载设备由CTCS-3级人工转换为CTCS-2级行车。
(2)列车调度员使用总辅助、故障按钮。
(3)旅客列车在技术停车站(不办理客运、通勤业务和技术作业)临时变更通过。
(4)使用引导信号接、发车。
(5)站内采用调车方式救援。
(6)已发布运行揭示调度命令的变更旅客列车固定走行径路。
(7)接发动车组列车变更固定股道。
(8)区间内机车信号、列车运行监控装置(LKJ)、轨道车运行控制设备(GYK)发生故障,运行至前方站。
(9)列车仅在区间内退行或发车时未完全出站需退回到股道内。
(10)自轮运转特种设备自走行时因自身设备原因限速。
(11)旅客列车发生制动故障关门,依据"旅客列车制动关门限速证明书"限速。
(12)调度集中系统(CTC)控制模式或操作方式转换。

三、发布调度命令的基本规定

(1)调度命令发布前,应详细了解现场情况,听取有关人员的意见,命令内容、受令处所必须正确、完整、清晰。

(2)使用计算机、传真机、调度命令无线传送系统发布调度命令时,必须严格遵守"一拟写、二审核(按规定需监控人审核的)、三签发(按规定需领导、值班主任或值班副主任签发的)、四发布、五确认签收"的发布程序,命令接受人员确认无误后应及时反馈回执。

(3)使用电话发布调度命令时,必须严格遵守"一拟写、二审核(按规定需监控人审核的)、三签发(按规定需领导、值班主任或值班副主任签发的)、四发布、五复诵核对、六下达命令号码和时间"的发布程序。使用电话发、收调度命令时,应填记"调度命令登记簿"(列车调度员使用调度命令系统记录时除外),指定受令人员中的一人复诵,并记明发收人员姓名及时刻。

下列行车调度命令的发布必须经调度所值班主任(值班副主任)准许:
①旅客列车反方向运行。
②处理设备故障、自然灾害需临时开行路用列车、轨道车。
③抢修作业。
④在车站、区间临时停车上、下人员。

(4)列车调度员应使用调度命令无线传送系统向司机发布书面调度命令,司机应及时签认接受,不再与列车调度员核对,有疑问时,必须立即询问列车调度员。当调度命令无线传送系统发生故障时,原则上使用语音记录装置良好的列车无线调度通信设备发布(不适于使用语音记录装置良好的列车无线调度通信设备发布的调度命令项由各铁路局集团公司规定),司机接到命令后,必须与列车调度员核对。由车站交付的调度命令,车站值班员可使用调度命令无线传送系统或按规定使用语音记录装置良好的列车无线调度通信设备向司机转达。

(5)调度命令书写不正确时,应重新书写。

(6)发布有关线路、道岔限速的调度命令,必须注明具体地点、限速里程及限速值。

(7)发布救援调度命令,必须注明被救援列车或车列的救援端里程。

(8)使用常用行车调度命令模板、常用运行揭示调度命令模板拟写调度命令时,可根据需要对命令模板内容进行增加或删减。

铁路局集团公司列车调度员发布行车调度命令时,除严格执行《技规》中有关规定外,还应遵守以下规定:

①发布行车调度命令,要一事一令,不得发布无关内容。一事一令是指对一个独立事件发布一个命令,该独立事件包括单因素事件和多因素事件两类。单因素事件是指不与其他工作发生关联的简单事件;多因素事件是指涉及两项及其以上工作内容,且因此及彼、因果相关、时间相连的复杂事件,可发布一个调度命令。

②设有双线双向闭塞设备且作用良好的区间,需要连续反方向行车时,可发布一个调度命令。

③发布行车调度命令时,涉及限速内容应一并下达(司机已有限速调度命令除外)。

四、发布施工调度命令的规定

施工调度命令是指施工作业当日由列车调度员发布的准许施工作业开始、确认施工作业结束等与实际施工作业有关的调度命令。发布施工调度命令时,除严格执行《技规》中有关规定外,还应遵守以下规定:

(1)施工调度员负责拟写次日施工调度命令,经一人拟写、另一人核对后,传(交)列车调度员。

(2)施工开通后启用新版本LKJ数据涉及径路、线路允许速度变化的第一列列车,列车调度员应发布调度命令。

(3)施工涉及邻线限速的,遇施工提前、推迟、延迟时,列车调度员根据施工部门登记的行车条件及时发布相关调度命令。

(4)临时封锁要点的施工需邻线限速时,设备管理单位应在"行车设备检查登记簿"内登记邻线限速里程及限速值,列车调度员根据登记的行车条件及时发布邻线临时限速调度命令。

五、发布运行揭示调度命令的规定

运行揭示调度命令是指由施工调度员发布的涉及限速、行车方式变化和设备变化的调度命令。发布运行揭示调度命令时,除严格执行《技规》(高速铁路部分)中有关规定外,还应遵守以下规定:

(1)施工调度员依据施工日计划和主管业务部室提报的灾害及故障涉及限速、行车方式变化和设备变化的申请编制运行揭示调度命令。

(2)国铁集团发布的"常用运行揭示调度命令模板"未涉及的项目,由铁路局集团公司制定"补充常用运行揭示调度命令模板"。

(3)运行揭示调度命令必须一人拟写、另一人核对,施工办逐级审核签认,于施工前1日12:00前(其中0:00—4:00执行的运行揭示调度命令于前1日8:00前)发布至有关业务部室、机务(机辆)段、车务站段,并传(交)相关列车调度台,其中涉及邻局的车务站段和相关调度台,传(交)邻局施工办并由其转达。主管业务部室负责转交施工单位、自轮运转特种设备管理单位,车务站段负责转交相关车站。

(4)列车运行途中遇跨越运行揭示调度命令有效时段或其他原因,造成列车运行没有可依据的运行揭示调度命令时,司机必须提前向本次乘务出勤派班室和列车调度员报告,列车调度员安排交付书面调度命令(可在一个行车调度命令中转发有关运行揭示调度命令),跨局(调度台)运行时,应通知相邻局(调度台)列车调度员。

(5)运行揭示调度命令发布的限速条件需转变为LKJ基础数据时,除按有关LKJ数据管理规定程序办理外,本着"谁申请(登记)、谁取消"的原则,由申请(登记)部门在LKJ数据换装生效时刻后,向施工办、车站申请取消限速。施工调度员必须在得到申请(登记)部门取消限速的申请后,方能取消该运行揭示调度命令。

(6)因施工产生的邻线限速应纳入施工计划,按运行揭示调度命令流程管理,施工调度员依据施工计划中提报的限速申请及时发布运行揭示调度命令。

六、常用行车调度命令模板

1. 封锁及开通区间（表4-8）

调度命令　　　　　　　　　　① 　　表4-8

[封锁及开通区间]

_____年_____月_____日_____时_____分　　　　第_____号

受令处所	------------------------------	调度员姓名	
内容	1. 封锁区间 _____站至_____站间_____行线因_____，自接令时(_____次列车到_____站)起(至_____时_____分止)，区间封锁。 2. 开通封锁区间 根据_____站报告，_____站至_____站间_____行线_____完毕，(区间已空闲)，自接令时起区间开通。		

　　　　　　　　　　　　　　　　　　　　　　受令车站_____车站值班员_____

注：使用项内不用字句划掉，不用项圈掉该项号码。

2. 向封锁区间开行救援列车、路用列车（表4-9）

调度命令　　　　　　　　　　② 　　表4-9

[向封锁区间开行救援列车、路用列车]

_____年_____月_____日_____时_____分　　　　第_____号

受令处所	------------------------------	调度员姓名	
内容	3. 向封锁区间开行救援列车 (自接令时起，_____站至_____站间_____行线区间封锁)。 准许_____站(利用_____机车)开_____次列车，进入_____站至_____站间_____行线封锁区间_____km_____m处进行救援，将_____次列车推进(拉回)至_____站(返回开_____次列车)，(按救援负责人的指挥办理)。 4. 向封锁区间开行路用列车(施工维修除外) (自接令时起，_____站至_____站间_____行线区间封锁)。 准许_____站开_____次列车，进入_____站至_____站间_____行线封锁区间_____km_____m处停车，按作业负责人的指示进行作业，(返回开_____次列车)，限_____时_____分前到达_____站。 5. 列车分部运行 根据_____站报告，_____次列车因_____，自接令时起_____站至_____站间_____行线区间封锁。 准许_____站利用_____机车开_____次列车进入封锁区间_____km_____m处挂取遗留车辆，将_____次列车推进(拉回)至_____站，(返回开_____次列车)。 6. 利用动车组从前部对区间故障动车组进行救援 准许_____站开_____次列车，将列控车载设备转入隔离模式，进入_____站至_____站间_____行线封锁区间，将停于_____km_____m处的_____次拉回_____站，返回开_____次时将隔离模式退出，转换为列控车载设备方式行车。		

续上表

内容	7.利用动车组从尾部对区间故障动车组进行救援 　　准许_____站开_____次列车,进入_____站至_____站间_____行线(封锁区间),将尾部停于_____km_____m处的_____次拉回_____站,返回开_____次时将列控车载设备转入隔离模式(到_____站后将隔离模式退出,转换为列控车载设备方式行车)。 8.动车组区间停车,利用区间后续动车组救援 　　自接令时(_____次到达_____站)起,_____站至_____站间(_____行线)封锁。指定区间后续_____次列车将尾部停于_____km_____m处的_____次拉回_____站,返回开_____次时将列控车载设备转入隔离模式,(到_____站后将隔离模式退出,转换为列控车载设备方式行车)。

　　　　　　　　　　　　　　　　　　　　　　　受令车站_____车站值班员_____

注:使用项内不用字句划掉,不用项圈掉该项号码。

3.临时变更行车闭塞法或恢复原行车闭塞法(表4-10)

调度命令　　　　　　　　　　　　　　　　　③　　表4-10

[临时变更行车闭塞法或恢复原行车闭塞法]

_____年_____月_____日_____时_____分　　　　　　第_____号

受令处所		调度员姓名	
内容	9.停用基本闭塞法,改用电话闭塞法 　　自接令时(_____次列车到_____站)起,_____站至_____站间_____行线停用基本闭塞法,改用电话闭塞法行车。 10.恢复原行车闭塞法 　　自接令时(_____次列车到_____站)起,_____站至_____站间_____行线,恢复基本闭塞法行车。		

　　　　　　　　　　　　　　　　　　　　　　　受令车站_____车站值班员_____

注:使用项内不用字句划掉,不用项圈掉该项号码。

4.停止使用基本闭塞法发出列车(表4-11)

调度命令　　　　　　　　　　　　　　　　　④　　表4-11

[停止使用基本向闭塞法发出列车]

_____年_____月_____日_____时_____分　　　　　　第_____号

受令处所		调度员姓名	
内容	11.因_____站至_____站间_____行线停用基本闭塞法改电话闭塞法,现查明_____站至_____站间_____行线区间空闲,准许_____次列车由_____站发往_____站。		

　　　　　　　　　　　　　　　　　　　　　　　受令车站_____车站值班员_____

注:使用项内不用字句划掉,不用项圈掉该项号码。

5. 双线反方向行车、由双线改为单线或恢复双线行车(表4-12)

调度命令　　　　　　　　　⑤　　表4-12

[双线反方向行车、由双线改为单线或恢复双线行车]

_____年_____月_____日_____时_____分　　　　　　　第_____号

受令处所	_____	调度员姓名
内容	12. 双线反方向行车 　　自接令时(_____次到_____站)起,准许_____次(、_____次……)列车在_____站至_____站间利用_____行线反方向运行。 13. 双线改为单线行车 　　自接令时(_____次列车到_____站)起,_____站至_____站间_____行线改按单线行车。 14. 恢复双线行车 　　自接令时(_____次列车到_____站后)起,恢复_____站至_____站间双线行车。	

受令车站_____车站值班员_____

注:使用项内不用字句划掉,不用项圈掉该项号码。

6. 变更列车径路(表4-13)

调度命令　　　　　　　　　⑥　　表4-13

[变更列车径路]

_____年_____月_____日_____时_____分　　　　　　　第_____号

受令处所	_____	调度员姓名
内容	15. 变更列车径路 　　准许_____次列车由原运行径路,改经_____运行,各站按现时分办理。	

受令车站_____车站值班员_____

注:使用项内不用字句划掉,不用项圈掉该项号码。

7. 动车组在区间被迫停车后返回(退行)至后方站(表4-14)

调度命令　　　　　　　　　⑦　　表4-14

[动车组在区间被迫停车后返回(退行)至后方站]

_____年_____月_____日_____时_____分　　　　　　　第_____号

受令处所	_____	调度员姓名
内容	16. 动车组在区间被迫停车后,返回后方站 　　准许_____次列车返回_____站。返回开行_____次列车,并将列控车载设备转入隔离模式。 17. 动车组在区间被迫停车后,退行至后方站 　　准许_____次列车退行至_____站,并将列控车载设备转入隔离模式,区间限速15km/h。	

受令车站_____车站值班员_____

注:使用项内不用字句划掉,不用项圈掉该项号码。

项目 4　高速铁路调度指挥

8. 向区间发出停车作业的列车（表4-15）

调度命令　　　　　　　⑧　　表4-15

[向区间发出停车作业的列车]

_____年_____月_____日_____时_____分　　　　　第_____号

受令处所		调度员姓名
内容	18. 向区间发出停车作业的列车 　　准许_____站开_____次列车（反方向）进入_____站至_____站间_____行线_____km_____m 至_____km_____m 处_____，限_____时_____分前到_____站。	

　　　　　　　　　　　　　　　　　　　　　受令车站_____车站值班员_____

注：使用项内不用字句划掉，不用项圈掉该项号码。

9. 在车站、区间临时停车上、下人员（表4-16）

调度命令　　　　　　　⑨　　表4-16

[在车站、区间临时停车上、下人员]

_____年_____月_____日_____时_____分　　　　　第_____号

受令处所		调度员姓名
内容	19. 在车站、区间临时停车上、下人员 　　准许_____次列车在_____站（_____站至_____站间_____行线_____km_____m 处）停车上人，在_____站（_____站至_____站间_____行线_____km_____m 处）停车下人。	

　　　　　　　　　　　　　　　　　　　　　受令车站_____车站值班员_____

注：使用项内不用字句划掉，不用项圈掉该项号码。

10. 列车需临时降弓运行（表4-17）

调度命令　　　　　　　⑩　　表4-17

[列车需临时降弓运行]

_____年_____月_____日_____时_____分　　　　　第_____号

受令处所		调度员姓名
内容	20. 列车需临时降弓运行 　　自接令时起，_____站至_____站间_____行线（站内_____道）_____km_____m 至_____km_____m 处，降弓（限速_____km/h）运行。	

　　　　　　　　　　　　　　　　　　　　　受令车站_____车站值班员_____

注：使用项内不用字句划掉，不用项圈掉该项号码。

11. 因行车设备故障、自然灾害或施工以及列车中挂有限速的机车车辆等，需要使列车临时限速运行(纳入运行揭示调度命令或本务机车、动车组自身设备原因限速时除外)(表4-18)

调度命令　　　　　⑪　表4-18

[因行车设备故障、自然灾害或施工以及列车中挂有限速的机车车辆等,需要使列车临时限速运行

(纳入运行揭示调度命令或本务机车、动车组自身设备原因限速时除外)]

_____年_____月_____日_____时_____分　　　　　第_____号

受令处所	_____	调度员姓名	
内容	21. 站内或区间临时限速 　　自接令时(_____时_____分)起至另有命令时(_____时_____分)止,_____站至_____站间_____行线_____km_____m 至_____km_____m 处限速_____km/h。 　　_____次列车运行至_____站至_____站间_____行线_____km_____m 至_____km_____m 处限速_____km/h。 22. 列车临时限速 　　_____次列车因_____,(_____站至_____站间)限速_____km/h 运行。 23. 列车中挂有限速的机车、车辆 　　_____次列车在_____站挂有限速_____km/h 的车辆(机车),运行至_____站。		

受令车站_____车站值班员_____

注:使用项内不用字句划掉,不用项圈掉该项号码。

12. 动车组列车空调失效需打开部分车门限速运行(表4-19)

调度命令　　　　　⑫　表4-19

[动车组列车空调失效需打开部分车门限速运行]

_____年_____月_____日_____时_____分　　　　　第_____号

受令处所	_____	调度员姓名	
内容	24. 动车组列车空调失效需打开部分车门限速运行 　　_____次列车因空调失效打开部分车门限速60km/h 运行,通过邻靠高站台的线路时限速40km/h 运行。		

受令车站_____车站值班员_____

注:使用项内不用字句划掉,不用项圈掉该项号码。

13. 车站使用总辅助按钮(表4-20)

调度命令　　　　　⑬　表4-20

[车站使用总辅助按钮]

_____年_____月_____日_____时_____分　　　　　第_____号

受令处所	_____	调度员姓名	
内容	25. 车站使用总辅助按钮 　　根据_____站申请,现查明_____站至_____站间_____行线区间空闲,准许_____站使用总辅助按钮改变闭塞方向。		

受令车站_____车站值班员_____

注:使用项内不用字句划掉,不用项圈掉该项号码。

14. 准许列车越过故障的进站、出站、进路信号机或线路所通过信号机(能开放引导信号时除外)(表4-21)

调度命令　　　⑭　表4-21

[准许列车越过故障的进站、出站、进路信号机或线路所通过信号机(能开放引导信号时除外)]

_____年_____月_____日_____时_____分　　　　　第_____号

受令处所	_____	调度员姓名	
内容	26. 调度命令作为列车越过进站信号机的行车凭证。 　　准许_____次列车越过_____站_____行进站信号机。 27. 调度命令作为列车越过线路所通过信号机的行车凭证。 　　准许_____次列车越过_____线路所_____行通过信号机。 28. 调度命令作为列车由车站进入闭塞分区的行车凭证。 　　准许_____次列车由_____站发车。 29. 调度命令作为列车越过发车进路信号机的行车凭证。 　　准许_____次列车越过_____站_____发车进路信号机。 30. 调度命令作为列车越过发车进路信号机和出站信号机的行车凭证。 　　准许_____次列车越过_____站_____发车进路信号机、_____出站信号机。			

受令车站_____车站值班员_____

注:使用项内不用字句划掉,不用项圈掉该项号码。

15. 调度日计划以外,临时加开或停运列车(单机除外)(表4-22)

调度命令　　　⑮　表4-22

[调度日计划以外,临时加开或停运列车(单机除外)]

_____年_____月_____日_____时_____分　　　　　第_____号

受令处所	_____	调度员姓名	
内容	31. 临时停运列车 　　准许_____次列车在_____站停运,_____站至_____站间加开_____次列车,按现时分运行。 32. 临时加开列车 　　准许_____站至_____站间加开_____次、_____次……列车,_____站至_____站间加开_____次、_____次……列车,按现时分运行。 33. 加开救援列车 　　_____站至_____站间加开_____次列车,(限速_____km/h,)_____站_____时_____分开,按现时分办理。 34. 救援队出动 　　因_____站至_____站间_____行线(_____站)发生事故,_____救援队立即出动。			

受令车站_____车站值班员_____

注:使用项内不用字句划掉,不用项圈掉该项号码。

16. 按地面信号显示运行的列车改按天气恶劣难以辨认信号的办法行车或恢复正常行车(表4-23)

调度命令　　　　　　　　　⑯　　表4-23

[按地面信号显示运行的列车改按恶劣天气难以辨认信号的办法行车或恢复正常行车]

_____年_____月_____日_____时_____分　　　　第_____号

受令处所	————————————————————	调度员姓名	
内容	35. 改按恶劣天气难以辨认信号的办法行车 　　根据_____报告，_____站至_____站间信号显示距离不足200m，自接令时起，改按恶劣天气难以辨认信号的办法行车。 36. 天气转好，恢复正常行车 　　根据_____报告，_____站至_____站间天气转好，自接令时起，恢复正常行车。		

受令车站_____车站值班员_____

注：使用项内不用字句划掉，不用项圈掉该项号码。

17. 动车组列车转入或退出隔离模式(被救援时除外)(表4-24)

调度命令　　　　　　　　　⑰　　表4-24

[动车组列车转入或退出隔离模式(被救援时除外)]

_____年_____月_____日_____时_____分　　　　第_____号

受令处所	————————————————————	调度员姓名	
内容	37. 列车将列控车载设备转入隔离模式 　　准许_____次列车将列控车载设备转入隔离模式。(运行至_____站后将隔离模式退出，转换为列控车载设备方式行车。) 38. 列控车载设备由隔离模式退出，转换为列控车载设备方式行车 　　准许_____次列车将隔离模式退出，转换为列控车载设备方式行车。		

受令车站_____车站值班员_____

注：使用项内不用字句划掉，不用项圈掉该项号码。

18. 动车组列车在列控车载设备控车和LKJ控车之间的人工转换(表4-25)

调度命令　　　　　　　　　⑱　　表4-25

[动车组列车在列控车载设备控车和LKJ控车之间的人工转换]

_____年_____月_____日_____时_____分　　　　第_____号

受令处所	————————————————————	调度员姓名	
内容	39. 由列控车载设备方式行车转换为LKJ方式行车 　　准许_____次列车(在_____站)由列控车载设备方式行车转换为LKJ方式行车。(运行至_____后，由LKJ方式行车转换为列控车载设备方式行车。) 40. 由LKJ方式行车转换为列控车载设备方式行车 　　准许_____次列车(在_____站)由LKJ方式行车转换为列控车载设备方式行车。		

受令车站_____车站值班员_____

注：使用项内不用字句划掉，不用项圈掉该项号码。

19. 越出站界调车（表4-26）

调度命令 ⑲ 表4-26

[越出站界调车]

_____年_____月_____日_____时_____分　　　第_____号

受令处所	_____	调度员姓名	
内容	41. 越出站界调车 　　自接令时(_____次列车到_____站)起,准许_____次列车(_____号机车、轨道车)在_____站至_____站间_____行线利用该区间越出站界调车,限_____时_____分前完毕。		

　　　　　　　　　　　　　　　　　　　　　　　受令车站_____车站值班员_____

注：使用项内不用字句划掉,不用项圈掉该项号码。

20. 利用天窗施工、维修作业（表4-27）

调度命令 ⑳ 表4-27

[利用天窗施工、维修作业]

_____年_____月_____日_____时_____分　　　第_____号

受令处所	_____	调度员姓名	
内容	42. 封锁区间并向封锁区间开行路用列车(适用于每端各进一列) 　　因_____站至_____站间_____行线因施工,自_____时_____分(_____次列车到_____站)起区间封锁,限_____时_____分施工完毕。 　　(1)准许工务部门在_____km_____m至_____km_____m处施工。 　　(2)准许供电部门在_____km_____m至_____km_____m处施工。 　　(3)准许_____部门在_____km_____m至_____km_____m处施工。 　　准许_____站开_____次列车,进入封锁区间_____km_____m处停车,按施工负责人的指示进行作业,(返回开_____次列车),限_____时_____分前到达_____站。 　　准许_____站开_____次列车,进入封锁区间_____km_____m处停车,按施工负责人的指示进行作业,(返回开_____次列车),限_____时_____分前到达_____站。 43. 单个区间和车站维修作业 　　自_____时_____分(_____次列车到_____站、_____次列车_____站出站)起,准许_____站(含_____道、_____号道岔)至_____站(含_____道、_____号道岔)_____行线进行_____min维修作业。 44. 双线维修"V形天窗"作业(连续多个区间和车站) 　　_____站(含_____道、_____号道岔)至_____站(含_____道、_____号道岔)间_____行线自_____次列车各站出站或到达起,准许各站及后方区间进行_____min维修作业。 45. 维修"垂直天窗"作业 　　自接令时(_____次列车到达_____站、_____次列车到达_____站、_____次列车到达_____站……)起,_____站(含_____道、_____号道岔)至_____站(含_____道、_____号道岔)间上下行线准许各区间及站内进行_____min维修作业。		

　　　　　　　　　　　　　　　　　　　　　　　受令车站_____车站值班员_____

注：使用项内不用字句划掉,不用项圈掉该项号码。

21. 施工、维修作业较指定时间延迟结束（表4-28）

调度命令　　　　　　　　　　　　　㉑　　表4-28

[施工、维修作业较指定时间延迟结束]

_____年_____月_____日_____时_____分　　　　　　　　第_____号

受令处所		调度员姓名	
内容	46. 施工、维修作业较指定时间延迟结束 　　根据_____站申请，准许_____站(含_____道、_____号道岔)至_____站(含_____道、_____号道岔)间_____行线施工(维修)作业延迟至_____时_____分结束。		

　　　　　　　　　　　　　　　　　　受令车站_____车站值班员_____

注：使用项内不用字句划掉，不用项圈掉该项号码。

22. 运行揭示调度命令与实际限速、行车方式或设备不符时（表4-29）

调度命令　　　　　　　　　　　　　㉒　　表4-29

[运行揭示调度命令与实际限速、行车方式或设备不符时]

_____年_____月_____日_____时_____分　　　　　　　　第_____号

受令处所		调度员姓名	
内容	47. 运行揭示调度命令与实际限速、行车方式或设备不符时 　　_____次列车前发_____号运行揭示调度命令取消，运行条件如下： 　(1)_____站(含_____道、_____号道岔)至_____站(含_____道、_____号道岔)间_____行线_____km_____m至_____km_____m限速_____km/h。 　(2)_____站至_____站间_____行线按基本闭塞法行车。 　(3)施工结束后设备变化情况：_____。		

　　　　　　　　　　　　　　　　　　受令车站_____车站值班员_____

注：使用项内不用字句划掉，不用项圈掉该项号码。

23. 正线、到发线接触网停电或送电（接触网倒闸、跳闸后试送电、向中性区送电或弓网故障排查除外）（表4-30）

调度命令　　　　　　　　　　　　　㉓　　表4-30

[正线、到发线接触网停电或送电（接触网倒闸、跳闸后试送电、向中性区送电或弓网故障排查除外）]

_____年_____月_____日_____时_____分　　　　　　　　第_____号

受令处所		调度员姓名	
内容	48. 准许接触网有计划停电 　　根据供电调度_____号申请，自接令时(_____次列车到_____站)起，准许_____站(含)至_____站(含)间_____行线(_____km_____m到_____站至_____站间_____km_____m)接触网停电。		

项目4　高速铁路调度指挥

续上表

内容	49.接触网故障停电 　　根据供电调度_____号通知,自接令时起,_____站(含)至_____站(含)间_____行线 (_____km_____m到_____站至_____站间_____km_____m)接触网已停电。 50.接触网送电 　　根据供电调度_____号通知,_____站(含)至_____站(含)间_____ 行线(_____km_____m到_____站至_____站间_____km _____m)接触网已恢复供电。

　　　　　　　　　　　　　　　　　　　　　　　　受令车站_____车站值班员_____

注:使用项内不用字句划掉,不用项圈掉该项号码。

24.正线、到发线接触网停电后准许登顶作业(表4-31)

　　　　　　　　　调度命令　　　　　　　　　　㉔　　表4-31

[正线、到发线接触网停电后准许登顶作业]

_____年_____月_____日_____时_____分　　　　　　第_____号

受令 处所		调度员姓名	
内容	51.正线、到发线接触网停电后准许登顶作业 　　根据供电调度_____号通知,_____站(含)至_____站(含)间_____ 行线(_____km_____m至_____km_____m)接触网已停电,自接令时起,准许采取安全措施后进行登顶作业。		

　　　　　　　　　　　　　　　　　　　　　　　　受令车站_____车站值班员_____

注:使用项内不用字句划掉,不用项圈掉该项号码。

25.动车组列车按隔离模式运行需以不超过80km/h的速度越过接触网分相(表4-32)

　　　　　　　　　调度命令　　　　　　　　　　㉕　　表4-32

[动车组列车按隔离模式运行需以不超过80km/h的速度越过接触网分相]

_____年_____月_____日_____时_____分　　　　　　第_____号

受令 处所		调度员姓名	
内容	52.动车组列车按隔离模式运行需以不超过80km/h的速度越过接触网分相 　　准许_____次列车按隔离模式以不超过80km/h的速度越过_____站至_____站间_____行线_____km_____m至_____km_____m接触网分相。		

　　　　　　　　　　　　　　　　　　　　　　　　受令车站_____车站值班员_____

注:使用项内不用字句划掉,不用项圈掉该项号码。

26. 双管供风旅客列车运行途中改为单管供风(表4-33)

调度命令　　　　　　　　　㉖　　表4-33

[双管供风旅客列车运行途中改为单管供风]

_____年_____月_____日_____时_____分　　　　　第_____号

受令处所	_____	调度员姓名	
内容	53.双管供风旅客列车运行途中改为单管供风 　准许_____次列车在_____站由双管供风改为单管供风运行至终到站。		

受令车站_____车站值班员_____

注:使用项内不用字句划掉,不用项圈掉该项号码。

27. 其他(表4-34)

调度命令　　　　　　　　　㉗　　表4-34

[其他]

_____年_____月_____日_____时_____分　　　　　第_____号

受令处所	_____	调度员姓名	
内容	54.自接令时起取消前发_____年_____月_____日_____号命令。 55.施工开通启用新版本LKJ数据涉及径路、线路允许速度变化列车_____次列车为施工开通启用新版本LKJ数据后第1列(或第2列、第3列……)列车: 　(1)经由(_____线)_____站(含)至_____站(含)间_____行线运行。 　(2)经由_____站_____道运行。 　(3)运行至(_____线)_____站(含)至_____站(含)间_____行线_____km_____m至_____km_____m处限速_____km/h运行(按线路允许速度_____km/h运行)。 　(注:限速和线路允许速度在同一命令中最多只能包含一项;限速列车为施工开通后低于线路允许速度且未纳入运行揭示调度命令的第1、2、3……列临时限速列车。)		

受令车站_____车站值班员_____

注:使用项内不用字句划掉,不用项圈掉该项号码。

七、常用运行揭示调度命令模板

1. 限速（表4-35）

调度命令　　　　　　　　①　　表4-35
［限速］

_____年_____月_____日_____时_____分　　　　第_____号

受令处所	_____	调度员姓名	
内容	_____月_____日_____时_____分至_____月_____日_____时_____分（另有命令时），_____线_____站（含_____道、_____号道岔）至_____站（含_____道、_____号道岔）间_____行线_____km_____m至_____km_____m处施工（灾害、故障），限速_____km/h。		

受令车站_____车站值班员_____

注：使用项内不用字句划掉，不用项圈掉该项号码。

2. 封锁施工限速（表4-36）

调度命令　　　　　　　　②　　表4-36
［封锁施工限速］

_____年_____月_____日_____时_____分　　　　第_____号

受令处所	_____	调度员姓名	
内容	因_____线_____站至_____站间_____行线，_____km_____m至_____km_____m处施工。 开通后_____线_____站（含_____道、_____号道岔）至_____站（含_____道、_____号道岔）间_____行线_____km_____m至_____km_____m处第1列限速_____km/h，第2列限速_____km/h，第3列限速_____km/h，（……）；_____月_____日_____时_____分至_____月_____日_____时_____分限速_____km/h。其中开通后第1、2、3……列限速由列车调度员发布调度命令。 设备变化：_____。		

受令车站_____车站值班员_____

注：使用项内不用字句划掉，不用项圈掉该项号码。

3. 施工邻线限速（表4-37）

表4-37

调度命令
[施工邻线限速]

_____年_____月_____日_____时_____分　　　　　第_____号

受令处所		调度员姓名	
内容	1.（根据施工日计划_____号,）_____月_____日_____时_____分至_____月_____日_____时_____分,_____线_____站(含_____道、_____号道岔)至_____站(含_____道、_____号道岔)间_____行线_____km_____m至_____km_____m处因邻线施工,限速_____km/h。 2.施工邻线限速:_____线_____站(含_____道、_____号道岔)至_____站(含_____道、_____号道岔)间_____行线_____km_____m至_____km_____m处,_____月_____日_____时_____分至_____月_____日_____时_____分限速_____km/h。		

受令车站_____车站值班员_____

注:使用项内不用字句划掉,不用项圈掉该项号码。

八、临时限速调度命令的管理

(1) 需临时限速时,应由有关单位(人员)提出限速申请或由自然灾害及异物侵限监测系统报警提示。列车调度员应按规定发布临时限速调度命令(纳入运行揭示调度命令或本务机车、动车组自身设备原因限速时除外,下同),并设置列控限速(针对某一列车的限速除外);如果来不及时,应立即通知司机限速运行,司机按列车调度员通知的限速要求控制列车运行。对于当日天窗结束未取消或登记限速单位不能答复预计取消(变更限速条件)时间的临时限速,值班副主任应及时通知施工调度室。

(2) 对于24h内不能取消的临时限速,限速登记单位或设备管理单位应提出限速申请,报告主管业务部门,由主管部门处室审核后提交调度所发布运行揭示调度命令。列车调度员确认在途列车司机已收到该运行揭示调度命令后,方可不再向该列车司机发布临时限速调度命令。

(3) 需要变更已纳入运行揭示调度命令管理的限速时,设备管理单位应及时登记,同时,向铁路局集团公司主管业务部门提出新的限速条件或恢复常速申请,调度所施工调度员根据主管业务部门提出的申请,重新发布运行揭示调度命令。

九、救援调度命令的管理

铁路局集团公司管内发生铁路交通事故等,需出动救援列车时,由机车调度员发布救援列车出动的调度命令;需出动救援队时,由值班主任(值班副主任)发布救援队出动的调度命令;需出动外局救援力量时,应及时通知相关铁路局集团公司调度所,并向国铁集团调度申请,由国铁集团机车调度员发布救援列车跨局出动的调度命令(国铁集团已批准的除外),由国铁集团行车调度员发布救援队跨局出动的调度命令。

十、调度命令号码

调度命令号码的编制应按不同工种分别规定。铁路局集团公司调度所行车调度命令按日循环,运行揭示调度命令及其他专业调度命令按月循环;国铁集团各工种的调度命令按月循环。

调度命令日期的划分,以 0:00 为界。调度命令循环号码的起止时间,以 0:00 区分。

各级调度命令应保管 1 年。

国铁集团高铁调度命令号码:

(1)计划调度命令号码 6001~6999。

(2)行车调度命令号码 7001~7999。

(3)动车调度命令号码 8001~8999。

(4)备用命令号段 9001~9999。

注意:铁路局集团公司与国铁集团调度命令号码不得重复,具体由铁路局集团公司规定。

任务 4.5　调度指挥方法

列车调度员是一个调度区段的日常运输工作的具体组织者、指挥者,负责组织实现按图行车、安全正点以及完成运输工作的数量指标和质量指标。所以,本区段有关行车人员均应严格执行列车调度员的命令和口头指示。

列车调度员负责组织、指挥本区段车务、机务、工务、电务、车辆、供电等部门有关行车人员,实现列车运行图行车。为此必须做到:

(1)随时通过列车运行图和有关调度设备、电话联系等,检查有关车站是否按列车运行图规定的时刻组织接发列车;机务部门是否按计划准备机车;车辆部门是否按规定时间标准进行技术检查作业;客运(列车)段是否按计划安排列车乘务人员;如发现问题及时发布行车命令或口头指示进行纠正和处理。

(2)列车调度员应熟悉车站和有关机车、车辆、线路、供电、通信、信号、桥隧等设备情况,随时掌握列车运行和天气变化。根据本区段设备特点和有关列车运行具体情况,有预见地指挥列车安全正点运行。对晚点列车应采取合理会让、组织区间赶点、缩短站停时间等措施,积极恢复列车正点。当列车不能按列车运行图运行时,除特殊情况外,应按列车等级顺序等规定进行调整,保证列车按列车运行图行车。

(3)列车调度员应注意列车在车站到发及区间的运行情况,及时正确处理临时发生的问题。如发生机车、车辆、线路、桥隧、供电、通信、信号、联锁、闭塞等技术设备故障或天气不良变化时,应根据有关规定和实际情况,及时通知有关部门和人员,正确采取相关应急措施。

一、列车分类

高速铁路列车按运输性质主要分为以下两种:

(1)旅客列车。为运送旅客开行的列车。根据旅客列车的车底及运行速度或旅行速度等,可分为动车组、特快、快速、普通旅客列车。

(2)路用列车。不以营业为目的,专为完成铁路本身任务而开行的列车。例如,提速试验列车,运送铁路器材、路料的列车,因施工、检修需要开行的轨道车、接触网作业车、大型养路机械车组,等等。

除上述两种列车以外,还有为执行任务而开行的特殊用途列车,如专运、救援列车等。

二、列车运行等级顺序

根据我国高速铁路列车分类,为适应技术设备条件、满足客运服务水平,在编制列车运行图、制定日常列车运行计划及调度调整运行秩序时,需要考虑的列车顺序:

(1)动车组列车。动车组已成为一种重要的旅客运输工具,运行速度和行车条件比其他列车更高。

(2)特快旅客列车。运行于大城市之间,停站少且旅行速度快,最高运行时速达到160km 及其以上的旅客列车,两站间直达时,称为直达特快旅客列车。

(3)快速旅客列车。运行于大中城市之间,停站较少且旅行速度较快,最高运行时速为120~160km 的旅客列车。

(4)普通旅客列车。运行于城乡之间,停站较多,方便各地群众乘降;最高运行时速不超过120km 的旅客列车。

(5)路用列车。由于自然灾害、设备故障或行车事故等原因,必须开往现场救援、抢修、抢救的列车,应优先办理,不受列车等级的限制。

由于特殊目的开行的列车,如专列或其他列车等,因其性质及任务不同,缓急程度不同,应根据具体情况在指定开行时确定其等级。

三、列车实际运行图的绘制

1. 列车运行线的表示方法(表4-38)

高速铁路列车运行图中,有关列车运行线表示方法、列车运行整理符号,应按《调规》中有关规定进行填绘。《调规》未规定的,各铁路局集团公司可自行规定。

列车运行线表示方法　　　　　　　　表4-38

列车种类	说明	表示方法	备注
旅客列车、动车组检测列车、动车组确认列车、回送动车组列车、试运转动车组列车	红单线	———	以车次区分
临时旅客列车、旅游列车	红单线加红双杠	—‖—‖—	以车次区分
回送客车底	红单线加红方框	—□—□—	
军用列车	红断线	– – – – –	
回送军用列车	红断线加红方框	– –□– –□– –	

续上表

列车种类	说明	表示方法	备注
路用列车、试运转列车（不含动车组）	黑单线加蓝圈	-○-○-	以车次区分
单机	黑单线加黑三角	-▷-▷-	
救援、除雪列车	红单线加红"×"	—×—×—	以车次区分
重型轨道车	黑单线加黑双杠	—‖—‖—	

2. 列车运行及运行整理符号

(1) 列车始发、终止、在中间站临时停运及由邻接区段转来或开往邻区段。

①列车始发(图4-7)。

②列车终止(图4-8)。

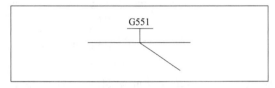

图4-7 列车始发　　　　　　　　图4-8 列车终止

③列车在中间站临时停运(图4-9)。

④列车由邻接区段转来(图4-10)。

⑤列车开往邻接区段(图4-11)。

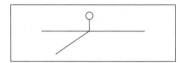 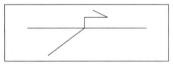

图4-9 列车在中间站临时停运　　图4-10 列车由邻接区段转来　　图4-11 列车开往邻接区段

⑥列车到开时分记在钝角内。早点用红圈、晚点用蓝圈记于锐角内，圈内注明早、晚点时分。晚点原因可用简明略号注明，如因编组晚点可只写"编"字。

(2) 列车合并运行(在列车运行线上注明某次列车被合并)(图4-12)。

(3) 列车让车(图4-13)。

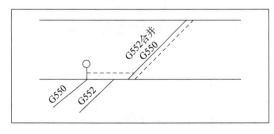 

图4-12 列车合并运行　　　　　　图4-13 列车让车

(4) 列车反方向运行时，在反方向运行区间的运行线上填写车次及(反)字(图4-14)。

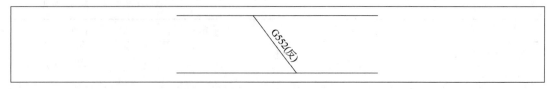

图 4-14　列车反方向运行时，在反方向运行区间的运行线上填写车次及（反）字

（5）列车在区间内分部运行（图 4-15）。

（6）补机途中折返（图 4-16）。

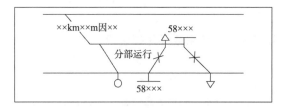

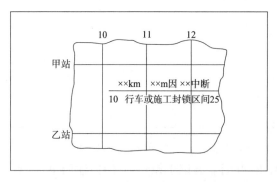

图 4-15　列车在区间内分部运行　　　　图 4-16　补机途中折返

（7）线路中断或施工封锁区间时，应在该区间内画一红横线表示，单线区间中断或封锁见图 4-17。

（8）双线区间上下行线路全部中断或封锁时，表示方法与单线区间相同；有一线中断或封锁时，以在红横线上或下画的蓝断线表示上行线或下行线中断或封锁（图 4-18）。

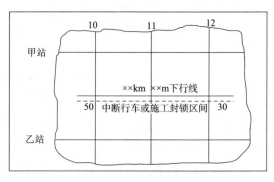

图 4-17　线路中断或施工封锁区间　　　图 4-18　双线区间上下行线路全部中断或封锁

（9）因施工或其他原因区间内需要慢行时，自开始时起至终了时止，用红色断线表示，并标明地点（双线应标明行别）、原因、限制速度（图 4-19）。列车调度员可在 CTC/TDCS 运行图终端选择标识隐藏功能予以隐藏相关文字内容。

（10）列车在区间内有装卸作业时，应标明车次、作业地点、装卸货物品名（图 4-20）。

（11）列车在中间站不摘车作业，用红色表示。

$$\frac{6}{9}\quad \text{分子表示装车数}\atop \text{分母表示卸车数}$$

（12）列车在中间站甩挂作业，用蓝色表示，"＋"表示挂，"－"表示甩。

$$\frac{-3}{+6}\quad \text{分子表示重车}\atop \text{分母表示空车}$$

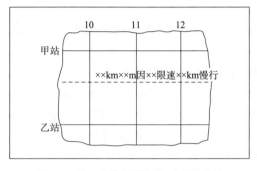

图 4-19 施工或其他原因区间内需要慢行

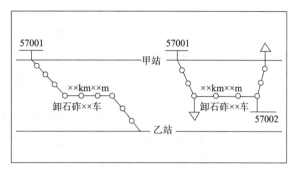

图 4-20 列车在区间内有装卸作业

(13) 列车运缓时,在列车运行线上方用蓝色标明运缓时分;赶点时在列车运行线上方用红色标明赶点时分。

(14) 列车在进站信号机外停车时,用红色"△"表示,并标明停车时分(图4-21)。

(15) 机车交路及机车出入库时间的表示方法:机车在本段交路用蓝色实线,在折返段用黑色实线,并在交路上逐列标明出入库时间(图4-22)。

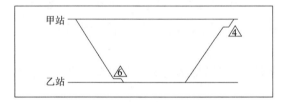

图 4-21 列车在进站信号机外停车

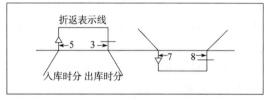

图 4-22 机车交路及机车出入库时间

3. 铁路局集团公司列车工作计划表按下列规定填记

(1) 纳入日计划开行的列车,在其车次上用蓝色"√"表示。

(2) 日计划调整开行的列车,在其车次上部用红色"√"表示。

(3) 停运的车次用蓝色"－"表示,并简要注明停运原因。

(4) 班计划以外临时加开的列车,用红色"＋"表示。

(5) 按照列车性质,另行指定车次而利用列车运行图(车次)时刻运行,在编制日计划时,用蓝色笔括上原车次,在原车次上部写指定的新车次;日计划调整时,用红色表示,方法同前。

四、调度指挥的原则

调度指挥必须坚持安全生产的原则。铁路局集团公司调度人员应做到:

(1) 熟悉有关运输段及列车的技术设备、作业过程、各项技术作业标准及各站接发列车的有关规定,正确地组织指挥列车运行。

(2) 在值班中应精力集中、坚守岗位,严格落实岗位安全责任、遵守安全生产规章制度和操作规程,及时正确处理问题。

(3) 遇有铁路交通事故、设备故障、自然灾害、天气不良、施工维修、临时限速等情况和对区间封锁、开通的处理,列车调度员应严格遵守有关规定,值班主任(值班副主任)应加强检查。

(4)当得到现场危及行车安全的报告时,应及时指示有关人员立即采取停车等安全措施,查明情况,妥善处理。

(5)限速机车车辆,应根据限速机车车辆挂运电报及规章制度有关规定挂运。纳入日计划的按日计划挂运、交接;未纳入日计划时,铁路局集团公司管内由调度所主任(副主任)准许挂运;跨局交接时,由相邻铁路局集团公司计划调度员共同确认挂运电报及规章制度有关规定,并协商同意后方准挂运、交接。编挂的机车车辆限制速度低于所挂列车规定速度时,列车调度员要根据限速条件发布调度命令。

(6)高速铁路与普速铁路间联络线的行车调度指挥原则上纳入高铁调度指挥。

五、动车组列车调整

1.动车组临时加开、停运、定员(含席别,下同)**变化、反编组运行或变更客运业务停站,高铁调度日计划尚未下达时**

(1)铁路局集团公司主办业务部室商相关业务部室确定方案,使用外局动车组时,还需征得支配局车辆部门同意,开行跨局临时定点列车还应征得有关局运输、机务、客运部门同意。遇临时停运或定员减少,列车开行前不足3日时,应经铁路局集团公司分管运输副总经理(总调度长)同意。

(2)铁路局集团公司管内且使用本局动车组时,铁路局集团公司以调度命令调整,必要时以文电调整。

(3)跨局或使用外局动车组时,按以下方式办理:

因施工原因产生的调整,由铁路局集团公司以文电申请,国铁集团调度中心以文电公布;列车运行图内列车(高峰线、施工原因调整和已纳入春、暑运方案除外)调整跨度1个月以上时,由铁路局集团公司以文电申请,国铁集团业务部门以文电公布;其他情况,由铁路局集团公司客运部或铁路局集团公司计划调度员向国铁集团计划调度员提出申请,经国铁集团调度与客运部门协商一致后,以调度命令调整。

(4)铁路局集团公司计划调度员向有关单位发布或转发调度命令,并抄送铁路局集团公司客运部(客票管理所)、统计和节能环保所、铁路客户服务中心、快运公司及相关调度台。

2.高铁日计划下达后,遇突发情况时

(1)铁路局集团公司管内且使用本局动车组时,铁路局集团公司以调度命令调整。

(2)跨局或使用外局动车组时,铁路局集团公司计划调度员向国铁集团计划调度员提出申请,以调度命令调整。

(3)铁路局集团公司计划调度员向有关单位发布或转发调度命令,并抄送铁路局集团公司客运部(客票管理所)、统计和节能环保所、铁路客户服务中心、快运公司及相关调度台。

3.变更车底(车型、定员均不变)**或根据文电**(调度命令)**确定车底**

(1)动车段(车辆段)根据文电、调度命令或检修运用需要向动车组所在铁路局集团公司调度所动车调度员提出申请,使用外局动车组时应与支配段联系确认车底和随车机械师情况。

(2)铁路局集团公司管内且使用本局动车组时,由铁路局集团公司动车调度员审核后交计划调度员,由计划调度员纳入高铁调度日计划,来不及纳入高铁调度日计划时由计划调度员发布调度命令;跨局或使用外局动车组时,由调度所动车调度员审核后向国铁集团动车调度员提出申请,经值班主任批准后,国铁集团动车调度员发布调度命令,由调度所计划调度员纳入高铁调度日计划,来不及纳入高铁调度日计划时由计划调度员发布调度命令。

(3)跨局且使用本局动车组时,经铁路局集团公司动车调度员审核后,按以下方式办理:

高铁调度日计划尚未下达时,铁路局集团公司动车调度员通报有关局动车调度员,有关局计划调度员纳入高铁调度日计划。

高铁调度日计划下达后,铁路局集团公司动车调度员向国铁集团动车调度员提出申请。国铁集团动车调度员发布调度命令,铁路局集团公司计划调度员转发该调度命令。

(4)当使用外局动车组时,铁路局集团公司动车调度员与客服调度员审核后,由铁路局集团公司计划调度员向国铁集团计划调度员提出申请。国铁集团计划调度员发布调度命令,铁路局集团公司计划调度员纳入高铁调度日计划,来不及纳入高铁调度日计划时,由计划调度员发布调度命令。

4. 变更车底(车型变化、定员不变)

(1)动车(车辆)段根据检修运用需要向动车组所在铁路局集团公司动车调度员提出申请,使用外局动车组时应提前与支配段联系确认车底和随车机械师情况。

(2)铁路局集团公司管内且使用本局动车组时,经铁路局集团公司动车调度员与机车调度员(动车司机调度员)审核后,计划调度员纳入高铁调度日计划,来不及纳入高铁调度日计划时,由计划调度员发布调度命令。

(3)跨局时,铁路局集团公司动车调度员与机车调度员(动车司机调度员)共同审核后,由铁路局集团公司计划调度员向国铁集团计划调度员提出申请。国铁集团计划调度员发布调度命令,铁路局集团公司计划调度员纳入高铁调度日计划,来不及纳入高铁调度日计划时,由计划调度员发布调度命令。

(4)使用外局动车组时,经铁路局集团公司动车调度员与机车调度员(动车司机调度员)、客服调度员共同审核后,由铁路局集团公司计划调度员向国铁集团计划调度员提出申请。国铁集团计划调度员发布调度命令,铁路局集团公司计划调度员纳入高铁调度日计划,来不及纳入高铁调度日计划时,由计划调度员发布调度命令。

5. 动车组回送的变更

(1)动车组回送应固定运行径路,铁路局集团公司管内由铁路局集团公司公布,跨局由国铁集团公布。遇特殊情况需经非固定运行径路或运行条件有特定要求时(有关规章文电已明确时除外),铁路局集团公司管内由铁路局集团公司、跨局由国铁集团以文电形式明确。

(2)动车组回送申请单位应根据有关文电、检修计划、运用交路调整、试验方案等,于回送前1日的14:00前(因故障等临时产生的回送不受该时间限制)向始发站所在铁路局集团公司动车调度员申请。

(3)铁路局集团公司管内回送时,经铁路局集团公司动车调度员与机车调度员(动车司机调度员)审核、值班副主任批准后,计划调度员纳入高铁调度日计划;因故障产生的临时回送来不及纳入高铁调度日计划时,由计划调度员发布调度命令,列车调度员按规定发布相关调度命令。

(4)跨局回送时,经铁路局集团公司动车调度员与机车调度员(动车司机调度员)审核、值班副主任同意后,铁路局集团公司计划调度员向国铁集团计划调度员提出申请。国铁集团计划调度员商国铁集团机车调度员后发布调度命令,铁路局集团公司计划调度员纳入高铁调度日计划;来不及纳入高铁调度日计划时,由计划调度员发布调度命令,列车调度员按规定发布相关调度命令。

6. 试运行列车的开行

(1)动车(车辆)段根据有关文电、试运行方案等,于试运行前 1 日的 12:00 前向铁路局集团公司动车调度员提出申请(影响列车运行标尺及铁路局集团公司规定需发布文电的其他情形,还应有铁路局集团公司有关文电)。

(2)铁路局集团公司管内开行时,经铁路局集团公司动车调度员与机车调度员(动车司机调度员)审核、值班副主任批准后,计划调度员纳入高铁调度日计划;调度日计划下达后,因特殊原因确需临时开行时,由申请部门报铁路局集团公司分管运输副总经理(总调度长)批准。

(3)跨局开行时,经铁路局集团公司动车调度员与机车调度员(动车司机调度员)审核、值班副主任同意后,由铁路局集团公司计划调度员向国铁集团计划调度员提出申请。国铁集团计划调度员发布调度命令,铁路局集团公司计划调度员纳入高铁调度日计划。

7. 遇特殊情况,需临时调整动车组综合检测车运行时

(1)国铁集团高速综合检测列车主管业务部门确定运行调整方案,向国铁集团计划调度员提出书面申请。

(2)国铁集团计划调度员根据提报的申请,经值班主任批准后,发布高速综合检测列车运行调整(3 日内)的调度命令。

(3)国铁集团高速综合检测列车主管业务部门应及时发布高速综合检测列车后续运行调整的电报。

任务 4.6　灾害天气行车应急处置方法

一、大风天气行车

1. 接到自然灾害及异物侵限监测系统风速监测子系统大风报警信息时的处置

(1)遇风速监测子系统提示大风报警信息时,列车调度员根据报警提示向相关列车发布限速运行的调度命令。对来不及发布调度命令的列车,应立即通知司机限速运行。司机接到调度命令或通知后,应立即采取措施。

(2)遇大风天气,当风速监测子系统发出禁止运行的报警信息时,列车调度员应及时关闭有关信号(车站控制时为通知车站值班员关闭有关信号)并通知司机停车。司机接到通知后,应立即采取停车措施。

(3)列车运行途中,遇大风,司机根据情况控制列车运行速度,并报告列车调度员。列车调度员通知后续首列列车司机在该地段注意运行;列车通过该地段后,司机应及时向列车调度员报告。

(4)遇大风天气,列车调度员按风速监测子系统报警提示发布限速调度命令,遇风速不稳或同一地段多处风速报警时,列车调度员可合并设置,按最低限速值发布限速调度命令。

(5)风速监测子系统限速报警解除后,列车调度员应及时取消前发限速调度命令,恢复正常行车。

(6)动车组列车遇大风行车限速的规定如下:

①当环境风速不大于15m/s时,可以正常速度运行;当环境风速不大于20m/s时,列车运行速度不得超过300km/h;当环境风速不大于25m/s时,列车运行速度不得超过200km/h;当环境风速不大于30m/s时,列车运行速度不得超过120km/h;当环境风速大于30m/s时,严禁动车组列车进入风区。

②在线路中心线距站台边缘为1750mm的正线、到发线办理动车组列车通过时,当环境风速不大于15m/s情况下,列车运行速度不得超过80km/h;当环境风速超过15m/s时,列车运行速度不得超过45km/h,并注意运行。

2. 自然灾害及异物侵限监测系统风速监测子系统发生故障时的处置

(1)列车调度员发现风速监测子系统故障时,应立即通知设备管理单位,并在"行车设备检查登记簿"内登记;设备管理单位发现风速监测子系统故障时,应立即报告列车调度员,并在调度所"行车设备检查登记簿"内登记。

(2)风速监测子系统故障期间,故障区段如遇天气预报7级及以上大风天气时,工务部门应及时向列车调度员提交天气预报信息,列车调度员按照天气预报的最大风级向相关列车发布限速调度命令。相关限速规定如下:当最大风速达7级时,列车运行速度不得超过300km/h;8级、9级时,列车运行速度不得超过200km/h;10级时,列车运行速度不得超过120km/h;11级及以上时,禁止列车进入风区。限速里程由工务部门根据故障情况以及天气预报信息确定后,通知列车调度员。

二、雨天行车

1. 接到自然灾害及异物侵限监测系统雨量监测子系统报警信息时的处置

(1)遇雨量监测子系统提示雨量监测报警信息时,列车调度员根据报警提示向相关列车发布限速运行的调度命令。对来不及发布调度命令的列车,立即通知司机限速运行。司机接到调度命令或通知后,应立即采取措施。

(2)列车通过防洪重点地段时,司机要加强瞭望,并随时采取必要的安全措施。

动车组列车运行中,司机发现积水高于轨面时,应立即停车,根据现场情况与随车机械师共同确认行车条件或请求救援,并立即报告列车调度员(车站值班员),车站值班员报告列车调度员。列车调度员(车站值班员)立即通知已进入区间的后续列车停车(避免停在隧道内),不再向该区间放行列车。

当洪水漫至路肩时,列车应按规定限速运行;遇有落石、倒树等障碍物危及行车安全时,司机应立即停车,排除障碍并确认安全无误后,方可继续运行。

当列车遇到线路塌方、道床冲空等危及行车安全的突发情况时,司机应立即采取应急性安全措施,并立刻通知追踪列车、邻线列车及列车调度员(邻近车站)。配备列车防护报警装置的列车应立即使用列车防护报警。

(3)遇有降雨天气,重点防洪地段1h降雨量达到45mm及以上时,列车运行速度不得超过120km/h;当1h降雨量达到60mm及以上时,列车运行速度不得超过45km/h;当1h降雨量降至20mm及以下、且持续30min以上时,可逐步解除限速。

列车调度员在得到工务及其他相关专业调度台检查无异常的报告后,及时取消限速或解除线路封锁。

2. 自然灾害及异物侵限监测系统雨量监测子系统故障时的处置

列车调度员发现雨量监测子系统故障时,应立即通知设备管理单位,并在"行车设备检查登记簿"内登记;设备管理单位发现雨量监测子系统故障时,应立即报告列车调度员,并在调度所"行车设备检查登记簿"内登记。雨量监测子系统故障期间,由工务部门根据降雨情况在调度所"行车设备检查登记簿"内登记限速或封锁。

三、冰雪天气行车

1. 遇冰雪天气时的处置

(1)自然灾害及异物侵限监测系统雪深监测子系统报警雪深值达到警戒值时,列车调度员应根据报警信息和限速提示及时地向相关列车发布限速运行的调度命令。对来不及发布调度命令的列车,应立即通知司机限速运行。

未安装雪深监测子系统的区段或雪深监测子系统故障时,工务、电务部门根据降雪情况和需要,在调度所"行车设备检查登记簿"内登记限速申请,并可根据积雪量变化情况,提出提速或进一步限速的申请,列车调度员要及时发布调度命令。

(2)安装动车组运行故障动态图像检测系统(TEDS)的区段,TEDS监控中心要加强对动车组转向架结冰、积雪等情况的监测分析,发现动车组转向架结冰需限速运行时,应立即将车次及限速要求等按规定报告动车调度员;动车调度员通知列车调度员进行处置。

在列车运行过程中,随车机械师发现动车组车底异响、动车组被击打等异常情况需要列车限速时,应立即通知司机限速。司机根据随车机械师的限速要求运行,并向列车调度员报告被击打地点里程,列车调度员不再发布限速调度命令。列车调度员通知动车调度员,提示后续首列列车司机、随车机械师在该被击打地点注意列车运行状态;动车调度员应立即通知前方TEDS监测点进行重点监测。列车通过该被击打地点后,司机、随车机械师应及时上报有关运行情况。

(3)降雪时,应根据线路积雪情况及时启用道岔融雪装置。降雪达到中雪及以上,车站道岔转动困难时,为减少道岔扳动,车站可采取固定接发车进路的方式办理接发列车作业,上下行各固定一条接发车进路。始发、终到列车较多的车站执行有困难时,可选择交叉干扰少、道岔位置改变少的几条线路相对固定办理接发车作业。较大客运站尽量停靠便于上水、吸污的线路。

（4）需人工上道除雪时，上、下道应执行登记签认制度。列车调度员应根据相关单位的申请，停止本线接发列车及调车作业，邻线列车运行速度不得超过160km/h。

（5）道床积雪、接触网结冰受电弓取流不畅时，司机应先采取减速措施，并及时向列车调度员汇报，列车调度员通知有关专业调度，专业调度及时通知有关设备管理单位，设备管理单位及时查明情况，按规定提出限速申请，列车调度员及时发布限速调度命令。

（6）供电部门应掌握接触网导线结冰情况，需要列车限速时，应立即登记"行车设备检查登记簿"，向列车调度员提出限速申请。需要接触网除冰时，供电部门提出除冰申请，列车调度员应及时安排接触网除冰车辆上线运行。

遇接触网导线覆冰时，可取消天窗停电作业，并在天窗时间内开行动车组、单机，进行热滑融冰。

（7）随车机械师在始发、折返站发现动车组转向架结冰、受电弓无法升起、动车组被击打等异常情况需要处理时，应及时通知司机，由司机报告列车调度员，列车调度员通知动车调度员，动车调度员根据随车机械师反映情况和车辆运用情况提出更换车底或限速申请，并组织入库动车组除雪融冰。

（8）降雪结束后，提出限速的设备管理单位应做好对有关行车条件的检查确认，及时恢复常速运行。在具备提速条件或限速情况消除时，应向列车调度员提出申请，列车调度员及时发布相关调度命令。雪后恢复常速运行的具体程序和办法由铁路局集团公司规定。

（9）列车调度员发现雪深监测子系统故障时，应立即通知设备管理单位，并在"行车设备检查登记簿"内登记；设备管理单位发现雪深监测子系统故障时，应立即报告列车调度员，并在调度所"行车设备检查登记簿"内登记。

2. 冰雪天气限速要求

（1）当运行区段降中雪或积雪覆盖轨枕板或道砟面时，无砟轨道区段列车运行速度不得超过250km/h，有砟轨道区段列车运行速度不得超过200km/h；当运行区段降大雪、暴雪时，无砟轨道区段列车运行速度不得超过200km/h，有砟轨道区段列车运行速度不得超过160km/h。中雪、大雪、暴雪的界定，以气象部门公布或观测为准。

当无砟轨道区段轨枕板积雪厚度100mm以上时，列车运行速度不得超过200km/h；当有砟轨道区段道砟面积雪厚度50mm以上时，列车运行速度不得超过160km/h。

（2）接触网导线结冰受电弓取流不畅时，列车运行速度不得超过160km/h。

（3）动车组转向架结冰需要列车限速时，无砟轨道区段列车运行速度不得超过250km/h，有砟轨道区段列车运行速度不得超过200km/h。

四、异物侵限报警

1. 接到自然灾害及异物侵限监测系统异物侵限子系统灾害报警信息时的处置

（1）列车调度员接到异物侵限子系统异物侵限灾害报警信息后，应立即通知区间内已进入报警地点及尚未经过报警地点的列车立即停车，不再向该区间放行列车，同时向调度所值班主任（值班副主任）汇报，值班主任（值班副主任）应立即通知设备管理单位赶赴现场检查处理。

(2)在设备管理单位检查人员到达报警点前,列车调度员通过视频监控系统查看现场情况,当有异状或不能确认时,必须经设备管理单位检查处理并具备放行列车条件后,方可组织列车运行。无异状时,按下列规定办理:

①列车调度员确认报警地点次一个闭塞分区空闲后,对区间内已进入报警地点及尚未经过报警地点的列车,口头通知司机逐列恢复运行,以遇到障碍能随时停车的速度(动车组列车最高不超过40km/h,其他列车最高不超过20km/h)越过报警点所在闭塞分区,指示后列恢复运行前必须确认前列已完整越过报警点次一个闭塞分区并得到前列无异状的报告。

②司机在报警点所在闭塞分区通过信号机(区间信号标志牌)前停车等候2min后,以遇到障碍能随时停车的速度(动车组列车最高运行速度不超过40km/h,其他列车最高运行速度不超过20km/h)越过该闭塞分区,按次一通过信号机显示(列控车载设备显示)运行。司机应加强瞭望,一旦发现异状立即停车,并报告列车调度员;如果无异状,司机确认列车完全越过报警点次一个闭塞分区后应及时报告列车调度员。司机在停车等候的同时,必须与列车调度员联系,如确认前方闭塞分区内有列车时,不得进入。

③区间空闲后,在报警点所在闭塞分区红光带取消前,按站间组织行车。

(3)经设备管理单位现场检查处理,列车调度员根据设备管理单位在"行车设备检查登记簿"内登记的行车限制条件组织列车运行。具备条件时,列车调度员根据设备管理单位允许取消报警点所在闭塞分区红光带的登记,使用临时行车按钮取消异物侵限灾害报警红光带。

(4)在故障未修复前,设备管理单位必须派人在现场看守,并及时向列车调度员报告现场情况,在报警点所在闭塞分区红光带取消后,列车调度员应下达列车运行速度不得超过120km/h注意运行的调度命令,限速位置为报警点所在闭塞分区,司机应加强瞭望。

(5)故障修复后,列车调度员将自然灾害及异物侵限监测系统中复原按钮解锁,使系统恢复到正常状态,恢复正常行车组织。

2. 自然灾害及异物侵限监测系统异物侵限子系统一路电网断线报警时的处置

当双电网的一路电网断线时,异物侵限子系统发出异物侵限传感器故障报警信息,自然灾害及异物侵限监测系统不向列控系统发送灾害报警信息,不影响正常行车。列车调度员接到异物侵限子系统一路电网断线报警信息后,应按正常组织行车,并立即通知设备管理单位检查处理。

3. 自然灾害及异物侵限监测系统异物侵限子系统故障导致系统不能反映现场情况时的处置

(1)列车调度员在发现异物侵限子系统故障导致系统不能反映现场情况时,应立即通知设备管理单位,并在"行车设备检查登记簿"内登记;设备管理单位发现异物侵限子系统故障时,应立即报告列车调度员,并在调度所"行车设备检查登记簿"内登记。

(2)异物侵限子系统故障未修复前,设备管理单位必须派人在现场看守,并及时向列车调度员报告现场情况,列车调度员应下达列车运行速度不得超过120km/h注意运行的调度命令,限速位置为监测点所在闭塞分区,司机应加强瞭望。遇有异物侵限时,看守人员应立即通知列车调度员,列车调度员呼叫列车停车。

(3)在看守人员未到达异物侵限监测点前,列车调度员应下达列车运行速度不得超过120km/h(异物侵限监测点为隧道口时,列车运行速度不得超过40km/h)注意运行的调度命令,限速位置为监测点所在闭塞分区,司机在该处注意运行。

五、地震监测报警

列车调度员接到地震监测子系统地震监控报警信息或接到现场地震报告后,应立即关闭有关信号(车站控制时为通知车站值班员关闭有关信号),通知相关列车停车。列车司机组织列车乘务人员根据现场实际情况,采取应急处置措施。

列车调度员立即报告调度所值班主任(值班副主任),通知工务、电务、供电、通信、房建等设备管理单位检查。设备管理单位检查处理后,根据设备管理单位登记的行车限制条件组织行车。

六、天气恶劣难以辨认信号行车

1.接到天气恶劣报告时的处置

遇天气恶劣,信号机显示距离不足200m时,司机或车站值班员必须立即报告列车调度员。列车按地面信号显示运行时,列车调度员应及时发布调度命令,改按天气恶劣难以辨认信号的办法行车。

2.天气恶劣难以辨认信号行车办法

(1)列车按机车信号的显示运行。当接近地面信号机时,司机应确认地面信号,遇地面信号与机车信号显示不一致时,应立即采取减速或停车措施。

(2)当无法辨认出站(进路)信号机显示时,在列车具备发车条件后,司机凭机车信号的显示起动列车,在确认出站(进路)信号机显示正确后,再行加速。

(3)天气转好时,应及时报告列车调度员发布调度命令,恢复正常行车。

任务4.7 设备故障时的行车应急处置方法

一、列控车载设备不能正常使用

(1)动车组列车运行中遇列控车载设备故障并导致列车停车后,司机应报告列车调度员(车站值班员),并通知随车机械师。车站值班员报告列车调度员。司机转换冗余切换开关(开关不在司机室时,司机通知随车机械师进行转换)启动冗余设备或将列控车载设备断电30s后重新启动,设备恢复正常时,报告列车调度员,继续运行。

(2)已在区间内运行的装备LKJ的动车组列车因列控车载设备故障,不能恢复正常运行但能提供机车信号时,司机应报告列车调度员(车站值班员),车站值班员报告列车调度员。

在信号机常态点灯的 CTCS-2 级区段,列车调度员发布改按 LKJ 方式行车的调度命令,动车组列车改按 LKJ 方式运行。在 CTCS-3 级及信号机常态灭灯的 CTCS-2 级区段,列车调度员在确认该列车至前方站(线路所)间空闲后,发布改按 LKJ 方式行车的调度命令,动车组列车改按 LKJ 方式运行。

（3）已在区间内运行的未装备 LKJ 的动车组列车列控车载设备故障,不能恢复正常运行时,司机应报告列车调度员(车站值班员),车站值班员报告列车调度员。列车调度员(车站值班员)不再向该区间放行列车,并通知已进入区间的后续列车立即停车。确认该列车至前方站(线路所)间空闲后,列车调度员发布改按隔离模式运行的调度命令,列车改按隔离模式,按地面信号显示以不超过 40km/h 的速度运行至前方站(线路所)。该列车到达前方站(线路所)后,列车调度员方可通知后续列车恢复运行。

（4）动车组列控车载设备故障不能恢复正常运行在车站出发时,装备 LKJ 的动车组列车改按 LKJ 方式运行,未装备 LKJ 的动车组列车改按隔离模式运行。

（5）因设备故障,动车组列控车载设备在 CTCS-3 级与 CTCS-2 级间进行转换时,司机应报告列车调度员。

二、LKJ、GYK、机车信号故障

（1）动车组列车改按 LKJ 方式运行,在自动闭塞区间内遇机车信号或 LKJ 故障时,司机应报告列车调度员(车站值班员),车站值班员报告列车调度员。列车调度员(车站值班员)不再向该区间放行列车,并通知已进入区间的后续列车立即停车。列车调度员确认该列车至前方站(线路所)间空闲后通知司机,列车按地面信号显示以不超过 40km/h 的速度运行至前方站(线路所)。该列车到达前方站(线路所)后,列车调度员方可通知后续列车恢复运行。

（2）按 LKJ 方式运行的动车组列车遇机车信号或 LKJ 故障在车站出发时,改按隔离模式运行。

（3）动车组以外的列车,在自动闭塞区间内运行遇机车信号或 LKJ(GYK)故障时,司机应立即报告列车调度员(车站值班员),车站值班员报告列车调度员。列车调度员(车站值班员)不再向该区间放行列车,并通知已进入区间的后续列车立即停车。列车调度员确认该列车至前方站(线路所)间空闲后通知司机,列车按地面信号显示以不超过 20km/h 的速度运行至前方站停车处理或更换机车。该列车到达前方站(线路所)后,列车调度员方可通知后续列车恢复运行。

三、CTC 故障

（1）列车车次号错误或丢失。

①列车调度员在发现 CTC 终端列车车次号错误或丢失时,应进行核对确认,重新输入正确的车次号。

②车站值班员在发现 CTC 终端列车车次号错误或丢失时,应报告列车调度员,与列车调度员核对确认后,重新输入正确的车次号。

(2)CTC不能下达列车运行计划。

①CTC不能下达列车运行计划时,列车调度员通知电务部门进行检查处理,并在"行车设备检查登记簿"内登记。

②通知车站转为非常站控。

③采取电话等方式下达列车运行计划。

(3)CTC不能自动触发进路时,列车调度员(车站控制时为车站值班员)应采取人工触发进路或人工排列进路方式办理,并通知电务部门进行处理,在"行车设备检查登记簿"内登记。

(4)当CTC设备登记停用或全站表示信息中断未及时恢复时,应转为非常站控。

(5)调度所及车站CTC设备均不能正确显示列车占用状态。

①调度所及车站CTC设备均不能正确显示列车占用状态时,列车调度员应立即通知已进入区间的列车司机立即停车,通知电务部门进行处理。

②CTC设备不能正确显示列车占用状态故障暂时无法修复,具备放行列车条件时,列车调度员根据电务部门登记的行车限制条件放行列车,通知车站转为非常站控。对已进入区间的列车,列车调度员确认列车至前方站(线路所)间空闲后,通知列车司机逐列恢复运行,指示后列恢复运行前必须确认前列已完整到达前方站(线路所)。司机按信号显示运行,逐列运行至前方站(线路所)。

区间空闲后,按站间组织行车。

③CTC设备不能正确显示列车占用状态故障修复,列车调度员根据电务部门的销记,通知有关列车司机恢复正常行车。

四、进站(出站、进路)信号机、线路所通过信号机故障或车站(线路所)道岔失去表示、轨道电路非列车占用红光带

1. 进站(接车进路)信号机故障或接车进路上道岔失去表示、轨道电路非列车占用红光带

(1)列车调度员(车站控制时为车站值班员)通知设备管理单位进行检查处理,在"行车设备检查登记簿"内登记。

(2)设备故障修复,列车调度员(车站控制时为车站值班员)根据设备管理单位的销记,开放进站(接车进路)信号办理接车。

(3)设备故障暂时无法修复,具备放行列车条件时,列车调度员(车站控制时为车站值班员)根据设备管理单位登记的行车限制条件组织行车。

①进站(接车进路)信号机引导信号能够开放时,在确认接车进路空闲、进路准备妥当后,开放引导信号办理接车。

②进站(接车进路)信号机引导信号不能开放时,在确认接车进路空闲、进路准备妥当后,列车调度员发布准许越过该信号机的调度命令,司机凭调度命令越过该信号机。动车组列车在进站(接车进路)信号机前停车后,装备LKJ的动车组列车将列控车载设备隔离,按LKJ方式运行,速度不超过40km/h;未装备LKJ的动车组列车改按隔离模式进站停车。动车组以外的列车按LKJ(GYK)方式运行,运行速度不超过20km/h。

2. 出站(发车进路)信号机故障或发车进路上道岔失去表示、轨道电路非列车占用红光带

(1)列车调度员(车站控制时为车站值班员)通知设备管理单位进行检查处理,在"行车设备检查登记簿"内登记。

(2)设备故障修复,列车调度员(车站控制时为车站值班员)根据设备管理单位的销记,开放出站(发车进路)信号机办理发车。

(3)设备故障暂时无法修复,具备放行列车条件时,列车调度员(车站控制时为车站值班员)根据设备管理单位登记的行车限制条件组织行车。

①出站信号机不能开放时:

a.出站信号机引导信号能够开放时,在确认第一个闭塞分区空闲(CTCS-3级及信号机常态灭灯的CTCS-2级自动闭塞区间对LKJ或GYK控车的列车和自动站间闭塞区间为确认区间空闲)和发车进路空闲,进路准备妥当后,开放引导信号办理发车。

b.出站信号机未设引导信号或引导信号不能开放时,按以下方式办理发车:

在CTCS-3级及信号机常态灭灯的CTCS-2级自动闭塞区段,信号机应点灯,在确认区间空闲和发车进路空闲,进路准备妥当后,列车调度员发布准许进入区间的调度命令,司机凭调度命令进入区间。装备LKJ的动车组列车将列控车载设备隔离,按LKJ方式运行至前方站进站信号机(线路所通过信号机),按其显示的要求执行;未装备LKJ的动车组列车改按隔离模式运行至前方站进站信号机(线路所通过信号机),按其显示的要求执行;动车组以外的列车按LKJ(GYK)方式运行,运行至前方站进站信号机(线路所通过信号机),按其显示的要求执行。

在信号机常态点灯的CTCS-2级自动闭塞区段,确认第一个闭塞分区空闲(未装备LKJ的动车组列车为确认区间空闲)和发车进路空闲,进路准备妥当后,列车调度员发布准许进入区间的调度命令,司机凭调度命令进入区间。装备LKJ的动车组列车将列控车载设备隔离,按LKJ方式运行,以不超过40km/h的速度运行至区间第一架通过信号机,按其显示的要求执行;未装备LKJ的动车组列车改按隔离模式运行至前方站进站信号机(线路所通过信号机),按其显示的要求执行;动车组以外的列车按LKJ(GYK)方式运行,以不超过20km/h的速度运行至区间第一架通过信号机,按其显示的要求执行。

自动站间闭塞区段,在确认区间空闲后,应停止使用基本闭塞法改按电话闭塞法行车,确认发车进路空闲和进路准备妥当后,发布调度命令,司机凭调度命令进入区间。装备LKJ的动车组列车(需将列控车载设备隔离)、动车组以外的列车,按LKJ(GYK)方式运行至前方站进站信号机(线路所通过信号机),按其显示的要求执行;未装备LKJ的动车组列车改按隔离模式运行至前方站进站信号机(线路所通过信号机),按其显示的要求执行。

②发车进路信号机不能开放时:

a.发车进路信号机能开放引导信号时,在确认发车进路空闲和进路准备妥当后,开放引导信号办理发车。

b.列车由车站开往区间,发车进路信号机未设引导信号或引导信号不能开放时,在确认发车进路空闲和进路准备妥当后,列车调度员发布准许越过该信号机的调度命令,司机凭调度命令越过该信号机。装备LKJ的动车组列车将列控车载设备隔离,按LKJ方式,以不超过

40km/h 的速度运行至次一信号机前停车,转回列控车载方式控车;未装备 LKJ 的动车组列车改按隔离模式,运行至次一信号机前停车,转回列控车载方式控车;动车组以外的列车按 LKJ(GYK)方式,以不超过 20km/h 的速度运行至次一信号机,按其显示要求执行。

(4)出站信号机不能开放时,除按规定交付行车凭证外,对通过列车应预告司机。装有进路表示器或发车线路表示器的出站信号机,当该表示器不良时,由列车调度员(车站控制时为车站值班员)通知司机;司机发现表示器不良时,应及时报告列车调度员(车站值班员)。

3. 线路所通过信号机故障或进路上道岔失去表示、轨道电路非列车占用红光带

(1)列车调度员(车站控制时为车站值班员)通知设备管理单位进行检查处理,在"行车设备检查登记簿"内登记。

(2)设备故障修复,列车调度员(车站控制时为车站值班员)根据设备管理单位的销记,恢复正常组织行车。

(3)设备故障暂时无法修复,具备放行列车条件时,列车调度员(车站控制时为车站值班员)根据设备管理单位登记的行车限制条件组织行车。

①线路所通过信号机引导信号能够开放时,在确认第一个闭塞分区空闲(CTCS-3 级及信号机常态灭灯的 CTCS-2 级自动闭塞区间对 LKJ 或 GYK 控车的列车和自动站间闭塞区间为确认区间空闲)和进路空闲,进路准备妥当后,开放引导信号办理行车。

②线路所通过信号机引导信号不能开放,列车开往 CTCS-3 级及信号机常态灭灯的 CTCS-2 级自动闭塞区间时,信号机应点灯,在确认区间空闲和进路空闲,进路准备妥当后,列车调度员发布准许越过该信号机的调度命令,司机凭调度命令越过该信号机。装备 LKJ 的动车组列车将列控车载设备隔离,改按 LKJ 方式运行,运行至前方站进站信号机(线路所通过信号机),按其显示的要求执行;未装备 LKJ 的动车组列车改按隔离模式运行,运行至前方站进站信号机(线路所通过信号机),按其显示的要求执行;动车组以外的列车按 LKJ(GYK)方式运行,运行至前方站进站信号机(线路所通过信号机),按其显示的要求执行。

③线路所通过信号机引导信号不能开放,列车开往信号机常态点灯的 CTCS-2 级自动闭塞区间时,在确认区间第一个闭塞分区空闲(未装备 LKJ 的动车组列车为确认区间空闲)和进路空闲,进路准备妥当后,列车调度员发布准许越过该信号机的调度命令,司机凭调度命令越过该信号机。装备 LKJ 的动车组列车将列控车载设备隔离,按 LKJ 方式运行,以不超过 40km/h 的速度运行至区间第一架通过信号机,按其显示的要求执行;未装备 LKJ 的动车组列车改按隔离模式运行,运行至前方站进站信号机(线路所通过信号机),按其显示的要求执行;动车组以外的列车按 LKJ(GYK)方式运行,以不超过 20km/h 的速度运行至区间第一架通过信号机,按其显示的要求执行。

④线路所通过信号机引导信号不能开放,列车开往自动站间闭塞区间时,在确认区间空闲后,应停止使用基本闭塞法改按电话闭塞法行车,确认进路空闲和进路准备妥当后,发布调度命令,司机凭调度命令越过线路所通过信号机。装备 LKJ 的动车组列车(需将列控车载设备隔离)、动车组以外的列车,按 LKJ(GYK)方式运行至前方站进站信号机(线路所通过信号机),按其显示的要求执行;未装备 LKJ 的动车组列车改按隔离模式运行至前方站进站信号机(线路所通过信号机),按其显示的要求执行。

五、区间通过信号机故障或闭塞分区轨道电路非列车占用红光带(异物侵限报警红光带除外)

(1)列车调度员(车站值班员)发现及得到区间通过信号机故障或闭塞分区非列车占用红光带的信息时,列车调度员(车站值班员)应立即通知区间内已进入故障地点及尚未经过故障地点的列车司机立即停车,通知设备管理单位进行检查处理,并在"行车设备检查登记簿"内登记。车站值班员应立即报告列车调度员。

设备管理单位未销记确认可以放行列车前,不得再向该区间放行列车。

设备故障修复,列车调度员根据设备管理单位的销记,通知有关列车司机恢复正常行车。

(2)区间通过信号机(闭塞分区非列车占用红光带)故障暂时无法修复,具备放行列车条件时,根据设备管理单位登记的行车限制条件组织行车。待故障地点(发生两处及以上故障时,为运行方向第一故障地点)前的列车运行至前方站(线路所),对区间内已进入故障地点及尚未经过故障地点的列车,列车调度员确认列车至前方站(线路所)间空闲后,通知列车司机故障闭塞分区起止里程及防护该闭塞分区的通过信号机号码,逐列恢复运行至前方站(线路所),指示后列恢复运行前必须确认前列已完整到达前方站(线路所)。列车恢复运行时,司机在该闭塞分区通过信号机(区间信号标志牌)前停车等候 2 min 后,以遇到障碍能随时停车的速度,最高不超过 20 km/h(动车组列车最高不超过 40 km/h),越过该闭塞分区,按次一通过信号机显示(列控车载设备显示)运行,司机应加强瞭望。司机在停车等候的同时,必须与列车调度员联系,如果确认前方闭塞分区内有列车时,不得进入。

区间空闲后,按站间组织行车。

六、站内轨道电路分路不良

(1)站内轨道电路出现分路不良时,电务部门检测确认后,由电务部门及时在车站、调度所"行车设备检查登记簿"内登记,并在 CTC 终端上进行标注。

(2)列车调度员(车站控制时为车站值班员)办理经由分路不良区段的进路时,执行以下规定:

①办理进路前,列车调度员(车站值班员)必须亲自或指派其他人员(集控站为车务应急值守人员组织电务、工务人员)确认与进路有关的所有分路不良区段空闲后,方可准备进路,并将分路不良区段的道岔单独锁闭;列车(机车车辆)未全部出清轨道电路分路不良区段前,严禁操纵有关道岔及其防护道岔,不得解除分路不良区段道岔单独锁闭。

②调车作业时,询问并得到调车人员或司机汇报机车车辆出清道岔轨道电路分路不良区段后,方可扳动道岔,开放信号。

③在轨道电路分路不良的股道上停放车辆时,必须对股道两端信号进行钮封。

④遇有列车(机车车辆)通过后进路漏解锁、光带不消失时,必须确认列车(机车车辆)已通过该区段后,方可对该区段进行人工解锁。

七、列车占用丢失

1. 区间列车占用丢失

(1)区间列车占用丢失报警或列车调度员(车站值班员)发现及得到区间列车占用丢失信息时,列车调度员(车站值班员)应立即通知已进入区间的后续列车立即停车。车站值班员应立即报告列车调度员。

(2)列车调度员(车站值班员)联系占用丢失的列车司机,询问列车位置及现场情况,通知电务部门检查处理,在"行车设备检查登记簿"内登记。

(3)电务部门未销记确认可以放行列车前,不得再向该区间放行列车。

(4)设备故障修复,列车调度员根据电务部门的销记,通知有关列车司机恢复正常行车。

(5)设备故障暂时无法修复,占用丢失的列车运行无异常,具备放行列车条件时,根据电务部门登记的行车限制条件组织行车。对已进入区间的占用丢失的列车和后续列车,列车调度员确认列车至前方站(线路所)间空闲后,通知司机逐列恢复运行,指示后列恢复运行前必须确认前列已完整到达前方站(线路所)。司机按信号显示运行,逐列运行至前方站(线路所)。区间空闲后,按站间组织行车。

2. 站内股道列车占用丢失

(1)站内股道列车占用丢失报警或列车调度员(车站控制时为车站值班员)发现及得到站内股道列车占用丢失信息时,应立即停止使用该故障区段。

(2)列车调度员(车站值班员)联系占用丢失的列车司机,询问列车位置及现场情况,通知电务部门检查处理,在"行车设备检查登记簿"内登记。

(3)设备故障修复,列车调度员(车站值班员)根据电务部门的销记,恢复正常行车。

(4)设备故障暂时无法修复时,经电务部门检查处理后,根据电务部门登记的行车限制条件组织行车。

八、列车无线调度通信设备故障

1. FAS(固定用户接入交换机)故障

(1)调度台 FAS 均故障。

①列车调度员通知通信部门检查处理,并在"行车设备检查登记簿"内登记。

②列车调度员指示车务应急值守人员转为车站控制办理行车。

③设备故障修复后,列车调度员根据通信部门在"行车设备检查登记簿"内的销记,恢复设备正常使用和正常行车组织。

(2)车站 FAS 故障。

①车站值班员(车务应急值守人员)通知通信部门检查处理,在"行车设备检查登记簿"内登记,报告列车调度员。

②车站值班员(车务应急值守人员)使用 GSM-R 手持终端或有语音记录装置的自动电话办理行车通话。

③故障修复后,车站值班员(车务应急值守人员)根据通信部门在"行车设备检查登记

簿"内的销记,恢复设备正常使用。

2. GSM-R 故障

(1)列车调度员(车站值班员)得到 GSM-R 故障的报告后,应立即通知通信部门检查处理,在"行车设备检查登记簿"内登记。车站值班员接到报告后应及时报告列车调度员,列车调度员报告调度所值班主任(值班副主任)。

(2)根据通信部门在"行车设备检查登记簿"内登记的停用内容、影响范围及行车限制条件,按下列规定办理:

①GSM-R 故障导致 CTCS-3 级降为 CTCS-2 级时,按 CTCS-2 级行车。

②影响调度命令无线传送功能时,向司机发布的调度命令,按规定采用列车无线调度通信设备发布、转达或采用人工书面交递方式。

③遇无进路预告信息,司机必须报告列车调度员(车站值班员),列车由正线通过改为侧线接车时,列车调度员(车站控制时为车站值班员)应提前预告司机。

(3)设备故障修复后,列车调度员(车站值班员)根据通信部门在"行车设备检查登记簿"内的销记,恢复设备正常使用。

3. 机车综合无线通信设备故障

(1)司机报告列车调度员(车站值班员),车站值班员报告列车调度员。

①影响调度命令无线传送功能时,向司机发布的调度命令,按规定采用列车无线调度通信设备发布、转达或采用人工书面交递方式。

②遇无进路预告信息,司机必须报告列车调度员(车站值班员),列车由正线通过改为侧线接车时,列车调度员(车站控制时为车站值班员)应提前预告司机。

③机车综合无线通信设备不能通话时,司机应立即使用 GSM-R 手持终端报告列车调度员(车站值班员)。如果 GSM-R 手持终端也不能进行通话时,司机应在前方站停车报告;机车综合无线通信设备或 GSM-R 手持终端修复(更换)后,方准继续运行。

(2)设备故障修复后,恢复设备正常使用。

4. 列车调度员、车站值班员因无线通信设备故障,均无法与司机取得联系

(1)不得向区间放行列车。

(2)列车调度员(车站值班员)通知通信部门检查处理,在"行车设备检查登记簿"内登记。

(3)通信部门抢修完毕后,列车调度员根据通信部门在"行车设备检查登记簿"内的销记,恢复正常行车组织。

九、接触网停电

(1)遇接触网停电时,司机应立即停车并降弓,报告列车调度员(车站值班员)停车原因及停车位置,通知随车机械师(车辆乘务员)、列车长,车站值班员报告列车调度员。供电调度员发现接触网停电时,应立即确认停电范围并通知列车调度员。

(2)列车调度员(车站值班员)接到接触网停电的报告后,应立即扣停未进入停电区域的相关列车,对已进入停电区域的列车应通知司机停车。列车调度员并立即通知供电调度员确认停电范围,通知供电部门检查处理,在 CTC 上设置停电标识。

（3）电力机车牵引的旅客列车因接触网停电在区间停车后，司机应采取保压措施，长时间停车风压不足时，司机通知车辆乘务员组织客运乘务组拧紧全列人力制动机。

（4）接触网跳闸重合或送电成功，原因不明时，供电调度员应立即将接触网跳闸情况、故障标定装置指示地点的里程及限速要求通知列车调度员。列车调度员立即向尚未经过该地点的本线及邻线首列列车发布口头指示列车运行速度不得超过80km/h注意运行，限速位置原则上按故障标定装置指示地点前后各2km确定。司机应注意观察接触网设备状态，发现影响行车异常情况时应立即停车并向列车调度员报告，列车调度员立即通知尚未经过异常地点的后续列车停车，不得再向该区间放行列车，并立即通知供电部门检查处理，列车调度员按供电部门登记的行车限制条件组织行车；无异常时，司机在通过限速地点后立即向列车调度员报告。列车调度员根据本线司机确认本线无异常的报告组织本线后续列车正常运行，根据邻线司机确认邻线无异常的报告组织邻线后续列车正常运行。

同时，供电调度员应立即组织供电人员登乘本线或邻线列车巡视检查设备。供电人员根据需要及时向列车调度员提出利用动车组列车运送人员处理故障的申请，列车调度员应及时安排。

十、接触网上挂有异物

（1）司机在运行中发现本线或邻线接触网上挂有异物时，应立即采取措施并向列车调度员（车站值班员）汇报异物情况和故障地点，列车调度员（车站值班员）及时通知供电部门检查处理，在"行车设备检查登记簿"内登记，车站值班员报告列车调度员。列车调度员转报供电调度员。

（2）本线挂有异物时，如异物情况不影响行车，司机按正常行车方式通过。本线降弓可以通过时，司机按降弓方式通过该地点，列车调度员向该线后续列车发布列车运行速度不得超过160km/h降弓通过故障地点的调度命令（不设置列控限速），限速降弓位置原则上按司机汇报故障地点前后各2km确定。不能降弓通过时司机应立即停车并报告，列车调度员（车站值班员）应立即通知本线后续列车停车，不得再向该区间放行列车。

（3）邻线挂有异物时，如司机汇报邻线异物不能降弓通过，列车调度员（车站值班员）应立即通知邻线尚未经过该地点的列车停车，不得再向邻线该区间放行列车。如司机汇报邻线异物可降弓通过或异物情况不影响行车，邻线按（2）规定执行。

如司机汇报不能确定异物是否影响邻线行车，列车调度员应立即向邻线尚未经过该地点的首列列车司机发布口头指示限速80km/h注意运行，限速位置原则上按司机汇报故障地点前后各2km确定。司机应注意观察接触网设备状态，根据该司机确认情况，后续处理按（2）规定执行。

（4）供电调度员接到报告后，应立即组织供电人员登乘本线或邻线列车巡视检查设备并处理。供电人员根据需要及时向列车调度员提出利用动车组列车运送人员处理故障的申请，列车调度员应及时安排。

供电部门检查处理后，列车调度员按供电部门登记的行车限制条件组织行车。故障处理完毕后，列车调度员根据供电部门在"行车设备检查登记簿"内的销记，恢复正常行车组织。

十一、受电弓挂有异物

(1)列车运行途中,司机接到受电弓挂有异物通知时,应立即降弓、停车,向列车调度员(车站值班员)报告,车站值班员报告列车调度员。需下车检查或登顶作业时,司机(动车组列车为随车机械师通过司机)及时向列车调度员提出请求。

(2)列车调度员(车站值班员)得到报告后,应立即通知区间内后续列车停车,不得再向该区间放行列车。列车调度员根据下车检查或登顶作业的请求,发布邻线列车运行速度不得超过160km/h调度命令;需登顶作业时,列车调度员还应通知该供电臂内的列车停车并降弓,与供电调度员办理接触网停电手续,得到供电调度员接触网已停电的通知后,发布准许登顶作业的调度命令。

(3)司机在接到邻线列车运行速度不得超过160km/h调度命令已发布的口头指示后,下车检查(动车组列车为司机通知随车机械师下车检查)。司机根据准许登顶作业的调度命令和邻线列车运行速度不得超过160km/h调度命令已发布的口头指示登顶作业(动车组列车为司机通知随车机械师登顶作业)。

(4)异物处理完毕后,司机应报告列车调度员,列车调度员与供电调度员办理接触网送电手续,通知该停电供电臂内的列车升起受电弓,取消邻线限速,恢复正常行车。需限速运行时,司机(动车组列车根据随车机械师的通知)限速运行。

(5)司机(动车组列车为随车机械师)现场检查发现受电弓滑板及托架有损伤或接触网有异状时,应及时报告列车调度员,列车调度员扣停后续列车,并通知供电部门对接触网设备进行检查处理,根据供电部门在"行车设备检查登记簿"内登记的行车限制条件组织行车。

十二、运行途中自动降弓

(1)列车在运行途中,因不明原因降弓,司机应立即切断主断路器并停车,同时查看降弓地点公里标,向列车调度员(车站值班员)报告,车站值班员报告列车调度员。列车调度员(车站值班员)应立即通知区间内后续列车停车,不再向该区间放行列车,列车调度员将降弓情况转报供电调度员。动车组列车随车机械师应根据故障信息记录,及时向司机反馈故障发生时间等信息,由司机报告列车调度员,列车调度员及时转报供电调度员。

(2)列车调度员根据司机(动车组列车为随车机械师通过司机提出的)下车检查或登顶作业的请求,发布邻线列车运行速度不得超过160km/h调度命令;需登顶作业时,列车调度员还应通知该供电臂内的列车停车并降弓,与供电调度员办理接触网停电手续,得到供电调度员接触网已停电的通知后,发布准许登顶作业的调度命令。

(3)司机在接到邻线列车运行速度不得超过160km/h调度命令已发布的口头指示后,下车检查(动车组列车为司机通知随车机械师下车检查)。司机根据准许登顶作业的调度命令和邻线列车限速160km/h及以下调度命令已发布的口头指示登顶作业(动车组列车为司机通知随车机械师登顶作业)。

(4)经检查处理,列车恢复运行后,司机应立即报告列车调度员,列车调度员应立即向本线尚未经过该地点的首列列车发布口头指示列车运行速度不得超过80km/h注意运行,限速位置原则上按司机汇报故障地点前后各2km确定。司机应注意观察接触网设备状态,发现影响行车异常情况时应立即停车并向列车调度员报告,列车调度员立即通知尚未经过异常地点的后续列车停车,不再向该区间放行列车,并立即通知供电部门检查处理,列车调度员按供电部门登记的行车限制条件组织行车。无异常时,司机在通过限速地点后立即向列车调度员报告,列车调度员根据司机确认无异常的报告组织后续列车正常运行。

(5)供电调度员接到报告后,应立即组织供电人员登乘本线或邻线列车巡视检查设备。供电人员根据需要及时向列车调度员提出利用动车组列车运送人员处理故障的申请,列车调度员应及时安排。

十三、自动过分相地面设备故障

(1)司机发现不能自动过分相时,应立即报告列车调度员(车站值班员),列车调度员(车站值班员)接到报告后,通知后续列车注意运行,通知设备管理单位检查处理,在"行车设备检查登记簿"内登记;设备管理单位发现自动过分相地面设备故障时,应立即报告列车调度员(车站值班员),同时在"行车设备检查登记簿"内登记,写明行车限制条件。

在故障修复前,列车调度员(车站值班员)根据设备管理单位的登记,通知司机采用手动过分相。

(2)自动过分相地面设备修复后,列车调度员根据设备管理单位在"行车设备检查登记簿"内的销记,恢复正常行车组织。

十四、动车组列车空调失效

(1)空调失效超过20min不能恢复但列车能够正常运行时,列车长可视情况通知司机向列车调度员提出在前方最近客运站停车的请求,列车调度员安排列车在前方最近客运站停车。列车在停车站安装好防护网、打开部分车门后,列车调度员根据司机的报告,向司机(救援时还包括救援司机)及沿途各站发布打开车门列车运行速度不得超过60km/h(通过邻靠高站台的线路时列车运行速度不得超过40km/h)运行的调度命令。

(2)列车因故停车不能维持运行且空调失效超过20min不能恢复时,列车长应及时与司机、随车机械师沟通,视情况做出打开车门决定,并通知司机转报列车调度员。

(3)安装防护网、打开车门由列车长组织列车乘务员进行,司机、随车机械师配合。防护网的安装需在列车停车状态下进行,安装位置为运行方向左侧(非会车侧)车门处。防护网安装完毕,打开车门后,由列车长组织列车工作人员值守,直到车门关闭。列车长确认防护网安装牢固、看护到位后报告司机。

(4)需要组织旅客下车或换乘其他列车时,应在车站站台进行。必须在站内不邻靠站台的线路或区间组织旅客下车或换乘时,需经铁路局集团公司主管运输副总经理(总调度长)批准。

十五、列车运行途中车辆故障

1.动车组列车运行途中发生车辆故障应急处理

(1)动车组列车运行中出现故障,司机应按车载信息监控装置的提示,按规定及时处理;

需要由随车机械师处理时,司机应通知随车机械师。经处置确认无法正常运行时,司机应按车载信息监控装置的提示和随车机械师的要求,选择维持运行或停车等方式,并报告列车调度员(车站值班员),车站值班员报告列车调度员。

(2)司机发现或得到基础制动装置故障致使车轮抱死不缓解的报告时,应立即停车,报告列车调度员(车站值班员)停车原因和停车位置,车站值班员报告列车调度员。列车调度员(车站值班员)应立即通知区间内后续列车停车,不再向该区间放行列车。司机在接到列车调度员已发布邻线列车运行速度不得超过 160km/h 调度命令的口头指示后,通知随车机械师下车检查处理。当动车组列车制动系统故障必须切除单车制动力时,随车机械师应将切除制动力的情况及限速要求通知司机,司机报告列车调度员(车站值班员)后,按限速要求运行;车站值班员接到报告后,应及时报告列车调度员,列车调度员及时通知本调度区段相关车站值班员,跨调度区段运行时还应通知邻台列车调度员。

全列车制动不缓解,司机、随车机械师按故障应急手册或车载信息系统的提示处理;全列常用制动不施加,司机立即将制动手柄拉到紧急制动位或按压紧急停车按钮,使动车组紧急停车。动车组停车后,司机复位紧急制动,由随车机械师进行故障处理。司机在开车前必须进行一次完整的制动试验,确认制动系统功能正常。动车组发生制动系统失效情况时,由司机请求救援。

(3)动车组车窗玻璃破损导致车厢密封失效时,列车长或随车机械师应通知司机,司机控制动车组列车运行速度不得超过 160km/h 运行并报告列车调度员(车站值班员),车站值班员报告列车调度员。

(4)动车组空气弹簧故障时,随车机械师应通知司机限速要求(CRH2/CRH380A/AL 型列车运行速度不得超过 120km/h,其余车型列车运行速度不得超过 160km/h),司机控制动车组列车限速运行并报告列车调度员(车站值班员),车站值班员报告列车调度员。

(5)当车载信息监控装置提示轴承温度超过报警温度时,司机应立即停车,报告列车调度员(车站值班员)停车原因和停车位置,通知随车机械师处理,车站值班员报告列车调度员。列车调度员(车站值班员)应立即通知区间内后续列车停车,并不得再向该区间放行列车。随车机械师检查后,需要限速运行时,通知司机限速要求,司机报告列车调度员(车站值班员)后,按限速要求运行。不能继续运行时,及时请求救援。

(6)发现或接到转向架监测故障、车辆下部异音、异状的通知时,司机(列车工作人员)应立即采取紧急停车措施,司机向列车调度员(车站值班员)报告,车站值班员报告列车调度员。列车调度员(车站值班员)应立即通知区间内后续列车停车,不再向该区间放行列车。司机在接到列车调度员已发布邻线列车运行速度不得超过 160km/h 调度命令的口头指示后,通知随车机械师下车检查处理。随车机械师检查后,需要限速运行时,通知司机限速要求,司机报告列车调度员(车站值班员)后,按限速要求运行。不能继续运行时,及时请求救援。

2. 动车组以外的旅客列车运行途中发生车辆故障应急处理

(1)发现客车车辆轮轴故障、车体下沉(倾斜)、车辆剧烈振动等危及行车安全的情况时,必须立即采取停车措施,并报告列车调度员(车站值班员),车站值班员报告列车调度员。

列车调度员(车站值班员)应立即通知区间内后续列车停车,不再向该区间放行列车。司机在接到列车调度员已发布邻线列车运行速度不得超过160km/h调度命令的口头指示后,通知车辆乘务员下车检查。对抱闸车辆应关闭截断塞门,排除副风缸中的余风,确认安全无误后,方可继续运行;如车轮踏面损坏超过限度或车辆故障不能继续运行时,应甩车处理。

(2)列车调度员接到热轴报告后,应按热轴预报等级要求果断处理。必要时,立即安排停车检查(司机应采用常用制动,列车停车后由车辆乘务员负责检查,无车辆乘务员的由司机确认能否继续安全运行)或就近站甩车处理。

(3)遇客车安全监控系统报警或其他故障需要列车限速运行时,车辆乘务员应通知司机限速要求,司机按限速要求运行并报告列车调度员(车站值班员),车站值班员及时报告列车调度员。

(4)空气弹簧发生故障时,列车运行速度不得超过120km/h。

(5)采用密接式车钩的旅客列车,在运行途中因故障更换15号过渡车钩后,运行速度不得超过140km/h。

(6)双管供风旅客列车运行途中发生双管供风设备故障或用单管供风机车救援接续牵引需改为单管供风时,双管改单管作业应在站内进行。旅客列车在区间发生故障需双管改单管供风时,由车辆乘务员通知司机向列车调度员(车站值班员)提出在前方站停车处理的请求,并通知司机以不超过120km/h速度运行至前方站,列车调度员发布双管改单管供风的调度命令,车辆乘务员根据调度命令在站内将客车风管路改为单管供风状态。旅客列车改为单管供风跨局运行时,由国铁集团发布调度命令通知有关铁路局集团公司,按单管供风办理,直至终到站。

 复习思考

1. 调度日计划主要包括哪些内容?其编制的依据和原则是什么?
2. 列车开行计划编制流程是如何规定的?
3. 什么是集控站和非集控站?车务应急值守人员的主要职责有哪些?
4. 调度集中分散自律控制模式分为哪几种操作方式?
5. 我国高速铁路采用的行车基本闭塞法有哪几种?什么时候使用电话闭塞法行车?
6. 在信号机常态点灯的CTCS-2级自动闭塞区段,特殊情况下办理发车的行车凭证是如何规定的?
7. CTCS-3级以及信号机常态灭灯的CTCS-2级自动闭塞区段,特殊情况下办理发车的行车凭证是如何规定的?
8. 确认列车开行应遵守哪些规定?
9. 行车调度命令的发布,应遵循哪些规定?
10. 动车组列车调整有哪些基本方法?
11. 风速监测子系统故障时应如何处置?
12. 列车占用丢失时如何正确进行处理?

项目 5

铁路运输调度工作分析

项目内容

本项目主要介绍铁路运输调度工作分析、列车运行正晚点统计和货车运用指标等。

学习目标

1. 能力目标

根据《技规》《调规》等相关技术规章,能掌握铁路运输调度工作分析方法。

2. 知识目标

了解并掌握铁路运输调度工作分析方法。

3. 素质目标

强化调度分析能力,改进调度指挥方法;树立效率意识,不断提高运输效益。

任务 5.1　调度工作分析

调度工作分析,是指通过日常运输综合分析发现问题、制定措施,不断提高调度工作质量,促进运输生产的有效方法。铁路局集团公司调度所应建立调度作业安全检查分析制度,配备调度作业安全检查分析人员,由具有较强业务水平和实践经验的人员负责,履行安全管理职责。调度工作分析可分为日常分析、定期分析和专题分析。

一、日常分析

日常分析,是指铁路局集团公司调度所于日(班)工作终了时,对日(班)计划执行情况的分析。它能及时正确地查明计划完成情况及未完成原因,从而迅速采取措施,解决工作中的问题。

日常分析应根据运输需要健全完善相关分析台账,并完成相应分析。

(一)高速铁路日常分析的主要内容

1. 运输安全类

(1)铁路车辆运行安全监控系统运行情况分析。

(2)行车设备故障统计及对运输影响情况分析。
(3)调度安全情况分析。
2. 运输效率类
施工及维修天窗兑现率分析。
3. 运输效益类
运量(旅客发送人)分析。
4. 工作质量类
(1)旅客列车正晚点(惯性晚点)分析。
(2)临时旅客列车开行、旅客列车甩挂车辆、折返、停运分析。
(3)牵引供电非正常运行情况统计分析。
(4)调度工作质量分析。

(二)普速铁路日常分析的主要内容
1. 运输安全类
(1)机车乘务员超劳情况分析。
(2)列车机外停车分析。
(3)铁路车辆运行安全监控系统运行情况分析。
(4)行车设备故障统计及对运输影响情况分析。
(5)调度安全情况分析。
2. 运输效率类
(1)列车等线分析。
(2)货车周转(中转、停留、旅行)时间分析。
(3)保留车、大点车分析。
(4)机车运用及效率指标分析。
(5)铁路局集团公司间分界口能力利用率情况分析〔运调18〕。
(6)施工及维修天窗兑现率分析。
(7)检修车分布及检修车扣修、回送、检修、修竣计划兑现情况分析。
3. 运输效益类
(1)运输收入完成情况分析。
(2)换算周转量(货物周转量、旅客周转量)分析。
(3)发送量(货物发送吨、旅客发送人)、静载重分析。
(4)运输需求兑现情况分析。
(5)装卸车及重点物资装车分析。
4. 工作质量类
(1)列车工作计划兑现情况(含分界站列车交接、排空计划兑现情况)分析。
(2)现在车、运用车、备用车分布及车流状况分析。
(3)停运列车分析。
(4)旅客列车、货物列车正晚点(客车惯性晚点)分析。

(5) 列车违编、欠轴、超重情况分析。
(6) 班列开行情况分析。
(7) 集装箱、篷布使用分析。
(8) 临时旅客列车开行、旅客列车甩挂车辆、折返、停运分析。
(9) 牵引供电非正常运行情况统计分析。

二、定期分析

根据日常运输及安全工作情况,收集、积累有关资料,按时作出周(旬)、月、季、半年、年度分析,并提出改进日常运输组织和安全工作的意见和建议,以便及时采取措施,提高运输工作质量。

三、专题分析

分析人员应深入实际,调查研究,善于发现问题,及时进行必要的专题分析,并提出改进意见或措施。

四、普速铁路日(班)计划考核

1. 列车工作计划兑现率

$$列车工作计划兑现率 = \frac{符合日(班)计划规定的车次、时分、编组内容的实际列数}{日(班)计划列数} \times 100\% \tag{5-1}$$

2. 排空计划兑现率

$$排空计划兑现率 = \frac{实际排空车数}{日计划排空车数} \times 100\% \tag{5-2}$$

注:(1) 按日(班)计划规定的车次并正点出发的列车,其编组内容符合下列要求者均视为兑现;

整列重车——符合编组计划规定的方向号;

整列空车——主型空车不少于日(班)计划所规定的车数;

重空合编列车——重车数或空车数按日(班)计划规定,上、下波动不超过5辆。

(2) 旬、月兑现率分别按日、列数、车数加总平均计算。

任务5.2 列车运行分析

列车运行正晚点分析,主要是对旅客和货物列车按列车运行图行车情况和日(班)列车工作计划编制质量及执行情况的综合考核,是分析改善运行秩序和运输工作的主要依据。通过分析,查明晚点原因,提出改进意见。其主要内容包括客、货列车出发和运行正点率及晚点原因。

列车正点率是列车按图行车情况分析的主要内容。为分析列车正点率,必须进行列车正晚点统计。列车正晚点统计,包括货物列车正晚点统计和旅客列车正晚点统计。

一、货物列车正晚点统计的有关规定

1. 统计范围

凡以货物列车车次(小运转列车车次除外)开行的列车,均按货物列车统计;快速班列单独统计。

2. 统计依据

(1)开行列车的车次以列车运行图为准;加开的列车以日(班)计划确定的车次为准。

(2)列车开行时分的确定:

①按列车运行图运行线开行的列车,根据图定时分统计;

②临时定点运行的列车,根据日(班)计划规定的时分统计;

③因影响行车的技术设备施工、维修,由铁路局集团公司以书面文件、电报或在运输方案中公布调整列车运行图中的列车运行时分,根据调整的时分统计。

(3)对有下列情况的列车,以列车发、到前下达的调度命令为准:

①中转列车临时早点提前利用空闲运行线运行时;

②停运列车临时恢复运行时;

③使用原车次在枢纽内变更始发或到达的编组站时;

④在铁路局集团公司管内整列重车或空车变更到站时;

⑤编组站(区段站)编组的始发列车利用日(班)计划内中转列车空闲运行线提前开行时。

3. 货物列车出发及运行的划分

(1)各站编组始发的列车,中间站恢复运行的停运列车,图定或日(班)计划规定原车次接续在编组站、区段站进行技术作业中转出发的列车,均按出发统计。

(2)列车由出发至运行区段的终到站(包括中间站),按运行统计。

(3)铁路局集团公司分界站为中间站时,除本站编组始发列车和停运列车恢复运行外,均不统计出发。对经过分界站的列车按两个运行统计(由列车出发至分界站为一个运行;由分界站至列车运行区段终到站为另一个运行),分界站所属局由分界站接入时分为运行开始,分界站交出时分为运行终止。

(4)在国境及地方铁路分界站,向国外及地方铁路发出的列车,不统计出发;国外及地方铁路分界站向铁路局集团公司、控股合资铁路营业线发出的列车,统计编组始发。

(5)在编组站、区段站图定不进行技术作业的列车,中间站临时更换机车继续运行的列车(因自然灾害、事故而机车不能摘走的停运列车除外),不统计出发和运行。

(6)列车在干支线衔接的中间站,由于变更运行方向而变更车次,根据机车交路图如不更换机车时,按一个运行区段统计;如更换机车则按两个运行区段统计(临时更换机车除外)。如图5-1所示。

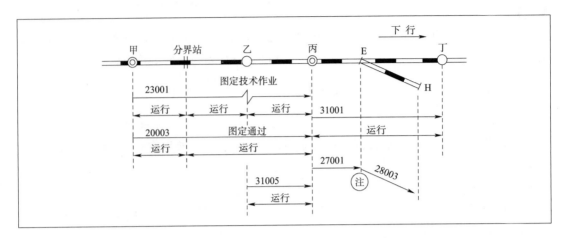

图 5-1 机车交路图

注:在中间站规定换机车时按两个运行统计,否则按一个运行统计。

(7)重载(长大)列车在中间站组合或拆组,统计出发和运行。

4. 列车出发及运行正点统计

(1)编组始发列车,下列情况按出发正点统计。

①根据日(班)计划规定的车次,按图定的时分正点或早点不超过15min出发时。

例如,如图 5-2 所示,原计划 10002 次货物列车乙站 19:15 开,若 10002 次货物列车乙站 19:00—19:15 间出发,该列车统计为出发正点。

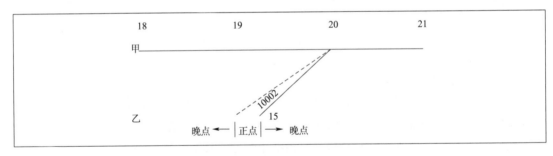

图 5-2 列车出发正点示意图

②日(班)计划规定以图定运行线到达的中转列车,因临时停运或晚点在执行的日(班)计划内不能到达时,编组站、区段站根据发车前调度命令,利用该运行线提前开行日(班)计划规定的编组始发车次的列车,正点或早点不超过 15min 出发时。

除上述情况外,利用该运行线开行的编组始发列车,出发按晚点统计。

(2)中转列车,下列情况按出发正点统计。

①根据日(班)计划规定按图定接续运行线正点、早点出发或晚点不超过到达运行线[注:到达运行线系指列车按日(班)计划或调度命令规定所走的运行线]图定接续中转时间出发时。预计中转列车不能按图定接续运行线运行时,按日(班)计划规定的接续运行线正点、早点出发或晚点不超过到达运行线图定接续的中转时间出发时。

如图 5-3a)所示,10013 次列车乙站中转,10013 次列车按图定接续运行线正点、早点出发,按出发正点统计;如图 5-3b)所示,10013 次列车晚点 10min 到达乙站,到达运行线接续中转时间为 60min,则 10013 次列车只要从到达时起,在接续中转时间 60min 及以内出发,统计为出发正点。

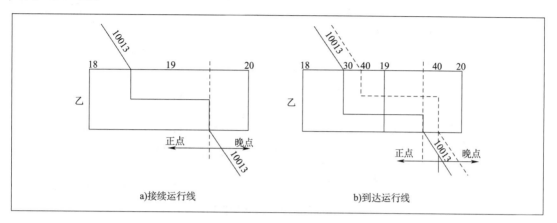

图 5-3　中转列车出发正点示意图

②直达列车原利用的运行线已终止,按日(班)计划规定以原车次另行接续的运行正点、早点出发或晚点不超过日(班)计划规定接续的中转时间出发时。

③中转列车临时早点,根据发车前调度命令提前利用空闲运行线[注:空闲运行线系指基本列车运行图中:a. 日(班)计划未使用的运行线;b. 日(班)计划规定使用的运行线,又以调度命令利用其他运行线运行或临时停运时]正点、早点出发或晚点不超过到达运行线固定接续中转时间出发时。

中转列车临时晚点利用空闲运行线出发时,仍按到达运行线固定接续的中转时间统计正晚点。

(3)列车运行,下列情况按运行正点统计。

①按列车出发所走运行线的时分正点、早点到达或晚点不超过规定旅行时间到达时。

例如,如图 5-4 所示,10004 次列车乙站图定 8:00 出发,到达甲站时为 11:15,规定旅行时间为 195min。如 10004 次列车乙站 9:00 出发,只要在 12:15 及以前到达甲站,该列车统计为运行正点。

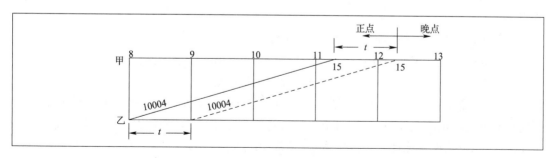

图 5-4　列车晚点出发,运行正点范围示意图

②分界站为中间站,列车早点超过 15min 接入,正点、早点到达时。

例如,如图 5-5 所示,110013 次列车原定乙铁路局集团公司 19:20 接入,22:50 到达乙站,现110013次列车乙铁路局集团公司早点30min接入,在22:50及以前到达乙站,按运行正点统计。

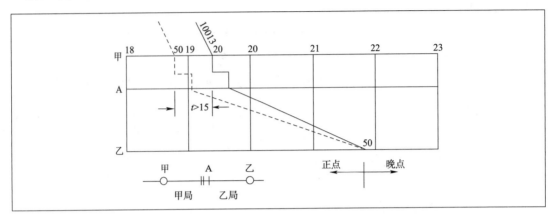

图5-5 列车在分界站(中间站)早点超过15min接入

(4)临时定点的列车。

①按基本列车运行图定列车开满时,对加开的临时定点列车,根据日(班)计划规定的时分统计正晚点。图定列车实际未开满时加开的临时定点列车,出发按晚点统计,运行按班计划规定的时分统计正晚点。

注:a. 在统计列车出发正晚点时,基本图开满以编组、区段站实际发出的列车计算;

b. 摘挂列车运行线与其他货物列车运行线分开计算;

c. 干支线衔接的区段,列车对数分别计算;

d. 运行图规定在中间站始发和到达的列车未开满,而全区段运行的列车已开满,视为列车运行图已开满。

②限速列车、有时间限制的军用列车、在区间整列装卸的列车、停运列车恢复运行以及开行运行图以外的阶梯直达列车在作业站间的临时定点,均按日(班)计划规定的时分统计正晚点。

(5)停运列车。

①日(班)计划规定开往中间站的停运列车(摘走机车),按日(班)计划规定统计运行正晚点。

②列车临时在中间站停运,运行按晚点统计。

③中间站停运列车临时恢复运行,根据发车前调度命令指定的空闲运行线或临时定点(到局管内前方第一编组站或区段站的时分)统计正晚点。

(6)除由邻局接入的日(班)计划以外开行的列车,根据所走运行线或开车前调度命令指定的时分统计正晚点外,日(班)计划以外开行的列车或日(班)计划中一条运行线规定两个车次时,出发按晚点统计。运行按第(3)项规定统计。

(7)变更发到站的列车。

在铁路局集团公司管内整列重车临时变更卸车站或整列空车临时变更配空站(变更后如有剩余车辆不超过该区段单机挂车辆数时可视同整列),以及枢纽内临时变更始发或到达编组站的列车,均根据发、到前的调度命令,有图定时分的按图定时分统计正晚点,变更后的发、到站无图定时分的,出发按有图定时分的第一个车站统计出发正晚点,运行按有图定时分的最终站统计运行正晚点。列车旅行时间按实际发、到站的时分统计。

除上述情况外,临时变更发、到站的列车,出发或运行均按晚点统计。

(8)合并运行列车,根据日(班)计划规定的列车车次分别进行统计。

(9)列车车次应保持到列车编组计划或日(班)计划规定的终到站。中途变更车次(包括变更为小运转车次)时:在编组站(区段站)变更,出发按晚点统计,运行按所走运行线统计;在中间站变更,运行按晚点统计。

(10)根据日(班)计划规定在中间站始发或终到的列车,如使用的运行线列车运行图规定为通过时分,按附加的起停车时分统计正晚点。

5.快速班列、快速货物班列正晚点统计

凡以快速班列、快速货物班列车次开行的列车一律按基本图图定时分统计列车出发、运行正晚点。

6.货物列车正点率的计算

(1)货物列车出发正点率:

$$货物列车出发正点率 = \frac{出发正点列数}{出发总列数} \times 100\% \qquad (5\text{-}3)$$

(2)货物列车运行正点率:

$$货物列车运行正点率 = \frac{运行正点列数}{运行总列数} \times 100\% \qquad (5\text{-}4)$$

快速班列、快速货物班列比照计算。

二、旅客列车正晚点统计的有关规定

1.统计范围

凡以旅客列车车次(不包括回送空客车底)开行的列车,均按旅客列车统计。

2.统计依据

(1)开行旅客列车的车次和时刻,根据列车运行图的图定车次和时刻进行统计。

(2)开行临时旅客列车(含临时旅游列车)的车次和时刻,根据公布的临时旅客列车时刻表的车次和时刻进行统计。

(3)因季节性施工等特殊因素影响不能按基本运行图运行的旅客列车,按经批准并向社会公布的分号运行图的时刻进行统计。

3.旅客列车始发、终到及运行的划分

旅客列车按其运行过程,分为始发、终到和运行。

(1)列车始发。旅客列车在始发站的出发。管内、直通列车每列产生一个始发。

(2)列车终到。旅客列车在终到站的到达。管内、直通列车每列产生一个终到。

(3)列车运行。旅客列车自始发站至终到站运行的全过程。

直通旅客列车的运行包括：

①始发交出运行。列车由本局车站始发,经分界站交给邻局的运行过程。

②接入交出(通过)运行。列车经分界站由邻局接入,通过本局,再经分界站交给邻局的运行过程。

③接入终到运行。列车经分界站由邻局接入,至本局车站终到的运行过程。

(4)本局所辖分界站为列车始发、终到站时,列车向邻局始发交出由本局统计始发,邻局同时统计接入;列车由邻局接入时,由邻局统计终到。

4. 旅客列车始发、终到、接入和交出时分的确定

(1)列车始发。以列车机车在始发站向前进方向起动,列车在站界内不再停车为准。

(2)列车终到。以列车在终到站指定到发线内停妥时分为准。

(3)列车接入和交出。列车在分界站无图定停点时,以列车机车通过车站值班员室时分为准。在分界站有图定停点时,列车由邻局到达本局所属分界站时分为本局接入、邻局交出时分;列车在本局所属分界站向邻局出发时分为本局交出、邻局接入时分。

5. 旅客列车正晚点统计

(1)列车始发。列车在始发站按列车运行图或列车时刻表规定时刻出发,统计为正点;晚于规定时刻出发,统计为晚点。

(2)列车终到。列车按列车运行图或列车时刻表规定时刻到达终到站,统计为正点;晚于规定时刻,统计为晚点。

(3)列车接入。列车经分界站不晚于列车运行图或列车时刻表规定时刻接入,统计为正点;晚于规定时刻,统计为晚点。

(4)列车交出。列车经分界站不晚于列车运行图或列车时刻表规定时刻交出,统计为正点,晚于规定时刻统计为晚点。

(5)列车在中途站临时停止运行,根据列车运行图或列车时刻表规定到达该站的时刻,统计正晚点。

6. 晚点责任的分析确定

旅客列车晚点按晚点原因划分为责任晚点和非责任晚点。

(1)责任晚点。因铁路各部门自身原因而造成的列车晚点。按照引起列车晚点的直接责任部门又可划分为:车务部门(含调度)、机务部门、供电部门、车辆部门、客运部门、工务部门、电务部门、房建公寓部门和其他责任部门。

(2)非责任晚点。因自然灾害以及非铁路责任等不可抗力因素影响而造成的列车晚点;列车自分界站晚点接入,但在本局管内运行时间不超过规定时间(未增加晚点时分)到达终到站或交出分界站时,统计为未增晚,列非责任晚点。

7. 旅客列车正点率的计算

$$正点率 = \frac{正点列数}{总列数} \times 100\% \tag{5-5}$$

旅客列车按始发、运行、终到等过程分别计算正点率。

任务 5.3　货车运用分析

一、货车周转时间

1.定义和计算方法

货车周转时间(简称周时)是指货车每完成一次周转(完成一个工作量)平均消耗的时间。从全路看,货车周转时间是指货车从第一次装车完了时起,至再一次装车完了时止这样一个货物运输全过程所消耗的全部时间。而铁路局集团公司则不同,它的运用货车包括自装自卸车、接入自卸车、自装交出车和接运通过车 4 类。每一类运用货车不一定在铁路局集团公司范围内完成一个货物运输的全过程。因此,对于铁路局集团公司来说,货车周转时间是指货车自第一次装车完了或货车(重车)从分界口接入之时起,至第二次装车完了或第二次从分界口接入(重车)之时止,在铁路局集团公司管内所消耗的时间。

这一过程包括货物列车在途运行所消耗的时间(旅行时间)、经过各编组区段站进行技术作业的停留时间(中转停留时间)、装卸作业所消耗的时间(货物作业停留时间),即装车时间(接入重车 = 零) + 旅行时间 1 + 中转时间 + 旅行时间 2 + 卸车时间(交出重车 = 零),如图 5-6 所示。

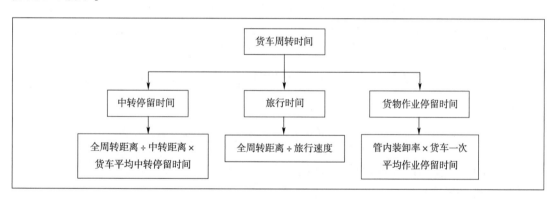

图 5-6　货车周转时间的组成

货车周转时间计算方法包括车辆相关法和时间相关法两种(计算单位:天)。
(1)车辆相关法。
车辆相关法是根据运用车以及当日工作量计算货车周转时间。
计算方法 1:
$$货车周转时间 = 运用车(车辆日) \div 工作量 \tag{5-6}$$
计算方法 2:
$$货车周转时间 = 运用车(辆数) \div 工作量 \tag{5-7}$$
这种计算方法是利用周时的基本定义推导出来的。假如,一个铁路局集团公司的周时为 2 天,根据定义得出:铁路局集团公司每产生 1 个工作量,需要占用 1 个运用车在铁路局集团公司管内周转 2 天,即 1(辆)×2(天)=2(辆·天)。

可以得出下列公式:

$$\text{工作量(辆/天)} \times \text{周时(天)} = \text{运用车(辆)} \tag{5-8}$$

反过来推算可得:

$$\text{周时(天)} = \text{运用车(辆)} \div \text{工作量(辆/天)} \tag{5-9}$$

由公式推导可以看出,计算方法 1(车辆日)是更符合实际情况的。

对于全路来说,工作量就是使用车数;对于铁路局集团公司来说,工作量就是使用车数加上接运重车数。那么,可以得出:

$$\text{全路货车周转时间} = \text{全路运用车总数} \div \text{全路使用车总数 (天)} \tag{5-10}$$

铁路局集团公司货车周转时间 = 铁路局集团公司运用车总数 ÷

(铁路局集团公司使用车总数 + 接运重车总数)(天)

(5-11)

(2)时间相关法。

时间相关法是根据车辆周转时间的构成计算货车周转时间。

$$\text{货车周转时间} = \frac{1}{24}(\text{旅行时间} + \text{中转停留时间} + \text{货物作业停留时间})$$

$$= \frac{1}{24}(\text{一次周转途中各区段运行总时间} + \text{一次周转途中各技术站中转停留总时间} + \text{一次周转中装卸作业站停留总时间})$$

$$= \frac{1}{24}\left[\frac{\text{全周转距离(全周距)}}{\text{旅行速度(旅速)}} + \frac{\text{全周转距离}}{\text{中转距离}} \times \text{中转停留时间(中时)} + \text{管内装卸率} \times \text{停留时间(停时)}\right] (\text{单位:天})$$

或

$$\theta_{\text{实际}} = \frac{1}{24}\left(\frac{L_{\text{全}}}{V_{\text{旅}}} + \frac{L_{\text{全}}}{L_{\text{中}}} \times T_{\text{中}} + K_{\text{管}} T_{\text{货}}\right) (\text{单位:天}) \tag{5-12}$$

原则上两种方式计算(特别是用运用车车辆日计算)出来的结果应该非常接近,如果误差较大,一般是某项指标有错误。

2. 与周时相关其他指标

(1)工作量。

简单地说,工作量就是每天产生的重车数,一般用 U 表示。

铁路货物位移产生的源头是装车。对于全路来说,工作量是指全路的使用车数,即

$$\text{全路工作量} = \text{使用车数} \tag{5-13}$$

在没有增加使用车时,全路工作量等于装车数。

对于一个铁路局集团公司来说,除自身装车外,在管内货物位移的产生还有一种方法,即分界口接入重车(外局的装车)。也就是说,要产生铁路货物运费收入,就离不开重车的产生,即工作量的增加。

$$\text{铁路局集团公司工作量} = \text{接运重车数} + \text{使用车数}$$
$$= \text{接运重车数} + \text{装车数} + \text{增加使用车数} \tag{5-14}$$

所以,调度中有句老话"接重就是接财神"(只算运费收入的话,接入移交重车是最划算的:不需要装卸作业环节,接入交出就有清算收入)。工作量也可从重车消失的角度来计算,即

$$\text{全路工作量} = \text{卸空车数} \tag{5-15}$$

在没有增加卸空车时,全路工作量等于卸车数。

$$\text{铁路局集团公司工作量} = \text{交出重车数} + \text{卸空车数}$$
$$= \text{交出重车数} + \text{卸车数} + \text{增加卸空车数} \tag{5-16}$$

应当指出,全路的工作量,并不等于全路各铁路局集团公司工作量之和。

(2)中转距离。

中转距离是指运用货车平均每中转一次走行的公里数。

从表面上看,这个距离是固定的,但实际上中转距离是会变化的,中转次数越少(全周转距离÷中转距离),在中转站停留时间越短。加速了车辆周转速度,最大限度地组织货物列车在技术站通过、不进行技术作业等,这属于管理层面上采取的措施;调度人员要做的是减少人为造成的实际中转距离变短,尽最大可能地组织直达运输。

例如,郴州站始发一列株洲北及其以远车流 50 辆。按照规定,衡阳北站可办理通过而不进行技术作业;在这一个运行区段,这 50 辆车的中转距离就是郴州—株洲北站之间的距离。如果郴州站将这 50 辆车分别编进了 2 列衡阳北站终到的列车中,则这 50 辆车在衡阳北需要进行解编等技术作业,中转距离就是郴州—株洲北站之间距离的 1/2。

远距离车流编入短途列车的情况越多,中转距离就越短、中转次数就越多、车辆周转速度就会减缓、周时就会延长。

(3)移交率。

移交率是指当日分界口交出重车数与上一日 18:00 结存移交重车数(昨日移交车数)的比例。它是单独体现移交重车在管内的周转速度。

$$\text{移交率} = \text{交出重车数} \div \text{昨日移交车数} \tag{5-17}$$

从计算公式可以反过来推导出当日应交出多少重车,移交车的周转速度才算是正常:

$$\text{应交出重车} = \text{昨日移交车数} \times \text{移交率} \tag{5-18}$$

如果当日实际交出重车数大于等于这一数据,说明移交重车的周转比较正常;反之,则说明运输组织过程中移交车的移动可能存在问题或者运输秩序不正常,需要查找原因。

提高移交率加速移交重车的周转,这是压缩货车周转时间的一种方法。

(4)管内装卸率。

管内装卸率是指货车平均周转一次摊到的货物作业次数,一般用 $K_{管}$ 表示。

$$\text{管内装卸率} = \frac{\text{管内装卸作业次数}}{\text{工作量}} = \frac{\text{使用车数} + \text{卸空车数}}{\text{工作量}} \tag{5-19}$$

对于全路来说,由于工作量=使用车数=装车数(工作量=卸空车数=卸车数),所以工作量=装车数=卸车数,管内装卸率($K_{管}$)=(装车数+卸车数)÷工作量=2,也就是说,全路管内装卸率为 2。

对于铁路局集团公司来说,管内装卸率($K_{管}$)变动在 0~2 范围内。因为接入移交车(通过车流)产生的装卸作业次数为零,接入管内工作车产生的装卸作业次数为一次(卸车),自装移交车产生的装卸作业次数为一次(装车),自装管内工作车产生的装卸作业次数为两次(装卸车各一次)。

这一指标反映的是,每一个工作量在周转过程中需要在管内进行多少次装卸作业。管内装卸率偏高时,说明接入或者自装的管内工作车偏多。一个重车的装卸作业多,停留时间会越长。因此,管内装卸率过高会造成货车周转时间延长,增加运用车保有量。管内装卸率过高时必须针对源头分别采取措施:一方面,在接入管内工作车过多且集中到达时,必须及时申请国铁集团命令停止装车、限制装车;另一方面,在货源充足的情况下优先组织外局装车,控制管内装车。

3. 货车周转时间分析

货车周转时间是衡量货车运用质量的主要指标之一,在较大程度上体现运输工作组织水平,因而它成了各级运输指挥人员注视的目标。在运输分析工作中,不管是日常分析,还是定期分析,对货车周转时间的分析是必不可少的。

(1) 车辆相关法。

在日常分析中,由于受时间和资料的限制,多采用车辆相关法分析。分析的方法是以实际完成的货车周转时间($\theta_{实际}$)与计划指标货车周转时间($\theta_{计划}$)相比较,见表 5-1。

某铁路局集团公司货车周转时间分析资料 表 5-1

运用车分类		运用车(N)			工作量(U)			周时(θ)		
		计划(辆)	实际(辆)	比较(辆)	计划(辆)	实际(辆)	比较(辆)	计划(天)	实际(天)	比较(天)
运用车		67100	66960	-140	61000	62000	+1000	1.10	1.08	-0.02
其中	空车	10800	7400	-3400	36000	37000	+1000	0.30	0.20	-0.10
	管内工作车	30700	31560	+860	29000	27000	-2000	1.06	1.17	+0.11
	移交重车	25600	28000	+2400	32000	35000	+3000	0.80	0.80	0

通过分析表 5-1 所列资料可以看出,某铁路局集团公司货车周转时间较计划压缩了 0.02 天,总的来说,当日运输工作情况是不错的,但通过进一步分析可以看出,这一成绩主要是由于注意了空车的运用,空车周转时间大幅降低所达到的。而管内工作车的周转时间不但没有压缩,而且比计划还延长了 0.11 天。这说明管内工作车的输送和卸车组织得不好,以致卸车任务没有完成,造成管内重车积压。由此可见,运输工作仍有潜力可挖,应对自装管内工作车适当控制,进一步加强卸车作业组织。

(2) 时间相关法。

在定期分析或专题分析中,对货车周转时间的各项因素及其对货车周转时间影响所作的分析,称为货车周转时间的分项分析。这种分析方法,一般都采用时间相关法分析,除查明货车周转时间完成情况外,还可以分析各项因素完成情况对货车周转时间的影响,查明主观努力的程度,从而提出改进措施。

其分析方法如下:

①以实际完成货车周转时间($\theta_{实际}$)与计划指标货车周转时间($\theta_{计划}$)对比。其实际完成货车周转时间($\theta_{实际}$),是以多项因素实际完成的数值代入时间相关法公式而求得。

例如,A 铁路局集团公司某月份货车运用指标计划与完成实际情况,见表 5-2。

A 铁路局集团公司某月份货车运用指标计划与完成实际情况 表 5-2

指标名称	使用车（辆）	卸空车（辆）	接运重车（辆）	工作量（辆）	全周转距离（km）	中转距离（km）	中转平均停留时间（天）	一次货物作业平均停留时间（天）	旅行速度（km/h）	管内装卸率	货车周转时间（天）	运用车保有量（辆）	货车日车公里（车·km）
计划	7470	5500	10580	18050	536	204	5.0	19.0	40.5	0.73	1.68	30380	239
实际	7550	7090	10580	18130	460	204	5.1	20.5	35.0	0.80	1.68	30460	213

实际完成货车周转时间($\theta_{实际}$)为

$$\theta_{实际} = \frac{1}{24} \times \left(\frac{460}{35.0} + \frac{460}{204} \times 5.1 + 0.80 \times 20.5 \right)$$

$$= \frac{1}{24} \times (13.143 + 11.500 + 16.40) = 1.71 \text{（天）}$$

比较月计划指标:

$$1.71 - 1.68 = 0.03 \text{（天）（增加 0.03 天）}$$

通过上述计算比较,A 铁路局集团公司货车周转时间正好完成月计划指标 1.68 天,似乎工作成绩不错。但若详细分析,则事实并非如此,实际比月计划指标增加 0.03 天。从表 5-2 可以看出,A 铁路局集团公司中转时间,一次货物作业时间、旅行速度等主观因素都没有完成,其货车周转时间之所以与月计划持平,主要是由于全周距缩短起了作用。因此,应进一步分析各项因素对货车周转时间的影响。

②分析各项因素完成情况对货车周转时间的影响,一般采用"单因素法",就是假定除要分析的某一因素外,其他因素都按计划完成,看一看该项因素对货车周转时间影响的数值。

例如,分析由于旅速的实际完成情况对货车周转时间的影响时,就是假定全周距是按计划值完成的,是将时间相关法中含有旅速这一因素的(1/24 × 全周距/旅速)这一项,分别以计划值代入全周距、实际值代入旅速求得计划周时(旅速方面)、实际周时(旅速方面),并将两者结果进行比较。A 铁路局集团公司某月份旅速对货车周转时间的影响:

$$\text{计划周时(旅速方面)} = \frac{1}{24} \times \frac{536}{40.5} = 0.551 \text{（天）}$$

假定其他指标(全周距)是按计划完成的,则:

$$\text{实际周时(旅速方面)} = \frac{1}{24} \times \frac{536}{35.0} = 0.638 \text{（天）}$$

可见,由于旅速降低了 40.5 - 35.0 = 5.5(km/h),所以货车周转时间增加(0.638 - 0.551) = 0.087(天)。同理,可分析其他指标完成情况对货车周转时间的影响程度。

按表 5-2 资料,分析 A 铁路局集团公司某月份各项因素完成情况对货车周转时间的影响,见表 5-3。

A 铁路局集团公司某月份各项因素完成情况对货车周转时间的影响分析表　　表 5-3

分析	项目		
	实际周时 $\theta_{实际}$（天）	计划周时 $\theta_{计划}$（天）	两者比较 $(\theta_{实际}-\theta_{计划})$（天）
由于全周距影响	$\frac{1}{24}\times\left(\frac{460}{40.5}+\frac{460}{204}\times 5.0\right)=0.943$	$\frac{1}{24}\times\left(\frac{536}{40.5}+\frac{536}{204}\times 5.0\right)=1.10$	$0.943-1.10=-0.157$
由于中时影响	$\frac{1}{24}\times\left(\frac{536}{204}\times 5.1\right)=0.558$	$\frac{1}{24}\times\left(\frac{536}{204}\times 5.0\right)=0.547$	$0.558-0.547=+0.011$
由于停时影响	$\frac{1}{24}\times(0.80\times 20.5)=0.683$	$\frac{1}{24}\times(0.73\times 19.0)=0.578$	$0.683-0.578=+0.105$
由于旅速影响	$\frac{1}{24}\times\frac{536}{35.0}=0.638$	$\frac{1}{24}\times\frac{536}{40.5}=0.551$	$0.638-0.551=+0.087$
由于管内装卸率影响	$\frac{1}{24}\times 0.80\times 19.0=0.6333$	$\frac{1}{24}\times 0.73\times 19.0=0.5778$	$0.633-0.577=+0.056$
由于中转距离影响	本月实际完成与计划相同		0
合计			+0.103

4. 换算货车周转时间分析法

在货车周转时间的各项因素中,中转时间、一次货物作业时间及旅行速度主要取决于主观努力程度,称为主观因素;全周距、中转距离及管内装卸率受客观条件影响较多,称为客观因素。

为分析货车周转时间完成情况,检查主观上工作做得如何,经常以换算货车周转时间来进行分析。

所谓换算货车周转时间(换算周时),是指用三项客观因素的实际数字和三项主观因素的计划数字代入货车周转时间计算公式,计算出来的结果。

$$\theta_{换算}=\frac{1}{24}\left(\frac{L_{实全}}{V_{计旅}}+\frac{L_{实全}}{L_{计中}}\times T_{计中}+K_{实管}T_{计货}\right)（单位:天） \quad (5\text{-}20)$$

按表 5-2 资料,A 铁路局集团公司某月份换算货车周转时间为

$$\theta_{换算}=\frac{1}{24}\left(\frac{460}{40.5}+\frac{460}{204}\times 5.0+0.80\times 19.0\right)$$

$$=\frac{1}{24}(11.358+11.275+15.20)=1.576（天）$$

以实际周时 $\theta_{实际}=1.71$ 天与换算周时 $\theta_{换算}=1.576$ 天相比较

$$\theta_{实际}-\theta_{换算}=1.710-1.576=+0.134（天）（增加 0.134 天）$$

5. 压缩货车周转时间的主要途径

货车周转时间是货车运用效率的综合性指标,它反映了一个铁路局集团公司的整体货车运用效率。货车周转时间更是铁路运输组织工作中一项重要的综合性指标,它反映了所有与运输生产有关部门的工作效率。压缩货车周转时间,可以以同样数量的货车,完成更多的运输任务。因此,加速货车周转对于铁路运输生产具有重要意义。

从货车周转时间的构成因素来看,缩短全周距、中时及停时,减小管内装卸率,提高旅行

速度,扩大中距,都有利于压缩货车周转时间。

(1)缩短全周距。

全周距包括重周距及空周距。全周距的大小取决于重车走行千米与空车走行千米的多少。

重车走行千米及重周距主要决定于货物发到站间距离,即产销地点的布局。就铁路而言,属客观因素,但在编制运输计划时,如能提高计划的质量,减少或消除对流及重复等不合理运输,就能缩减货物平均运程,从而缩短重周距。

空车走行公里,在客观上是由于卸车地点与新装车地点分散,货流不平衡以及特种车辆空车回送所造成。但如果有预见地合理制订空车调整计划,严格执行方向别均衡排空和装车计划,消除同种空车对流,尽量组织不同车种货车的代用,提高货车双重作业系数,就能缩短空车走公里、降低空车走行率。

(2)压缩中时。

例如,合理组织开行直达、直通列车,增大无调中转车比重,并广泛采用先进工作方法,提高作业效率,组织快速作业,缩短集结时间,消除各项等待时间,等等。

(3)压缩停时。

例如,应尽量扩大双重作业、压缩待取待送时间、组织快速装卸等。对中间站的零星车流,有条件时,应大力组织不摘车装卸作业。

(4)减小管内装卸率。

管内装卸率越小,货车周转时间越短。管内装卸率的大小取决于铁路局集团公司管内重车的性质,即铁路局集团公司的通过重车流比重越大,管内装卸率越小。通过重车流的大小,一般取决于生产力的配置和各地区之间的经济联系。对于铁路来说,这是客观因素。但是,运输生产部门在货流组织工作中,应当加强同各有关部门的联系,尽量组织合理运输,避免重复运输,使管内装卸率不致无故增大。

(5)提高旅行速度。

例如,提高列车技术速度,正确组织指挥行车,合理会让,减少列车在中间站的停站次数和每次停站的时间,杜绝列车站外停车,应急处置正确,组织快速救援,等等。

(6)扩大中距。

货车平均中转距离与技术站的配置有关,它受铁路线上技术站布局的客观影响,但在工作中,应避免重车过站和货车在枢纽内几个技术站上重复中转,避免货物列车违反编组计划,避免违反车流输送径路,并消除某些中间站发生甩中转车挂车等不合理组织方法,以减少不应有的中转车数,扩大货车平均中转距离。

6.注意事项

铁路局集团公司的运用车需按管内工作车、移交重车和空车三部分控制和考核,因而,需相应地计算这三种车的周转时间。

(1)管内工作车是指到达铁路局集团公司管内卸车的重车,它包括自装自卸和接入自卸两部分。管内工作车周转时间是指管内工作车每完成一次周转(完成一个管内工作车工作量)平均消耗的时间,即货车从装车完了或从外局接入重车时起至卸空时止在铁路局集团公司管内平均消耗的时间。

（2）移交重车是指铁路局集团公司经各分界站交出的重车，它包括自装交出和接运通过两部分。

移交重车周转时间是指移交重车每完成一次周转（完成一个移交重车工作量）平均消耗的时间，即交给外局的重车从装车完了或从邻局接入重车时起至重车移交给邻局时止在铁路局集团公司管内平均消耗的时间。

（3）空车周转时间是指全路、铁路局集团公司每完成一个空车工作量平均消耗的时间。具体来说，即自重车卸车完了或空车由邻局接入时起至装车完了或将空车向邻局交出时止在管内平均消耗的时间。

管内工作车周转时间、移交重车周转时间、空车周转时间一般是用"时间相关法"来计算确定。

二、运用车保有量分析

运用车保有量分析是指全路、铁路局集团公司为完成一定的货车工作量所应保有的运用货车数。它是衡量铁路局集团公司运输工作的一项重要指标。

（1）第一步，在定期分析中，需对运用车保有量进行分析。其分析方法如下：

①用实际运用车保有量（$N_{实际}$）进行比较，以查明占用运用车节省或浪费。其计算方法为

$$占用运用车多或少\ \Delta N = N_{实际} - N_{计划}\ (车) \tag{5-21}$$

②按实际完成的工作量，计算应该保有的运用车数与实有车数相比较：

$$占用运用车多或少\ \Delta N = N_{实际} - 实际工作量 \times 计划周时\ (车) \tag{5-22}$$

③把上式中的计划周时改用换算周时来计算：

$$占用运用车多或少\ \Delta N = N_{实际} - 实际工作量 \times 换算周时\ (车) \tag{5-23}$$

以表5-2为例，A铁路局集团公司某月份运用车保有量三种方法计算结果如下：

① $\Delta N = 30460 - 30380 = +80(车)$

② $\Delta N = 30460 - 18130 \times 1.68 \approx +1(车)$

③ $\Delta N = 30460 - 18130 \times 1.576 \approx +1887(车)$

以上三种计算结果，一种是简单的数字比较，从表面看实际多占用运用车80车；另两种是从完成的工作量大小看运用车占用多少。其中，按月计划指标规定的货车周转时间与实际完成的工作量计算，增多运用车1车，可以说是持平；但若按换算周时与实际完成的工作量计算，浪费运用车1887车。两种计算结果完全不同。从分析运输组织工作水平的观点，应该排除客观因素影响，该铁路局集团公司由于主观指标完成不好而多占用了运用车1887车。

（2）第二步，应分析各种运用车保有量的大小，即分别将管内工作车、移交重车和空车的实际保有量与计划数字相比较并查明原因，采取调整措施。

从B铁路局集团公司运用车保有量分析资料中得知，B铁路局集团公司实际运用车数多80车，空车比计划多50车，管内工作车比计划减少470车，说明卸车工作组织较好，唯有移交重车比计划增加400车，说明移交列车组织得不好，尤其是甲分界站的移交车流增加了280车，积压严重，见表5-4。

B 铁路局集团公司运用车保有量分析资料(单位:车)   表5-4

项目		计划	实际	比较
运用车总数		30380	30460	+80
管内工作车数		7800	7330	-470
空车数		4330	4380	+50
移交重车数		10130	10530	+400
其中	甲分界口	5400	5680	+280
	丙分界口	473	450	-23

分析运用车总数后可以提出调整措施。例如,管内工作车保有量不足,将影响铁路局集团公司卸车任务的完成,下一步应多装管内工作车;对自装移交车,应控制经甲分界口的装车,以减小该分界口的交车压力。

 复习思考

1. 调度工作分析的目的是什么?
2. 调度工作分析可分为哪三种? 主要内容是什么?
3. 货物列车正晚点统计中,列车出发和运行如何划分?
4. 货物列车出发和运行正点的统计方法有哪些规定?
5. 旅客列车出发、运行、终到或交口正点的统计和计算方法有哪些规定?
6. 何谓中时、停时、旅行速度?
7. 货车周转时间分析方法有哪两种? 其各自的分析方法是什么?
8. 何谓货车换算周转时间? 如何计算?
9. 如何运用换算周转时间、单因素分析法分析货车周转时间?
10. 何谓运用车保有量? 如何分析?

项目 6

铁路运输调度安全管理

🔆 项目内容

本项目主要介绍铁路运输调度安全风险管理、调度安全管理、调度安全实例等。

◎ 学习目标

1. 能力目标

根据《技规》《调规》《事规》等相关技术规章,能掌握铁路运输调度安全管理工作重点。

2. 知识目标

了解和掌握铁路运输调度安全管理的基本原理、原则和方法。

3. 素质目标

树立"安全第一"的思想,强化安全风险意识,提高对运输调度安全重要性的认识。

任务 6.1 调度安全风险管理

风险管理是指经营主体对其经营过程中存在的各种风险进行识别、度量和分析评价,并采取及时有效的方法进行防范控制,以经济合理、技术可行的方法进行处理的活动及过程。

进入 21 世纪以来,安全风险管理已经成为我国航空航天、核工业和电力等行业安全管理的主要模式。

实行安全风险管理的目的是要消除安全风险。对各类安全风险实行分类管理,科学地制定管控措施,加强对安全风险的过程管理,狠抓管控措施的落实,加强检查考核,进行闭环管理,实现良性循环,以此来强化安全管理基础。

一、安全风险管理基础知识

1. 风险

风险,就是我们预测发生事故或严重设备故障的可能性和损失程度的综合度量(可能性 × 损失程度)。

危险是系统中存在可能导致人员伤亡和财产损失的不安全因素。

风险与危险都是安全的对立状态,风险定义比危险更加宽广,风险包括危险,如图 6-1 所示。

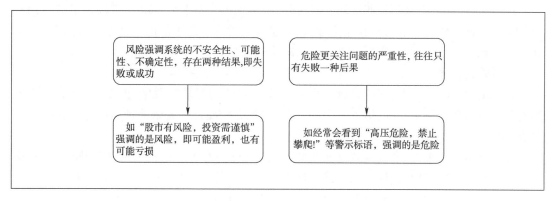

图 6-1　风险与危险的区别

2. 风险管理

所谓风险管理,是指为了降低风险可能导致的事故,降低事故造成的损失所进行的风险因子识别、危险源分析、隐患判别、风险评价、制定并实施相应风险对策与措施的全过程。

从宏观角度上来看,风险管理的对象是存在于系统中的人、物和环境以及由它们所构成的系统;而从微观角度来看,风险管理的对象是指风险因子、危险源、隐患和事故,如图 6-2 所示。下面简要介绍风险因子、危险源和隐患。

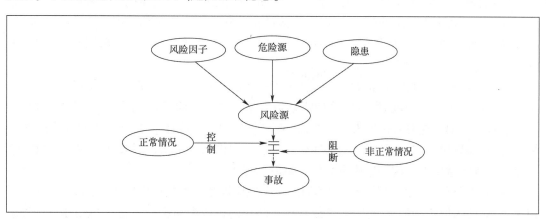

图 6-2　安全风险管理示意图

(1)风险因子。风险因子是指可能产生风险的时间、空间或作业环节(关键时间、关键地点、关键环节)。

(2)危险源。危险源是指在风险因子中的因控制不当可能转化为隐患或事故的根源,如作业行为、设备质量、安全环境、安全管理中的关键项目。

(3)隐患。隐患是指在危险源中的作业行为、设备质量、安全环境、安全管理偏离人们或规章所设定的安全限界,是直接导致事故的根源。

二、事故的概念和特性

按照系统论的观点,事故是指系统的发展、变化违背人们的意愿,发生了人们不期望的后果,如造成人员死亡、伤害、职业病、财产损失或其他损失的意外或偶发事件。事故是由一种危险因素或几种危险因素相互作用导致的,这些危险因素是事故的外在原因或直接原因。事故具有理论上可以减少,实际上也是可以减少的特性。

1. 事故的概念

从广义的角度上来讲,事故是指人们在实现有目的的行动过程中,由不安全的行为、动作或不安全的状态所引起的、突然发生的、与人的意志相反且事先未能预料的意外事件。它能造成财产损失,生产中断,人员伤亡。

从安全角度上来讲,事故主要是指伤亡事故,又称为伤害。根据能量转移理论,伤亡事故指人们在行动过程中,接触了与周围条件有关的外来能量,这种能量在一定条件下异常释放,反作用于人体,致使人身生理机能部分或全部丧失的现象。

2. 事故的特性

既然事故是一种意外事件,那么它就同其他事物一样,也具有本身特有的一些属性。掌握了这些特性,对我们认识事故、了解事故及预防事故具有指导性作用。概括起来,事故主要有以下4种特性:

(1)因果性。事故的因果性指事故是由相互联系的多种因素共同作用的结果。引起事故的原因是多方面的。在伤亡事故调查分析过程中,应弄清事故发生的因果关系,找出事故发生的原因,这对预防类似的事故重复发生将起到积极作用。

(2)随机性。事故的随机性是指事故发生的时间、地点、事故后果的严重程度是偶然的。这给事故的预防带来一定的难度。但是,事故的这种随机性在一定范围内也遵循统计规律。从事故的统计资料中,我们可以找到事故发生的规律性。因此,伤亡事故统计分析对制定正确的预防措施有重大意义。

(3)潜伏性。表面上,事故是一种突发事件,但是事故发生之前有一段潜伏期。事故发生之前,系统(人、机、环境)所处的这种状态是不稳定的。也就是说,系统存在着事故隐患,具有危险性。如果这时有一触发因素出现,就会导致事故的发生。人们应认识事故的潜伏性,克服麻痹思想。在生产活动中,某些企业较长时间内未发生伤亡事故,就会麻痹大意,就会忽视事故的潜伏性。这是造成重大伤亡事故的思想隐患。

(4)可预防性。现代事故预防所遵循的一个原则即是事故是可以预防的。也就是说,任何事故,只要采取正确的预防措施,事故是可以防止的。认识到这一特性,对坚定信心,防止伤亡事故发生有促进作用。因此,我们必须通过事故调查,找到已发生事故的原因,采取预防事故的措施,从根本上降低我国的伤亡事故发生频率。

事故发展与风险管理如图6-3所示。

三、安全风险管理的核心目标和方法

1. 安全风险管理的核心目标

安全风险管理的核心目标,简单归纳为实现"两减少、一改变、一消除",即减少人的不安全行为、减少物的不安全状态;改变环境不安全条件;消除各层级的管理缺陷,如图 6-4 所示。

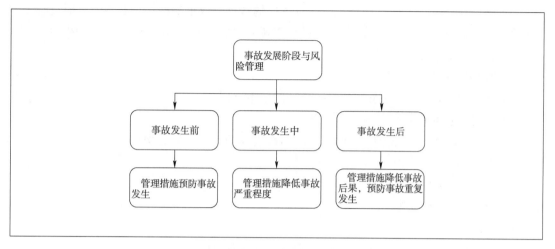

图 6-3　事故发展阶段与风险管理

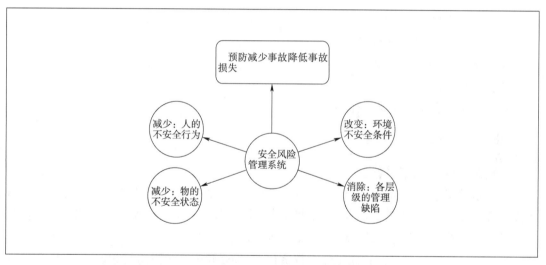

图 6-4　安全风险管理的核心目标

2. 安全风险管理的方法

风险管理是将整个企业内的风险降低到可接受水平的整体流程,风险评估是确定企业面临的风险并确定其优先级的流程。风险管理的基本程序包括风险识别、风险评估、风险分析、风险计划、风险控制、风险跟踪、风险监控等环节。

(1)风险识别。

①内部环境。内部环境包含组织的基调,包括风险管理理念和风险容量、诚信和道德价值观及其所处的经营环境。

②目标设定。必须先有目标,管理者才能识别影响目标实现的潜在事项;确保所选定的目标支持和切合该主体的使命,并且与它的风险容量相符。

③事项识别。必须识别影响主体目标实现的内部和外部事项,区分风险和机会。
(2)风险评估。
①进行风险评估。在项目的初期,以及主要的转折点或重要的项目变更发生时进行。
②系统地识别风险。识别影响主体目标实现的内部和外部事项,区分风险和机会。
(3)风险分析。
①确定风险的驱动因素。
②分析风险来源。风险来源是引起风险的根本原因。
③预测风险影响。
④对风险按照风险影响进行优先排序,对级别高的风险优先处理。
(4)风险计划。
①制定风险应对策略。
②制定风险行动步骤。
(5)风险控制。
制定和执行政策与程序以帮助确保风险应对得以有效实施。
(6)风险跟踪。
①比较阈值和状态。
②对启动风险进行及时通告。
③定期通报风险的情况。
(7)风险监控。
对企业风险管理进行全面监控。

四、铁路安全风险管理

1. 铁路推行安全风险管理

风险是铁路运输安全中的一种客观现象,是发生事故的可能性,控制得好,会有利于向正面的方向发展,对工作是个加强;控制不好,会向负面的方向发展,可能引发事故;安全风险管理在铁路交通运输中具有极其重要的地位和作用。

2011年12月23日全国铁路工作会议提出,必须强化安全风险防范意识,引入安全风险管理的方法,构建安全风险控制体系。通过对风险因素的有效控制,达到最大限度地减少或消除安全风险的目的。实行安全风险管理,是在现有安全管理的基础上,对安全意识的强化、安全理念的提升、工作思路的优化,有利于安全基础工作的加强和各项措施的落实。这次会议,成为"安全风险管理"理念和模式正式引入铁路行业的标志。

2. 铁路运输中存在的安全风险

铁路运输肩负着运送旅客和货物的重要使命,它的运输质量关系到人民群众的安危,同时铁路又是一个高速运转的复杂动态系统,外部情况千变万化,内部环境错综复杂,故铁路运输的安全问题尤为重要。

通过下面几个实例,我们能够清醒地认识到人的不安全行为、物的不安全状态及环境的不安全条件等在铁路运输过程中的表现形式。

【例 6-1】　　　　　　　　人的不安全行为

×年×月×日,甲站(含)至乙站、乙站至丙站间两个区间共用××供电臂停电时间分别进行机械化维修作业,甲站(含)至乙站间施工需停该供电臂,乙站至丙站间施工也需停该供电臂。8:20甲站报告,甲站(含)至乙站间施工作业完毕,接班调度员未了解清楚情况,对共用供电臂施工情况掌握不清楚,就根据现场汇报,催促供电调度向该供电臂进行接触网送电,供电调度盲目送电,8:25该供电臂送电跳闸。构成铁路交通一般C类事故,调度所负重要责任。

【例 6-2】　　　　　　　　物的不安全状态

×年×月×日15时,2583次旅客列车运行至××客专甲站至乙站间,机后第7位(YW)三位旁承调整垫(300mm×100mm×150mm)脱落飞出,砸在与之交会的D6014次动车组右侧前部,造成动车组破损。

【例 6-3】　　　　　　　　环境的不安全条件

×年×月×日,因大风将一块塑料布吹挂在××线甲站至乙站间接触网上,造成K21次弓网故障,而司机在处理故障时又没有降后弓,致使该受电弓滑板脱落悬挂在接触网线上。

3. 铁路安全风险管理的基本方法

铁路安全风险管理就是对铁路运输生产过程中存在的风险进行识别、估计、评价,从而控制和处理这些风险,防止和减少损失,保障铁路运输生产安全。它是铁路系统管理水平和各种质量的综合反映,如何通过一些可靠有效的风险管理方法,将行车中的风险降至最低,是确保铁路运输安全的基础。

(1) 风险识别。

风险识别是风险管理的基础性工作,它通过提供必要的信息使风险研判更具效果及效率。行车安全风险因素识别的依据是铁路运输部门的资料积累,这些资料一般都是已发生且后果严重的铁路交通事故的总结。铁路运输企业对面临的安全风险进行全面分析,突出重点领域和关键环节,明确风险点。

(2) 风险研判。

在对铁路行车风险识别之后,对风险进行风险估计。通过对所收集的大量详细损失资料加以分析,确定不能承担的风险、难以承担的风险和相对不重要的风险,并且制订相应的风险应对计划。国铁集团、铁路局集团公司、站段层层进行安全风险分析和研判,全面准确地掌控安全风险,为消除安全风险提供可靠依据。

(3) 风险控制。

从众多的风险应对策略中,选择行之有效的策略,并寻求与之对应的既符合实际,又具有明显效果的具体应对措施,力图使风险转化为机会或使风险所造成的负面效应降低到最低。明确风险管控责任,将安全风险防范工作落实到各层级、各岗位,明确责任,最大限度地降低安全风险。通过对安全风险项点的控制,检验相关风险控制措施的可行性和有效性。

(4) 风险监控。

随着技术的提高、设备的更新、运量的增大、人员的变化等因素的影响,反映在实际运输过程中的信息也越来越多,原来不确定的因素也逐渐清晰。因此,应及时或定期地进行监控,辨识是否有新的风险因素产生,各类风险的风险发生率、损失程度是否有变化,风险应对措施是否适宜,实施是否有效,等等。并在此基础上针对发现的问题,结合风险点转化的实际情况,及时修正、完善相关安全风险控制措施,使安全风险控制工作得以补强。这样才能确保风险管理的充分性、适宜性和实效性。

五、调度安全风险管理基础知识

1. 调度安全风险

调度安全风险是由若干风险事件构成的,风险事件是指酿成事故和损失的直接原因和条件,识别调度安全风险的首要任务是识别安全风险事件。为规避调度责任事故,一般以《事规》中界定的事故项目为一个分析项点,以冲突、脱轨、火灾、爆炸、相撞、从业人员伤亡、旅客伤亡为固定风险,以阶段性行车安全、设备质量、作业环节等暴露出的安全风险为动态风险,识别每一个风险所包含的风险事件,如图6-5所示。

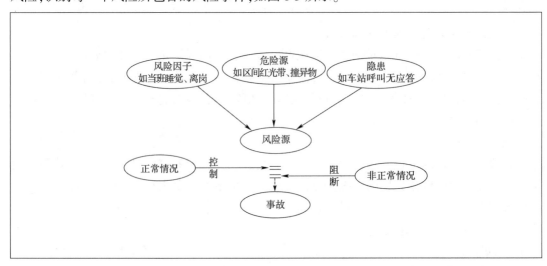

图6-5 调度安全风险举例

2. 调度安全风险识别

风险识别以调度作业过程和管理过程为对象,以防范冲突、脱轨、火灾、相撞、从业人员伤亡、旅客伤亡等事故为控制目标,从排查导致一般 D 类、C 类及以上铁路交通事故的风险事件入手,按照职工作业(人)、设备质量(物)、安全环境(环境)、安全管理(管理)4 个类别,结合日常安全检查情况,分层次、分工种识别调度安全风险,并将其分解到责任作业岗位和管理岗位上,确定安全风险控制的牵头部门和配合部门,制定正常情况下的控制措施和非正常情况下的阻断措施。

3. 调度安全风险研判

对识别出的调度安全风险,应根据其发生的频率及危害,分析风险的严重程度。

(1)极高度风险。

风险程度极高,具有突发性、源头性和系统性的特征,它指可能直接导致旅客列车冲突、脱轨、火灾、爆炸、相撞,或旅客、作业人员、路外人员群死群伤事故等后果极其严重的风险,须立即采取果断措施加以解决。例如,CTC 区段未确认分路不良轨道区段空闲接车、未及时正确下达限速调度命令、运行揭示调度命令发布或管理不规范、错误向停电区段接触网送电等。

(2)高度风险。

风险程度较高,具有易发性、阶段性和子系统性的特征,它指可能导致货物列车冲突、脱轨、火灾、爆炸、相撞,或作业人员、路外人员伤亡事故,或引发极高度风险等后果比较严重的风险,须及时采取措施加以解决。例如,限速机车车辆挂运开行组织不规范、超限列车运行控制不到位、违章准许应安装列尾装置列车无列尾开车等。

(3)中度风险。

风险程度中等,具有局部性特征,它指可能导致事故,或引发极高度、高度风险的安全风险,须适时采取措施加以解决。例如,接触网停送电命令漏发受令处所、施工维修调度命令发布不规范、应急处置不规范、错误进行 CTC 操作等。

(4)低度风险。

风险程度一般,具有个别性特征,它指可能耽误列车,或引发极高度、高度、中度风险的安全风险,主要是典型的职工违章违纪、设备质量不良或故障。例如,日(班)计划编制下达不规范、列车运行调整计划下达不及时、未执行列车编组计划、相关情况掌握不清等。

4. 调度安全风险过程控制

调度安全风险过程控制应从调度作业岗位、调度班组(调度室)和调度所 3 个层面,分层级开展安全风险管控。

(1)调度作业岗位层面。

作业岗位既是控制安全风险的第一责任主体,也是安全风险控制的主阵地,要严格按标准作业。一是全面、熟练地掌握本岗位作业过程中存在的安全风险(事件)、等级和对应的控制措施,确保能做会干;二是严格执行安全风险控制措施,坚持做到"三个到位",即班前预想到位、确认作业条件到位和确保安全风险控制措施落实到位;三是切实增强风险联防意识,加强作业岗位互控、他控;四是强化应急处置,严格落实本岗位的非正常情况阻断措施,及时提醒同班作业人员采取措施,防止低等级风险向高等级风险演变。

(2)调度班组(调度室)层面。

①调度班组既是安全风险过程控制最重要的防线,也是安全风险控制的主战场,要提高班组安全风险自控能力。一是完善班组内部互控、他控机制,促使工种之间、岗位之间互相监督,相互纠正违章行为,控制与消除安全风险;二是强化班组学习教育,以安全风险和控制措施为重点,积极采取班前提问、集中学习讨论等形式;三是发挥班组联防互控作用,班前组织班组成员充分预想本班作业存在的安全风险,将风险控制和互控责任明确到具体岗位或人员,班中严格落实风险控制措施,并加强对重点风险控制措施落实情况的盯控和督导;四是强化非正常情况下的应急处置,生产过程中相关岗位要严格落实非正常情况下的应急处置流程及要点;五是不断改进安全风险管理,在每班班后总结会上,认真分析作业全过程的风险控制情况,对风险控制薄弱环节、薄弱岗位提出改进要求。

②专业调度室要按照分工负责的要求,突出专业管理规范化。一是加强学习组织,结合调度安全风险控制情况,有针对性地制订学习计划,定期开展集中学习和培训活动,严格做到月度有计划、学习有内容、质量有保证;二是加强调度作业过程控制,采取跟班写实、干部包保、巡视检查等手段,严格落实关键作业干部上岗监控制度和日常监督检查职责,督促作业人员严格落实作业标准和设备质量标准,加大对高风险岗位、高风险作业环节的检查力度;三是强化非正常情况下的应急处置,按照快速报告、快速响应、快速阻断的要求,一旦出现非正常情况要快速响应,立即按规定到岗到位,严格落实盯控责任;四是加强专业管理与指导,加强对风险控制情况的日常分析及动态风险的研判,追踪控制措施落实方面存在的问题,加强对班组的指导和考核。

(3)调度所层面。

调度所要突出"管理规范化、作业标准化",不断提高调度安全风险管理水平。一是完善安全风险管理制度,明晰安全风险管理职责、检查量化指标和考核标准;二是抓好重大安全风险的控制,突出安全风险重点控制;三是强化教育培训,不断增强干部职工的安全风险意识和提高安全风险防控能力;四是大力加强风险过程控制,采取平推检查、随机抽查、交叉检查、跟班作业与责任包保相结合的方式,对下一层级安全风险管控情况加强检查,不断促进现场作业标准、安全管理规范化;五是加强应急管理,严格执行安全问题快速报告、快速响应、快速阻断制度,保证信息畅通、及时响应、快速处置;六是形成持续改进的管理闭环,坚持"日收集、周分析、月小结、季评估"等制度,强化风险分析,从行车安全、设备质量、人员素质、管理制度、作业标准、现场控制等方面,强化对调度安全风险管控情况的检查、考核,提高安全风险控制措施的有效性,不断改进和优化安全风险管理。

六、调度安全风险管理基本制度

1. 安全风险信息管理制度

(1)信息来源。防灾、TDCS/CTC、调监、货监、视频监控、车辆轴温智能探测等安全监督管理信息系统。

(2)信息处置。安全监督管理信息系统产生的各类风险报警信息由相关调度人员按规定进行填记、传递、处理,并反馈至调度所值班主任,危及调度安全的重大问题还应立即上报调度所安全风险管理领导小组。

(3)信息分析。风险信息及处置情况作为分析调度安全风险管控的重要来源之一,应纳入日、旬、月、季会议议题,信息系统监测到的新风险事件应及时纳入调度安全风险控制,加强日常管理,持续改进安全风险管理。

2. 安全风险专项整治制度

针对调度安全风险管控中发现的普遍性、阶段性和惯性问题,落实预警机制,及时组织开展专项整治行动。

(1)设备质量、安全环境类安全风险应明确整治项目、整治方法、整治责任,扎实有序推进,解决季节性、阶段性风险和一定时期内的普遍性、惯性风险。

(2)职工作业、安全管理类安全风险应明确检查主题、检查手段、检查责任,重点解决特定时期内的风险。

3. 安全风险预警制度

(1)按照每日、每旬、每月、每季、每半年、年度等时间节点,分析查找固定风险管理中存在的苗头性、关键性和倾向性问题,及时实施安全风险预警,相关层级根据预警的风险,完善和补强安全风险控制措施。

(2)相关作业岗位严格落实风险控制措施,管理岗位强化日常监督检查,确保风险控制措施在相关层级上得到有效落实。

(3)加强对被预警风险存在处所、环节、工序、岗位的检查和帮促,确保各项措施的落实。

4. 安全风险管理检查写实制度

(1)以岗位安全风险管理职责为依据,以月度为周期,各级干部采取随机抽查、跟班作业、责任包保等方式,对下层级安全风险管控情况加强检查指导,并按规定进行干部月度安全风险管理工作写实。

(2)按照下管一级的原则,加强对下层级干部下现场安全风险管理检查写实数量、质量的检查,给予评价,并将有关结果纳入月度安全生产责任制考核。

(3)每月对写实情况进行汇总、分析,查找干部履职、安全风险管控等方面存在的问题,采取措施,进行整改。

5. 安全风险考核和责任追究制度

(1)安全风险考核实施逐级考核,在月度经济考核中落实,调度所领导正职由铁路局集团公司考核,副职及中层干部由调度所主任考核,其他安全、技教、分析人员及工种分析人员由本室主任考核。

(2)风险考核标准根据相关调度人员安全风险管控责任落实不到位造成后果,按照铁路局集团公司安全奖惩办法、调度所安全考核制度等规定执行。

(3)对险情不断的调度班组或工种,安全、分析、技教等职能科室应加大职能管理力度。

6. 动态风险日常管理制度

为加强动态风险的研判和防控,以"风险事件准确研判、措施科学制定、风险严密防控、应急处置有力"为重点,针对季节更替、新线新设备开通使用、生产力布局调整和新规章制度执行等内外部条件变化时出现的新情况,制定调度所动态风险日常管理制度。

(1)及时获取并识别法律法规、标准规范发生变更或有新的发布,以及季节更替、新线新设备开通使用、生产力布局调整等内外部条件变化时出现的新情况,从可能影响相关的场所、环境、人员及设备设施等环节全面识别、准确研判安全风险和风险事件,评定风险等级。

(2)针对风险事件,科学制定正常情况下的控制措施和非正常情况下的阻断措施,并落实到相关管理岗位和作业岗位。

(3)实施前,将管控措施纳入作业岗位的应知应会、必知必会学习内容,组织相关层次的有关人员开展适应性培训,做到人人会干。

(4)严格落实作业岗位、班组和调度所等3个层级的安全风险管控责任,确保风险控制措施在相关层次上得到落实。

(5)切实抓好相关应急处置预案落实,做好应急处置的人、财、物等各种准备,加强应急演练,并按照"快速报告、快速响应、快速阻断"的要求,及时启动应急响应。

(6)按照"日盯日控"要求,加强动态安全风险的管理和分析,查找动态风险控制中的薄弱环节,采取补强措施,不断改进动态安全风险管控水平。

根据检查评估、定期对话、交班分析、预警帮促等管理手段的适用范围和采用时机,及时分析研判关键性、倾向性问题,采取有针对性的措施进行整改和补强。

任务6.2 调度安全管理

一、调度安全的重要性

2008年4月28日凌晨4时41分,北京开往青岛的T195次列车运行到胶济铁路周村至王村之间时脱线,与上行的烟台至徐州5034次列车相撞。造成71人死亡、416人受伤(图6-6)。这起事故暴露出了"施工文件、调度命令管理混乱,以文件代替临时限速命令"等一系列问题。

济南局于2008年4月23日印发了《关于实行胶济线施工调整列车运行图的通知》,其中含对事发路段限速80km/h的内容。该文件距实施时间28日零时仅有4天,却在局网上发布。对外局及相关单位

图6-6 "4·28"事故现场照片

以普通信件车递,且把北京机务段作为抄送单位。

在没有确认有关单位是否收到的情况下,4月26日济南局调度所发布调度命令取消了含事故发生段的多处限速命令内容。各相关单位根据调度命令取消了运行监控器数据中的限速条件。

列车调度员在接到有关列车司机反映现场临时限速与运行监控器数据不符报告时,于

2008年4月28日4时02分补发了该段限速80km/h的调度命令,但该命令没有发给T195次机车乘务员,漏发了调度命令,而王村站值班员对最新临时限速命令未与T195次司机进行确认,也未认真执行车机联控。与此同时,机车乘务员没有认真瞭望,失去了防止事故的最后时机。

为吸取"4·28"事故教训、强化安全管理,2008年4月29日起,全路开展了为期4个月的安全大反思、大检查活动。针对本次事故暴露出调度安全管理工作薄弱的问题以及全路调度部门没有设置内部安全管理机构的实际情况,2008年9月,全路18个铁路局调度所按照铁道部要求相继成立了安全室,健全了调度安全管理机构。2008年11月27日,铁道部重新修改并公布了《铁路运输调度规则》(铁运〔2008〕235号),重点强化了"调度安全"章节,进一步明确了调度命令特别是运行揭示调度命令的相关管理制度和控制措施,进一步规范、完善了调度规章制度。

二、调度安全的内部管理

调度安全管理工作,首先应明确安全工作的方针目标、共同愿景、管辖范围、管理对象、管理结构,人员构成和调度工种的数量、分布、班制,调度设备的类别、数量、分布、分界点,以及调度管辖范围,等等。

在安全管理制度方面,规范安全管理职责和工作标准,定安全管理职责、定工作标准、定工作流程,明确各岗位安全责任,不断强化各岗位调度人员安全责任意识。

在安全管理基础方面,梳理安全重点工作,规定每项工作的管理部门、实施步骤、具体要求、办理时限等内容,提示工作重点,明确关键环节,严格把关要求,确保每项安全工作都有部门管、责任可追溯。

在现场作业控制方面,充分发挥信息技术在安全检测、监测和预警方面的重要作用,通过落实安全风险源头防范和安全风险过程管控,加强调度安全作业控制,同时进一步健全调度应急处置、问题整改和安全评价考核等一系列相关制度,使调度作业安全控制进一步得到加强。

1. 调度安全管理基本制度

(1)调度所安全生产委员会(简称安委会)工作制度。其主要内容是充分发挥安委会的决策、检查、监督和协调作用,全面强化安全基础建设,制定相应的工作制度。一是加强组织领导,成立以调度所党政正职为主任委员、各副职为副主任委员(常务工作由安全副主任负责)、各工种主任、值班主任、党支部书记和安全员(班组、工种为兼职安全员)为委员的安委会。二是明确安委会的主要职责,提出研究决策调度安全生产重大问题、部署安排安全生产工作、确定安全生产目标、制定落实措施等工作要求。三是明确安委会工作机构及职责,安委会下设办公室,办公室一般设在安全室,由安全室主任兼任安委会办公室主任;安委会办公室的主要职责应突出检查、监督、指导各班组、各工种落实安委会决议,以及负责安委会会议的会前准备和会议组织等工作要求。四是明确安委会会议议程和相关会议要求,对听取职工代表关于安全工作建议和意见应特别要求。

(2)安全预警制度。其主要内容是加强对安全工作情况的统计分析,准确掌握自然条件、生产组织、技术装备和全路典型调度责任事故等情况,对符合预警条件的部门、单位或事项及时实施安全预警,安全预警一般分为逐级预警、专项预警和设备预警3种。对被预警的部门和单位采取重点帮教、挂牌督办、检查帮促、领导约谈等方式,督促整改安全突出问题,强化对突出安全风险的管控。同时,加强问题库管理,逐步建立和完善调度安全统计、分析及预警机制。

(3)应急处置制度。其主要内容是依据铁路局集团公司公布的应急处置预案和办法,对调度相关内容纳入工作标准和流程,制定各种非正常情况的调度应急处置措施,定期进行培训和实战演练,纳入常态管理,做到信息畅通、响应迅速、快速处置和有效掌控。

(4)安全风险专项整治制度。其主要内容是落实专项整治必须"有目标、有方案、有检查、有通报、有验收、有成效"的"六有"要求,对重大安全隐患和安全突出问题进行挂牌督办和专项整治,安委会、安全例会重点分析挂牌督办事项和安全专项整治工作开展情况,保证按计划推进,确保取得预期整治效果。

(5)安全责任落实评价考核制度。其主要内容是通过对责对标写实、现场检查记录和履职总结分析等方法,引导各级管理人员按照安全职责、工作标准实施管理行为,养成干部自觉履行安全管理职责和工作标准的习惯;健全完善干部履责督查、安全检查评估、安全重点工作督办等制度,动态跟踪和掌握每名干部安全工作实际,实施客观评价考核,促使各级管理人员依职依责主动抓管理。对发生的事故和因管理不到位导致现场失控等问题,逐级倒查有关管理部门和人员安全管理职责是否落实到位、工作标准和工作流程是否严格执行以及安全管控措施是否有效等,并严格追究相关部门和人员的管理责任。

2. 调度所安全室职能

(1)负责调度所安全管理、安全分析工作。制定、实施年度安全管理工作规划,按时提报调度安全工作总结;提供调度所安全评估汇报材料。

(2)负责制定调度所安全管理制度、措施、办法;负责贯彻、落实、解释安全类制度、措施、办法,检查、考核各工种调度落实规章、文电及安全类制度、措施、办法情况。

(3)负责落实调度所安委会办公室工作;组织召开调度所月度安委会、安全分析会,并负责会议记录及下发会议纪要。

(4)负责组织实施调度安全风险管理;建立调度安全管理、安全分析台账,积累相关资料;组织各调度(工种)室制定安全管理标准、安全管理台账填记标准。

(5)负责组织安全教育、安全文电学习;组织开展安全活动和安全生产专项整治活动及安全专项攻关活动。

(6)负责调度命令检查、考核;检查各站段调度命令和规章制度的执行情况;对违令、违章的单位或人员,进行通报批评并提出处理意见。

(7)负责制定Ⅰ、Ⅱ级施工安全组织措施并参与施工盯控;检查施工监控情况。

(8)负责掌握管内铁路交通事故、设备故障、车机联控及有关安全信息,负责调查、核实与调度有关的安全信息;落实各项应急预案、应急演练,参与事故救援组织、协调工作。

(9)负责调度安全工作情况分析,抓好典型,及时总结、推广运输生产先进经验。

3. 调度安全问题及防范

随着铁路的发展,调度已普遍应用了TDCS设备、牵引供电SCADA监控及数据采集系统和调度信息系统;高铁还应用了 CTC 分散自律调度集中设备、CTCS 列控系统等一系列高新技术和设备,有效地提高了列车控制、调度指挥和设备操作的自动化、智能化程度,进一步提高了劳动生产率。相关行车控制设备由调度员直接操作,调度安全压力逐步增加,在调度安全管理方面要增强问题意识,掌握调度安全关键及惯性问题,采取有针对性的防范措施。

(1)调度安全关键及惯性问题。

把握调度安全,必须把握关键时段(交接班时段)、关键环节(调度命令发布环节)、关键岗位(列车调度员、供电调度员岗位)和关键人(新职3年内调度员),找出惯性问题。

①交接班时段惯性问题。一是交接班程序执行不到位,存在接班不按规定全面了解情况、检查调度设备状态和状况,不重新使用本人用户名登录系统等问题,造成交接班责任划分不明确。二是交接班会制度执行不严格,交接班会上对重点事项了解、预想、部署以及相关知识提问制度不落实,造成接班不清、交班不明。

②调度命令发布惯性问题。一是调度命令内容错、漏、多字及重复取消问题突出,存在调度命令审核不认真,仓促发令,造成调度命令长期存在内容错误或多字、漏字等情况。二是违反规定发布调度命令,存在跨调度指挥权限发布命令,准许施工的调度命令发布时间晚于准许开始施工作业的时间,取消封锁区间救援的命令未开通区间等问题。三是调度命令标准执行不规范,存在调度命令格式选用不正确导致调度命令内容不准确,调度命令受令处所发布不全,特别是存在漏发台间站、机务折返点以及接触网停送电单元相关车站,遇施工推迟、取消等原因造成与运行揭示调度命令不符时不发、错发等问题。四是对调度命令发布相关规定掌握不到位,存在调度命令循环重复取消、未经值班主任签认等问题。

③新职人员存在的突出问题。一是新职调度员违章主要发生在调度命令发布方面,多数是由于对命令格式掌握不清楚、对供电臂范围不明确、对一些规章制度要求不掌握等原因。二是新职调度员差错主要发生在运行调整计划下达方面,反映出其在学徒期间没有切实掌握基本作业要求,造成单独作业时被动应付,作业质量不高。三是新职调度员违纪主要发生在学习迟到等方面,反映出新职人员对学习和纪律的重要性认识有差距,班组对新职人员要求不严格。

(2)调度安全防范措施。

①岗前培训。一是选拔调度员时要将良好的心理素质作为选拔的一项重要因素。它包括以3个方面:能够承受较大的压力,包括上班过程中的压力,同事给的压力和领导给的压力;具有处变不惊的稳定心态,在突发故障面前能够镇定自若,按照既定的流程进行处理;学会自我调节,能够及时通过各种方式释放加在自己身上的压力。二是在调度学员的培训时期,培养良好的调度习惯和调度安全意识,即要在作业过程中遵守规章纪律,严格按照规定作业;在作业前要先想一想会导致什么样的结果出现,然后再决定是否执行相应操作;要分清不同时段的工作重点,明白哪些步骤的安全风险高。良好的调度安全意识能让调度员清晰地知道什么时段是安全重点,哪些环节是关键环节,从而能够分清轻重缓急,合理分配时间和精力。三是培养调度员扎实的业务基础。扎实的业务基础包括熟悉技术设备、

熟悉规章以及运用、了解对班岗位人员 3 个方面。扎实的业务基础是调度员进行调度指挥的基础,能够让调度员在作业的时候胸有成竹,而不是惊慌失措,从而有效地避免问题发生。

②过程控制。一是规范调度命令模板,使调度员发布命令有规章依据。在此前提下,要求调度员执行标准用语发布命令,以实现行车指令的准确传达。二是养成良好的作业习惯。良好的作业习惯有利于调度命令的规范发布,有利于行车指令的准确传达,有利于运输生产指挥意图执行到位。三是在调度员作业过程中,通过"自控"和"互控"避免错误的出现。

③事后总结。一是事后加强对调度作业和命令发布的检查力度,加强考核、通报,即要求调度员自己养成自我检查的习惯,有针对性地阅读已发布的调度命令,不仅要查看自己的命令,还要查看他人的命令。对照查找差距,改正自己的错误;组织检查人员对调度命令进行全面检查,对检查到的问题及时提出改进要求,督促落实并进行考核或通报。二是将典型问题编制成为案例,对调度员进行培训,加强规章制度学习,提高调度员规章制度和相关措施的熟练程度和运用水平,从而避免实际过程中出现的问题。

三、安全信息的外部通报

调度除对内部实施安全管理之外,还担负着铁路交通事故、设备故障的信息掌握和上报工作,即安全信息的外部通报。

1. 铁路交通事故的定义及等级

铁路机车车辆在运行过程中发生冲突、脱轨、火灾和爆炸等影响铁路正常行车的事故,如影响铁路正常行车的相关作业过程中发生的事故,或者铁路机车车辆在运行过程中与行人、机动车、非机动车、牲畜及其他障碍物相撞的事故,均为铁路交通事故。依据国务院《铁路交通事故应急救援和调查处理条例》中规定,事故可分为特别重大事故、重大事故、较大事故和一般事故 4 个等级。

(1) 特别重大事故。

①造成 30 人以上死亡,或者造成 100 人以上重伤(包括急性工业中毒,下同),或者 1 亿元以上直接经济损失的;

②繁忙干线客运列车脱轨 18 辆以上并中断铁路行车 48 小时以上的;

③繁忙干线货运列车脱轨 60 辆以上并中断铁路行车 48 小时以上的。

(2) 重大事故。

①造成 10 人以上 30 人以下死亡,或者 50 人以上 100 人以下重伤,或者 5000 万元以上 1 亿元以下直接经济损失的;

②客运列车脱轨 18 辆以上的;

③货运列车脱轨 60 辆以上的;

④客运列车脱轨 2 辆以上 18 辆以下,并中断繁忙干线铁路行车 24 小时以上或者中断其他线路铁路行车 48 小时以上的;

⑤货运列车脱轨 6 辆以上 60 辆以下,并中断繁忙干线铁路行车 24 小时以上或者中断

其他线路铁路行车48小时以上的。

（3）较大事故。

①造成3人以上10人以下死亡，或者10人以上50人以下重伤，或者1000万元以上5000万元以下直接经济损失的；

②客运列车脱轨2辆以上18辆以下的；

③货运列车脱轨6辆以上60辆以下的；

④中断繁忙干线铁路行车6小时以上的；

⑤中断其他线路铁路行车10小时以上的。

（4）一般事故。

一般事故可以分为一般A类事故、一般B类事故、一般C类事故、一般D类事故。

①有下列情形之一，未构成较大以上事故的，为一般A类事故：

A1．造成2人死亡。

A2．造成5人以上10人以下重伤。

A3．造成500万元以上1000万元以下直接经济损失。

A4．列车及调车作业中发生冲突、脱轨、火灾、爆炸及相撞，造成下列后果之一的：

A4.1 繁忙干线双线之一线或单线行车中断3小时以上6小时以下，双线行车中断2小时以上6小时以下。

A4.2 其他线路单线或双线之一线行车中断6小时以上10小时以下，双线行车中断3小时以上10小时以下。

A4.3 客运列车耽误本列4小时以上。

A4.4 客运列车脱轨1辆。

A4.5 客运列车中途摘车2辆以上。

A4.6 客车报废1辆或大破2辆以上。

A4.7 机车大破1台以上。

A4.8 动车组中破1辆以上。

A4.9 货运列车脱轨4辆以上6辆以下。

②有下列情形之一，未构成一般A类以上事故的，为一般B类事故：

B1．造成1人死亡。

B2．造成5人以下重伤。

B3．造成100万元以上500万元以下直接经济损失。

B4．列车及调车作业中发生冲突、脱轨、火灾、爆炸、相撞，造成下列后果之一的：

B4.1 繁忙干线行车中断1小时以上。

B4.2 其他线路行车中断2小时以上。

B4.3 客运列车耽误本列1小时以上。

B4.4 客运列车中途摘车1辆。

B4.5 客车大破1辆。

B4.6 机车中破1台。

B4.7 货运列车脱轨 2 辆以上 4 辆以下。

③有下列情形之一,未构成一般 B 类以上事故的,为一般 C 类事故:

C1. 列车冲突。

C2. 货运列车脱轨。

C3. 列车火灾。

C4. 列车爆炸。

C5. 列车相撞。

C6. 向占用区间发出列车。

C7. 向占用线接入列车。

C8. 未准备好进路接、发列车。

C9. 未办或错办闭塞发出列车。

C10. 列车冒进信号或越过警冲标。

C11. 机车车辆溜入区间或站内。

C12. 列车中机车车辆断轴,车轮崩裂,制动梁、下拉杆、交叉杆等部件发生脱落。

C13. 列车运行中碰撞轻型车辆、小车、施工机械、机具及防护栅栏等设备设施或路料、坍体、落石。

C14. 接触网接触线断线、倒杆或塌网。

C15. 关闭折角塞门发出列车或运行中关闭折角塞门。

C16. 列车运行中刮坏行车设备设施。

C17. 列车运行中设备设施、装载货物(包括行包、邮件)、装载加固材料(或装置)超限(含按超限货物办理超过电报批准尺寸的)或坠落。

C18. 装载超限货物的车辆按装载普通货物的车辆编入列车。

C19. 电力机车、动车组带电进入停电区。

C20. 错误向停电区段的接触网供电。

C21. 电化区段攀爬车顶耽误列车。

C22. 客运列车分离。

C23. 发生冲突、脱轨的机车车辆未按规定检查鉴定编入列车。

C24. 无调度命令施工,超范围施工,超范围维修作业。

C25. 漏发、错发、漏传、错传调度命令导致列车超速运行。

④有下列情形之一,未构成一般 C 类以上事故的,为一般 D 类事故:

D1. 调车冲突。

D2. 调车脱轨。

D3. 挤道岔。

D4. 调车相撞。

D5. 错办或未及时办理信号致使列车停车。

D6. 错办行车凭证发车或耽误列车。

D7. 调车作业碰轧脱轨器、防护信号,或未撤防护信号动车。

D8. 货运列车分离。
D9. 施工、检修、清扫设备耽误列车。
D10. 作业人员违反劳动纪律、作业纪律耽误列车。
D11. 滥用紧急制动阀耽误列车。
D12. 擅自发车、开车、停车、错办通过或在区间乘降所错误通过。
D13. 列车拉铁鞋开车。
D14. 漏发、错发、漏传、错传调度命令耽误列车。
D15. 错误操纵、使用行车设备耽误列车。
D16. 使用轻型车辆、小车及施工机械耽误列车。
D17. 应安装列尾装置而未安装发出列车。
D18. 行包、邮件装卸作业耽误列车。
D19. 电力机车、动车组错误进入无接触网线路。
D20. 列车上工作人员往外抛掷物体造成人员伤害或设备损坏。
D21. 行车设备故障耽误本列客运列车1小时以上,或耽误本列货运列车2小时以上;固定设备故障延时影响正常行车2小时以上(仅指正线)。

对影响行车安全的其他情形可列入一般事故;因事故死亡、重伤人数7日内发生变化,导致事故等级变化的,可相应改变事故等级。

2. 事故的报告

事故发生后,事故现场的铁路运输企业工作人员或者其他人员应当立即向邻近铁路车站、列车调度员、公安机关或者相关单位负责人报告。有关单位和人员接到报告后,应立即将事故情况向企业负责人和事故发生地安全监管办安全监察值班人员报告,安全监管办安全监察值班人员按规定向安全监管办负责人报告。列车调度员要认真填写安监报 – 1,分别向事故发生地安全监管办安全监察值班人员、国铁集团列车调度员报告。

(1)事故报告的主要内容。
①事故发生的时间、地点、区间(线名、千米、米)、线路条件、事故相关单位和人员。
②发生事故的列车种类、车次、机车型号、部位、牵引辆数、吨数、计长及运行速度。
③旅客人数,伤亡人数、性别、年龄以及救助情况,是否涉及境外人员伤亡。
④货物品名、装载情况,易燃以及易爆等危险货物情况。
⑤机车车辆脱轨辆数、线路设备损坏程度等情况。
⑥对铁路行车的影响情况。
⑦事故原因的初步判断,事故发生后采取的措施及事故控制情况。
⑧应当立即报告的其他情况。
(2)事故报告的有关要求。
事故报告后,人员伤亡、脱轨辆数及设备损坏等情况发生变化时,应及时补报。
铁路运输企业及其职工迟报、漏报、瞒报、谎报事故的,对单位,由处10万元以上50万元以下的罚款;对个人,由处4000元以上2万元以下的罚款;属于国家工作人员的,依法给予处分;构成犯罪的,依法追究刑事责任。

四、设备故障上报

1. 设备故障的定义及分类

因违反作业标准、操作规程及养护维修不当或设计制造质量缺陷、自然灾害等原因,造成铁路机车车辆(包括动车组、自轮运转特种设备)、铁路轮渡、线路、桥隧、通信、信号、供电、信息、监测监控、给水以及防护设施等行车设备损坏,影响正常行车,危及行车安全,均构成设备故障。设备故障升级为铁路交通事故时,按《事规》有关规定办理。

发生耽误列车、危及行车安全或影响列车正常运营的下列情形之一,但未构成铁路交通事故的,为行车设备故障:

G1. 机车故障。

G2. 车辆故障。

G3. 动车组故障。

G4. 铁路轮渡设备故障。

G5. 自轮运转特种设备故障。

G6. 线路、桥隧设备故障。

G7. 信号设备故障。

G8. 通信设备故障。

G9. 供电设备故障。

G10. 供水设备故障。

G11. 信息系统设备故障。

G12. 列尾装置故障。

G13. 监测、监控设备故障。

G14. 线路安全防护设备设施破损。

G15. 水害、塌方、落石、倒树。

G16. 其他设备故障。

2. 设备故障报告

铁路局集团公司列车调度员应填写"安监报-1",及时上传国铁集团调度并传至铁路局集团公司安全管理部门。设备故障发生单位隐瞒或查不清原因的,定该单位责任;协同隐瞒的单位,追究其同等责任。

五、安监报-1的填报

目前,铁路局集团公司调度所填报安监报-1,统一使用"铁路安全监督管理信息系统"。

(1)"铁路安全监督管理信息系统"事故调查分析处理子系统界面见图6-7。

(2)铁路交通事故(设备故障)概况表填报界面见图6-8。

项目 6 铁路运输调度安全管理

图 6-7 "铁路安全监督管理信息系统"事故调查分析处理子系统界面

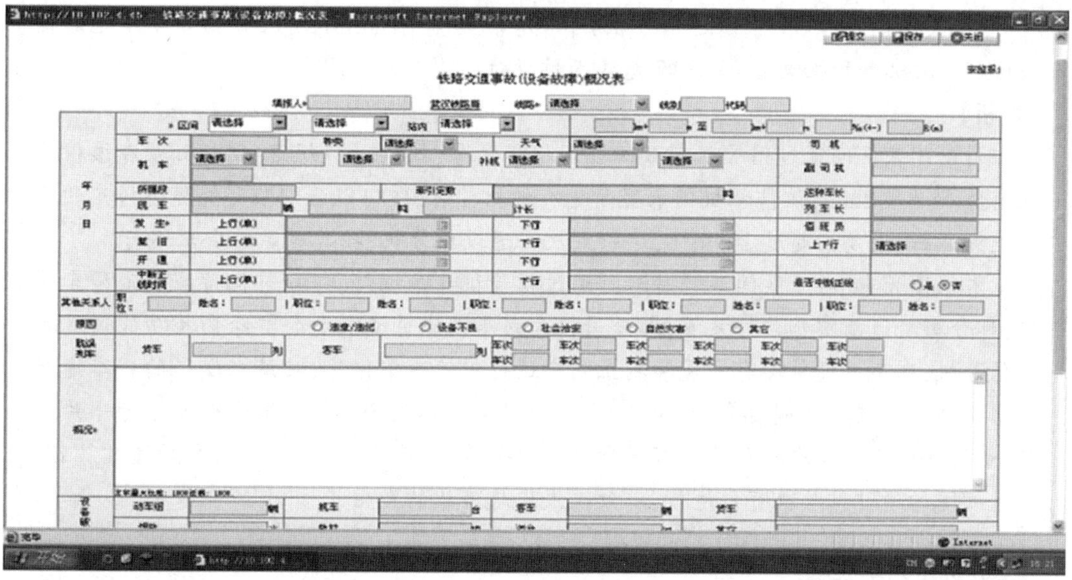

图 6-8 铁路交通事故(设备故障)概况表填报界面

任务 6.3 调度安全实例分析

通过对铁路交通事故的定义及等级的学习,我们知道,一般 B 类事故及以上事故等级是按照事故造成的人员伤亡、直接经济损失及行车中断时间和行车设备损坏情况进行界定,一般 C 类事故、一般 D 类事故均为具体的事故结果,且其损失及影响达到一般 B 类事故及以上事故标准时即按照相应事故等级进行界定。

为了进一步了解调度工作中存在的安全风险和隐患,理解调度安全管理的必要性,结合全路近年来典型调度责任事故,分别对应具体的事故项点,以事故实例对调度安全存在的具体风险源和存在的调度作业教训加以分析,提高对调度作业隐患的认识。

下面,我们按照《事规》对一般C类事故、一般D类事故的分类,列举调度安全实例加以说明。在这些事故实例中,如果事故造成的人员伤亡、直接经济损失及行车中断时间和行车设备损坏情况严重,达到相应的事故等级标准,则可定为更高等级的事故;这里仅就事故具体情形对应的项点进行分类。

一、一般C类调度责任事故实例

C1. 列车冲突

【例6-4】　　　　　　违章发布调度命令,引发列车追尾

×年×月×日19:45,K127次旅客列车运行至××线××站至××站间下行线区间,越过关闭的第4333号通过信号机,于19:49与前行的33129次货物列车追尾后脱轨,K127次机车和机次1~3位颠覆,4、5位脱轨。

【解析】

自动闭塞区间通过信号机因故障显示停车信号,按《技规》规定,列车必须在该信号机前停车等候2min,该信号机仍未显示进行的信号时,即仍以遇到阻碍能随时停车的速度继续运行,最高不超过20km/h,运行到次一通过信号机,按其显示的要求运行。

本次事故中,对于区间运行时遇到通过信号机显示红灯,部分司机按照规定停车等候,部分司机违章解锁监控装置,部分司机向列车调度员请求发令解除监控功能通过故障信号机;列车调度员没有发现和制止列车运行中的违章行为,对请求发令的列车违章发布允许关闭监控的调度命令,对不请求的列车又不发令,导致当时列车运行一片混乱,最终导致33219次列车因没有得到调度命令停车,后续K127次又请令后违章解锁,越过故障的通过信号机盲目运行,以致造成追尾事故的发生。

C2. 货运列车脱轨

【例6-5】　　　　　　交班漏交重点事项,造成列车颠覆

×年×月×日18:42,甲站值班员向列车调度员汇报:×××××次列车反映甲站至乙站间下行线×km×m处列车晃车。列车调度员安排两趟下行列车在该处限速通过并注意运行,因下行两列车为空车并按列车调度员发布的临时限速命令限速通过,司机汇报无异常;交接班时段,交班列车调度员未通知工务部门检查线路,也未将该处晃车

地点需发布限速调度命令的情况向接班调度员交班。20:30,×××××次重载油龙专列以正常速度运行至该处,造成油罐车3辆脱轨颠覆后从大桥翻下并将桥下1名行人砸死。

【解析】

　　本次事故中,列车调度员安全意识薄弱,在接到线路异状的报告时,未按规定组织相关单位迅速查明情况,及时处置;最重要的是,对本班未处理完毕的重点事项没有重点交接,造成接班调度员对需要发布临时限速调度命令的情况完全不掌握,致使列车超速运行直至脱轨。本事故亦符合一般C25类"漏发、错发、漏传、错传调度命令导致列车超速运行。"事故的要件,但按照《事规》规定,一起事故同时符合两个以上事故等级的,以最高事故等级进行统计。所以,在事故损失没有达到上一级事故程度时,该起事故为一般C25类事故。

C3. 列车火灾

【例6-6】　　突发事件处理不果断,导致列车发生火灾事故

　　×年×月×日3:38,T238次旅客列车××站4道停车处理扒乘人员过程中,扒乘人员爬上车顶触电引燃T238次机后第11位车辆,并引起接触网跳闸停电。经车站灭火处理后,T238次列车于6:24开车。

【解析】

　　该事故定责时,将调度所定为重要责任。其主要原因是,列车调度员在得到车站关于有闲杂人员爬上客车车顶的报告后采取措施不果断,只是简单布置车站处理,未充分考虑问题复杂性和处理办法,更没有具体布置;车站在处理扒乘人员时方法不得当,相关工作人员只是在车下劝说喊话,效果不佳,且造成该人员受到惊扰后退至接触线附近,发生触电起火引燃车厢;直至导致车辆火灾,接触网都没有采取停电措施。

C6. 向占用区间发出列车

【例6-7】　　列车调度员口头更改调度命令,导致向占用区间发出列车

　　×年×月×日,因乙站至丙站间下行线586km50m~587km750m处工务清筛施工,××台列车调度员于9:58下发了××号调度命令:自10:10起至13:10止,封锁乙站至丙站间下行线区间。命令准许的施工开始时间10:10,列车运行调整计划为××××次旅客列车到达丙站后即开始封锁施工,由于×××××次运行至甲站至乙站间下行线区间内防止轧人停车,至10:10时尚未通过乙站,乙站值班员向列车调度员报告并

询问施工命令该怎么执行,列车调度员口头指示乙站、丙站:××××次旅客列车到丙站后再开始施工。××××次旅客列车10:12通过乙站,10:19到达丙站。实际构成向占用区间发出列车的一般事故。

【解析】

封锁状态即为占用,列车调度员在已发布的调度命令发生变化时,没有及时取消前发命令,重新发布全部内容的调度命令,而是以口头指示代替调度命令,作业随意,对调度命令发布及执行极其不严肃。

本次事故中,列车调度员应可以避免这类问题的发生,首先,调度命令用语选择不当,在对封锁点前最后一列车的运行点不能在不准确掌握的情况下,命令中封锁开始的选项应运用"自××××次列车到达××站起"的用语,避免发生变化后处理困难;其次,在掌握列车运行情况方面,发生突发情况后调整和应对不妥当,应该按规定取消尚未开始执行的调度命令,重新发布新的调度命令。当然,车站值班员违反作业标准,仅凭调度员的口头指示就置调度命令于不顾,违章蛮干,盲目地将列车放入封锁区间也是造成事故的重要原因。

C7. 向占用线接入列车

【例6-8】　　　　列车占用红光带误解锁,造成向占用线接车

×年×月×日,青藏线K9801次旅客列车NJ2056号机车发生故障,在甲站临时加挂机车。在列车完整性测试未通过时,列车调度指示列车凭调度命令运行,ITCS系统对列车进路实施了LOI封锁。在K9801次列车拖着LOI封锁(红光带)通过乙站Ⅱ道后,助理调度在人工解除该次遗留LOI封锁光带时,误将3道人工设置的LOI封锁(3道停留一组大养机作业车)一并解除,导致到发线3道在有车占用的情况下,调度员操作终端显示屏上无列车占用显示。15:27,助理调度员误认为乙站3道空闲,又排列了T224次列车3道接车停会T265次列车的进路。T224次列车进站时,司机发现3道有车辆占用,立即采取紧急停车措施,停车后列车前端距停留车约200m,构成向占用线接入列车的一般事故。

【解析】

本次事故中,调度所负全部责任。列车调度员安全意识差,在××××次旅客列车完整性测试未通过时,违章发令指示列车凭命令运行,是造成这起事故的诱因。助理调度在××站3道有车占用的情况下,误将3道人工设置的LOI封锁光带解除;在3道有车占用的情况下,违章排列了××××次接车进路,是造成这起事故的主要原因。调度所对LOI封锁情况下的设备解锁控制不严,没有制定"双人确认、值班主任签认后方可进行人工解除"的安全卡控办法,规章制度不健全,是造成这起事故的管理原因。

C8. 未准备好进路接、发列车

【例6-9】 　　　　　未准备好进路发车,导致列车挤岔脱轨

×年×月×日20:42,××城际铁路D6130次列车经乙站1号/3号道岔反位出站后,列车调度员未将该道岔恢复定位。20:30,供电段驻调度所联络员申请封锁甲站至丁站下行线,57002次轨道车进行巡检作业。22:14,列车调度在助理调度擅自离岗的情况下,未准备和检查57002次轨道车相关接发车进路,就发布了作为57002次轨道车进入封锁区间行车凭证的调度命令。22:20,57002次轨道车由甲站开出后,列车调度离岗。57002次轨道车运行至乙站1号道岔(可动心轨)处挤岔脱轨。

【解析】

本次事故中,城际铁路在夜间0:00—4:00进行综合天窗修作业,D6130次列车是天窗开始前的最后一列,该列车从乙站发出时,因列车靠站台办理客运业务后,其发车进路切割下行正线,使下行线上的1号道岔(与3号道岔为联动渡线道岔)处于反位,列车调度、助理调度在办理路用列车在封锁区段内运行的进路时,对需要人工排列的进路,没有执行"双人确认"制度,在未准备和检查列车相关接发车进路的情况下,违章向司机发布作为进入封锁区段行车凭证的调度命令,是造成这起事故的主要原因。另外,列车调度、助理调度先后擅自离岗,造成调度台无人值守,严重违反劳动纪律,是造成这起事故的重要原因。调度所日常管理不严格、职工培训不到位、规章制度不健全,也是造成这起事故的管理原因。该事故还符合一般C2类货运列车脱轨的事故条件。

C9. 未办或错办闭塞发出列车

【例6-10】 　　　　　相近车次列车错误编制运行计划,造成开错方向

×年×月×日,列车调度员在编制列车运行调整计划时,将甲站A方向的81101次列车错误编制为开B方向,81101次列车司机进入B方向线路后发现开行方向不正确,紧急停车。构成错办闭塞发出列车的事故。

【解析】

甲站下行衔接A、B两个方向,基本列车运行图81101次列车为开A方向、81011次列车为开B方向。本次事故中,列车调度员对图定五定班列不熟悉,在不能使用图定方式画线的情况下,凭主观臆断列车运行径路,手工铺画线条导致列车运行调整计划铺画错误;其次是工作不仔细,在列车运行方向不确定的情况下,混淆了81101和81011两个相似的车次。没有通过查阅基本列车运行图、查看列车编组或与计划调度员联系等方式进行确认,造成计划下达错误。

C10. 列车冒进信号或越过警冲标

【例 6-11】 调度命令内容错误，轨道车冒进信号

×年×月×日，工务部门在甲站至乙站(含乙站站内正线)间进行焊轨作业，工务轨道车由甲站进入甲站至乙站施工地段。列车调度员在发布施工封锁开行路用列车的调度命令中，仅将甲站至乙站区间封锁，而命令中准许施工的里程实际已跨越乙站进站信号机。轨道车进入甲站至乙站间作业后在乙站进站信号显示红灯的情况下，盲目越过进站信号，挤坏乙站1号道岔。

【解析】

本次事故中，施工部门对施工地点及是否进入乙站站内都不清楚，且对绝对信号视而不见，是造成这起事故的主要原因。列车调度员在下达施工命令时，没有认真核对施工日计划和施工影响范围，造成调度命令内容错误，是造成这起事故的重要原因。另外，车站值班员基本功不扎实，对本站的情况不清楚，在接收到调度命令后未认真核对发现问题，未起到安全互控的作用。

C12. 列车中机车车辆断轴，车轮崩裂，制动梁、下拉杆、交叉杆等部件脱落

【例 6-12】 对现场反映的信息麻木不仁，导致事故发生

×年×月×日××××次货物列车在甲站8:56通过时，车站值班员汇报：外勤接车时听到异响，列车调度员指示车站检查线路，9:10，甲站汇报发现站内38km600m处水泥枕上有划痕，可能是刚才列车通过时击打的痕迹，列车调度员没有及时布置拦停列车，只是通知乙站、丙站外勤接车时重点监视运行。该列车在乙站9:11通过后，车站汇报好像有异响、没有看到异常现象；直至××工务工区向列车调度员汇报在区间线路上捡到疑似车辆配件，区间枕木有明显击打痕迹，调度员仍不拦停列车，继续放行，丙站9:30通过，9:50该列车到达终到站丁站后，经列检人员检查，发现机后第××位车辆U型铁等部件丢失，构成一般C类事故。

【解析】

当得到现场关于列车、线路等出现危及行车安全的报告时，应及时指示有关人员立即停车、查明情况、妥善处理。列车调度员安全意识淡薄，在安全与效率、安全与畅通的关系上，分不清主次，没有真正树立"安全第一"的思想，看到该列车已接近终到站，为了畅通、为了效率违章盲干，只是通知了车辆调度员，而没有立即指示列车停车检查；车辆调度员接到列车调度员的通知后，没能及时协助列车调度员分析处理，而是向车辆处汇报后就万事大吉。这一系列的违章和不负责任，最终造成运行中车辆部件脱落的后果，虽然车辆部件脱落的问题应

该由车辆部门负主要责任,但是如果列车调度员及时组织拦停检查,可能不会造成部件脱落在区间的严重后果,所以,调度所对该事故负有重要责任。该事故发生后,经检查乙站有2组道岔设备有不同程度的损坏,还符合一般"C16.列车运行中刮坏行车设备设施"的事故条件。

C16. 列车运行中刮坏行车设备设施

【例6-13】   列车运行中车门打开未及时处置,刮坏信号机

×年×月×日,×××××次货物列车在甲站通过后甲站值班员向列车调度员汇报:外勤接车时发现该列车机后13位运行方向左侧敞车车门未关,列车调度员没有引起重视,布置乙站值班员停车处理,乙站按调度员指示准备3道停车进路;当该列车行至乙站下行进站信号机处时,未关闭的车门将乙站下行进站信号机刮坏;造成列车运行中刮坏行车设备设施的一般C类事故。

【解析】

当列车调度员得到现场关于列车、线路出现危及行车安全的报告时,应及时指示有关人员立即停车,查明情况,妥善处理;列车调度员安全意识淡薄,对列车在运行中出现的异常情况未引起高度重视,错过处理时机,给行车安全埋下隐患,导致事故发生。

C18. 装载超限货物的车辆按装载普通货物的车辆编入列车

【例6-14】   超限列车经过不符合运行限制条件线路导致列车脱轨

×年×月×日21:55,44012次货物列车运行至乙站Ⅳ场至Ⅰ场联3线139km003m处(半径275m曲线上)时,机后41~43位脱轨。脱轨的车辆为平板车跨装的长大超限货物,有"禁止通过小于280m半径曲线"的运行限制条件,而乙站联3线139km003m处的曲线半径为275m,列车运行到小半径曲线上致使左侧轮缘爬上曲外股轨面,导致脱轨。

【解析】

超限超重货物车辆的挂运,必须纳入日(班)计划,根据超重超限货物运输批示电报和超限超重车辆挂运通知单规定的运行条件,由列车调度员向有关车站发布调度命令。调度所特运调度员在接班时掌握该组超限货物"禁止通过小于280m半径曲线"的限制条件,但由于未与甲区段站进行现车核对,造成对该站将该组超限车编入44012次货物列车并已发出情况不清楚;列车调度员对甲站编开44012次货物列车确报查看不仔细,仅对需要途中甩车的情况进行了掌握,对列车编组中标记的超限字样不掌握,造成装载超限货物的车辆按装载普通货物的车辆编入列车未发布相关运行限制条件的调度命令,导致车站错误将列车安排通过半径为275m的联3线。

C19. 电力机车、动车组带电进入停电区

【例6-15】 漏发调度命令，造成电力机车带电进入停电区

×年×月×日，××编组站到达场接触网停电施工，行车限制按××供电段直馈××单元执行。供电段维修作业负责人在××编组站到达场运转室登记运统－46请令，列车调度员核对登记与施工内容一致后，将准许到达场接触网停电检修的情况口头通知了××编组站到达场和××机务段机调室，并且使用电话通知供电调度员可按计划停电；供电调度员根据列车调度员电话通知，开始停电操作。其后，列车调度员因忙于其他行车事宜，未及时将已拟好的准许停电命令下达到相关受令处所，造成××机务段出库机车在出库线闸楼××分相处带电进入停电区。

【解析】

正线、到发线接触网停电或送电，列车调度员须发布调度命令。本次事故中，列车调度员未能认真执行停送电流程的规定，在未下达准许停电调度命令的情况下，通知电调可以停电；最为严重的是仅用电话口头指示相关站场，而未下达准许停电的书面调度命令。供电调度员亦未能认真执行接触网停送电的互相签认制度，以电话通知的方式代替书面签认制度，未能把住关键的卡控环节。

C20. 错误向停电区段的接触网供电

【例6-16】共用供电臂停电施工，未确认所有施工完毕，盲目恢复接触网供电

×年×月×日，甲站（含）至乙站、乙站至丙站间两个区间共用××供电臂停电时间分别进行机械化维修作业，甲站（含）至乙站间施工需停该供电臂，乙站至丙站间施工也需停该供电臂。8:20，甲站报告，甲站（含）至乙站间施工作业完毕，接班调度员未了解清楚情况，对共用供电臂进行施工的情况掌握不清楚，就根据现场汇报，催促供电调度接触网送电，供电调度盲目送电；8:25，该供电臂送电跳闸。构成错误向停电区段的接触网供电的C类事故。

【解析】

列车调度员交接班掌握情况不细，未掌握两项施工共用接触网停电"天窗"的情况。供电调度员未得到供电段配合人员（请令人）对现场的确认汇报，盲目办理接触网送电手续。幸好这两个区间的施工均为工务线路施工需接触网配合停电，接触网错误送电时没有造成人员伤亡；但是，需要接触网配合停电的施工一般都是因为施工的人员、机具可能侵入安全距离，此次没有造成施工现场人员伤亡仅属侥幸，隐藏的安全风险极大。所以，供电调度员在向接触网送电前必须与现场供电配合人员认真执行核对销令制度，杜绝错误送电情况的发生。

C25. 漏发、错发、漏传、错传调度命令导致列车超速运行

【例6-17】 错误发布调度命令，导致列车超速运行

×年4月1日12:20，甲站值班员根据工务在车站运统-46上的登记，向列车调度员提报：甲站至乙站间上行线K1930+119~K1937+172处理线路病害，申请限速60km/h。12:28，列车调度员下发了第1625号调度命令。实际为消除线路里程长链，该局工务处下发了电报定于3月25日8:00至3月31日18:00进行线路里程标志的更改工作，期间有关里程坐标的工作业务仍以既有里程坐标为准，新里程未启用前各单位认真核对，避免错用，但该电报没有明确通知新里程启用的具体时间是3月31日18:00；且在3月29日再次拍发电报对线路里程标志做了延期启用的通知。由于现场工务车间未收到延期启用新里程的电报，其登记K1930+119~K1937+172的里程是新里程，实际当时仍然应该使用既有里程K1874+119~K1881+172的坐标。

13:22，工务段值班调度员在核对"限速维修作业计划单"时，发现里程不对，两次向列车调度员申请更改里程，列车调度员均未同意更改。在线路临时限速期间(12:28—17:07)，甲站至乙站间上行方向共发出14趟列车(客车7列、货车7列)。17:05现场工务提出恢复正常运行速度，17:07调度员下发第1630号调度命令恢复常速并取消前发第1625号命令。

【解析】
该起事故与2008年胶济线"4·28"事故有着惊人的相似，所幸未造成严重后果。4月1日11:31—17:06，该列车调度员共发布11条涉及线路里程的调度命令。除第1625号限速命令、第1630号恢复常速命令是错误使用新里程的命令以外，其余9条调度命令内容均使用的是原里程，反映出该列车调度员在错误发布调度命令时并未意识到该处里程是新里程；暴露出该调度员对所辖区段的线路数据、行车设备掌握不熟，未能及时发现里程错误。另据了解，该列车调度员是从事调度工作不足3年的新职调度员，在受理现场登记时，既没有向相关车站核实进站信号机里程以确认限速里程是否含站内线路，又因为自身业务不熟，对现场提报的K1930+119~K1937+172处限速没有意识到是采用了新里程，造成错发调度命令；前后几个小时的命令中同时存在新老里程，仍未引起警觉，这些说明该调度员的业务素质亟待提高。在工务段调度两次提出调度命令存在问题的情况下，仍无动于衷，没有采取修正、补救措施消除安全隐患；且不向值班主任汇报。调度安全风险意识严重不足，对工作极端不负责任，给行车组织带来了极大的安全隐患。知错不改、将错就错是本次事故中调度存在的最大教训。

二、一般 D 类调度责任事故实例

D1. 调车冲突

【例 6-18】 调度命令内容不准确，造成调车冲突

×年×月×日 22:10，×××××次货物列车(现车 57 辆，总重 3500t，计长 65.0m)运行至双线自动闭塞区段甲站至乙站间下行线 658km700m 处因机车增压器故障停车。22:12 请求救援。22:15 列车调度员发布调度命令：甲站至乙站间下行线因机故，自接令时起，区间封锁。准许甲站利用××号机车开 58101 次列车，进入甲站至乙站间下行线封锁区间 658km700m 处进行救援，将×××××次拉回(返回开 58102 次列车)至甲站。

由于从列车尾部救援，列车调度员在调度命令中没有发布尾部车辆里程，且现场尚未做好列车尾部防护，22:23，58101 次列车与区间停车等待救援的货物列车尾部车辆相撞，构成调车冲突一般 D 类事故。

【解析】

列车调度员接到车站值班员汇报故障列车停车位置后，既没有计算尾部车辆位置，也没有从现场仔细了解，盲目发令指挥；值班主任在调度台指挥救援时没有发挥监控把关的作用，没有及时发现列车调度员发令错误，放弃了管理职责。加之故障列车司机不认真防护，救援司机精力不集中、运行中不认真瞭望，没有严格控制速度，盲目臆测运行，致使一个普通的设备故障救援上升为事故。

D3. 挤道岔

【例 6-19】 主观臆测，导致事故发生

×年×月×日，××客运专线列车调度员发布调度命令准许在 0:10—4:10，供电段在甲站至乙站(含)至丙站间上行正线封锁进行接触网检查测量作业，由乙站分别开行 57802 次、57801 次轨道车分别进入两端上行线封锁区间。当日 1:20—3:10，电务进行全线 CTC 功能调试、远动测试，期间，CTC 中心功能停用，对调度所 CTC 中心进行电务试验，不影响作业车组上线运行。2:15，电务试验人员未经列车调度员同意，擅自扳动乙站 2 号道岔至反位。2:37，57802 次组中 031374 号轨道车由甲站至乙站区间返回乙站，行至乙站 2 号道岔处，由于道岔位置不正确(应为定位，实际为反位)，发生挤道岔，构成一般 D 类事故。

【解析】

当日天窗内，CTC 调试施工与供电轨道车施工交叉重叠，施工计划没有将两项施工

从时间和空间上进行物理划分,也没有明确轨道车在 CTC 调试施工结束前不得返回站内,为事故的发生埋下了安全隐患;列车调度员主观臆测,没有理解电务登记的"不影响作业车组上线运行"的含义是不需要在线路上作业,认为电务施工不影响列车进路和联锁操作,对封锁地段道岔没有按规定单锁,从源头上失去了防止事故发生的机会;在发布施工调度命令后,对现场作业情况不闻不问,对轨道车运行状态不掌握,对施工中的关键环节没有进行控制。

D6. 错办行车凭证发车或耽误列车

【例 6-20】 盲目指挥导致车站错填写路票车次耽误列车

×年×月×日,××铁路局集团公司分界站(中间站)计划接入 26002 次列车,邻局因车流到晚,将 26002 次列车改为当日无计划的 26012 次列车。分界站值班员反映车次不对时,列车调度员未与邻局认真核对,主观臆测,口头通知分界站值班员车次应该是 26002 次,实际司机已在邻局接到改车次为 26012 次的命令。列车行至该分界站,因设备发生故障,基本闭塞法临时停用,改用电话闭塞法行车。车站值班员在填写路票时按列车调度员发布的计划填写为 26002 次,致使列车在站停车 10min,构成错办行车凭证耽误列车的一般 D 类事故。

【解析】
《调规》中规定,日(班)列车工作计划编制后,相邻铁路局集团公司调度所必须主动将分界站列车交接计划(包括车次、时分、编组内容、机车交路)核对一致。列车调度员对发现的问题应立即采取措施及时纠正,予以弥补。

D10. 作业人员违反劳动纪律、作业纪律耽误列车

【例 6-21】 内燃机车燃油不足,区间停车,被迫救援

×年×月×日,×××××次(DF_{8B}××号机车)列车在中间站立折,机车司机连续 8 个车站向值班员报告,机车燃油不足,跑不到××区段站,要求列车调度员安排在侧线停车,列车调度员对机车司机的报告置若罔闻,臆测指挥,最终导致×××××次列车在区间因燃油不足停车,请求救援,构成一般 D 类事故。

【解析】
列车调度员在日常工作中处理安全与效率的关系上,没有牢固树立"安全第一"的思想;在得到司机多次汇报燃油不足的情况下,臆测行事,违章蛮干,盲目放行列车,造成因燃油不足致使区间停车救援。

D12. 擅自发车、开车、停车、错办通过或在区间乘降所错误通过

【例 6-22】 为照顾职工上下班,使图定无停点的旅客列车临时停车

×年×月×日,××车站值班员下白班,由于该站属四等小站,没有旅客列车办理业务,当时也没有货物列车在图运行,车站值班员请求对班的列车调度员帮忙,列车调度员布置车站,将×××××次旅客列车临时停车 1min,照顾车站值班员下班回家。构成一般 D 类事故。

【解析】

列车调度员要严格按列车运行图指挥列车运行,决不能违章指挥,决不能说违章话、做违章事。该列车调度员对旅客列车没有真正做到高看一眼,视旅客列车正点于不顾,滥用手中的指挥权力违章指挥;为了照顾车站值班员,旅客列车都可以由通过变停车,货物列车就可想而知,调度指挥随意。该事故还符合一般"D10. 作业人员违反劳动纪律、作业纪律耽误列车"的事故条件。

D14. 漏发、错发、漏传、错传调度命令耽误列车

【例 6-23】 漏发调度命令,造成耽误列车

×年×月×日,××线乙站至丙站间上行线因水害临时限速,列车调度员在发布临时限速条件由 120km/h 变更为 160km/h 的调度命令时,漏发甲站;造成甲站向 D×××次动车组列车转达了前发限速 120km/h 的调度命令,D×××次动车组列车运行至乙站至丙站间上行线限速地段处虽发现地面设置的限速标为 160km/h,但依据限速条件不一致时执行低值的规定,仍按限速 120km/h 运行,构成一般 D 类事故。

【解析】

《调规》中规定,不具备使用调度命令无线传输系统或提前在停车站传输(交付)书面调度命令,需使用列车调度电话发布(转达)调度命令时,列车调度员除发给限速地点关系站(限速地点在区间内,关系站为区间的两端站;限速地点在车站站内或站内跨区间,关系站为限速地点车站和相邻车站)外,还应发给转达调度命令车站和进入限速地点前的第二个车站,转达调度命令车站应在列车进入限速地点前的第二个车站以前传达、复诵完毕。列车调度员发布的调度命令中,未按《调规》的规定向甲站发布,造成受令处所不全,是导致甲站向 D×××次列车错误预报慢行的直接原因。列车调度员下达线路临时限速的调度命令,对同一地点的慢行速度的变更,未向相同的受令处所下达,漏发甲站,造成调度命令的变更未能形成有效的闭环。

D15. 错误操纵、使用行车设备耽误列车

【例 6-24】 冒进停车并伴随发生区间占用表示丢失

×年×月×日,××高铁台助理调度为验证引导信号相关操作,在 7:37 D1304 次列车甲站出站并确认该列车尾部已出清 XF 信号机、站内空闲的情况下,7:39 第 01 秒排列甲站 4 道发车引导进路,进路建立后,7:39 第 16 秒使用总人工解锁按钮取消进路,造成 D1304 次列车在一离去区段内接收到限速 40km/h 的引导行车指令,导致列车 ATP 设备提示冒进停车并伴随发生区间占用表示丢失,定责为调度作业责任一般 D 类事故。

【解析】

该列车调度员擅自利用列车间隔进行发车引导进路的模拟操作,D1304 次列车出站后,后续 D1402 次列车计划 8:03 甲站通过,列车间隔时间 25min,在未向任何人请示的情况下,擅自排列了 4 道发车引导进路。开放引导信号发出列车情况下发给行车凭证的依据之一是确认第一闭塞分区空闲,该列车调度员对设备联锁关系不清楚、不掌握,不清楚区间的第一离去区段与站内还存在联锁关系,认为进路概念形成于站(场)内,与区间无关,没有意识到会对位于区间的第一离去区段的列车产生影响,违章排列了 4 道发车引导进路,导致 D1304 次列车停车。

三、其他调度责任事故实例

【例 6-25】 迟报、错报安全信息

×年×月×日,根据××车站值班员安排,××供电段轨道车由××线向安全线推送车辆运行中,前端第一辆车与尽头土挡相撞,造成该车第一位轮对脱轨,构成调车冲突一般 D 类事故。当班列车调度员未及时填报安监报-1,造成事故信息延迟传送,延误了对事故的调查分析,在事故定责时,定调度所负次要责任。

×年×月×日,××线××站至××站间发生一起设备故障耽误列车构成一般 D21 类事故,当班列车调度员在填记安监报-1 时,人为压缩设备故障延时,存在故意将行车事故降低为设备故障的行为,在事故定责时,定调度所负同等主要责任。

【解析】

按照规定,列车调度员要认真填写安监报-1 并据实上报;事故发生后,凡瞒报、迟报、谎报事故造成影响事故调查的,定负有上报责任的单位同等事故责任。这两起列车调度员调度责任的事故,本与调度无关,但由于列车调度员迟报、错报安全信息造成被定为事故责任,实属不该。

四、调度违章作业实例

【例6-26】 未核对编组内容,漏布置计划造成整列重车过站

×年×月×日19:10,×××××次货物列车由××分界站接入,为一列到××地方铁路××站的卸车。在交接班过程中,由于当班计划列车调度员没有认真核对编组,未安排列车调度员将该列车在国铁与地方铁路交接站停运,致使列车在该站停车长达30min后继续开出,造成整列重车过站。21:40,接班计划调度员核对编组方才发现,布置列车调度员将该列车停运,安排机车挂回。

【解析】

当班计划调度员未核对编组内容,漏布置计划,造成整列重车过站;当班货运调度员对到达管内整列卸车情况未掌握,未及时防止重车过站;接班计划调度员在接班过程中未提前了解列车分布及流向,采取措施较晚。

【例6-27】 发现调度命令错误后,更正程序不规范

×年×月×日23:04,××台列车调度员××发布第63013号调度命令,命令内容为××站开57453次列车,但受令处所却错输为:××站交57443次司机。命令下达后,列车调度员当即发现问题,但没有取消第63013号命令,而是于23:12发布第63015号命令,内容为:前发第63013号命令由××站抄交57453次司机,受令处所为:××站交57453次司机。

【解析】

《调规》规定,已发布的调度命令,遇有错、漏或变化时,必须取消前发命令,重新发布全部内容的调度命令,列车调度员发现调度命令错误后,更正方法、程序不正确。违反《调规》中关于调度命令发布的基本规定,属于常识性错误。

【例6-28】 擅自脱岗,造成非正常处置不及时

×年×月×日1:50,××台列车调度员××因上厕所离台长达20min,××站车站值班员汇报区间机故请求救援,在调度电话内呼叫行车台十余次,均无应答。2:12列车调度员方才发布封锁区间救援的调度命令,造成后续列车运行计划未及时调整,该调度区段各站股道运用困难,运行秩序混乱。

330

项目6　铁路运输调度安全管理

【解析】

　　《调规》规定，各级调度人员应做到值班中要精力集中、坚守岗位、严格遵守规章制度，及时正确地处理问题。列车调度员因生理需要，暂时离台，没有委托计划调度员或其他人代为值守，造成车站汇报非正常情况时，调度无人应答，错过处置时机。调度班组对关键时段的巡视检查不到位，长达20min无人值台，干部没有及时发现和采取补救措施，反映出班组管理和调度作业控制缺位的问题。

【例6-29】　　传真调度命令未确认回执，险些造成漏发命令

　　×年×月×日9:25，××行车台××站（局间分界站）至××站因水害临时限速，需将临时限速调度命令委托邻局列车调度员转发相关列车。由于铁路局集团公司间TDCS设备调度命令传递功能不具备，故由两铁路局集团公司值班主任使用传真机代为传递。9:55，列车调度员得到值班主任已将调度命令传真成功的回话后，布置××站（局间分界站）不再停车交递该限速调度命令，同时布置该站逐列与司机核对限速内容。10:04，××站车站值班员报告：×××××次列车无限速命令，已被拦停在该站正线交递调度命令。

【解析】

　　实际是值班主任使用传真向邻局传真了多份电报和该调度命令，在得到邻局值班主任回话已收到后，即认为该调度命令已成功传到；列车调度员没有确认邻局列车调度员已转发调度命令的情况下，即布置分界站不再转达调度命令；如未执行核对制度，后果将不堪设想。

　　《调规》中规定，使用调度命令无线传送系统、计算机或传真机发布行车调度命令，必须认真执行确认和回执制度。值班主任传真调度命令时，与多份电报一起传真，与邻局值班主任没有认真确认，也未执行回执制度，就盲目通知列车调度员，实际上是否传真成功，无据可查。列车调度员对于委托邻局转发的调度命令，没有与邻局列车调度员确认转发情况，核对命令内容，盲目地指示车站不再停车转达调度命令，造成列车未传达调度命令被拦停。如果不是执行了限速调度命令核对制度，险些造成漏发调度命令。

【例6-30】　　列车调度员不清楚救援列车运行速度，
命令发布后重新取消，延误救援时间

　　×年×月×日×时××分，××次在乙站下行进站13号道岔处脱线，列车调度员接到乙站情况汇报后发布救援列车开行命令：甲站至乙站间加开58101次列车，甲站×

331

时×分开,限速120km/h。命令下达后,车站汇报说救援列车限速100km/h。于是调度员重新发布了调度命令:甲站至乙站间加开58101次列车,甲站×时×分开,限速100km/h。

【解析】

该列车调度员不清楚自己管辖范围内救援列车的运行速度,发布调度命令前不了解现场情况,命令发布后,当现场提出运行速度不正确后,重新发布了运行限速正确的调度命令,但没有取消错误命令。

复习思考

1. 什么是风险?什么是风险管理?
2. 事故主要有哪四种特性?
3. 安全风险管理的核心目标是什么?
4. 调度安全风险等级一般如何分级?安全风险研判对安全风险分级评判有何利弊?
5. 调度安全风险过程控制应从哪三个层面开展?
6. 调度安全风险管理基本制度包括哪些内容?
7. 简述调度在实施内部安全管理时的应急处置制度内容。
8. 什么是调度安全关键时段、关键环节、关键岗位、关键人?
9. 事故分为哪四个等级?
10. 事故报告的主要内容有哪些?
11. 安监报-1全称是什么?调度员如何提报?
12. 一起事故同时符合两个以上事故等级的,如何进行统计?
13. 瞒报、迟报、谎报事故造成影响事故调查的应如何定责?

附录 缩写词对照表

序号	缩写字母	中文名称
1	CBI	计算机联锁
2	CIR	机车综合无线通信设备
3	CTC	调度集中系统(调度集中设备)
4	CTCS	中国列车运行控制系统(列控系统)
5	GPRS	通用分组无线业务
6	GSM-R	铁路数字移动通信系统
7	GYK	轨道车运行控制设备
8	LKJ	列车运行监控装置
9	STP	无线调车机车信号和监控系统
10	TAX	机车安全信息综合监测装置
11	TCC	列控中心
12	TDCS	列车调度指挥系统
13	TSRS	临时限速服务器
14	UPS	不间断电源
15	ZPW	自动闭塞移频无绝缘轨道电路

注:本表摘编自《铁路技术管理规程》。

参考文献

[1] 中国铁路总公司.铁路技术管理规程:普速铁路部分[M].北京:中国铁道出版社,2014.
[2] 中国铁路总公司.铁路技术管理规程:高速铁路部分[M].北京:中国铁道出版社,2014.
[3] 中国国家铁路集团有限公司.中国国家铁路集团有限公司铁路运输调度规则:普速铁路部分[M].北京:中国铁道出版社,2022.
[4] 中国国家铁路集团有限公司.中国国家铁路集团有限公司铁路运输调度规则:高速铁路部分[M].北京:中国铁道出版社,2022.
[5] 国家铁路局.铁路接发列车作业:TB/T 30001—2020[S].北京:中国铁道出版社,2021.
[6] 国家铁路局.铁路调车作业:TB/T 30002—2020[S].北京:中国铁道出版社,2021.
[7] 国家铁路局.铁路车机联控作业:TB/T 30003—2020[S].北京:中国铁道出版社,2021.
[8] 中华人民共和国铁道部.列车运行图编制管理规则[M].北京:中国铁道出版社,2008.
[9] 中国国家铁路集团有限公司.货物列车编组计划规则[M].北京:中国铁道出版社,2021.
[10] 国家铁路局.铁路行车组织词汇:GB/T 8568—2013[S].北京:中国计划出版社,2014.